「一帶一路」與香港

● 增訂版 ●

林健忠 主編

蔡赤萌 ＋ 戴金平 ＋ 李曉惠 副主編

目錄

第四章 「一帶一路」建設中的香港與「上海合作組織」合作 / 451

第五章 「一帶一路」建設中的香港與阿拉伯國家合作 / 483

附錄

序言（初版）

做好「一帶一路」的「超級聯繫人」

香港特別行政區行政長官　梁振英

　　「一帶一路」是國家發展的重要倡議，為香港帶來歷史性的重要機遇。香港如何善用自身優勢，既為國家發展貢獻力量，也為香港社會經濟持續發展提供新的強大動力，造福港人，是需要特區政府和社會各界高度重視的問題。我認為，在「一帶一路」倡議實施中，香港最重要的是做好「超級聯繫人」。

「一帶一路」為「超級聯繫人」創造更大空間

　　我經常説是「超級聯繫人」，用英語來説就是"super-connector"。「一國兩制」是香港「超級聯繫人」角色的基礎。在「一國兩制」下，香港是國家的一部分，跟香港打交道，就是跟中國的一部分打交道；來到香港，也就是來到中國；但香港實行的是與其他中國城市不同的另一種制度，香港的社會制度、經濟制度、法律制度和司法制度，以至語言和生活習慣，比較和國際接軌；香港同時得益於國家龐大的市場和高速的經濟增長。因此，香港自然成為國家與世界各地之間的共同平台和共同管道，有助世界各地聯繫中國內地。「一帶一路」倡議為香港發揮「超級聯繫人」角色創造更大

的空間。

　「一帶一路」貫通亞洲、歐洲和非洲的經濟合作走廊，促進沿線國家的共同發展，加強各國在政經人文領域的合作。「一帶一路」的目標是實現「五通」，包括政策、設施、貿易、資金、還有民心上的互聯互通。香港參與「一帶一路」，可發揮的範圍將不僅是金融和經濟，更能利用香港獨有的「一國兩制」雙重優勢，全面發揮「超級聯繫人」的作用。

　香港「超級聯繫人」的作用，並非單向「引進來」，還可以配合國家「走出去」的戰略。香港就是內地企業「走出去」的理想平台和夥伴。香港在金融、保險、航運、物流、貿易、法律等方面，人才濟濟，擁有熟悉國際市場、瞭解行業運作的專業服務人員，可以協助內地企業穩步地「走出去」。香港有超過二十個外國商會，代表了大批的世界各國的大小企業。內地企業來了香港，就可以集中和高效地與各國外商洽談業務。國家實行「一帶一路」倡議，並且成立亞洲基礎設施投資銀行，香港在融資、項目管理、風險管理、基建工程方面的經驗，將可大派用場。目前有接近 1,400 家內地和海外企業在香港設立地區總部，匯聚全球的知識和經驗，可以為內地企業提供所需的資訊、國際聯繫和專業配套服務。

發揮「超級聯繫人」作用需集思廣益

　香港要參與「一帶一路」，需研究制定具體的執行策略。「一帶一路」沿線有六十多個國家，香港也有那麼多的產業，為了更好地擔當「超級聯繫人」的角色，香港應該選擇哪些國家作為重點合作對象？甚麼產業最適合發揮香港的優勢？怎麼去執行這個策略？簡單地用英語來說，就是 Who，What and How，即甚麼國家、甚麼產業、怎麼去執行。這需要集思廣益，群策群力。為此，我在今年

的施政報告中宣佈，政府將成立由我主持的「一帶一路」督導委員會，負責制定香港參與「一帶一路」的策略和政策，並設立「一帶一路」辦公室，負責推動研究工作，統籌協調相關政府部門及貿發局、旅發局等機構，以及與中央部委、各省市政府、香港的業界、專業團體和民間團體聯絡。

我高興地看到，香港的學術界、各種智庫、企業界以至社團機構與特區政府部門一起，共同興起了一股研究「『一帶一路』與香港機遇」的熱潮，提出了大量極具參考價值的政策建議。香港文化協進智庫受全國港澳研究會委託，發揮兩地專家的互補優勢，聯手撰寫《「一帶一路」與香港》著作，不僅專設「國家戰略篇」，全面介紹「一帶一路」的國家倡議，而且分設「香港機遇·本地篇」和「香港機遇·合作篇」，分別研究「一帶一路」給香港帶來的各種機遇，探討香港與「一帶一路」相關地區包括與東盟、歐洲、上海合作組織、阿拉伯國家的合作。這些都是香港需要而目前又缺乏的研究成果，對於香港各界瞭解「一帶一路」對香港的重要性，對於中央有關方面和特區政府落實「一帶一路」倡議，將大有裨益。

是為序。

主席的話（初版）

創造「『一帶一路』與香港」的新輝煌

香港文化協進智庫主席　林建岳

　　用「絲綢之路」（Silk Road）來形容古代中國與西方的文明交流，最早出自德國著名地理學家李希霍芬（Ferdinand von Richthofen）1877 年所著《中國——我的旅行成果》一書。由於這個命名貼切寫實而又富有詩意，很快風靡世界。從兩千一百多年前張騫出使西域，到六百多年前鄭和下西洋，海陸兩條絲綢之路帶去了中國的文明和友誼，贏得了各國人民的讚譽和喜愛。「聞道尋源使，從天此路回。牽牛去幾許，宛馬至今來。」——唐代詩人杜甫的這首詩，對張騫開闢絲綢之路的豐功偉績讚嘆不已。

絲綢之路彰顯古老中華文明歷史血脈

　　絲綢之路將古代幾大燦爛的文明聯結起來，中華文明、印度文明、埃及文明、兩河文明、波斯文明、阿拉伯文明及希臘羅馬文明等交相輝映，佛教、祆教、摩尼教、景教、伊斯蘭教等傳入中國，中國儒學、道教以及四大發明等傳向西方。絲綢之路成為文化、科技、人員交流的橋樑與紐帶，共同推動了人類文明進步。

　　古絲綢之路最興旺的漢唐盛世，整個時代體現出昂揚進取的精

神。提起漢唐盛世，撲面而來的是馬踏飛燕、樂舞百戲、昭陵六駿、敦煌飛天、吳帶當風、唐三彩，氣勢恢弘、深沉雄大、篤實厚重，蘊含著自信豪邁、蓬勃向上的時代精神。漢唐名句千古迴盪：「泰山不讓土壤，故能成其大；河海不擇細流，故能就其深」（李斯），「潮平兩岸闊，風正一帆懸」（王灣），「欲窮千里目，更上一層樓」（王之渙）……漢唐盛世花雨繽紛、駝鈴悠揚，舟楫絡繹、風帆逶迤的古絲綢之路，彰顯著古老中華文明和平、開放、博大、包容的歷史血脈。

「一帶一路」賦予古絲綢之路時代內涵

國家主席習近平提出共建「一帶一路」即「絲綢之路經濟帶」和「21 世紀海上絲綢之路」的重大戰略，強調相關各國要打造互利共贏的「利益共同體」和共同發展繁榮的「命運共同體」。這是中國領導人在世界政經版圖上自信而從容寫下的大手筆，這個全新的宏偉戰略構想，從歷史深處走來，跨越時空，融通古今，連接中外，順應和平、發展、合作、共贏的時代潮流，承載著絲綢之路沿途各國發展繁榮的夢想，賦予古絲綢之路以嶄新的時代內涵。

「一帶一路」汲取歷史智慧，立足當下，謀劃未來，統籌國內與國際兩大格局，通盤考量中國與世界、內政與外交、和平與發展、利益與命運、改革與開放、經濟與文化，事關改革開放之成敗，事關復興中華民族之千秋大業，事關「一國兩制」下的香港再創輝煌。

長安連接香港　匯成輝煌詩篇

漢唐長安是那時當之無愧的「世界第一城」，也是中國歷史上最華彩的篇章。作為古絲綢之路的起點，長安輝耀著雄強奮發、博大

兼容、光華燦爛的漢唐氣象。「求珠駕滄海，採玉上荊衡。北買党項馬，西擒吐蕃鸚⋯⋯」——唐代詩人元稹的這首《估客樂》，反映了當時長安城的盛世繁華。穿越歷史隧道，「一國兩制」下的香港，作為「21世紀海上絲綢之路」的樞紐城市，是中國最國際化的城市，全球最自由的經濟體，著名的四大國際金融中心之一，這裏法制健全、廉潔清明、中西薈萃、古今相通、多元包容、創意無限，閃耀著「東方之珠」的璀璨光芒。漢唐盛世的博大胸襟接連起如今中華盛世的浩瀚情懷，長安連接香港，匯成一幅氣勢恢弘、盛大輝煌的歷史詩篇。

夢回漢唐氣象，放眼中華盛世，那是一個遙遠連綿的「中國夢」，昭示中華五千年文明賡續不斷的強大生命力。遙望古絲綢之路的起點，展望「21世紀海上絲綢之路」的樞紐，「世界第一城」與「東方之珠」演繹著絲綢之路的光榮與夢想、友好與共榮。

「一帶一路」貫通亞洲、歐洲和非洲的經濟合作走廊，通過推動區內國與國之間的基礎建設，以實現政策、設施、貿易、資金、民心的「五通」。香港是世界上「五流」，亦即人流、物流、服務流、資金流、資訊流最融通的地區。「五通」與「五流」融會貫通、珠聯璧合、相得益彰，共同譜寫「一帶一路」的新輝煌。

《「一帶一路」與香港》一書，是香港文化協進智庫邀請香港和內地二十位專家學者參與研究和撰寫、堪稱「益智之薈萃，謀略之大成」的專著。該著作的最大特點，是不僅以百科全書的形式解說關於「一帶一路」的各種問題，更著重提出各種具參考價值的政策建議。閱讀此書，如深山探寶，會有意料不到的收穫。

《「一帶一路」與香港》能夠順利出版，要感謝各方面的大力支持！行政長官梁振英先生於百忙之中撥冗賜寫序言，在此深表謝意！

主編的話（增訂版）

讓外國更多瞭解「『一帶一路』與香港」

「『一帶一路』與香港」項目召集人　林健忠

　　《「一帶一路」與香港》中文版於 2016 年出版，反應熱烈，先後兩次發行，全部售罄，以同類型的出版物來説，實屬罕見。筆者從事民間外交 16 年，希望讓外國民間智庫及有興趣人士加深對「『一帶一路』與香港」的瞭解和認識，特地組織翻譯出版《「一帶一路」與香港》的英文版，並邀請專家增補了共建「一帶一路」新發展與新態勢以及香港參與共建「一帶一路」新部署等新內容。三聯書店一直希望出版《「一帶一路」與香港》的修訂版，本書英文版新增加的豐富內容，正好滿足了這一需要。

共建「一帶一路」「民心相通」最重要

　　習近平主席於 2013 年提出「一帶一路」倡議以來，有豐碩成果，也有一些曲折。作為主編，我主要在制定著作框架、廣邀專家等方面提供意見；成果和曲折，在本書內專家都有詳細精闢的分析，我在這裏亦毋庸贅言。作為企業家，我願意和大家分享我參與共建「一帶一路」的經歷和體驗。

　　「一帶一路」以「五通」為主要內容，對於民間外交情有獨鍾的

我來說，「民心相通」最重要。央企和國企在「一帶一路」建設中，大多是投資大型基建，目標宏遠。但發展中國家的人民更重視於短時間體驗實利，正所謂「民可以樂成，不可與慮始」。有的投資落實動工數年之後，政權更迭，項目又生變數，自然影響到惠及民眾的效果。我在香港從事房地產，參與「一帶一路」建設的第一個試點選擇在印尼。2017 年 8 月 8 日，我在印尼副總統府與時任副總統 Mr. Jusuf Kalla 會面，提出在「一帶一路」的框架之下，幫助政府興建租金便宜的公共房屋，資金由我方籌措，租金由合營方印尼國有企業公司擔保，以 BOT 形式，我方 30 年後無償轉讓予印尼國有企業。我深信，這個投資項目如果成功，必定深受印尼廣大市民歡迎。一年多的談判，最後功敗垂成，主要原因是：我堅持與印尼國有企業的股東協議必須按照香港法律辦事；假如公司或股東之間有爭議，仲裁的地點一定要在香港或倫敦。2019 年 2 月 1 日，雅加達市長 Mr. Anies Baswedan 很有誠意地在市長官邸接見我，但我認為在大原則上是需要堅持的，這樣才能確保投資的回報，以及根據普通法公平仲裁。

我從自己以上的經歷中得到一些啟發：中國與其他的「一帶一路」國家的合作協議是否可以指定香港作為仲裁地點？同時指定香港會計師為合營公司的核數師？香港的年輕人必在這個政策下受惠，大量從事法律及會計工作的人士會提高收入，成為真正面向世界的世界公民，這對香港的繁榮穩定也有相當正面的影響。我以上的觀點純屬管中窺豹，望能拋磚引玉。

香港共建「一帶一路」具有獨特優勢

我還想強調的是，香港在共建「一帶一路」中具有獨特的地位和優勢。香港雖然經歷修例風波的磨難，但「一帶一路」與香港的

關係並沒有改變，我對香港的前景依然充滿信心！

我在此一定要對楊汝萬教授致以衷心的感謝！本書英文版的面世，沒有他的指導是不可能成事的。本書修訂版的出版，離不開為本書撰稿的專家學者、所有工作人員、香港文化協進智庫、三聯書店、林建岳先生、李曉惠先生、何厚煌先生等人的參與和支持。萬語千言，以此文為謝！

最後要特別感謝我敬愛的母親鄧蓮女士。母親身兼父職，撫養我們兄妹三人成材，與我於 1988 年創辦漢健投資有限公司。母親自奉甚儉，待人以豐，非常支持我回饋社會，1992 年與我共同創立林健忠曉陽慈善基金會，捐助公益。母親做人做事，都是我的楷模。謹以此書，獻給我至愛的母親，銘記我永遠的懷念！

主編的話（初版）

讓「一帶一路」成為相關國家共同話語和共同事業

「『一帶一路』與香港」項目召集人　林健忠

近代以來，國際政治、經濟、文化、外交諸領域之話語權，主要被以美國為首的西方國家所掌握。他們創設概念、制定規則、評判是非、引領輿論，形成西方主導的國際秩序。其他國家只能被動地跟隨，甚至被邊緣化。

「一帶一路」帶來國際秩序的新改變

進入二十一世紀，國際形勢開始發生變化。隨著中國等一批新興國家幾十年來持續地快速發展，實力大幅增強，在國際事務的參與度日益加深，這些國家對重新界定國際秩序的要求也愈發強烈。綜觀現有的經濟共同體，歐盟在良好意願之下，未能調和不同國家的積極性；東盟方興未艾，在動盪不安的局面結束後，渴望經濟上的躍進，但苦惱於西方主導的世銀及亞洲開發銀行蟻速的援助；中亞西亞一些國家則一直是被國際看漏眼的血管。瞄準上述虛位，2013年習近平主席提出「一帶一路」的戰略構想，立即在國際獲得廣泛而熱烈的響應。

提出「一帶一路」的戰略構想並非與西方爭奪話語權。國際話

語權本來就不應由某一個或數個國家所壟斷，國家無論大小強弱，都應有平等的發言權，其聲音理應得到國際社會認真聆聽，這才是新型國際社會應有的常態。

「一帶一路」戰略的宗旨、原則和內涵，在習近平主席的多次講話之中，在國家發改委、外交部及商務部共同公佈的《推動共建絲綢之路經濟帶和 21 世紀海上絲綢之路的願景與行動》中，都有明確具體的宣示。然而，國內外不同利益主體站在不同立場，出於不同的目的，對「一帶一路」的認識與解讀存在很大差異。有些人包括部分港澳人士，片面地理解甚至誤讀「一帶一路」。

堅持利他精神　實現互利共贏

有一種看法以國家利益為出發點，認為「一帶一路」是中國為獲取域外資源、輸出過剩產能、加快本國經濟結構調整轉型，推動向西開發而下的一著絕妙好棋。上述見解只是基於自身利益的片面觀點，未免失諸狹隘。中國倡導「一帶一路」，絕非只是追求單邊的利益，而是要塑造新的國際經濟秩序，是經濟全球一體化下的平等主義。中國自身是和平發展的一面旗幟，同時與相關各國全方位合作，共同打造政治互信、經濟互利、文化及宗教互容的共同體。中國願意發揮基礎建設技術和資金方面的優勢，並通過亞投行（AIIB）解決部分國家的資金瓶頸，貨暢其流、地盡其利，為「一帶一路」沿線國家提供實現「小康」的條件，推動整個區域經濟持續穩定發展。這樣，過剩的產能才會有龐大購買力，中國出口導向型經濟才不用再過分依賴歐美單一的市場。簡單來說，我們不僅提倡互惠互利，而且要堅持利他精神。正如「為人點燈，明在我前」的道理一樣，不先考慮對方的利益，生意怎能談得攏？

這裏的關鍵問題是：我等國民一定要超越國家主義（本國利益

和眼界），同時立足於地球民族主義，胸懷世界人民對和平小康的共同理想與追求。「一帶一路」涉及六十多個國家，我們首要是多觀察、多聆聽，而且不能局限於政府和社會上層，尤其需要深入中下層民眾之中，真正瞭解和把握他們的實際需求，以及不同國家在不同時期現實的接受能力。國家間雙邊貿易額每年增加，並不表示惠澤基層。中國企業打入外地市場，簽訂能源和開採原材料的合約，興建基建工程如公路、港口等，都懂得與當地政府領導搞好關係。此種模式在非洲甚為普遍。那麼，我國企業帶給當地的經濟收益如何分配？能否惠及普羅市民？基建工程是否可考慮多培訓當地工人，多增加當地就業機會？在制定成本預算時，是否應將改善食水衛生及興建小學等聯合國千禧目標（MDGs）也算進去？做好這些事情，有助於在沿線國家構築廣泛的民心民意基礎，減低因政權更迭給我國投資帶來的經濟風險。所有參與「一帶一路」建設的中國單位及個人，務必保持謙虛的態度，堅守有誠信的商業道德原則，從而保證「一帶一路」走得扎實、持續、長久。

民間外交是推動「一帶一路」戰略的「軟實力」

推動「一帶一路」戰略，不僅需要資金技術方面的「硬實力」，還需要民間外交一類的「軟實力」。事實上，「一帶一路」戰略的推行存在兩方面的突出問題：一是我國的快速發展引起的信任問題，「一帶一路」倡議的最大障礙是中國和部分周邊國家較為嚴重的信任赤字，一些國家擔心中國趁機擴大國際影響力，危及本國利益和安全；二是中資企業缺乏宣傳及個別企業社會責任感缺失的問題，影響了中國在周邊國家民眾中的形象和聲譽。

有鑒於此，開展真誠、友善、廣泛、活躍的民間外交活動，營造形象上的親和力、文化上的吸引力和輿論上的影響力，可以為國

家的「一帶一路」建設貢獻力量。香港在推動民間外交方面有獨特的優勢。現時國家推動「一帶一路」戰略，港人亦可以參與組織和推動，從而達到「以民促官」的效果。

筆者自 2004 年開始，於中國人民對外友好協會中從事民間外交多年，略有體會，有緣當與各位交流互動。從事民間外交工作，可以廣交各國朋友。民間人士參與國家的民間外交事業，透過支持國與國之間的經濟文化合作，藉此建立廣泛的人際網絡。當然，民間外交的新蹊徑，仍有待愛國愛港的有識之士融會貫通，身體力行，開拓前行。企業社會上的責任和商人謀利，實不相為悖。

《「一帶一路」與香港》專著是課題組重要成果

香港是我國與「一帶一路」沿線參與國磨合的潤滑劑。香港健全的法制，為國際仲裁提供了良好的基礎；香港具有金融業的領先地位，是提供融資的最佳平台；作為「第三方股東的中立性」可與內地企業聯手「走出去」等等，這些已是眾所皆知的事實。如何發揮香港的優勢，既推動「一帶一路」戰略的實施，又帶動香港經濟的發展，是需要深入研究論證的課題。

正是出於這樣的考慮，我特地邀請著名學者劉兆佳教授、王于漸教授、楊汝萬教授和其他多位香港學術界、銀行界的專家學者，組成「『一帶一路』與香港」課題組，並邀請全國工商聯副主席、全國政協外事委員會副主任盧文端博士出任顧問，委託李曉惠教授擔任總裁的香港文化協進智庫承擔課題組的實務工作，得到了智庫主席林建岳博士的大力支持。課題組的研究計劃於 2015 年 7 月中旬上報後，受到全國港澳研究會的高度重視。陳佐洱會長親自過問，陳多副會長兼秘書長 7 月底來港時，也順道與我商討「『一帶一路』與香港」的課題研究問題。經過反覆研究協商，港澳研究會正式批

准了有關計劃。全國港澳研究會委託《「一帶一路」與香港系列研究》項目協議書簽署儀式，於 8 月中旬在香港舉行。

與另一些「一帶一路」的理論探討不同，本課題研究的最大特點是務實而非務虛，以具有實際可行性和操作性為最大考慮，希望所研究的項目能夠在香港落地對接，推動香港在「一帶一路」的參與方面取得突破性進展。為此，課題組要進行實地考察調研。對一些研究項目，既實際考察相關機構和項目的運作情況，也訪問當地的相關官員和專家，以提出切實可行的實施方案。

為幫助香港市民瞭解國家的「一帶一路」戰略，並推動政府部門和業界把握「一帶一路」給香港帶來的機遇，課題組專門籌劃出版有關的書籍。「『一帶一路』與香港」專著正是課題組的重要成果。

課題組能夠推出高質素且有實用價值的專著，有賴於兩地專家的攜手合作。在與內地專家合作的過程中，我感受到了他們厚實的學術功底和認真嚴謹的工作態度，這是本書質量的基本保證。港澳研究會課題部主任蔡赤萌擔任本書副主編，力邀內地專家組成高水平的專業撰稿團隊，為本書作出了不可或缺的貢獻。馮氏集團主席馮國經、香港上海滙豐銀行有限公司副主席兼行政總裁王冬勝和香港方面多位重量級撰稿人的參與，大大加重了本書的分量。李曉惠總裁及其領導的智庫具體承擔了大量的統籌協調和編審工作，可謂勞苦功高。三聯書店的侯明常務副總編輯直接指導本書的編纂，本書責任編輯更是以嚴謹認真的態度，為保證本書的質量付出了辛勞。對於各位為本書所作的努力和貢獻，本人深表敬意和謝意！

在此，要特別感謝梁振英特首為本書撰寫序言，積極肯定學術界和智庫對「『一帶一路』與香港機遇」的研究。這不僅大大鼓舞了我們研究團隊的士氣，更將進一步推動民間機構和人士在深入研究的基礎上，提出更多具有參考價值的政策建議。

編者的話（初版）

全面瞭解「『一帶一路』與香港」的「小百科」

香港文化協進智庫總裁、全國港澳研究會理事　李曉惠

隨著「一帶一路」熱潮的興起，相關的研究論文確實不少，但直接討論「『一帶一路』與香港」的文章卻不多，全面系統地分不同層面和地域探討這項課題的專著，幾乎未見。《「一帶一路」與香港》一書的出版，可以説彌補了這方面的「空白」。

概括而言，《「一帶一路」與香港》一書有五方面的特點：一是兩地專家聯手；二是提供香港需要而又缺乏的研究成果；三是具有專著的特色和風格；四是提出了大量極具參考價值的政策建議；五是可稱為瞭解「『一帶一路』與香港」的「小百科」。

兩地專家聯手　呈現五大特點

第一，兩地專家聯手是本書的第一個特點，也是本書的最大特點。

這是一本由兩地 20 位專家聯手完成的專著。就像香港要想抓住「一帶一路」的機遇就必須與內地合作一樣，研究「『一帶一路』與香港」課題，沒有內地專家的參與，幾乎是不可能完成的任務。且不説內地專家對「一帶一路」戰略的深入研究遠遠超過香港，更為現實的問題在於，「一帶一路」沿線涉及眾多國家如阿拉伯國家、南

亞國家、上海合作組織國家、歐洲國家以至東盟國家等等，香港極少甚至是欠缺這方面的研究專家，內地在這方面則具有雄厚實力。作者的兩地特點與內容的兩地特點，呈現一致性，共同體現了「『一帶一路』與香港」課題需要兩地聯手完成的特點。

第二，以廣闊視野，提供香港需要而又缺乏的研究成果。

正是發揮兩地專家的互補優勢，本書不僅專設「國家戰略篇」，全面介紹「一帶一路」的國家戰略，而且分設「香港機遇・本地篇」和「香港機遇・合作篇」，分別研究「一帶一路」戰略給香港帶來的各種機遇，探討香港與「一帶一路」相關地區包括東盟、歐洲、上海合作組織、阿拉伯國家的合作。

國務院港澳事務辦公室港澳研究所經濟室主任蔡赤萌研究員的開篇兩章，不僅全面論述了「一帶一路」倡議的時代背景、基本特點、戰略意義、共建原則、框架思路、合作機制與願景，而且概略描述了「一帶一路」戰略的推進狀況，具有開宗明義的效果，方便讀者瞭解和把握「一帶一路」戰略的內涵特點和最新進展。

南開大學國家經濟戰略研究院副院長戴金平教授在〈「一帶一路」：區域重點與戰略重點〉和〈「一帶一路」戰略：衝突與挑戰〉兩章中，不僅全景式地描述東盟十國、中東、巴基斯坦、中亞哈薩克斯坦、俄羅斯等需要突破的區域重點，而且透徹地分析了來自美國、日本以及印度的挑戰。這些內容港人不太熟悉，有些更是聞所未聞，值得一讀。其列舉的〈「一帶一路」沿線主要國家投資前景分級〉資料，對於香港特區政府和商界有實際的參考意義。

對外經濟貿易大學國際經濟研究院副研究員張曉靜、四川大學經濟學院副院長蔣瑛教授、西北大學絲綢之路研究院研究員馬莉莉教授，分別撰寫了〈「一帶一路」建設中的香港與東盟合作〉、〈「一帶一路」建設中的香港與歐洲合作〉和〈「一帶一路」建設中的香

港與「上海合作組織」合作〉三章。他們都是這方面的專家，他們的研究彌補了香港這方面的不足。

中國國際問題研究院「一帶一路」研究中心副研究員柳莉是前中國駐以色列大使館研究室主任，對阿拉伯世界有深入而直觀的瞭解。她牽頭撰寫〈「一帶一路」建設中的香港與阿拉伯國家合作〉一章，不僅對阿拉伯國家在「一帶一路」建設中的戰略定位、功能和合作潛力的分析專業到位，而且還結合香港實際提出對策建議。這些都是香港需要而又缺乏的研究成果。

第三，以厚實的專業功底為基礎，具有專著的特色和風格。

有多達 20 位專家的參與，很容易使本書成為各行其是的論文集。由於主編的有效統籌和所有專家的全力配合，本書從內容到形式都是以一本有深度、有分量的專著示人。馮氏集團主席馮國經博士所撰寫的中篇第一章，揭示了「一帶一路」下全球供應鏈格局的變革呈現三大新趨勢，並提出「用新經濟的創新模式，服務『一帶一路』上的消費者和大量中、小、微型企業，正是香港未來發展機遇之所在」，觀點深刻獨到，顯示出遠見卓識，極具啟示意義。王于漸、楊汝萬兩位知名教授分別參與撰寫〈「一帶一路」建設中的香港新興產業平台〉和〈「一帶一路」建設中的香港培訓平台〉，顯示了本書厚實的學術基礎。

在編排上，本書沒有採取論文集以單篇論文排列、標題之下署名的形式，而是以「上篇、中篇、下篇」的格局，分章排列，作者署名統一安排。為了確保本書的專著特色，我們不僅全面確定了整體框架和各篇、各章的主題及內容範圍，對每一章設計了通用提綱，而且由主編統一處理全書的章節排列，使本書的風格達至統一。

同時，為了充分尊重和顯示每位作者的成果和貢獻，我們採取了雙重署名的特殊安排：既在全書正文之前將所有作者的名字、頭

銜及所撰寫的章節，按內容先後順序列出，又在每章之後標出作者的簡要資料。

需要説明的是，由於各篇章的稿件都有獨立的主題，為了保持各自內容相對的完整性和獨立性，以方便讀者瞭解、掌握以至運用有關資料，有些篇章的內容難免有一定交叉甚至重複。

第四，匯集業界的討論成果，提出了大量極具參考價值的政策建議。

我們進行「『一帶一路』與香港」項目研究的一個基本指導思想和出發點，就是希望提出一些務實可行的政策建議，推動香港在「一帶一路」的參與方面取得突破性進展。可以説，本課題研究不是務虛，而是務實；不是單純的學術項目，更多的是實證研究。為此，我們從兩方面作出了努力：

一是要求所有的撰稿者盡可能提出政策建議。本書這方面的成果較為豐富。中山大學港澳珠江三角洲研究中心主任陳廣漢教授在〈「一帶一路」建設中的粵港合作〉一章中，既敍述了改革開放以來粵港合作的歷程和特點，也分析了粵港兩地在「一帶一路」建設中的區位優勢、產業優勢、體制優勢、競爭優勢和粵港合作基礎良好的優勢，更對粵港聯手走向「一帶一路」國家和地區提出了多項政策建議。香港貿發局研究總監關家明、《香港商報》副總編輯羅興輝、法學博士宋小莊分別就「一帶一路」建設中的香港商貿物流促進平台、高端專業服務平台、多元旅遊平台進行論述，既有專業的基礎，更貼近香港的現實，很有參考價值。

二是盡可能全面反映香港業界討論的最新成果。為此，我們特在一些章節中增加了匯集業界意見的資料鏈接，收集業界的相關建議，為中央有關方面和特區政府提供更有價值的參考資料，多位專家與智庫同仁為此做了大量工作。香港上海滙豐銀行有限公司副主

席兼行政總裁王冬勝關於構建國際金融流,將香港打造為「一帶一路」融資與財資管理中心的論述,不僅作出了專業性的論證,具有很強的說服力,而且清楚表達了金融業界的願望。

第五,可稱為瞭解「『一帶一路』與香港」的「小百科」。

為使本書更具實用價值,方便讀者瞭解重要事件的背景,查找相關的資料,我們還特別增加了一些知識性的資料鏈接和較為詳細的「一帶一路」大事記。這樣的安排,與全書內容的完整性和系統性相配合,凸顯了知識性、專業性、服務性、實用性和針對性的特點。一書在手,可以全面掌握相關信息,完全可以作為瞭解「『一帶一路』與香港」問題的工具書使用。

「超級聯繫人」的權威闡釋

梁振英特首有關「一國兩制」之下的香港是「超級聯繫人」的論述,受到外界關注。本書的有些章節也體現了「超級聯繫人」的特點。梁特首以「做好『一帶一路』的『超級聯繫人』」為題,為本書賜寫序言,具體闡釋「超級聯繫人」的角色定位與功能,既是對「『一帶一路』與香港」關係的一種特有解讀,也顯示了本書又一個特點。

撰稿團隊

上篇：國家戰略篇

第一章、第四章、第五章：戴金平，南開大學國家經濟戰略研
　　　　　　　　　　　究院副院長、教授

第二章、第三章：蔡赤萌，國務院港澳事務辦公室港澳研究所
　　　　　　　　經濟室主任、研究員，全國港澳研究會理事

中篇：香港機遇·本地篇

第一章：王春新博士，中國銀行（香港）資深經濟研究員

第二章：馮國經博士，馮氏集團主席

第三章：王冬勝，香港上海滙豐銀行有限公司副主席兼行政
　　　　總裁

第四章：關家明，香港貿易發展局研究總監

第五章：韓成科，香港文化協進智庫副總裁、全國港澳研究會
　　　　會員
　　　　宋小莊，全國港澳研究會會員、法學博士

第六章：羅興輝，《香港商報》副總編輯

第七章：王于漸，香港大學經濟金融學院經濟學講座教授
　　　　黃天沂，香港文化協進智庫高級研究主任

第八章：楊汝萬，香港中文大學地理與資源管理學系榮休講座
　　　　教授
　　　　黃啟聰，香港文化協進智庫研究員

第九章：王緝憲博士，香港城市大學新絲路研究中心／一帶一路香港中心

下篇：香港機遇‧合作篇

第一章：陳廣漢，中山大學港澳珠江三角洲研究中心主任，教授

楊柱，中山大學港澳珠江三角洲研究中心博士生

第二章：張曉靜，對外經濟貿易大學國際經濟研究院副研究員，中國東盟經濟研究中心主任，「中國—東盟區域發展協同創新中心」研究員

第三章：蔣瑛，四川大學經濟學院副院長、教授

第四章：馬莉莉，西北大學經濟管理學院世界經濟與貿易系主任、教授，西北大學絲綢之路研究院研究員

第五章：柳莉，中國國際問題研究院發展中國家研究所、「一帶一路」研究中心副研究員

李曉玉，中國國際問題研究院世界經濟研究所、「一帶一路」研究中心助理研究員

「一帶一路」大事記：蔡赤萌

上篇

——

國家戰略篇

第一章

共建「一帶一路」的
新發展與新態勢

提要

2016 年以來，為了助推「一帶一路」建設，中國政府加快了對外開放的步伐。作為「一帶一路」建設的重要組成部分，國內自由貿易試驗區不斷擴容升級，粵港澳大灣區正式啟動。「一帶一路」建設在政策溝通、貿易暢通、資金融通、設施聯通、民心相通方面取得巨大進展。「一帶一路」國際合作高峰論壇已經成為各國政策溝通的重要平台。中國同沿線國家的貿易規模不斷擴大，目前已成為 25 個沿線國家最大貿易夥伴；立足周邊、覆蓋「一帶一路」、面向全球的高標準自由貿易網絡正在加快形成。人民幣國際化進程加速，人民幣在「一帶一路」沿線國家的使用和流通日趨便利，促進了資金融通。海陸空航線建設、信息網絡建設、地理信息工程建設成績斐然。「冰上絲綢之路」、「旅遊絲綢之路」、「數字絲綢之路」成為「一帶一路」建設新亮點：「冰上絲綢之路」將「一帶一路」建設延伸至北極；「旅遊絲綢之路」正在搭建貿易暢通、資金融通和民心相通的平台；「數字絲綢之路」將「一帶一路」建設與數字革命緊密相融，與時俱進。

2013 年「一帶一路」倡議提出以來，經過五年多的實踐，以六大經濟走廊為框架的國際經濟合作取得了巨大成就，中國的「一帶一路」倡議已經在世界各地深入人心，很多國家與中國簽署了「一帶一路」合作備忘錄；同時，「一帶一路」已經成為中國全面對外開放、構建人類命運共同體的代名詞，其內涵不斷深化，外延不斷擴展，從國內對外開放新突破到「一帶一路」全球遍地開花，中國與世界正在走向全面互聯互通。

　　自本書中文版 2016 年 3 月在香港出版後，「一帶一路」建設的主要新發展，大致呈現以下特點，一是沿原有框架深入推進，持續擴展，並收穫早期成果；二是建設內涵持續擴展，與各國發展戰略對接成效初顯；三是與中國對外開放其他戰略相配套，互為支撐、聯動發展。

一、對外開放新維度

　　為了推動「一帶一路」建設，中國政府加快了對外開放步伐。作為「一帶一路」建設的重要組成部分，國內自由貿易試驗區不斷擴容升級，粵港澳大灣區已經正式啟動。

1. 自由貿易試驗區升級

（1）自貿區擴容升級

在上海、廣東、天津、福建四個自由貿易試驗區建設取得巨大成就之後，中國自由貿易試驗區再次擴容。[1] 2016 年 8 月，國務院決定，在遼寧省、浙江省、河南省、湖北省、重慶市、四川省、陝西省新設立七個自貿試驗區，2017 年 3 月 15 日正式印發七個自貿試驗區總體方案，標誌著自貿試驗區建設進一步擴容。境內自由貿易試驗區已經遍佈中國東西南北中。在新設的七個自貿試驗區內，根據各自發展特色，堅持制度創新這一核心內涵，對接高標準國際規則，在更廣領域、更大範圍形成獨具特色的改革開放新格局。

2017 年 3 月，國務院印發《全面深化中國（上海）自由貿易試驗區改革開放方案》，中國自貿區建設進入全面升級階段。按照國務院對上海自貿試驗區進一步加快改革開放步伐的要求，新時期上海自由貿易試驗區建設的目標是：增強改革開放的系統性和集成性，建設開放和創新融為一體的綜合改革試驗區；與國際通行規則接軌，建立開放型經濟體系的風險壓力測試區；進一步轉變政府職能，打造提升政府治理能力的先行區；創新合作發展模式，成為服務國家「一帶一路」建設、推動市場主體「走出去」的橋頭堡。在自貿試驗區，探索搭建「一帶一路」開放合作新平台，建設服務「一帶一路」的市場要素資源配置功能樞紐，發揮其輻射帶動作用。

2018 年 1 月 10 日，國務院《關於在自由貿易試驗區暫時調整有關行政法規、國務院文件和經國務院批准的部門規章規定的決定》下發，在海陸運輸、外商投資、出入境旅遊等方面放寬自貿試驗區的政策限制，大力推動自貿試驗區開放進程。同年，針對第二批成立的自貿試驗區（包括廣東、天津、福建），國務院出台深化

改革方案，強調了自貿試驗區的開放經濟先行作用、增加國際經濟優勢的帶頭作用和區域發展的協同作用；針對第三批成立的自貿試驗區，國務院出台並實施了浙江、遼寧兩省的自貿試驗區條例，並根據不同自貿試驗區給予了具體的指導意見。

（2）海南自由貿易港啟動

2017 年 10 月，中國國家主席、中共中央總書記習近平在中共中央十九大報告中提出，進一步賦予自由貿易試驗區更大改革自主權，探索建設自由貿易港。2018 年 4 月 12 日，習近平總書記宣佈在海南全島建設自由貿易試驗區，並在此基礎上逐步探索、穩步推進中國特色自由貿易港建設。自由貿易港是自由貿易區的升級版。

海南自由貿易港是目前中國面積最大的自貿試驗區。已有的 11 個自貿試驗區範圍均為省內局部區域，總面積約為 1,000 平方公里；而海南自貿試驗區的建設範圍為海南全島，約 3.5 萬平方公里。海南自由貿易港的設立，反映了中國全面深化改革開放的堅定信念。

與現有的 11 個自由貿易試驗區相比，海南自由貿易港擁有更高的開放度。自貿試驗區和自貿港有著不同的戰略定位，自貿試驗區定位於「試驗田」，在特定地區探索試驗可複製推廣到全國各地的經驗。自由貿易港定位於全面對外開放的新高地，作為全球開放水平最高的區域，在市場准入、金融制度、稅收等方面做出一系列更加特殊和更加開放的政策安排。同時，自貿區側重於貨物流通方面的開放，而自貿港則是全方位的開放，包括貨物流通、貨幣流通、人員流通、信息流通，以及法律和監管方面的全方位變革。海南自由貿易港的建立標誌著中國正在向全球最高標準的開放模式邁進。

2. 粵港澳大灣區啟航

粵港澳大灣區是中國「一帶一路」航線上的東南出口，是「一帶一路」建設的重心之一，她含著「一帶一路」倡議的金鑰匙誕生。[2] 2015 年 3 月，國家發改委、外交部、商務部聯合出台的《推動共建絲綢之路經濟帶和 21 世紀海上絲綢之路的願景與行動》中，第一次在國家層面提出了「粵港澳深化合作，打造粵港澳大灣區」的構想，此後粵港澳大灣區建設規劃在國家、省級與省際、市級與市際層面上廣泛討論。

2016 年 1 月，廣東省政府工作報告提出「聯手港澳打造粵港澳大灣區」。同年 3 月，國家「十三五」規劃綱要提出，要推動粵港澳大灣區建設。2016 年 12 月，國家發改委印發《加快城市群規劃編制工作的通知》提出，2017 年擬啟動珠三角灣區等跨省域城市群規劃編制。粵港澳大灣區規劃正式納入國家戰略部署。

2017 年 7 月 1 日，《深化粵港澳合作 推進大灣區建設框架協議》在香港簽署，首次以書面形式明確粵港澳大灣區的合作方向與內容。根據《協議》，合作重點主要是七個方面：推進基礎設施互聯互通；進一步提升市場一體化水平；打造國際科技創新中心；構建協同發展現代產業體系；共建宜居宜業宜遊的優質生活圈；培育國際合作新優勢；支持重大合作平台建設。《協議》中明確了廣東、香港和澳門在大灣區建設中的不同功能與定位，即強化廣東省的改革開放先行作用，鞏固提升香港的國際金融、航運、貿易中心地位，推進澳門建設世界旅遊中心，建立互惠共贏關係。粵港澳大灣區戰略的提出，將香港、澳門進一步融入到國家整體改革開放與發展的大局。

2018 年 3 月與 12 月，國家發改委分別與香港和澳門特別行政

區簽署了「關於支持香港（澳門）全面參與和助力『一帶一路』建設的安排」，兩個「安排」中均明確提到，在港澳參與「一帶一路」建設的進程中，重點領域之一為推動粵港澳大灣區建設，與大灣區城市共同「走出去」，建設帶動中南、西南地區發展，輻射東南亞及南亞的重要經濟支撐帶。

粵港澳大灣區是由香港、澳門和廣東省內九市共同組成的城市群（簡稱「9＋2」），是繼美國紐約灣區和舊金山灣區、日本東京灣區之後的世界第四大灣區。粵港澳大灣區的建設，深化了廣東省與港澳特別行政區的戰略合作，將香港、澳門經濟更深層次地與內地互通互融，是「一帶一路」倡議延伸與落實的需要，也是「21 世紀海上絲綢之路」支撐區的建設需要。

2019 年 2 月 18 日，中共中央、國務院印發了《粵港澳大灣區發展規劃綱要》，明確了粵港澳大灣區的規劃背景、總體要求、空間佈局和具體建設內容。《綱要》透析了粵港澳大灣區建設與「一帶一路」建設的密切關係。

《綱要》在規劃背景和建設總體要求中，明確了粵港澳大灣區建設在「一帶一路」建設中的地位。首先，粵港澳大灣區在「一帶一路」建設中具有重要地位，粵港澳大灣區建設「有利於推進『一帶一路』建設，通過區域雙向開放，構築絲綢之路經濟帶和 21 世紀海上絲綢之路對接融匯的重要支撐區」。其次，粵港澳大灣區建設的基本要求是開放合作，互利共贏，要「以『一帶一路』為建設重點，建設開放型經濟體制，打造高水平開放平台」。大灣區的定位之一，就是建設「一帶一路」建設的重要支撐區。

在《綱要》的第九章，專門論述大灣區緊密合作，共同建設「一帶一路」的具體要求。《綱要》提出在大灣區打造具有世界競爭力的營商環境，促進灣區投資便利化、貿易自由化以及人員貨物流

動便利化，提高一體化水平。在攜手共同參與「一帶一路」建設方面，要充分發揮香港的人民幣離岸中心、「一帶一路」建設項目投資和商業爭議服務中心的作用，發揮澳門國際博覽中心的功能，支持澳門與絲路基金、中拉產能合作基金、中非產能合作基金以及亞洲基礎設施投資銀行合作，並支持香港、澳門（以中國香港和中國澳門方式）與「一帶一路」國家簽署自由貿易協定以及參加國際組織。

3. 搭建「一帶一路」國際合作高峰論壇

「一帶一路」國際合作高峰論壇是「一帶一路」框架下最高規格的國際活動。2017 年 1 月 17 日，中國國家主席習近平在達沃斯世界經濟論壇年會上正式宣佈，中國將於 2017 年 5 月在北京舉辦「一帶一路」國際合作高峰論壇，中國將與世界各國共商合作大計，為世界面臨的難題尋求解決方案，讓「一帶一路」更好造福世界人民。高峰論壇主要目的是總結「一帶一路」建設初期的主要成果，進一步凝聚合作共識；共商下一步「一帶一路」建設的規劃與戰略；各國攜手推動世界經濟增長，實現互利共贏。

第一屆高峰論壇於 2017 年 5 月 14–15 日在北京召開。29 位外國元首、政府首腦及聯合國秘書長、紅十字國際委員會三位重要國際組織負責人出席了高峰論壇。習近平主席主持圓桌會議並在開幕式上發表了重要講話。首屆論壇形成了 76 大項、二百七十多項具體成果，並發表「一帶一路」國際合作高峰論壇圓桌峰會聯合公報。「一帶一路」國際合作高峰論壇將定期舉辦，並成立論壇諮詢委員會、論壇聯絡辦公室等。

根據論壇官方網站上披露的首屆「一帶一路」國際合作高峰論

壇成果清單，此次論壇取得了以下成果：

第一，政策溝通與協調取得一系列成果。中國政府及各部門與各國政府及部門、國際組織就「一帶一路」合作簽署了多項文件，取得一系列政策協調成果。包括：中國政府與包括蒙古國在內的 11 個國家簽署了政府間「一帶一路」合作諒解備忘錄，中國政府與包括聯合國開發計劃署、工業發展組織、人類住區規劃署、兒童基金會、人口基金、貿易與發展會議、世界衛生組織、世界知識產權組織、國際刑警組織在內的九個國際組織簽署了「一帶一路」合作文件，中國政府部門與聯合國歐洲經濟委員會、世界經濟論壇、國際道路運輸聯盟、國際貿易中心、國際電信聯盟、國際民航組織、聯合國文明聯盟等 10 個國際組織簽署了「一帶一路」合作文件，中國政府部門與多個國家政府部門簽署合作文件，中國政府部門發佈關於「一帶一路」建設的相關文件。

第二，基礎設施合作開發方面取得眾多成果。中國政府、政府部門以及中國商業銀行、大型企業與國際組織、外國政府、外國政府部門、外國大型企業、外國金融機構簽署了多項基礎設施建設的項目合作文件。

第三，投資與貿易領域合作成果頗豐。中國政府與包括巴基斯坦、越南、柬埔寨、菲律賓在內的 30 個國家簽署了經貿合作協議，中國政府與格魯吉亞政府簽署雙邊自貿協定文件，與斯里蘭卡政府簽署投資與經濟合作框架協議，與阿富汗政府簽署關於海關事務的合作與互助協定，中國商務部與六十多個國際組織和政府部門共同發佈推進「一帶一路」貿易暢通合作協議，中國各政府部門與外國政府部門和國際組織簽署相關貿易合作協議，等等。

第四，金融合作取得巨大進展。絲路基金新增人民幣 1,000 億元，國家發改委設立預計規模達 1,000 億元人民幣的中俄地區合作

發展基金，中國財政部與六家多邊開發機構簽署「一帶一路」相關領域合作備忘錄，設立多邊開發融資合作中心，中哈產能合作基金投入運營，中國各家大型商業銀行與外國政府、政府組織和大型機構簽署金融合作協議，並設立各種「一帶一路」建設支持計劃。

第五，民生投入與民心互通成果纍纍。中國政府加大了對沿線發展中國家的援助力度，中國政府和政府部門與多個國家和國家組織簽署了文化、教育、科研、旅遊、環境保護、新聞等領域的合作協議或者諒解備忘錄。

第二屆「一帶一路」峰會於 2019 年 4 月 25–27 日在北京舉行。中國國家主席習近平在峰會開幕式上發表了主旨演講。習近平主席在講話中強調，要精細繪製「一帶一路」建設的「工筆畫」，推動「一帶一路」高質量發展。與會各國領導人發佈了圓桌峰會聯合公報。聯合公報就「一帶一路」合作基本原則、加強發展政策對接、加強基礎設施互聯互通、推動可持續發展、加強務實合作、加強人文交流以及下一步工作等問題發佈了聯合聲明。

中國作為東道國對第二屆峰會具有代表性的成果進行梳理和匯總，發佈了第二屆高峰論壇成果清單。清單包括中方打出的舉措或發起的合作倡議、在高峰論壇期間或前夕簽署的多雙邊合作文件、在高峰論壇框架下建立的多邊合作平台、投資類項目及項目清單、融資類項目、中外地方政府和企業開展的合作項目，共六大類 283 項，超過了第一屆峰會的成果數量。中方推出的舉措或者發起的合作倡議共 26 項，包括發佈《共建「一帶一路」倡議：進展、貢獻與展望》和《「一帶一路」國際合作高峰論壇諮詢委員會政策建議報告》、實施「一帶一路」人員出入境便利安排、發展絲路主題債券、實施綠色絲路使者計劃、繼續實施「絲綢之路」中國政府獎學金項目以及一系列「一帶一路」培訓項目。峰會期間和前夕中

國政府簽署的多雙邊合作文件包括，中國政府與赤道幾內亞、利比里亞、盧森堡、牙買加、秘魯、意大利、巴巴多斯、賽普勒斯、也門等國政府簽署共建「一帶一路」諒解備忘錄，與塞爾維亞、吉布提、蒙古國、莫桑比克、埃塞俄比亞、巴布亞新幾內亞等國政府以及非盟、聯合國人居署、聯合國非洲經濟委員會簽署共建「一帶一路」合作規劃或行動計劃，與哈薩克斯坦政府簽署《中哈產能與投資合作規劃》，等等。中國政府部門與各國政府部門、國際組織簽署的合作協議達 31 項。在峰會論壇形成的合作平台達到 27 個，投資類項目 17 個，融資類項目四項。

二、「一帶一路」建設新維度

在中國全面深化改革戰略推動下，「一帶一路」正在成為中國對外開放新戰略的代名詞。「一帶一路」建設不斷創新新模塊、新思想、新動力。「冰上絲綢之路」建設將「一帶一路」建設擴延至北極地區，「旅遊絲綢之路」建設形成貿易暢通、民心相通、資金融通、政策溝通和設施互通的新動力，「數字絲綢之路」建設則將「一帶一路」建設與數字信息革命緊密相融，通過信息互聯，促進貿易暢通、資金融通、政策溝通與民心相通。

1.「冰上絲綢之路」

全球氣候變暖，北極海冰部分融化，提高了北極地區的開發價值，改變了北極的政治屬性與戰略意義。北極成為世界大國戰略競爭的焦點。作為北極事務參與者之一，中國高度關注北極的戰略意義，將北極地區納為「一帶一路」建設的重要區域。2017 年 6 月 20 日，國家發改委與海洋局聯合發佈《「一帶一路」建設海上合作設想》（以下簡稱《設想》），首次將北極航道明確為「一帶一路」三大航道之一。同年 11 月，習近平主席會見俄羅斯總理梅德韋傑夫時提出，「一帶一路」建設同歐亞經濟聯盟對接，努力推動濱海國際運輸走廊等項目落地，共同開展北極航道開發和利用合作，打造「冰上絲綢之路」。「一帶一路」建設的「冰上絲綢之路」破繭而出。

2018 年 1 月 26 日，國務院發表《中國的北極政策》白皮書，是中國首份北極政策文件，其中明確提出「共建冰上絲綢之路」倡議。

北極航道包括東北航道、西北航道與穿極航道。在《設想》中，中國計劃建設「經北冰洋連接歐洲的藍色經濟通道」，即重點建設東北航道。隨著氣候變暖，北極航道的成本優勢與商業價值逐漸顯現，從中國大陸沿海港口經由東北航道到達歐洲各港口的航線距離約為 8,000 海里，與傳統航線的 1.3 萬海里相比較，運輸距離縮短了近三分之一，運輸成本可大大降低。中國作為一個近北極圈大國，是較早開發利用東北航線的國家之一。2013 年 8 月，中遠海運旗下的永盛輪從大連起航，成為首隻穿越東北航道的中國商船。

在「一帶一路」建設中，共建「冰上絲綢之路」是中俄合作的新亮點，也是「一帶一路」倡議發展的新方向。目前，包括北極航

道在內的整個北極地區經濟發展程度與基礎設施完善程度較低，中俄兩國在北極事務上的合作，不僅對兩國互惠互利，而且對於北極航道運輸、基礎設施建設和能源資源開發具有重大意義，可帶動北極地區共同發展，符合「一帶一路」建設的目標和原則。

2.「旅遊絲綢之路」

「一帶一路」建設的提出，也為中國旅遊服務貿易發展創造了重大歷史機遇。旅遊是促進中國與世界各國經貿互通、文化互通、民心互通的重要渠道，「旅遊絲綢之路」成為「一帶一路」建設的重要內容。五年來，「旅遊絲綢之路」建設成績斐然。

文化和旅遊部最新數字顯示，2013-2018 年，中國已與 46 個「一帶一路」沿線國家和地區締結各類互免簽證協定，簽署雙邊文化、旅遊合作文件 76 份，19 個沿線國家和地區給予中國公民落地簽便利，形成了中國—東盟、中國—中東歐、中俄蒙等一系列雙、多邊文化旅遊合作機制，進一步促進了中國與「一帶一路」沿線國家的旅遊交流、文化與經貿合作。[3]

目前，中國與「一帶一路」沿線國家的國際旅遊規模佔全球旅遊總量的 70% 左右。由《「一帶一路」旅遊大數據專題報告》可知，「一帶一路」沿線國家赴中國旅遊遊客保持穩定增長，由 2013 年的 903 萬人次，發展至 2017 年的 1,064 萬人次。[4] 中國出境到「一帶一路」沿線國家的遊客人次逐年攀升，由 2013 年的 1,549 萬人次，增長到 2017 年的 2,741 萬人次，五年間增長了 77%，年均增速達 15.34%。

「一帶一路」倡議實施後，伴隨簽證便利、直飛開通及航線增加，「一帶一路」沿線多地旅遊熱度猛增。有研究報告顯示，三年

多以來，國內「一帶一路」城市旅遊熱度上升喜人，蘭州旅遊熱度上升 181%、福州上升 160%、烏魯木齊上升 144%、海口上升 132%，均在三年內實現 100% 以上的增幅。[5] 蘭州境外航線進港年平均增長指數達 108.5%，相當於出境航線進港人數以每年一倍多的速度增長。烏魯木齊三年來以平均每年 46.54% 的速度吸引境外航線旅客者進入，未來烏魯木齊有望成為中國內地與歐洲、非洲之間人員、貨物中轉樞紐，譜寫新時期的絲路傳奇。沿陸上絲綢之路向西延伸的陝、甘、寧和沿海上絲綢之路向南延伸的雲、桂、閩、瓊（海南）等省份，正在以「一帶一路」為新引擎。這些旅遊城市將絲路旅遊作為未來旅遊發展的重點，依靠區位優勢、挖掘特色旅遊資源，開發創新「一帶一路」旅遊產品，旅遊產業已經成為經濟發展的重心和引擎。

3.「數字絲綢之路」

2016 年 12 月 6–7 日，第一屆「數字一帶一路」國際科學計劃會議召開。此次會議正式明確將「數字一帶一路」簡稱為「數字絲路」，並提出「數字絲路」國際發展計劃（英文縮寫為 DBAR），該計劃致力於建立地球大數據平台，運用地球大數據為各國提供科學決策服務，為「一帶一路」可持續的經濟和社會發展提供數據支撐。「數字一帶一路」建設成為「一帶一路」建設的新亮點。

2017 年 5 月 14 日，習近平主席在「一帶一路」國際合作高峰論壇開幕式上首次在國家層面提出「數字絲綢之路」概念，明確指出，我們要堅持創新驅動發展，加強在數字經濟、人工智能、納米技術、量子計算機等前沿領域與沿線各國的合作，推動大數據、雲計算、智慧城市建設，建設 21 世紀的「數字絲綢之路」。

2017 年底，中國、老撾、沙特阿拉伯、塞爾維亞、泰國、土耳其、阿聯酋等七國在浙江烏鎮第四屆世界互聯網大會上發起了《「一帶一路」數字經濟國際合作倡議》。倡議國除了希望建設高速互聯網基礎設施、促進電子商務合作、支持互聯網創業創新外，還強調要加強數字化技能培訓、促進信息技術工業的投資，通過國際標準方面的合作降低跨國電子商務准入壁壘。

2018 年 9 月 18 日，首屆「數字經濟暨數字絲綢之路」國際會議在杭州舉行。會上成立了國際產業聯盟，發佈了數字經濟研究報告，展示了中國與「一帶一路」沿線國家「數字一帶一路」建設成果。會上，國家開發銀行與國家發展改革委簽署了《全面支持數字經濟發展開發性金融合作協議》，擬在未來五年投入 1,000 億元人民幣，支持大數據、物聯網、雲計算、新型智慧城市、「數字絲綢之路」等領域重點項目建設，為數字經濟發展提供強大的資金支持，用金融創新促進「數字絲路」共享共建。

「數字一帶一路」的主要建設成果表現為跨境電商發展和信息基礎設施建設，主要內容我們在下一節介紹。

三、「一帶一路」經貿合作新發展

貿易暢通、資金融通作為「一帶一路」建設的兩項基礎內容，彼此關聯性很強。貿易暢通即是實現商品自由流通；資金融通則是

打通資本要素流動，服務於商品流通與基礎設施互聯。近三年來，貿易暢通的主要成就表現為中國與「一帶一路」國家的經貿合作、貿易規模不斷擴張，合作模式不斷創新。資金融通的重要成就就是人民幣國際化進程加速，人民幣國際化水平的提升促進了資金融通。

1. 經濟貿易往來

（1）貿易規模擴張

貿易暢通是「一帶一路」建設的核心內容。「一帶一路」倡議提出五年來，中國同沿線國家貿易總額超過五萬億美元，年均增長 1.1%。目前已成為 25 個沿線國家最大貿易夥伴，與 13 個沿線國家簽署或升級了五個自貿協定，立足周邊、覆蓋「一帶一路」、面向全球的高標準自由貿易網絡正在加快形成。

2018 年，中國與「一帶一路」沿線國家貿易往來規模進一步增加。根據商務部數據，2018 年中國與「一帶一路」沿線國家貨物貿易進出口總額達到 1.3 萬億美元，同比增長 16.3%，高於同期中國外貿增速 3.7 個百分點，佔外貿總值的 27.4%。[6] 其中，中國對沿線國家出口 7,047.3 億美元，同比增長 10.9%；自沿線國家進口 5,630.7 億美元，同比增長 23.9%。

推動實施貿易便利化，是中國進一步推動自由貿易的重要舉措。全國 11 個自由貿易試驗區的重點建設內容就是貿易投資便利化。2018 年，全國海關大力優化口岸營商環境，進口、出口整體通關時間分別壓縮 56.36% 和 61.19%，超額完成年內壓縮三分之一的目標；同時，海關認真執行降稅、稅款減讓和各項進口稅收優惠政策，落實世貿組織《貿易便利化協定》，推動四次自主下調關稅，

降低了包括醫藥品、日用消費品、汽車和工業品在內的多種關稅，關稅總水平從 9.8% 降至 7.5%。[7] 全年共減徵稅款 2,858 億元。[8]

（2）對外經濟合作擴張

對外經濟合作涵蓋涉及商品、服務、資金、人員往來的所有相關事務方面的合作，簽署雙邊或者多邊合作協議是促進對外經濟合作的制度保障。「一帶一路」倡議提出以來，中國已累計同 122 個國家、29 個國際組織簽署了 170 份政府間合作文件。僅 2018 年一年，與中國簽署共建「一帶一路」合作文件的國家就超過 60 個，合作夥伴延伸到歐洲、拉美、大洋洲等多地。2018 年新增合作夥伴包括奧地利、希臘、馬爾他、葡萄牙等歐盟成員國，智利、烏拉圭、委內瑞拉、玻利維亞、厄瓜多爾等十多個拉美國家，37 個非洲國家，九個太平洋島國，以及第一個州政府合作夥伴澳大利亞維多利亞州。

建設境外經貿合作園區，是輸出中國開發園區建設經驗、促進「一帶一路」國際經濟合作的重要方式。根據中國商務部公佈的數據，截至 2018 年底，中國企業在沿線國家建設境外經貿合作園區共 85 個，累計投資 289 億美元，入區企業 3,995 家，將近 4,000 家，上繳東道國稅費累計 20.1 億美元，為當地創造 24.4 萬個就業崗位。海外經貿園區發展極大地促進了中國的對外投資與經濟合作。2013–2018 年，中國對「一帶一路」沿線國家直接投資超過 700 億美元，年均增長 7.2%，在沿線國家新簽對外承包工程合同額超過 5,000 億美元，年均增長 19.2%。[9] 2018 年中國企業對沿線國家非金融類直接投資達到 156.4 億美元，同比增長 8.9%，佔同期總額的 13%；在沿線國家對外承包工程完成營業額 893.3 億美元，同比增長 4.4%，佔同期總額的 52%；沿線國家對華直接投資 60.8 億美

元，同比增長 11.9%。[10]

2018 年，商務部在推動「一帶一路」國際經貿合作方面不斷推出新舉措。首先，加快與「一帶一路」國家簽署服務貿易合作協議。中國與中東歐國家服務貿易合作發展十分迅速。商務部已經與中東歐多個國家簽署服務貿易合作文件，多雙邊服務貿易促進平台更加完善。其次，大力發展「絲路電商」，支持電子商務企業開拓國際市場。商務部批准新設了 22 個跨境電商綜合試驗區，貿易新業態、新模式蓬勃發展。同時，通過舉辦展覽會和博覽會幫助中國企業開拓國際市場。通過舉辦國內大型展會和境外非商業性展覽，為企業合作創造更多商機。

（3）創新第三方和第四方市場合作模式

第三方市場合作模式是指兩個國家簽署合作協議在第三國或地區市場上共同開發建設，實現符合東道國利益和國際規則慣例的互利共贏。第三方合作模式，當兩個大國在第三方市場的建設開發項目中出現競爭時十分必要，基本形式是由兩國官方引導，兩國政府達成合作共識，在此基礎上兩國企業簽署具體合作項目協議。第三方合作模式引領了新時代中國和日本的國際經濟合作。2018 年 5月，中國總理李克強訪日期間，與日本首相安倍晉三就兩國在第三方市場緊密合作達成共識，並簽署了《關於中日第三方市場合作的備忘錄》。2018 年 10 月 26 日，由中國國家發改委和商務部舉辦的首屆中日第三方市場合作論壇在北京舉行。在論壇中，中日雙方企業家簽署了 52 項合作協議，總金額超過 180 億美元，涉及基礎設施、金融、物流、信息技術等多個領域。

第三方市場合作模式將中國的優勢產能、發達國家的先進技術和廣大發展中國家的發展需求有效對接，實現互利共贏。在「一帶

一路」倡議實踐平台上，第三方市場經濟合作前景廣闊，在國際上獲得了積極回應。

政府間簽署第三方合作協議，是具體推動第三方合作項目發展的前提和保障。截至 2018 年，中國已與法國、韓國、德國、英國、加拿大、新加坡、比利時、葡萄牙等十多個發達國家達成第三方市場合作的共識。2018 年，中國先後與荷蘭、比利時、西班牙、日本等國家簽署了加強第三方市場合作的相關文件。在政府合作協議推動下，中國企業在「一帶一路」沿線國家的第三方合作項目取得重大進展。合作聚焦於基礎設施、能源、環保、金融等優勢互補領域。

2016 年 9 月，中國知名企業中廣核集團與法國電力集團簽署協議共同投資建設英國欣克利角 C 核電項目及後續的塞斯維爾 C、布拉德維爾 B 核電項目。其中，布拉德維爾 B 核電項目採用中國自主三代核電技術「華龍一號」。2016 年 6 月，中德共同發表《第四輪中德政府磋商聯合聲明》，支持中車集團和德國西門子集團在高鐵領域，中國鐵路總公司和德國鐵路公司在中歐班列、高鐵運營維護等領域加強第三方市場合作。

2016 年 6 月，中韓經濟技術交流會第三方市場合作論壇上，中國機械工業建設集團與韓國現代建設株式會社簽署厄瓜多爾太平洋煉油廠項目 JV 協議、中巴新能環鋼鐵公司與韓國浦項製鐵簽署巴西馬拉尼昂州鋼鐵項目合作備忘錄。2017 年 6 月，中國三峽集團與德國福伊特集團簽署巴西聖保羅州伊利亞電站機組改造項目協議。

通過多邊合作協議，簽署第四方市場合作協議是這一創新模式的再創新。2015 年 11 月舉行的第六次中日韓領導人會議發表《關於東北亞和平與合作的聯合宣言》，一致同意繼續在第四方市場加強產能合作。2016 年 12 月，在東京舉辦的首屆中日韓經濟與產能

合作論壇上，三方在建立第四方重點國別項目信息庫和企業庫、共同拓展第四方市場等合作達成積極共識。2017 年上半年，中信集團聯合日本伊藤忠商社、韓國三星集團與泰國正大集團就共同投資泰國東部經濟走廊項目達成共識，成為開展第四方市場合作的成功典範。

（4）跨境電子商務蓬勃發展

跨境電子商務是新型的國際經濟貿易活動，已經成為「一帶一路」經貿合作的新亮點。近年來，中國不斷完善跨境電商相關法律法規，監管體系逐步健全，通關效率不斷提高，貿易便利化水平不斷提升。2018 年 8 月 31 日由習近平主席簽署、全國人大審議通過的《中華人民共和國電子商務法》為中國企業開展跨境電商合作提供重要的法律保障。

2014 年，重慶、鄭州、寧波、上海、杭州等五個城市獲批為跨境電子商務試點口岸。2018 年 7 月，國務院決定在 22 個城市新設跨境電商綜合試驗區。截至 2018 年底，全國共有 35 個城市建立了跨境電商綜合試驗區，覆蓋全國一二三線大部分城市。

中投顧問發佈的《2019–2023 年中國跨境電商市場深度調研及投資前景預測報告》顯示，2014–2018 年，中國跨境電商市場交易規模逐年增長。[11] 2017 年，中國跨境電商交易規模達 8.06 萬億元，同比增長 20.3%，增速遠超傳統進出口貿易。其中，出口跨境電商交易規模 6.3 萬億元，同比增長 14.5%；進口跨境電商交易規模達到 1.76 萬億元，同比增長 46.7%。2018 年上半年，跨境電商交易規模為 4.5 萬億元，同比增長 25%。其中出口達到 3.47 萬億元，同比增長 26%，進口規模為 1.03 萬億元，同比增長 19.4%。

2018 年 11 月 5 日，中國首屆進口國際博覽會在上海召開，成

為全球企業進入中國市場的新平台，促進了中國跨境進口電子商務的發展。2019 年 1 月 25 日，在瑞士達沃斯舉行的電子商務非正式部長級會議上，中國和澳大利亞、新加坡、美國、俄羅斯、歐盟等世貿組織 76 個成員國簽署了《關於電子商務的聯合聲明》，啟動了關於電子商務的貿易談判。

2017 年，「一帶一路」沿線國家「B2C 電子商務發展」指標平均值為 49%，略高於世界平均的 47.2%。[12] 該指標由聯合國貿易與發展會議發佈，反映了開展消費端的電子商務的便捷度。從這一指標看，「一帶一路」沿線國家電子商務正在進入快速發展期。「數字絲綢之路」的發展，也推動了跨境電商的發展。京東大數據顯示，通過電商平台，中國商品銷往俄羅斯、烏克蘭、波蘭、泰國、埃及、沙特阿拉伯等 54 個沿線國家，同時，超過 50 個沿線國家的商品通過電商走進了中國。[13] 中國已有超過 6,000 家互聯網公司進入海外市場，一萬多款產品走向海外，用戶遍佈全球兩百多個國家，「數字絲綢之路」已成為「一帶一路」不可或缺的組成部分。

中國跨境電商與東歐、西亞、東盟國家聯通最為緊密。與中國跨境電子商務交易規模前十名的國家為：俄羅斯、以色列、泰國、烏克蘭、波蘭、捷克、摩爾多瓦、土耳其、白羅斯和新加坡。「一帶一路」沿線國家中，中國跨境電子進口規模前五名的夥伴國為：泰國、新加坡、馬來西亞、以色列和捷克。跨境出口對象國前五名則為：俄羅斯、以色列、烏克蘭、波蘭和摩爾多瓦。[14] 據俄羅斯調查數據顯示，2016 年中國網店銷售額佔據俄羅斯跨境線上貿易總額的 52%，俄羅斯 90% 的外國郵包來自中國。[15]

2. 人民幣國際化提速 [16]

「一帶一路」建設的推進促進了人民幣國際化，人民幣在「一帶一路」沿線國家使用的範圍和程度日益提高。

（1）人民幣國際化地位提升

人民幣的國際支付功能穩步提升。推動中國跨境人民幣支付是推動人民幣國際支付功能的第一步。2016 年以來，人民幣跨境收付功能穩步提升，截至 2017 年底，連續七年成為第二大跨境收付貨幣。2016 年跨境人民幣收付金額合計 9.85 億元，佔同期本外幣支付總額的 25.2%；使用人民幣進行跨境結算的境內企業達到 24 萬家。2017 年人民幣跨境收付金額達 9.19 萬億，在跨境收付中佔比 22.3%。截至 2018 年 3 月，與中國發生人民幣跨境業務的國家和地區達到 242 個，發生業務的企業 34.9 萬家，銀行超過 386 家。根據環球銀行金融電信協會（SWIFT）統計，2016 年底人民幣位居全球第六大支付貨幣，市場佔有率 1.68%；2017 年底人民幣升居第五大支付貨幣，市場佔有率 1.66%。

截至 2017 年底，在跨境人民幣收付規模中，與「一帶一路」沿線國家的跨境收付金額達到 1.36 萬億元，佔全球金額的 14.7%。在中國全球跨境人民幣收付總額中，中國香港、台灣和澳門地區分別佔比 49.7%、3.3% 和 1.7%，合計佔比 54.7%。在剩餘的 45.3% 中，「一帶一路」沿線國家佔比為 14.7%，主要集中在東南亞地區，分別是新加坡（9%）、越南（1.1%）和馬來西亞（1%）。2017 年中國與周邊的「一帶一路」沿線國家的人民幣跨境收付規模逆勢提升。其中，與柬埔寨的人民幣收付規模提升了 19 倍，與文萊提升了七倍，與馬來西亞、菲律賓、烏茲別克斯坦等九個周邊國家的人

民幣收付總規模提升了 50% 以上。這說明，人民幣跨境收付集中於東南亞的狀況已經在開始改變，與東亞、西亞和南亞周邊國家的人民幣跨境收付規模在逐步提升。

人民幣投資貨幣的功能開始顯現。人民幣在金融市場上作為存款貨幣、債券計價貨幣、股票計價貨幣的使用，2016 年以來逐步推進。截至 2016 年末，中國境內（不包括香港、澳門和台灣）非居民人民幣存款餘額為 9,154.7 億元，主要離岸人民幣市場人民幣存款餘額為 1.12 萬億元，人民幣國際債券未償付餘額為 7,132.9 億元；共有 18 個國家和地區獲得人民幣合格投資者額度，金額共計人民幣 1.51 萬億元。截至 2017 年底，境外主體持有人民幣存款、貸款、股票、債券等金融資產總規模達到 4.29 萬億元，同比增長 41.3%；境外主體在境內債券市場託管餘額合計 1.2 萬億元，佔市場比例為 1.2%；境外主體持有境內人民幣股票市值 1.17 萬億元，約佔市場的 2%；人民幣境外合格投資者額度提高到 1.74 萬億元。在境外合格投資者總額度中，香港佔比達到 28.7%，「一帶一路」沿線國家佔比近 19%。

2017 年 6 月，美國指數編制公司摩根士丹利旗下國際資本（MSCI）宣佈，從 2018 年 5 月底開始將中國 A 股納入新興市場指數。2018 年 3 月，彭博宣佈從 2019 年 4 月底起分 20 個月逐步將中國國債和政策性銀行債券納入彭博巴克萊全球綜合指數，人民幣將成為繼美元、歐元、日圓之後的第四大計價債券貨幣。2018 年 3 月，以人民幣計價結算的原油期貨在上海期貨交易所掛牌交易，並引入境外投資者；5 月，大連鐵礦石期貨交易引入境外投資者。隨著人民幣計價的金融資產在國際市場上地位和關注度的穩步提升，人民幣國際投資貨幣的功能將會進一步提升。

人民幣儲備貨幣的地位穩步提升。2016 年 10 月 1 日，國際貨

幣基金組織正式將人民幣納入特別提款權貨幣籃子，給予人民幣權重 10.92%，在美元和歐元之後，位居第三。人民幣納入特別提款權貨幣籃子促進了人民幣儲備貨幣功能的提升。截至 2016 年底，共有超過 60 個國家和地區將人民幣納入本國外匯儲備，人民幣儲備規模約為 845.1 億美元，在國際外匯儲備中佔比 1.07%。2017 年，更多的國家將人民幣納入本國外匯儲備，並且提高了人民幣儲備規模，到 2017 年底，人民幣儲備規模進一步提升，提高到 1,226 億美元，同比提高了 35%，在全球外匯儲備中佔比提高到 1.22%。

（2）人民幣國際化政策推進

為了推動人民幣國際化，近年來中國政府主要在以下方面加大政策實施力度：擴大與世界其他國家，尤其是「一帶一路」沿線國家的雙邊本幣互換協議規模；加快完善人民幣國際支付和清算基礎設施建設；發展人民幣與非美元貨幣的直接交易市場，擴大人民幣在外匯市場的交易規模；大力推進離岸人民幣市場建設；加大金融與資本開放力度，促進國內外貨幣資本市場互聯互通，等等。

截至 2016 年末，中國人民銀行與 36 個國家和地區的中央銀行或貨幣當局簽署了雙邊本幣互換協議，協議金額達到 3.3 萬億元。2017 年中國人民銀行先後與新西蘭、蒙古、阿根廷、瑞士、卡塔爾、加拿大、中國香港、俄羅斯、泰國等國家及地區的中央銀行或貨幣當局續簽了本幣互換協議，協議金額為 14,750 億元人民幣。

推動人民幣與非美貨幣直接交易，是擺脫美元依賴、推動人民幣國際化的重要舉措。2010 年以來中國人民銀行在推動人民幣與非美貨幣直接交易方面做了很多努力，但是進展一直比較緩慢。2016 年人民幣與非美貨幣直接交易市場有了突破性的發展。2016 年新增了 10 個非美貨幣與人民幣直接掛牌交易的貨幣品種，使得人民幣

非美貨幣直接交易品種增加到 22 個。2017 年又新增了三個在區域直接交易的貨幣品種。目前人民幣兌林吉特等 22 種貨幣在銀行間外匯市場直接掛牌交易，哈薩克斯坦堅戈、蒙古圖格里克和柬埔寨瑞爾三種貨幣在銀行間外匯市場區域掛牌交易。2017 年，人民幣對非美貨幣直接即期交易共成交超過 1.4 萬億元人民幣，比 2016 年增長 12.23%，在銀行間外匯市場即期交易中佔比為 3.32%。在直接交易的促進下，俄羅斯、韓國近年來也已形成相當規模的當地貨幣對人民幣直接交易。

加快資本項目下的人民幣可自由兌換改革，進一步放開人民幣跨境業務管制，推動國內資本市場對外開放，是促進人民幣國際化的重要改革舉措。2017 年 1 月，中國人民銀行實施全口徑跨境融資宏觀審慎管理，調整跨境融資業務風險加權餘額的豁免項目相關係數，便利符合條件的境內機構統籌安排跨境融資；2018 年 1 月，人民銀行發佈《關於進一步完善人民幣跨境業務政策促進貿易投資便利化的通知》，提升金融機構服務「一帶一路」建設的能力。2018 年 4 月，出台了「進一步完善跨國公司跨境人民幣資金池業務」的政策，將淨流入和淨流出宏觀審慎調節係數均調整為 0.5，放鬆了對資金池規模的限制。目前，人民幣在七大類共 40 項資本項目中，已經實現可兌換、基本可兌換、部分可兌換的項目是 37 項，佔比達到 92.5%，人民幣資本項目可自由兌換取得很大進展。

2016 年在股票市場「滬港通」試行成功的基礎上，出台了優化「滬港通」的一系列政策，取消了交易的額度限制，並啟動了「深港通」，在額度限制、品種限制方面均比「滬港通」有了很大放鬆。2017 年 7 月，香港與內地債券市場互聯互通機制上線運行，啟動了內地與香港債券市場的「北向通」機制，極大地便利了國際資本直接投資國內債券市場，推動了國內債券市場的國際化。2018 年

人民幣計價結算的原油期貨在上海國際能源交易中心掛牌，交易機制設計極大地便利了境外投資者的進入。同年，大連期貨交易所鐵礦石交易允許境外投資者進入。國內資本市場大幅度的對外開放，疏通了海外人民幣的回流機制，也極大地促進了人民幣離岸中心的發展。

（3）人民幣國際清算機制與離岸市場建設

為了便利人民幣跨境貿易結算，中國人民銀行在各國推動人民幣清算體系建設。香港 2003 年開始設立人民幣清算業務，2009 年之後，人民幣清算行擴大到中國澳門、中國台北、老撾、新加坡、柬埔寨、韓國首爾、卡塔爾多哈、馬來西亞、泰國、澳大利亞、英國、德國、法國、盧森堡、瑞士、加拿大、美國、智利、阿根廷、南非等二十多個國家和城市。中國銀行、中國工商銀行、交通銀行、中國建設銀行等大行都在全球提供人民幣清算業務。

截至 2017 年底，人民銀行在俄羅斯、韓國、卡塔爾、馬來西亞、泰國、新加坡、南非、阿聯酋和匈牙利等九個「一帶一路」國家設立了人民幣業務清算行。人民幣業務清算安排的建立，便利了「一帶一路」國家和地區的市場主體使用人民幣進行跨境結算，進一步促進了雙邊貿易和投資往來。中國銀行、農業銀行、工商銀行、建設銀行、浦發銀行、交通銀行、招商銀行、中信銀行等八家中資銀行在 27 個「一帶一路」國家設立了 64 家分行、子行、辦事處等分支機構，為拓展跨境人民幣業務發揮了積極作用。

人民幣離岸市場的發展水平決定了人民幣國際化的程度。中國政府在推動離岸人民幣市場培育與發展方面做出了許多努力，在離岸市場推出包括人民幣債券、人民幣信託基金等在內的多種類的人民幣計價金融商品的同時，也著力構建更為完善的離岸市場資金回

流渠道，包括人民幣合格境外機構投資者（RQFII）、「滬港通」和「深港通」。中國在發展香港離岸人民幣市場的同時，也在推進更加多元化的人民幣離岸市場建設，包括中國台北、英國、新加坡、韓國、德國、澳大利亞等離岸人民幣中心發展迅速。

　　2017 年末，離岸人民幣主要市場的人民幣存款達到 1.1 萬億元，貸款額達到 2,743 億元。離岸人民幣債券餘額 2,524 億元。離岸人民幣市場上以人民幣計價的權益類產品也不斷發展，包括人民幣期權期貨、人民幣交易型開放式指數基金、人民幣房地產投資信託等等。2017 年香港市場人民幣交易型開放式指數基金 42 項，全年成交額 62.9 億元。離岸市場的人民幣外匯交易量也在迅速增長。2017 年在全球外匯交易中，人民幣交易量上升至第八位，在新興市場國家貨幣中排名第一。離岸人民幣外匯交易主要集中在香港和新加坡兩個離岸中心。離岸場外人民幣外匯交易主要包括即期、遠期、期權、貨幣掉期等多個品種。2017 年，港交所人民幣兌美元期貨日均成交量達到 3,000 張合約；截至 2017 年 12 月底，人民幣貨幣期貨未平倉合約超過 2.5 萬張，人民幣期權未平倉合約 3,113 張。人民幣離岸市場是人民幣清算中心，佔據了海外大部分的人民幣清算交易。2017 年主要離岸市場清算行的清算量達 285.6 萬億元，香港佔據了 216.8 萬億元。另外，新加坡、韓國、英國、中國台灣、德國、澳大利亞也位居人民幣海外清算規模前列。

　　隨著「一帶一路」建設的推進，人民幣在「一帶一路」沿線國家的使用量和需求急劇擴大。主要體現在人民幣投融資需求擴張，沿線國家使用人民幣進行投融資和人民幣結算，可以有效規避匯率風險，降低匯兌成本。這進一步證明「一帶一路」建設與人民幣國際化是相輔相成、相互促進的。

四、基礎設施建設新進展

―――――――――――――

　　基礎設施互聯互通，是「一帶一路」建設的核心內容之一。在過去五年中，基礎設施建設是「一帶一路」建設的亮點，成果顯著。基礎設施建設主要包括海陸空航線建設、信息網絡建設、地理信息工程建設三個方面。

1. 海陸空運輸線路建設

（1）海運

　　「海上絲綢之路」是「一帶一路」建設的「一路」，海運基礎設施建設涉及海運線路的開拓、海港碼頭的建設以及海運線路的運營。截至 2018 年底，中國與其他國家簽訂的雙邊和區域海運協定總數達 38 個，覆蓋「一帶一路」沿線 47 個國家，參與希臘比雷埃夫斯港、斯里蘭卡漢班托塔港、巴基斯坦瓜達爾港等 34 個國家 42 個港口的建設經營。[17]

　　2018 年巴基斯坦瓜達爾港具備了完全作業能力，恢復運營；斯里蘭卡漢班托塔港二期工程主體完工。

（2）陸運

　　中歐班列是往來於中國與歐洲及「一帶一路」沿線各國的集裝箱國際鐵路聯運班列，鋪劃了西中東三條通道中歐班列運行線：西部通道由中國中西部經阿拉山口（霍爾果斯）出境，中部通道由中國華北地區經二連浩特出境，東部通道由中國東南部沿海地區經滿

洲里（綏芬河）出境。自 2011 年成功開行以來，截至 2018 年底，中歐班列累計開行超過 13,000 列，運行線路達到 65 條，通達歐洲 15 個國家的 49 個城市，累計運送貨物 92 萬標箱。

蒙內鐵路是中國幫助肯尼亞修建的一條全線採用中國標準的標軌鐵路，是肯尼亞獨立以來的最大基礎設施建設項目，也是肯尼亞實現 2030 年國家發展願景的「旗艦工程」，於 2014 年 9 月開工，2017 年 5 月 31 日建成通車。蒙內鐵路的開通將使東非地區乃至非洲實現互聯互通，對非洲國家經濟發展起到重要支撐作用。

中老鐵路是中國與老撾之間通行的一條鐵路，是泛亞鐵路中線的重要組成部分。中老鐵路建設工程於 2015 年 12 月開工，工期五年，至今工程進展順利。

除此以外，亞吉鐵路開通運營，中泰鐵路、匈塞鐵路等開工建設，中巴經濟走廊項下交通基礎設施建設等項目也在穩步向前推進。

中國鐵路建設公司是中國基礎設施建設的最大企業之一，在「一帶一路」鐵路、公路、機場、港口、礦山等基礎設施建設中發揮著重大作用。2018 年 12 月，中國鐵建海外在建項目超過 900 個，境外經營網絡和業務覆蓋超過 120 個國家和地區；在「一帶一路」沿線 42 個國家設有境外機構，在建項目 225 個，佔在建項目的 25%。[18]

（3）空運

空中運輸基礎設施建設，包括機場建設、航線線路開拓和運營等方面。根據中國民用航空局的公開數據，「一帶一路」倡議提出後五年內，中國航線網絡已覆蓋四十多個「一帶一路」沿線國家，與沿線 62 個國家簽訂了雙邊政府間航空運輸協定，「一帶一路」航

線客運人次超過一億人，國際航線由 381 條增至 784 條，45 個沿線國家實現直航，每周 5,100 個航班。[19]

機場建設方面，在「一帶一路」建設的頭五年中，主要的建設成果包括：馬爾代夫維拉納國際機場、阿爾及利亞阿爾及爾新機場、尼日利亞阿布賈機場、巴基斯坦瓜港新機場、巴基斯坦伊斯蘭堡國際新機場、烏干達恩德培國際機場、多哥納辛貝‧埃亞德馬國際機場，以及安哥拉的奎托機場、羅安達國際機場和卡賓達機場等機場的建設。

馬爾代夫維拉納國際機場改擴建工程於 2016 年 11 月由北京城建集團有限責任公司承建開工，工程包括新建可滿足 A380 飛機運行的 F 類跑道、滑行道、停機坪、配套的貨運設施、油庫，以及相關的填海工程和護岸工程。該項目目前進展良好，預計 2019 年 11 月竣工。

阿爾及爾新機場建設於 2014 年底由中國建築工程總公司承建開工，目前已經進入完工和試運營階段。該建設工程航站樓面鋼結構主拱最大跨度 180 米，高 40 米，節點複雜，被建築業內稱為「世界上設計、施工難度最大、複雜程度最高」的鋼結構項目之一。根據該機場的設計的運營能力，該機場不僅是阿爾及利亞本國重要的航空港，也是北非地區的第一大航空樞紐。

尼日利亞阿布賈機場建設項目是尼日利亞六個機場（阿布賈機場、拉各斯機場、卡諾機場、哈科特港機場、恩努固機場、巴耶爾薩機場）的擴建和改建工程。由中國土木工程集團有限公司承建。2013 年開工建設，目前項目建設進展順利。

巴基斯坦瓜港新機場建設包括一條跑道、一座航站樓、一座飛行控制樓以及各類附屬配套設施建設，根據設計標準，該機場可滿足波音 777 飛機的起降。該項目由中國交建公司負責承建。瓜達爾

港是「一帶一路」的戰略節點，「中巴經濟走廊」建設連接了中國新疆到瓜達爾港的公路航線，並在此連接海上航線。機場的建設將進一步鞏固巴基斯坦港口「一帶一路」交通運輸樞紐的戰略地位。該項目建設於 2014 年 2 月簽署建設協議，項目金額 17 億元。

伊斯蘭堡國際機場是巴基斯坦最大的機場，新機場建設主要是指新航站樓建設，該航站樓建築面積 16.54 萬平方米，可滿足年輸送旅客 900 萬人次的需求。該建設項目由中建三局承接。

烏干達恩德培國際機場擴建項目包括新建客運樓、貨運倉庫、加寬跑道等工程項目。該項目由中國進出口銀行提供第一期的優惠貸款。擴建後的恩德培機場吞吐量將增長到每年 300 萬旅客。

多哥納辛貝·埃亞德馬國際機場項目由中國民航機場建設集團公司中標，於 2015 年完工驗收。

安哥拉奎托機場和羅安達國際機場、卡賓達機場分別由中國鐵建公司和中國國際基金有限公司承建。

2. 橋樑工程建設

基於中國在橋樑工程建設中的領先地位，橋樑工程建設在中國海外建設工程中佔據十分重要的地位。「一帶一路」建設的頭五年中，橋樑工程項目建設成果十分豐碩。

2016 年 4 月，中國政府決定向孟加拉提供無償援助以建設孟中友誼八橋；同年 11 月，中孟友誼七橋竣工。自 1986 年以來，中國政府共幫助孟加拉建設了七座橋樑，有效緩解了孟交通擁堵情況，大幅減輕了洪災損失，是得到孟政府和民眾一致好評的優質「民心項目」，分別被孟方命名為孟中友誼一橋至六橋。4 月 19 日，坦桑尼亞基甘博尼大橋全線貫通，該橋是撒哈拉以南非洲最大的斜拉式

跨海大橋。2017 年 2 月，第七座柬中友誼大橋正式通車。

2018 年 1 月，港珠澳大橋主體工程交工驗收。港珠澳大橋跨越伶仃洋，東接香港特別行政區，西接廣東省珠海市和澳門特別行政區，總長約 55 公里，將助力粵港澳三地互聯互通，成為 21 世紀海上絲綢之路的重要連接通道；5 月 27 日，中國企業在越南承建的首座斜拉橋建成通車，將有助於緩解越南一號國道交通壓力，對促進九龍江平原與越南乃至區域其他國家的互聯互通具有重要意義；7 月 17 日，中國援建菲律賓馬尼拉帕西格河橋樑項目正式開工。該項目建成後，不僅可改善當地的交通環境，帕西格河的運輸能力也將提高，還可以打造一個高效可靠的交通網，並以此推動馬尼拉市的經濟發展；8 月 30 日，中國援助馬爾代夫的中馬友誼大橋主橋正式開通，將實現馬爾代夫首都馬累島、機場島和胡魯馬累島的陸路連接，改善當地居民的出行環境，拓展城市發展空間，帶動大馬累區域經濟發展；10 月 13 日，同江中俄鐵路大橋中方段主體工程完工。中俄鐵路大橋建成通車後，將增加一條中國連俄通歐的國際大通道，有助於黑龍江省深度融入「一帶一路」，促進中俄經貿往來。

3. 信息工程建設

信息工程建設是「數字絲路」建設的核心內容。中國近年來在信息工程方面取得巨大成就，服務於「一帶一路」國家信息互聯互通的能力大大增強，體現了中國在「一帶一路」建設中的引領與核心作用，體現了中國共建人類命運共同體的國際發展理念。

（1）互聯網通訊系統建設

2016 年國務院發佈的「十三五」規劃著重提到了要「提高與一

帶一路沿線國家的互聯網及通信聯絡」。規劃突出強調了海、陸光纜基礎設施建設、中國與阿拉伯國家之間的「互聯網絲綢之路」以及「中國—東盟信息港」等三個方面的主要工作。

「一帶一路」倡議提出以來，在互聯網通訊系統的建設方面取得了階段性的成果。在固定寬頻接入方面，沿線國家光纖接入用戶持續增長，部分國家增速超過 10%；移動互聯網方面，除巴勒斯坦外，全部「一帶一路」沿線國家均已建成 3G 網絡。在信息通道建設方面，中國參與建設了涵蓋中、緬、越、泰、老和柬等六國的大湄公河次區域信息高速公路，設計和承建了馬來西亞—柬埔寨—泰國海底光纜系統，援建了柬、老、緬三國境內信息高速公路工程，中國—泰國「北斗衛星增強系統基準站」和中國—老撾「老撾一號」等項目相繼啟動。

信息通訊產業是中國最大的新興產業之一。中國信息通訊公司在通訊工程建設、通訊工程運營維護等方面都具有一定的國際競爭力。中國電信是中國三大通訊運營商之一。2017 年 11 月，中國電信攜手俄羅斯領先電信運營商 TTK 開通了首個基於 100G ULH（超長距）密集波分複用技術（DWDM）的貫穿中歐的跨境傳輸電路。作為該項目的組成部分，雙方在中俄邊境的滿洲里和後貝加爾斯克兩座城市創建了全新的 100Gbps 跨境傳輸系統。

華為是世界上最大的通訊設備製造商、資訊與通訊技術解決方案供應商，在「數字絲路」建設中發揮了重大作用。華為公司在非洲通訊市場佔有十分重要的地位。截至 2017 年，非洲國家超過50% 的無線基站、超過 70% 的 LTE 高速移動寬頻網絡以及超過五萬公里的通訊光纖由華為公司建設。華為公司已經成為非洲數字經濟發展的基石。

2018 年 1 月 12 日，中尼跨境互聯網光纜正式開通，尼泊爾通

過中國的線路接入互聯網，喜馬拉雅山南麓國家搭起了「數字絲路」。7 月 16 日，中巴光纜建成開通，這是連接中國和巴基斯坦的首條跨境直達陸地光纜，是「中巴經濟走廊」的建設成果之一；該項目由中國電信公司承建，是中國電信公司促進與周邊國家網絡互聯互通的戰略性重點項目。

通訊項目系統建設已經成為「一帶一路」倡議的重點建設內容，在數字經濟快速發展的時代，中國通訊設備製造和運營公司在「一帶一路」國家項目通訊建設領域中的努力，將很多落後國家推進第四次產業革命的浪潮，為縮小落後國家與先進國家的發展差距作出了巨大貢獻。

（2）地理信息系統建設

風雲衛星是中國自 1978 年起研發的氣象衛星，風雲氣象衛星的發展是中國成為繼美國、俄羅斯之後世界第三大同時擁有地球靜止軌道氣象和太陽同步軌道氣象的國家。中國風雲衛星是世界上最先進的氣象衛星系統之一，目前有九顆風雲氣象衛星在軌運行。它被世界氣象組織納入全球業務應用氣象衛星序列，是國際災害憲章機制的值班衛星，為全球七十多個國家和地區以及國內的廣大用戶提供專業氣象服務。

為了提高中國風雲氣象衛星服務於「一帶一路」沿線國家防災減災的效率，2018 年 4 月 24 日，中國國家氣象局推出了《風雲衛星國際用戶防災減災應急保障機制》。根據該機制，「一帶一路」沿線國家在遭受颱風、暴雨、強對流、森林草原火災、沙塵暴等自然災害侵襲時，可通過中國世界氣象組織常任代表或者其指定的聯繫人申請啟動風雲衛星國際用戶防災減災應急保障機制。該機制一旦生效，中國氣象局將調動值班的風雲氣象衛星，對受災國家和地區

進行五至六分鐘一次的高頻次區域氣象觀測，處理生成圖像和定量產品，通過中國氣象局數據廣播系統、國際互聯網及衛星廣播直接接收等多種方式向受災國提供氣象動態預報服務。

目前已有老撾、緬甸等 10 個「一帶一路」國家正式申請成為應急機制用戶。將有愈來愈多的「一帶一路」國家成為中國風雲氣象衛星的受益者，風雲氣象衛星也成為「一帶一路」倡議的「衛星使者」。

無愧於「衛星使者」稱號的，除了中國的風雲氣象衛星之外，還有中國自主研發的全球定位衛星——北斗三號。

中國北斗衛星系統由一號、二號、三號衛星組成。北斗一號和二號信號覆蓋國內所有區域和亞太區域。2018 年 12 月 27 日中國宣佈北斗三號開始提供全球定位服務。北斗導航系統是中國自主研發的衛星導航系統，是繼美國、俄羅斯和歐洲之後第四個成熟的衛星導航系統，也是唯一一個由三種軌道衛星組成的導航系統。北斗衛星系統具有超越美、俄、歐衛星系統的性能，如更好的抗遮擋能力、更高精度的多頻信號組合、導航與通訊功能超強融合等。與北斗一號和二號相比，北斗三號進一步提高了連續性、可用性與穩定性指標，信號覆蓋範圍也實現了由區域向全球的擴張。目前運行在地球上空的北斗衛星一共有 43 顆，其中 19 顆屬於北斗三號系統。

中國北斗三號信號覆蓋所有的「一帶一路」國家，能夠為「一帶一路」沿線國家提供高效的全球定位服務。北斗高精度產品已經出口到了九十多個國家和地區，包括「一帶一路」沿線上的俄羅斯、緬甸、老撾、巴基斯坦等國。

結語

　　「一帶一路」倡議的積極意義和其所蘊含的重要機遇，正在獲得愈來愈多的國際認同，「一帶一路」倡議自提出以來，已經得到了一百五十多個國家和國際組織的積極回應和參與。「一帶一路」倡議秉承的共商、共建、共享的基本原則日益清晰，該原則包含恪守聯合國憲章的宗旨和原則、堅持開放合作、堅持和諧包容、堅持市場運作、堅持互利共贏等多項基本內涵。「一帶一路」有關合作理念和主張已寫入了聯合國、二十國集團、亞太經合組織、上海合作組織等重要國際機制的成果文件。共建「一帶一路」，走的是對話而不對抗、結伴而不結盟、互學互鑒的國與國交往新路，有助於推動經濟全球化朝著更加開放、包容、普惠、平衡、共贏的方向發展，因而又成為構建人類命運共同體和建設新型國際關係的重要實踐平台。從六年多的實踐看，「一帶一路」建設為深化國際合作、推動各國關係發展、促進世界經濟增長等開闢了新平台、提供了新動力，成果超出預期。在共建「一帶一路」框架內，以「六廊六路多國多港」合作為主線的硬聯通國際合作不斷深入，包括政策和規則標準對接在內的軟聯通合作不斷加強；「一帶一路」倡議同各方發展規劃和政策對接不斷展開，形成了促進互聯互通、支持區域經濟一體化進程的合力。此外，共建「一帶一路」國際合作平台不斷完善。「一帶一路」國際合作高峰論壇作為「一帶一路」框架下最高規格的國際合作平台，已成為各方凝聚共識、規劃合作的重要渠道，成為共商合作大計、共建合作平台、共享合作成果的重要平台。近年來，中方與有關國家共同努力，在港航、金融、稅收、能

源、文化、智庫、媒體等專業領域建立了一系列多邊合作平台，發起了「綠色絲綢之路」、「廉潔絲綢之路」等倡議。[20]

展望未來，「一帶一路」已經成為各方攜手加強互聯互通、應對全球性挑戰、促進世界經濟增長、實現共同繁榮的機遇之路。下階段中國「一帶一路」建設的努力方向，是要推動共建「一帶一路」向高質量發展轉變、用好發展機遇、更好地對接各方發展戰略、更高質量地建設具體項目、更積極地促進國際合作等。國務院總理李克強 2019 年 3 月在《政府工作報告》中強調了 2019 年「一帶一路」建設工作重點，提出要堅持共商共建共享，遵循市場原則和國際通行規則，發揮企業主體作用，推動共建「一帶一路」高品質發展。未來，「一帶一路」建設將更加注重實效，向高品質發展轉變。2019 年 4 月 25-27 日在北京召開的第二屆「一帶一路」國際合作高峰論壇，其核心也是聚焦推動「一帶一路」合作實現高品質發展，共同總結合作經驗、規劃合作藍圖，推動共建「一帶一路」走深走實，為國際經濟合作開闢更大空間。

本章作者：戴金平

南開大學國家經濟戰略研究院副院長、教授

注釋

1　本文中的中國、我國及相關統計，大多是指從經濟體獨立關稅區含義上的境內，即中國內地或中國大陸，不包括香港、澳門和台灣。

2　李曉惠、蔡赤萌、戴金平、王春新編：《粵港澳大灣區與香港》，商務印書館（香港）有限公司，2018 年版，第 99 頁。

3   資料來源：中國文化和旅遊部網站，https://www.mct.gov.cn/whzx/whyw/201809/
     t20180911_834740.htm（最後訪問時間：2019 年 4 月 24 日）。

4   《「一帶一路」旅遊大數據專題報告》，中國旅遊研究院網站，2018 年 9 月 28 日，
     資料來源：http://www.ctaweb.org/html/2018-9/2018-9-28-14-19-26557.html（最
     後訪問時間：2019 年 4 月 24 日）。

5   《「一帶一路」沿線旅遊熱度報告》，去哪兒網，2017 年 5 月，資料來源：https://
     feed.baidu.com/feed/data/wise/landingpage?s_type=news&dsp=wise&nid=15792
     423072034608224&n_type=&p_from=4（最後訪問時間：2019 年 4 月 24 日）。

6   商務部例行新聞發佈會，2019 年 1 月 24 日，資料來源：http://www.mofcom.gov.
     cn/xwfbh//20190124.shtml（最後訪問時間：2019 年 4 月 24 日）。

7   《經濟日報》，2019 年 1 月 18 日，03 版。

8   國務院常務委員會議 2018 年 9 月 26 日公開數據，資料來源：http://www.gov.cn/
     premier/2018-09/26/content_5325538.htm（最後訪問時間：2019 年 4 月 24 日）。

9   國務院新聞辦公室新聞發佈會，2018 年 8 月 27 日，資料來源：http://www.scio.
     gov.cn/xwfbh/xwbfbh/wqfbh/37601/38866/index.htm（最後訪問時間：2019 年 4 月
     24 日）。

10   商務部例行新聞發佈會，2019 年 1 月 24 日，資料來源：http://www.mofcom.gov.
     cn/xwfbh//20190124.shtml（最後訪問時間：2019 年 4 月 24 日）。

11   《2019－2023 年中國跨境電商市場深度調研及投資前景預測報告》，中投顧問。

12   B2C 電子商務發展指數：由聯合國貿易和發展會議發佈，反映了開展消費端的電
     子商務的便捷度。資料來源於聯合國貿易和發展會議網站：https://unctad.org/en/
     Pages/Home.aspx（最後訪問時間：2019 年 4 月 24 日）。

13   《2017「一帶一路」跨境電商消費趨勢報告》，京東資料研究院，2017 年 5 月 15 日。

14   〈eWTP 助力「一帶一路」建設——阿里巴巴經濟體的實踐〉，阿里研究院，2017 年
     4 月 21 日，資料來源：http://www.aliresearch.com/Blog/Article/detail/id/21305.
     html（最後訪問時間：2019 年 4 月 24 日）。

15   曲頌、蔣雲龍、方敏、鄭秬平：〈遠航吧　跨境電商（一帶一路 合作共贏·大數
     據觀察·聚焦一帶一路）〉，人民網，2017 年 5 月 9 日，資料來源：http://world.
     people.com.cn/n1/2017/0509/c1002-29261711.html（最後訪問時間：2019 年 4 月
     24 日）。

16 本節資料來源：《2017 年人民幣國際化報告》，中國人民銀行網站；《2018 年人民幣國際化報告》，中國人民銀行網站。

17 交通運輸部網站，資料來源：http://xxgk.mot.gov.cn/jigou/zcyjs/201807/t20180727_3051268.html（最後訪問時間：2019 年 4 月 24 日）。

18 向炎濤：〈參與「一帶一路」建設，中國鐵建堅持海外優先〉，《證券日報》，2018 年 12 月 28 日。

19 中國民用航空局 2018 年 8 月新聞發佈會，資料來源：http://www.caacnews.com.cn/special/mhwzt2018/4733/（最後訪問時間：2019 年 4 月 24 日）。

20 〈楊潔篪談共建「一帶一路」和第二屆「一帶一路」國際合作高峰論壇籌備工作〉，人民網，2019 年 3 月 30 日，資料來源：http://hb.people.com.cn/BIG5/n2/2019/0330/c194063-32793722.html（最後訪問時間：2019 年 4 月 24 日）。

資料鏈接

1. 人民幣國際化

　　所謂貨幣國際化，主要是指一國貨幣在相關國家間可以自由兌換、交易和流通。換言之，就是貨幣結算、交易、投資、價值儲備等貨幣功能的國際化。人民幣國際化，就是指人民幣能跨越國境並於境外流通，成為國際上普遍認可和使用的計算、結算及作為儲備貨幣的貨幣。中國自2009 年起致力推動人民幣國際化，人民幣目前在自由兌換、交易和流通三方面的功能進展巨大，逐漸形成美元、歐元與人民幣三足鼎立的態勢。共建「一帶一路」具有龐大的基礎建設、多邊貿易、跨境網絡等特性，其中推動以人民幣計價、交易與結算，將使人民幣作為國際交易媒介、計價標準的金融規模大幅擴大，流轉速度加快，為人民幣國際化締造更多利好條件。

2. 第四次產業革命

　　第四次產業革命又稱為「第四次工業革命」，指十八世紀工業革命出現後的第四個階段：工業革命第一階段是機械化、蒸汽機，第二階段是電力、大規模生產，第三階段是電腦及自動化，第四階段以網絡革命為發展基礎、以各類新興科技突破為特徵，涵蓋人工智能、物聯網、機械人學、生物科技、大數據等不同範疇。這次產業革命導致各類創新科技更廣泛應用於個人、社會、經濟等領域，在未來世界的發展中扮演更重要角色。共建「一帶一路」所投入的各種產業建設，是推動更多國家投入這次產業革命的重要推手。

第二章

「一帶一路」倡議的
框架思路與內涵特點

提要

　　「一帶一路」是中國順應國際國內形勢變化、立足構建全方位對外開放新格局和推動經濟長遠健康發展提出的重大戰略部署，是聯繫亞非歐的政策、貿易、設施、資金、人心暢通的跨區域合作模式。共建「一帶一路」意在通過推動與沿線國家的互聯互通，實現各國發展戰略的對接與耦合，發掘區域內市場潛力，促進投資和消費，創造需求和就業，增進人文交流，實現互利互贏、共同發展。其目標，對外是要拓展與亞非歐市場的合作，共同打造開放、包容、均衡、普惠的區域經濟合作架構，對內則是要優化國內區域開放格局，促進沿海、內陸、沿邊新一輪對外開放的深入。「一帶一路」是中國對國際區域經濟合作及全球治理新模式的積極探索，其戰略影響十分深遠。

「一帶一路」是「絲綢之路經濟帶」和「21 世紀海上絲綢之路」的簡稱。從 2013 年 9 月、10 月中國國家主席習近平提出「一帶一路」合作倡議，到 2015 年 3 月《推動共建絲綢之路經濟帶和 21 世紀海上絲綢之路的願景與行動》（以下簡稱《願景與行動》）[1] 的發佈，「一帶一路」倡議已從戰略構想步入全面務實推進階段，還將成為當前及今後較長時間內最為重要的國家戰略和大國戰略的重要實施路徑。兩年多來，該倡議已引發國際社會高度關注，也獲得不少沿線國家的積極回應。「一帶一路」意在通過推動與沿線國家的互聯互通，實現各國發展戰略的對接與耦合，發掘區域內市場潛力，促進投資和消費，創造需求和就業，增進人文交流，實現互利互贏、共同發展。「一帶一路」的意義與影響極其深遠，實施中的風險與挑戰也頗為明顯。沿線各國、內地各省市都在制定各自的發展規劃，尋求對接策略，把握「一帶一路」建設中的戰略機遇。

一、「一帶一路」倡議的框架思路

「一帶一路」是中國順應國際國內形勢變化，立足構建全方位對外開放新格局，推動經濟長遠健康發展提出的重大戰略部署。根據《願景與行動》，「一帶一路」是東亞經濟圈與歐洲經濟圈「中間廣大腹地國家」共同合作謀發展的宏大行動計劃，「相關的國家基於但不限於古代絲綢之路的範圍，各國和國際、地區組織均可參

與」，意在「讓共建成果惠及更廣泛的區域」。

1. 從構想到戰略實施

「一帶一路」倡議的形成與實施，經歷了最初構想、逐步發展成型、再到付諸實施的幾個過程。前期階段主要是提出設想到明確概念；中期階段重點是制定規劃與建立機構；2015 年 3 月推出規劃以後，進入務實合作的實施階段，[2] 至今已取得多項實質進展。2016 年，「一帶一路」戰略將進入實質操作階段，其主要脈絡大致如下：

2013 年 9 月和 10 月，中國國家主席習近平在出訪中亞和東南亞國家期間，先後正式提出共建「絲綢之路經濟帶」和「21 世紀海上絲綢之路」的重大倡議，受到國際社會的高度關注。之後，這一倡議正式寫入中國共產黨第十八屆中央委員會第三次全體會議（以下簡稱「十八屆三中全會」）通過的《中共中央關於全面深化改革若干重大問題的決定》（以下簡稱「決定」）。2013 年 11 月，十八屆三中全會的《決定》，要求「加快同周邊國家和區域基礎設施互聯互通建設，推進絲綢之路經濟帶、海上絲綢之路建設，形成全方位開放新格局」。由此通過中央決策層面的系列推動，將「一帶一路」提升為國家戰略，並使之成為中國對外開放新戰略的重要部分。

2014 年中央經濟工作會議將「一帶一路」作為中國區域經濟發展的重要戰略之一，明確了中國對外開放的新趨勢。2015 年 3 月，在博鰲亞洲論壇期間，國家發展改革委、外交部和商務部三部委聯合公佈《推動共建絲綢之路經濟帶和 21 世紀海上絲綢之路的願景與行動》，明確了「一帶一路」倡議的建設藍圖。這是一份帶有規劃性質的政府文件，從時代背景、共建原則、框架思路、合作重點、合作機制等方面闡述了「一帶一路」的主張與內涵，提出了共

建「一帶一路」的方向和任務。之所以稱之為「願景與行動」，是因為這是一個方向性、框架性、意向性的設計，而「一帶一路」建設是一項系統工程，未來中國還將與沿線國家和地區進一步協商來共同完善這一工程。文件指出，中國願與沿線國家一道，不斷充實完善「一帶一路」的合作內容和方式，共同制定時間表、路線圖，積極對接沿線國家發展和區域合作規劃。為務實推進「一帶一路」的基礎設施建設和互聯互通，期間中國還倡導成立了金磚銀行、絲路基金和亞投行等多邊金融機構。

2. 合作目標與地域佈局

從路徑與目標看，「一帶一路」是聯繫亞非歐的政策、貿易、設施、資金、人心暢通的跨地區合作模式，共建「一帶一路」旨在促進經濟要素有序自由流動、資源高效配置和市場深度融合，推動沿線各國實現經濟政策協調，開展更大範圍、更高水平、更深層次的區域合作，共同打造開放、包容、均衡、普惠的區域經濟合作架構。其途徑是借用古代「絲綢之路」的歷史符號，高舉和平發展旗幟，充分依靠中國與有關國家既有的雙（多）邊機制，借助既有的、行之有效的區域合作平台，積極主動發展與沿線國家的經濟合作夥伴關係；願景目標是共同打造政治互信、經濟融合、文化包容的利益共同體、責任共同體和命運共同體。

「一帶一路」並非一個實體和機制，而是區域合作發展的理念和倡議，其建設基礎與主軸是經濟，但又超越經濟；要推進綜合發展，形成利益共同體；要擴展政治關係、發展安全合作、注重文化建設，走向命運共同體。倡議所秉持的「開放包容、互利共贏」的新理念，以及系列配套機制的推出，正在國內和國際上持續產生影

響力。

從地域佈局看，「一帶一路」貫穿亞歐非大陸，連接東亞經濟圈與歐洲經濟圈，在陸海空通道網絡上，現階段有五個重點地域佈局方向。

「絲綢之路經濟帶」的重點佈局方向主要有三條：一是中國經中亞、俄羅斯至歐洲（波羅的海）；二是中國經中亞、西亞至波斯灣、地中海；三是中國至東南亞、南亞、印度洋，將「依託國際大通道，以沿線中心城市為支撐，以重點經貿產業園區為合作平台，共同打造新亞歐大陸橋、中蒙俄、中國—中亞—西亞、中國—中南半島等國際經濟合作走廊」（《願景與行動》），基本構成「絲綢之路經濟帶」的陸地骨架。

「21世紀海上絲綢之路」的重點佈局方向有兩條，一是從中國沿海港口過南海到印度洋，延伸至歐洲；二是從中國沿海港口過南海到南太平洋。「海上以重點港口為節點，共同建設通暢安全高效的運輸大通道。」（《願景與行動》）

根據《願景與行動》，「一帶一路」在重點佈局上形成陸海立體開放網絡。陸上「一帶」，東連亞太經濟圈，西連發達的歐洲經濟圈，在空間走向上初步形成以歐洲大陸橋為主的北線、以石油天然氣管道為主的中線、以跨國公路為主的南線。此外，還納入了與推進「一帶一路」關聯緊密的中巴、孟中印緬兩個經濟走廊。

海上「一路」，以點帶線、以線帶面，串起聯通東盟、南亞、西亞、北非、歐洲等各大經濟板塊的市場鏈，發展面向南海、太平洋和印度洋的戰略合作經濟帶。

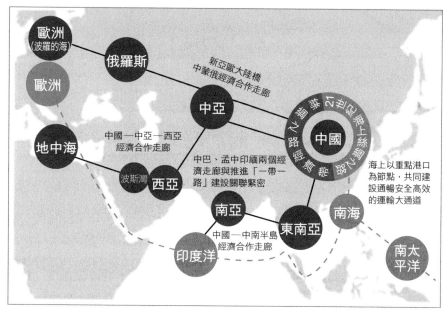

資料來源：根據《願景與行動》有關內容製作。

　　從輻射範圍看，「一帶一路」是世界上跨度最大、最具有發展潛力，同時發展也最具挑戰性的經濟走廊，貫穿亞太、歐洲、非洲等多個經濟圈，涉及中蒙俄、新亞歐大陸橋、中國—中亞—西亞、中國—中南半島、中巴、孟中印緬這六大經濟走廊，其輻射面涵蓋亞太地區多數國家。「一帶一路」國際段的輻射範圍，向北可與俄羅斯的交通線及管道連接，向東連接東亞另外兩個主要經濟體日本和韓國，向西通過中亞連接西歐，向南通過印度洋連接到北非，其輻射範圍涵蓋東盟、南亞、西亞、中亞、北非和歐洲。「一帶一路」沿線國家和地區人口約 44 億，經濟總量約 21 萬億美元，分別約佔全球的 63% 和 29%，貨物貿易和服務出口佔到全球的近四分之一。目前納入「一帶一路」的國家已達 65 個，由於「一帶一路」合作平台是開放的，實際參與的國家數量是動態變化的。

「一帶一路」國內段，打破了原有點狀、塊狀的區域發展模式，根據西北東北地區、西南地區、沿海和港澳台地區、內陸地區各自比較優勢，構建起「一帶一路」的地方依託，並將新疆、福建分別設定為陸海「兩翼」核心區。這既是對接中國經濟對外發展的五條國際大通道，也是促進西部經濟發展、加強東中西互動合作、提升對外開放戰略水平的需要。

從「一帶一路」發展路徑來看，節點城市是關鍵，經濟開發區和港口建設是重點。陸上以沿線中心城市為支撐，以重點經貿產業園區為合作平台，提出要打造西安內陸型改革開放新高地，加快蘭州、西寧開發開放；加快北部灣經濟區和珠江—西江經濟帶開放發展；打造重慶西部開發開放重要支撐和成都、鄭州、武漢、長沙、南昌、合肥等內陸開放型經濟高地。海上以重點港口為節點，共同建設通暢安全高效的運輸大通道，重點提出要加強上海、天津、寧波—舟山、廣州、深圳、湛江、汕頭、青島、煙台、大連、福州、廈門、泉州、海口、三亞等 15 個沿海城市港口建設，強化上海、廣州等國際樞紐機場功能。

國內段「一帶一路」建設，從橫向看，貫穿東中西部；從縱向看，連接主要沿海港口城市，並且不斷向中亞、東盟延伸，同時更多強調省區之間的互聯互通、產業承接轉移。「一帶一路」戰略不僅是中國企業，而且也是中國地方走向世界的重要媒介，形成中國地方主動規劃、積極對接的多重引擎。

根據《願景與行動》，作為開放程度高、經濟實力強、輻射帶動作用大的港澳地區，其重點是要充分發揮深圳前海、廣州南沙、珠海橫琴等開放合作區作用，與福建平潭開放合作區一起，以擴大開放倒逼深層次改革，創新開放型經濟體制機制，加大科技創新力

度，形成參與和引領國際合作競爭新優勢，成為「一帶一路」特別是「21世紀海上絲綢之路」建設的排頭兵和主力軍。此外，港澳地區要深化與內地合作，共同打造粵港澳大灣區，發揮其獨特優勢，積極參與和助力「一帶一路」。

二、「一帶一路」倡議的合作重點

1.「一帶一路」的三大任務與方向

「一帶一路」建設，是沿線各國開放合作的宏大經濟願景，是促進共同發展、實現共同繁榮的合作共贏之路，是增進理解信任、加強全方位交流的和平友誼之路。其總體目標，是要打造政治互信、經濟融合、文化包容的三個共同體即利益共同體、命運共同體和責任共同體。

具體而言，「一帶一路」有三大任務與方向：一是努力實現區域基礎設施更加完善，安全高效的陸海空通道網絡基本形成，互聯互通達到新水平；二是投資貿易便利化水平進一步提升，高標準自由貿易區網絡基本形成，經濟聯繫更加緊密，政治互信更加深入；三是人文交流更加廣泛深入，不同文明互鑒共榮，各國人民相知相交、和平友好。

2.「一帶一路」以「五通」為合作重點

根據沿線各國資源稟賦差異及經濟互補性,「一帶一路」合作重點以「五通」——「政策溝通、設施聯通、貿易暢通、資金融通、民心相通」為主要內容。[3]

一是政策溝通。加強政策溝通是「一帶一路」建設的重要保障。加強政府間合作,積極構建多層次政府間宏觀政策溝通交流機制,深化利益融合,促進政治互信,達成合作新共識。促進沿線各國就經濟發展戰略和對策進行充分交流對接,共同制定推進區域合作的規劃和措施,協商解決合作中的問題,共同為務實合作及大型項目實施提供政策支援。

二是設施聯通。基礎設施互聯互通是「一帶一路」建設的優先領域。在尊重相關國家主權和安全關切的基礎上,加強沿線國家基礎設施建設規劃、技術標準體系的對接,共同推進國際骨幹通道建設,逐步形成連接亞洲各次區域以及亞歐非之間的基礎設施網絡。

三是貿易暢通。投資貿易合作是「一帶一路」建設的重點內容。宜著力研究解決投資貿易便利化問題,消除投資和貿易壁壘,構建區域內和各國良好的營商環境,積極同沿線國家和地區共同商建自由貿易區,激發釋放合作潛力,做大做好合作「蛋糕」。積極推動產業合作,發揮各地區比較優勢,優化產業鏈分工佈局。

四是資金融通。資金融通是「一帶一路」建設的重要支撐。深化金融合作,推進亞洲貨幣穩定體系、投融資體系和信用體系建設。擴大沿線國家雙邊本幣互換、結算的範圍和規模。推動亞洲債券市場的開放和發展。共同推進亞洲基礎設施投資銀行、金磚國家開發銀行等政策性金融機構的籌建。加強金融監管合作,推動簽署雙邊監管合作諒解備忘錄,逐步在區域內建立高效監管協調機制。

充分發揮絲路基金以及各國主權基金作用，引導商業性股權投資基金和社會資金共同參與「一帶一路」重點項目建設。

五是民心相通。民心相通是「一帶一路」建設的社會根基。傳承和弘揚絲綢之路友好合作精神，廣泛開展文化交流、學術往來、人才交流合作、媒體合作、青年和婦女交往、志願者服務等，為深化雙多邊合作奠定堅實的民意基礎。

上述五大合作重點，既涵蓋經濟，也涉及文化與人才；既涉及道路等基礎設施等「硬聯通」，也包括規章制度方面的「軟聯通」（如技術標準和金融體系的對接以及人才培養的交流等）。從領域看，交通運輸、基礎設施是互聯互通範疇中最基礎和重要的領域之一，內容涵蓋鐵路、航空、管道等多種方式的互通和國際多次聯運。從地域看，是以亞洲國家為重點方向，率先實現亞洲互聯互通：以經濟走廊為依託，建立亞洲互聯互通的基本框架；以交通基礎設施為突破，實現亞洲互聯互通的早期收穫；以建設融資平台為抓手，打破亞洲互聯互通的瓶頸；以人文交流為紐帶，夯實亞洲互聯互通的社會根基。

三、「一帶一路」倡議的內涵特點

中國倡導的「一帶一路」，繼承古絲綢之路的和平、開放、包容、互信、互利精神，同時又注入新的時代內涵，具有很強的時代

特點與現實使命。「一帶一路」倡議，是在多重機遇與挑戰下提出，是中國為推動經濟全球化深入發展而提出的國際區域經濟合作新模式，也是新時期應對中國經濟新常態以及深化經濟改革開放的迫切需要，是對外經濟合作戰略的重要體現，同時又是國際合作及全球治理新模式的積極探索。

1. 新時期國家發展階段以及應對中國經濟新常態的迫切需要

經過改革開放三十多年的發展，中國已進入一個新的歷史階段，目前正從地區性大國向全球性大國轉變，經濟上處於長周期的轉捩點，經濟增速換擋、產業結構調整、比較優勢和增長動力轉換，需要拓展新的市場增長空間，需要一個更加體系化的全球新戰略的支撐。而「一帶一路」戰略作為中國在歐亞大陸和海洋周邊推行的整體性國家戰略思路，正是順應新時期國家發展階段的現實背景需要，具有鮮明的時代特徵。共建「一帶一路」戰略，有助於進一步利用國際資源特別是能源資源，來保障中國長期持續的資源保障安全；通過「一帶一路」使中國的資本「走出去」，在國際投資方面尋求機會，將優質產能融入世界，擴大國際合作重點領域，以投資帶動產品輸出，形成支撐中國經濟增長的新引擎。

經過三十多年的改革開放，中國積累了參與國際產業分工調整、承接發達經濟體產業轉移、實現經濟快速發展的寶貴實踐經驗。中國有經驗也有能力將資金優勢、產能優勢和技術優勢結合起來，轉化為「一帶一路」共建中的獨特優勢和合作模式，讓發展成果惠及更廣泛的區域、外溢效應惠及更多國家，在區內形成新的經濟增長點，不僅為本國經濟同時也為世界經濟注入新的動力。

2. 國家新一輪對外開放的戰略要求，是構建內地開放型經濟新體制的重要著力點

「一帶一路」是經濟全球化以及區域一體化新形勢下中國擴大和深化對外開放、全面提高開放型經濟水平的需要，是實行更加積極主動開放戰略的具體實踐。崛起的中國必然需要「走出去」，積極參與國際競爭與合作，為適應經濟全球化新趨勢，推進更高水平的對外開放，需要以對外開放的主動，贏得經濟發展的主動、贏得國際競爭的主動。「一帶一路」將構築新一輪對外開放的「一體兩翼」，在提升向東開放水平的同時，加快向西開放步伐，助推內陸沿邊地區由對外開放的「邊緣」邁向「前沿」。

從「一帶一路」戰略看，對外是要拓展與亞非歐市場的合作，全面提升對外開放和對外合作水平。通過打造開放、包容、均衡、普惠的區域經濟合作架構，促進與沿線各國經濟要素自由流動、資源高效配置和市場深度融合；通過推動沿線各國實現經濟政策協調，開展更大範圍、更高水平和更深層次的區域合作。對內則是要優化國內區域開放格局，促進沿海、內陸、沿邊新一輪對外開放的深入。根據「一帶一路」的總體構想，中國將充分發揮國內各地區的比較優勢，從海陸空全方位貫通中國東中西部地區，擴大中西部內陸沿邊地區的開放程度，進一步優化西北、東北、西南、沿海和港澳台、內陸五大區塊的定位與佈局，促進全面釋放內陸開放潛力，有助於改變區域發展「東重西輕」、「海強陸弱」的格局，促進國家經濟的全面、均衡、持續健康發展。同時將「一帶一路」建設與加快人民幣國際化進程、與區域開發開放結合起來，形成全方位的開放新格局。「一帶一路」建設，是以基礎設施互聯互通為突破口，推進投資和貿易便利化；通過構建新的開放模式，有效推進資

本與產業「走出去」；通過促進建立和完善互利共贏、多元平衡、安全高效的開放型經濟體系，來著力構建中國高水平的開放型經濟新體制。

3. 構建國際區域經濟合作新格局，塑造世界經濟增長新動力

「一帶一路」倡議，承載多重目標與願景，從國際視角看，既是加強與亞歐非及世界各國經濟互利合作的迫切需要，也是改善世界經濟及治理體系失衡的現實要求。就亞歐非國家而言，「一帶一路」合作項目和推進措施的實施，將對沿線國家產生廣闊的輻射效應，有助於縮小地區發展差距，加快區域一體化進程。「一帶一路」建設將歐亞大陸的兩端，即發達的歐洲經濟和最具活力的東亞經濟圈更加緊密地聯接起來，將帶動中亞、西亞、南亞、東南亞的發展，促進形成一體化的歐亞大市場，並輻射非洲等區域。通過發揮「一帶一路」沿線各國資源稟賦，實現優勢互補，可望大幅提升世界貿易體系的活力。[4]

「一帶一路」建設以交通基礎設施建設為重點和優先合作領域，非常契合亞歐大陸的實際需要。通過亞歐非大陸及附近海洋的互聯互通、沿線各國發展戰略的對接與耦合以及夥伴關係的建立，有助於發掘區域內的市場潛力，促進投資、消費，創造需求和就業，形成新的經濟動力，帶動區域內各國的經濟發展。

4. 基於新安全觀視角的周邊外交大戰略的延伸

「一帶一路」建設對國家整體發展和國家安全有重要意義。從

外交層面看，「一帶一路」周邊國家是首要的重點地區，需要處理好對外開放與維護國家安全的關係。「一帶一路」是以經濟合作為基礎的，但又不限於經濟合作，會涉及許多非經濟合作的目標。比如，海上絲綢之路還涉及海洋運輸的安全、海上資源的共同開發、海權爭端問題等；中國在東北亞和南海正面臨著美國重返亞太的多重挑戰，而主動向西、向南拓展合作，可以適當緩解中國在東海和南海面臨的複雜局面，增強外交迴旋餘地和博弈籌碼等；在「絲綢之路經濟帶」國家實現「五通」中，如何防止該地區恐怖主義對中國中西部的影響，如何與中亞和中東等沿途國家政府共同反恐，防止「三股勢力」（宗教極端勢力、民族分裂勢力、暴力恐怖勢力）的侵擾等，都是維護國家安全面臨的新任務。

在「一帶一路」建設中，通過經濟合作與非經濟合作，與周邊國家建立起可靠的夥伴關係，可有效提升中國的國際地位與影響，從而為民族復興營造良好的外部環境。

5. 國家踐行和平發展道路的長期國策，是實現「中國夢」的重要驅動引擎

「一帶一路」倡議具有全域性、綜合性、長期性等戰略特點：

一是倡議目標的空間範圍廣，跨地區，集國際、區域、國內等多層次、多視角，強調與各國打造互利共贏的「利益共同體」和共同發展繁榮的「命運共同體」，承載著全面開放、統籌發展、民族復興的崇高使命。

二是倡議時間跨度大、周期長，其實施建設是一項長期的系統工程，甚至將伴隨著中國新一輪開放型經濟發展的全過程，[5]是中國中長期統領對外發展的重要戰略與長期國策。

三是倡議所主張的互利共贏發展理念，改變大國崛起通常出現的「霸權」之路，是中國踐行和平發展道路的積極探索。倡議以推動實現區域內「五通」為重點，其目標是促進開放型經濟新體制的建立，包括基礎設施互聯互通、能源資源合作、園區和產業投資合作、貿易及成套設備進出口等領域，將依託沿線基礎設施的互通互聯，對沿線貿易和生產要素進行優化配置，形成「以周邊為基礎加快實施自由貿易區戰略」和「面向全球的高標準自貿區網絡」。

　　隨著這一倡議的推進實施，將衍生巨大的經濟能量與投資貿易帶動效應，成為實現「中國夢」的重要驅動引擎。

四、「一帶一路」的國際視角

1.「一帶一路」構想得到國際社會積極回應

　　進入新世紀以來，美國、日本、俄羅斯等國都先後從自身角度出發，提出了「新絲綢之路」的構想，其共同特點是都以中亞為軸心，但通達的目的地卻差別很大。不同版本的「絲綢之路」，其背後的潛台詞是視中亞為聯通歐亞的物流、資源、經濟乃至政治樞紐，力爭在「樞紐之爭」中佔據上風，從而擴大自己經濟、能源安全的外延，並更加有效地拓展自身經濟輻射圈和商路。[6] 相比之下，中國提出的「一帶一路」構想計劃更詳，範圍更廣，涉及國

家、地區更多，受益面更大。簡而言之，這是一個更加開放、更加包容和更強調合作共贏的宏偉藍圖。因此，這一構想不僅受到中亞各國，也受到上合組織成員國及觀察員國，以及國際組織如聯合國、歐盟等的讚揚和積極回應。

2. 國際智庫認可「一帶一路」的新型理念與戰略意涵

中國社會科學院亞太與全球戰略研究院公佈的研究成果——《國外智庫看「一帶一路」》顯示，以美國布魯金斯學會、新加坡李光耀公共政策學院等為代表的上千家國際智庫，也一直順時而謀，著手研究以「一帶一路」為代表的中國戰略、安全、經濟新景觀，從中可以看出國際智庫對「一帶一路」的觀察視角與大致取態。其代表性經濟觀點主要有以下幾個[7]：

一是認為「一帶一路」是「親誠惠容」周邊外交理念的延伸，涉及世界各地一系列的基礎設施項目，與歐亞經濟聯盟的對接，與俄羅斯跨歐亞大鐵路、蒙古草原之路倡議對接，彰顯了共贏的理念。

二是絲路基金、金磚銀行、亞投行促進了國際金融機構的治理改革，推動國際經濟體系的規則建設。

三是亞洲相互協作與信任措施會議（以下簡稱「亞信會議」）、上合組織，始於亞洲，終及亞歐，起於經濟，著眼安全。

四是中國的國際存在更加強力，在國際舞台上的建設性作用進一步增強，正在以更加主動的姿態融入世界。

五是多極化導致國際舞台擴大，中國或先從區域安全著手，建立亞洲共同體，最終實現世界共同體。

六是在共同繁榮、同舟共濟的前提下，中國邁向地區和全球大

國的努力進入了新的階段。

七是中國在負責任地參與世界經濟秩序的維穩，以及國際政治、安全領域的協調，致力於使世界和平進入新的階段。

八是有些智庫認為，「一帶一路」合作倡議是新中國繼「三個世界」理論、改革開放思想以來對世界思想界和戰略界又一重要思想貢獻。

上述觀點顯示，「一帶一路」的新型理念與戰略意涵，正獲得國際智庫高度關注與較高認可。

本章作者：蔡赤萌

國務院港澳事務辦公室港澳研究所經濟室主任、研究員，全國港澳研究會理事

注釋

1　　2015 年 3 月 28 日，中國國家發展改革委、外交部和商務部聯合發佈了《推動共建絲綢之路經濟帶和 21 世紀海上絲綢之路的願景與行動》，闡述了「一帶一路」倡議的共建原則、框架思路、合作重點及合作機制，指明了建設目標和路徑圖，資料來源：http://www.ndrc.gov.cn/gzdt/201503/t20150328_669091.html（最後訪問時間：2015 年 10 月 27 日）。

2　　盧鋒等：〈為甚麼是中國？——「一帶一路」的經濟邏輯〉，載《國際經濟評論》，2015 年第 3 期。

3　　國家發改委、外交部和商務部：《願景與行動》，前注 1。

4　　程國強：〈共建「一帶一路」：內涵、意義與智庫使命〉，載《中國發展觀察》，2015 年第 4 期。

5　　張萊楠：〈全面提升「一帶一路」戰略發展水平〉，載《宏觀經濟管理》，2015 年第 2 期。

6　馮宗憲：〈「一帶一路」構想的戰略意義〉，《光明日報》，2014 年 10 月 20 日，載求實理論網：http://www.qstheory.cn/culture/2014-10/20/c_1112895478.htm（最後訪問時間：2016 年 1 月 6 日）。

7　辛聞：〈社科院研究員：國外智庫對「一帶一路」理解有偏差〉，《中國日報》中文網，2015 年 12 月 28 日，資料來源：http://world.chinadaily.com.cn/guoji/2015-12/28/content_22843028.htm（最後訪問時間：2016 年 1 月 6 日）。

資料鏈接

1. 絲綢之路經濟帶

「絲綢之路經濟帶」是在「古絲綢之路」概念基礎上形成的一個新的經濟發展區域。「絲綢之路經濟帶」，東邊牽著亞太經濟圈，西邊繫著歐洲經濟圈，被認為是世界上最長、最具有發展潛力的經濟大走廊。「絲綢之路經濟帶」的核心是經濟帶，體現的是經濟帶上各城市集中協調發展的思路。2013 年 9 月，中國國家主席習近平訪問哈薩克時首次提出該構想。在哈薩克斯坦納扎爾巴耶夫大學發表的題為《弘揚人民友誼 共創美好未來》的重要演講中，習近平主席指出：「為了使我們歐亞各國經濟聯繫更加緊密、相互合作更加深入、發展空間更加廣闊，我們可以用創新的合作模式，共同建設『絲綢之路經濟帶』。這是一項造福沿途各國人民的大事業。」

2. 21 世紀海上絲綢之路

「21 世紀海上絲綢之路」，是 2013 年 10 月中國國家主席習近平訪問東盟時提出的戰略構想。海上絲綢之路自秦漢時期開通以來，一直是溝通東西方經濟文化的重要橋樑，而東南亞地區自古就是海上絲綢之路的重要

樞紐和組成部分。中國著眼於與東盟建立戰略夥伴關係十周年這一新的歷史起點，為進一步深化中國與東盟的合作，提出「21 世紀海上絲綢之路」的戰略構想。2013 年 10 月，國家主席習近平在印尼出席亞太經合組織（APEC）領導人非正式會議期間明確提出，東南亞地區自古以來就是「海上絲綢之路」的重要樞紐，中國願意同東盟國家加強海上合作，使用好中國政府設立的中國—東盟海上合作資金，發展好海洋合作夥伴關係，共同建設「21 世紀海上絲綢之路」。「21 世紀海上絲綢之路」將串起連通東盟、南亞、西亞、北非、歐洲等各大經濟板塊的市場鏈，發展面向南海、太平洋和印度洋的戰略合作經濟帶，以亞歐非經濟貿易一體化為發展的長期目標。

「絲綢之路經濟帶」與「21 世紀海上絲綢之路」，簡稱「一帶一路」。

3. 亞投行

亞投行是亞洲基礎設施投資銀行（Asian Infrastructure Investment Bank，縮寫：AIIB）的簡稱。亞投行由中國倡議、57 國共同籌建，是政府間性質的亞洲區域多邊開發銀行機構，重點支持基礎設施建設。亞投行總部設在北京。

2013 年 10 月，中國領導人在出訪東南亞時提出籌建亞投行的倡議，得到了各方廣泛積極的回應。2014 年 10 月，首批 22 個意向創始成員國在北京簽署了《籌建亞投行備忘錄》。隨後，先後有 35 個域內外國家作為意向創始成員國加入了亞投行。5 月下旬，經過四輪專業、高效的談判磋商，57 個意向創始成員國如期商定了《亞洲基礎設施投資銀行協定》（以下簡稱《協定》）文本。2015 年 6 月 29 日，《協定》簽署儀式在北京舉行。亞投行 57 個意向創始成員國財長或授權代表出席了簽署儀式，其中已通過國內審批程序的 50 個國家正式簽署《協定》。

截至 2015 年 12 月 25 日，包括緬甸、新加坡、文萊、澳大利亞、中

國、蒙古、奧地利、英國、新西蘭、盧森堡、韓國、格魯吉亞、荷蘭、德國、挪威、巴基斯坦、約旦等在內的 17 個意向創始成員國（股份總和佔比 50.1%）已批准《協定》並提交批准書，達到《協定》規定的生效條件。亞洲基礎設施投資銀行正式成立。亞投行將遵循高效、精簡、清廉、清潔的原則，通過貸款、擔保、股權投資等各種金融工具，促進亞洲地區經濟一體化的發展，亞投行將有計劃、有步驟地對涉及基礎設施建設與互聯互通有關的項目給予重點的投入和相應的支持。

第三章

「一帶一路」倡議的共建原則、
合作機制與推進現狀

提要

　　「一帶一路」倡導「和平合作、開放包容、互學互鑒、互利共贏」的新型理念，遵循「開放合作、市場運作、互利共贏」的共建原則，秉持「共商、共建、共享」的合作精神，來實現「五通」等願景目標，這是其區別於其他合作組織或機制的典型特徵，也是以「合作共贏」為核心的新型國際合作關係的具體實踐。「一帶一路」合作機制開放包容，不另起爐灶，積極利用已有雙多邊合作機制基礎，推動沿線國家實現發展戰略的相互對接，具體推進方式高度靈活、富有彈性、講求實效。倡議提出兩年多來，在機制體制建設上取得進展，如出台頂層設計，描繪建設路徑圖；建立工作領導機制，構建支撐保障體系；地方政府積極規劃、主動對接；建立項目儲備庫，推進制度化管理；發揮平台作用等。同時也獲得了一批早期成果，通過高層引領推動，推進了一系列國際共識；簽署一攬子合作協定，達成了一批建設項目；內地各類機構、企業「走出去」的熱情高漲等。但「一帶一路」建設也存在許多尚待克服的障礙，需要挖掘「一帶一路」發展理念與合作機制的利益交集點，努力探索各區域經濟整合模式中的共通點和利益共同點。

2015 年 3 月由中國國家發展改革委、外交部、商務部三部委聯合發佈的《推進共建絲綢之路經濟帶和 21 世紀海上絲綢之路的願景與行動》，被視為具有官方規劃性質的「一帶一路」路線圖，該文件為整個戰略提供了明確的實施方向和整體框架，有力地推進了「一帶一路」戰略的實施。通過中央決策層面的系列推動以及初步成果的呈現，「一帶一路」倡議正在國內和國際上產生持續的影響力。

一、合作理念與共建原則

「一帶一路」既有實現「中國夢」的路徑選擇，又有對大國崛起話語權和比較優勢的戰略規劃，此外還有中國肩負讓世界更美好的願望和責任擔當，因而中國倡導的「一帶一路」合作理念以及共建原則，體現著中國推進國際區域合作的新理念，是對現行全球治理機制的優化與創新。

1. 對接發展，構建打造南南合作、南北合作的新路徑

「一帶一路」將沿線區域內在的發展需求與合作基礎，用新的理念、通過互聯互通方式、有針對性地進行對接，為處於不同發展階段的亞非歐國家社會經濟發展注入新的動力，打造歐亞合作並輻射

非洲的新增長模式。「一帶」與「一路」，分別從戰略走向上串起各自功能。

「絲綢之路經濟帶」，貫穿亞歐非大陸，一頭是活躍的東亞經濟圈，一頭是發達的歐洲經濟圈，中間廣大腹地國家處於兩個引擎的「坍塌地帶」，大多為新興市場或發展中經濟體，目前正處於經濟發展的上升期，後發優勢強勁，本世紀以來年均 GDP 增速高達6.4%，是全球平均增幅的兩點五倍，經濟發展潛力巨大。同時，沿線國家經濟整合度相對較低，迫切需要解決交通、電力、信息等基礎設施嚴重不足等難題。「一帶一路」沿線國家的發展需求以及兩大引擎的聯通需求相疊加，構築起「絲綢之路經濟帶」國際合作的戰略基礎。[1]

「21 世紀海上絲綢之路」，是中國連接世界的新型貿易之路，其核心價值是通道價值和戰略安全。東盟地處海上絲綢之路的十字路口，是新海絲戰略的首要發展目標。但「一路」戰略夥伴並不限於東盟，而是以點帶線、以線帶面，以重點港口為節點，共同建設通暢高效安全的運輸大網絡，串起聯通東盟、南亞、西亞、北非、歐洲等各大經濟板塊的市場鏈，發展面向南海、太平洋和印度洋的戰略合作經濟帶。

2. 開放包容、互利共贏，
創新國際合作的理念與共建原則

「一帶一路」倡議推動的是一種包容性全球化，其倡導的合作理念及願景目標，成為吸引沿線國家高度關注與積極參與的關鍵點。根據中國政府倡議，「一帶一路」建設秉持「和平合作、開放包容、互學互鑒、互利共贏」的新型理念，並以此全方位推進務實合作。

根據這一合作理念，「一帶一路」倡議設定其「共建原則」：恪守《聯合國憲章》的宗旨和原則，堅持「開放合作、市場運作、互利共贏」，通過「共商、共建、共享」來實現「一帶一路」願景。「一帶一路」所倡議的理念與共建原則，是其區別於其他合作組織或機制的典型特徵，也是以「合作共贏」為核心的新型國際合作關係的具體實踐。其重點如下：

一是秉持「共商、共建、共享」的合作精神。

「一帶一路」倡議突破了以我為主的利益觀，強調共同建設、共同發展，在共建「一帶一路」中打造利益共同體、責任共同體和命運共同體。在「一帶一路」建設中，中國只是倡議者，不是主導者。在合作中，充分利用現有的雙邊和多邊機制，搭建靈活開放的戰略夥伴關係網絡，打通中國與東亞、南亞、中亞、中東歐甚至非洲、拉美等地區之間的合作交流之路，使各方分享合作網絡的體系紅利；強調要遵循互利共贏原則，兼顧各方利益和關切，尋求利益契合點和合作最大公約數，把各方優勢和潛力充分發揮出來。

二是平台開放，不排外，突破區域限制。

「一帶一路」是跨區域開放性大框架，共建「一帶一路」的國家基於但不限於古代絲綢之路的範圍，對世界上所有國家或經濟體、國際組織、區域合作機制和民間機構均開放；在制度安排和機制設計上，不搞封閉的小圈子，不具排他性，沒有前提條件，只要認同合作理念均可參與合作，讓共建成果惠及更廣泛的區域。倡議尤其要求推動各參與方努力提高投資與貿易便利化水平，降低貿易和投資成本，在相互開放中培育可持續增長的市場和發展的新動力。

三是和諧包容，多種機制並存。

「一帶一路」建設，倡導文明寬容，尊重各國發展道路和模式的選擇，不排斥現行體制，與現行其他合作模式共存。在「一帶一路」

推進中，需要適應沿途各個國家的多樣化訴求，並採取一種多樣化的合作方式，有可能是自貿區、次區域合作、經濟走廊，或者是一種簡單的互聯互通等。「一帶一路」強調與當地社會發展相銜接，尊重各國根據自身國情和發展階段所做的選擇，是在已有機制基礎上，推動沿線國家實現發展戰略的相互對接、優勢互補，機制化合作與非機制化合作並存。

四是在合作與推進方式上，由各方自主選擇、主動融入與對接，並堅持市場運作。

「一帶一路」建設主動、務實，在具體合作推進中，沒有劃一標準，開放自主，由參與各方根據自身發展需要來主動設計與對接，通過雙邊、多邊協商，自由選擇合作機制。在推動區內各經濟體的深化合作與共同進步時，注重發揮市場資源配置功能和企業主體作用，堅持市場運作方式，遵循市場規律和國際通行規則。這是「一帶一路」建設可持續的基礎，也是與政府援助相異之處。

3. 兼顧與協調經濟、政治、安全、文化利益，共同打造命運共同體

「一帶一路」倡議創新理念、強調多邊共贏，以「五通」為合作目標，其主線是經濟合作和文化交流，重點是互聯互通和貿易投資便利化，但同時又涉及政治、安全、文化利益，把互惠互利的國際合作原則提升至命運共同體的高度。過往中國企業「走出去」，重經濟、輕人文，欠缺政策溝通和人文交流，其結果是經濟合作很難取得理想效果，企業也難以真正「走進」當地。

二、合作機制

　　與建設理念及共建原則相適應，「一帶一路」合作機制的基本特點是開放包容。「一帶一路」建設並不是想另起爐灶，不是要打破現有國際機制，而是在已有機制基礎上推動沿線國家實現發展戰略的相互對接、優勢互補，開展更大範圍的、更高水平的、更深層次的區域合作。其合作機制的基本思路是，積極利用現有雙邊與多邊合作機制，來推動共建「一帶一路」。

1. 充分借助和利用現有的雙多邊合作機制和有關平台 [2]

　　一是加強雙邊合作，開展多層次、多渠道溝通磋商，推動雙邊關係全面發展。

　　具體包括：推動簽署合作備忘錄或合作規劃，建設一批雙邊合作示範；建立完善雙邊聯合工作機制，研究推進「一帶一路」建設的實施方案、行動路線圖；充分發揮現有聯委會、混委會、協委會、指導委員會、管理委員會等雙邊機制作用，協調推動合作項目實施等。

　　二是強化多邊合作機制作用，讓更多國家和地區參與「一帶一路」建設。

　　發揮上海合作組織、中國—東盟「10+1」、亞太經合組織、亞歐會議、亞洲合作對話、亞信會議、中阿合作論壇、中國—海合會戰略對話、大湄公河次區域經濟合作、中亞區域經濟合作等現有多邊合作機制作用，加強相關國家間的溝通。

三是繼續發揮沿線各國區域、次區域相關國際論壇、展會等平台的建設性作用。

其中，要發揮好博鰲亞洲論壇、中國—東盟博覽會、中國—亞歐博覽會、歐亞經濟論壇、中國國際投資貿易洽談會，以及中國—南亞博覽會、中國—阿拉伯博覽會、中國西部國際博覽會、中國—俄羅斯博覽會、前海合作論壇等平台作用；支持沿線國家地方、民間挖掘「一帶一路」歷史文化遺產，聯合舉辦專項投資、貿易、文化交流活動，辦好絲綢之路（敦煌）國際文化博覽會、絲綢之路國際電影節和圖書展。此外，《願景與行動》倡議建立「一帶一路」國際高峰論壇。

2. 具體操作推進上高度靈活、富有彈性、講求實效

一是共建途徑以目標協調、政策溝通為主，不刻意追求一致性和強制性的制度安排，要與現有區域合作機制如上合組織、歐亞經濟共同體、亞太經合組織、東盟、海合組織和歐盟等合作協調發展。

二是以帶狀經濟、走廊經濟、貿易便利化、技術援助、經濟援助、經濟一體化等各種可供選擇的方式，加強雙邊、對接多邊，依託區域、次區域相關論壇等靈活多樣的方式，與沿線國家共同推進歐亞非經貿發展。

三是先易後難，基建先行。「一帶一路」建設的合作重點是「五通」，其中互聯互通和基礎設施建設又是非常重要和艱難的基礎性工作，是「一帶一路」建設的優先領域。基礎設施薄弱是區域互聯互通的障礙，也是區域發展的瓶頸。基建先行對區域而言有助於形成新的經濟增長點，對中國而言有助促進中國優勢產能和有競爭力

的企業「走出去」。

四是高度靈活，合作進程多元開放。可不斷充實完善「一帶一路」的合作內容和方式，共同制定時間表、路線圖，積極對接沿線國家發展和區域合作規劃。通過雙邊協商，成熟一項推進一項。可穩步推進示範項目建設，共同確定一批能夠照顧雙多邊利益的項目，爭取早日開花結果。

3. 開放包容、合作共建「一帶一路」合作機制

「一帶一路」建設，不是中國一家獨奏，而是沿線國家的大合唱。與美國力推的跨太平洋夥伴關係協定（TPP）相比較，「一帶一路」最大的不同就是開放包容，不針對任何國家也不排斥任何國家。在共建原則設計上，「一帶一路」建設不僅不會替代現有合作機制和倡議，而且力推沿線國家發展戰略相互對接與優勢互補。在已經公佈的有關「一帶一路」的官方文件中，並未對沿線國家的數量明確量化，而是強調「一帶一路」的開放包容原則。[3] 在區域上，「一帶一路」以絲綢之路沿線 65 個國家為主，但不限於這些國家，絲路沿線經濟所輻射和延伸的世界各國和地區組織，均可平等參加。通過機制對接，實現更大範圍的區域合作，搭建更加廣泛的合作平台。

一是在重點對接區域上，發揮好東盟、歐洲、上合組織、阿拉伯國家等區域合作組織的功能。

東盟是亞太地區最早的區域合作組織，也是近年來全球經濟發展最快的地區之一，市場潛力和經濟影響力日趨增強。目前中國正在與東盟打造「鑽石十年」。東盟作為「21 世紀海上絲綢之路」的關鍵樞紐，是「一帶一路」的重點和優先地區。

歐洲是「一帶一路」的西部引擎，戰略價值突出。歐盟是具有世界影響力的經濟聯合體，經濟、政治等領域的一體化取得巨大成就。歐盟一直是中國最大的貿易夥伴，在經濟上具有核心競爭力，市場體系健全、資金雄厚、科技領先、管理規範。中歐正共同建設「和平、增長、改革、文明」四大夥伴關係，雙方領導人已達成一系列重要共識，同意推進三大對接：即中國「一帶一路」倡議同歐洲發展戰略的對接、中國國際產能合作同「容克投資計劃」的對接、中國——中東歐「16+1 合作」同中歐整體合作相對接。[4] 上述對接將有助於拉動歐亞沿線國家和內陸腹地的共同發展。

上海合作組織參與方覆蓋俄羅斯、中亞、西亞，是中國展開安全合作的重要機制，也是「絲綢之路經濟帶」建設的重點區域。通過上合組織，切入世界上最具潛力的新型區域合作組織，將有效拓展經濟、社會、文化等合作平台，提升中國在歐亞內陸地區的發展潛力。

阿拉伯國家地處歐亞非三大洲交匯處，扼海陸「絲綢之路」的咽喉，在中國「一帶一路」建設中佔有重要地位，不僅扮演著能源供應地的角色，更為中國企業「走出去」提供了廣闊市場。中國與阿拉伯國家的區域合作正在加速推動，中國與海灣合作委員會（以下簡稱「海合會」）的自由貿易區談判正在進行，並已取得積極進展。

二是依託六大經濟走廊，構建重大項目，搭出大框架。

中蒙俄、新亞歐大陸橋、中國——中亞——西亞、中國——中南半島、中巴、孟中印緬是「一帶一路」中的六大經濟走廊，也是區內業已形成的經濟合作帶。下一階段中國「一帶一路」建設的重點，是爭取在每個經濟走廊上均擁有一批重大項目，培養一批核心團隊，依託六大經濟走廊搭出大框架。

三是在網絡對接上，發揮好對接其他合作機制的戰略性政策工具的功能。

發揮「一帶一路」潛力的關鍵，是大通道共建共享、大市場互聯互通，而一系列政策性多邊金融機構的構建，如亞投行、絲路基金、金磚國家開發銀行、海上絲綢之路銀行、擬建的上合組織開發銀行，甚至一些國內的政策性銀行、商業銀行相關功能籌建等，是共建「一帶一路」合作機制的軟基礎與保障條件，也是與現有多邊合作機制對接的有效政策工具和重要抓手。

三、推進現狀與早期成果

「一帶一路」倡議提出兩年多來，中國政府積極推動「一帶一路」建設，通過高層引領、簽署合作框架、推動項目建設、完善政策措施、發揮平台作用等一系列政策措施，加強與沿線國家的溝通磋商，推動與沿線國家的務實合作。從頂層設計到體制、機制調整，再到金融機構等支撐保障體系建設，中國政府在「一帶一路」體制機制建設方面，已取得不少進展，也獲得一批早期成果。

1. 機制建設推進現狀

（1）出台頂層設計，描繪建設路徑圖

2015 年 3 月發佈的《願景與行動》對「一帶一路」的時代背景、共建原則、框架思路、合作重點、合作機制以及中國的開放態勢和行動等做了詳細闡述。此後，「一帶一路」建設依此藍圖進入務實合作階段。

（2）建立工作領導機制，構建支撐保障體系

一是設立高層次的建設工作領導機制。

為保障「一帶一路」工作高效落地，中國國務院成立推進「一帶一路」建設工作領導小組，由張高麗副總理任負責人，統籌發改委、外交部、商務部等部委，主抓重大問題、重大規劃的研究和審定。領導小組下設辦公室，有綜合組、絲綢之路組、海上絲綢之路組和對外合作組。由發改委牽頭協調，外交部、商務部等部門共同推動。具體牽頭工作主要落在發改委西部開發司。[5] 該領導小組分別於 2015 年 2 月 1 日、7 月 21 日、2016 年 1 月 15 日舉行了三次會議。張高麗強調，「一帶一路」建設是一項宏大系統工程，要突出重點、遠近結合，有力有序有效推進，確保「一帶一路」建設工作開好局、起好步。要強化規劃引領，把長期目標任務和近期工作結合起來，加強對工作的具體指導。[6] 要加強指導和協調，突出重點地區，明確各省區市的定位，發揮各地比較優勢，加強東中西合作，實現良性互動，在參與「一帶一路」建設中形成全國一盤棋。[7] 要牢固樹立和貫徹落實創新、協調、綠色、開放、共享的發展理念，瞄準重點方向、重點國家、重點項目，推動「一帶一路」建設取得新的更大成效。[8]

二是出台「一帶一路」規劃的實施意見。

除發改委、商務部和外交部幾個牽頭部門外，能源、農業、生態環保、教育、文化合作等一批專項規劃編製工作也已啟動。

三是全力推進政策性金融機構的支撐作用。

中國政府統籌國內各種資源，強化政策支持。例如，推動亞投行籌建，發起設立絲路基金，強化中國—歐亞經濟合作基金投資功能；推動銀行卡清算機構開展跨境清算業務和支付機構開展跨境支付業務；積極推進投資貿易便利化，推進區域通關一體化改革。國家開發銀行（以下簡稱「國開行」）作為「一帶一路」資金保障的主力軍，將其國際業務調整為由規劃局總體協調，由國際合作局和國際金融局具體操作，並整合資源重構內部機構；逐步調整駐外機構職責定位為項目前期調研、貸前盡職調查等；在境外增設常駐代表處，加強項目貸前調研和貸後管理，目前已開設俄羅斯、開羅、倫敦等五個代表處。

四是推進「一帶一路」大數據中心建設。

由國家信息中心副主任杜平負責組建「一帶一路」大數據中心，包含企業貿易數據、人流物流和資金流以及產業分佈等信息，借助發改委來集合大數據企業的力量，為「一帶一路」提供信息服務。2015 年 12 月 8 日，由國家信息中心牽頭，推進「一帶一路」大數據中心建設戰略合作舉行了簽約儀式。[9]

（3）地方政府積極規劃、主動對接

全國 31 個省、區、市都遞交了有關「一帶一路」的實施意見，並與中央要求作了對接。港澳台三地也頗具積極性。據《財經國家周刊》記者統計，在各省區市頒佈的實施意見中，擬建、在建的基礎設施規模總額達 1.04 萬億元（人民幣），鐵路、公路、機場和港

口水利投資分別高達 5,000 億元、1,235 億元、1,167 億元和 1,700 億元。其中，安徽於 2015 年 6 月開通了連接新亞歐大陸橋的貨運專列，全面提速「一帶一路」工作。福建專門成立了網絡貿易商會，提出了「網上絲路」概念。成都引入了與印度的雙邊交流機制，欲從企業「抱團」深耕印度基建市場開始。廣西則提出了中國─東盟八大合作領域，海陸空全面互聯互通，瞄準東盟市場。陝西不但推出了交通物流樞紐和國際商品物流集散中心，還擬開通七條國際航線，完善跨境電子商務區試點，並全力申請「絲綢之路經濟帶」陝西自貿試驗區的落地。[10]

一些省份還紛紛醞釀起地方版絲路基金，廣東已提出設立「21 世紀海上絲綢之路建設基金」；福建則一方面與國開行福建分行、中非發展基金合作成立地方版絲路基金，另一方面還籌備成立「海上絲綢之路銀行」，擬向銀監會申報民營銀行牌照。

（4）建立項目儲備庫，推進制度化管理

項目儲備庫是「一帶一路」戰略的核心基礎設施之一。項目儲備庫包含存量和增量兩類項目，來源不盡相同。存量項目，主要源於各大部委對已有項目的梳理、整合；增量項目則分為三部分：國家領導人出訪達成的重大合作意向，涉及金額達 2.9 萬億元；各地方上報的相關項目；金融機構上報的項目。三者之間，存在部分交叉重合。

發改委有關官員表示，項目庫推進制度化管理，成熟一個推出一個，要合理增量、嚴格把關，並會動態調整，逐步完善。[11] 發改委正就此制定詳細的管理辦法，包括項目庫門檻、監管、支持辦法、金融跟進、部委協調等多方面內容，將同時徵求相關部委和金融機構的意見。同時，為打造高效嚴謹的支撐體系，有關專家建議

打通部委系統和金融系統。在項目評估方面，金融機構自身擁有一套成熟、嚴格的貸款評審機制，具備良好的實地調查能力和國際政府關係網絡，能及時將意見反饋回國。據有關權威部門人士粗略估算，目前已納入國家「一帶一路」項目儲備庫的投資規模，應該已超過 3 萬億美元。[12]

（5）發揮平台作用

各地成功舉辦了一系列以「一帶一路」為主題的國際峰會、論壇、研討會、博覽會，對增進理解、凝聚共識、深化合作發揮了重要作用。

2. 主要早期成果

這兩年來，已有一批「一帶一路」重大項目取得突破和早期收穫。

一是通過高層引領推動，推進了一系列國際共識，加快了合作步伐。

中國國家主席和國務院總理頻繁出訪，出席加強互聯互通夥伴關係對話會、中阿合作論壇第六屆部長級會議等活動，就雙邊關係和地區發展問題，多次與有關國家元首和政府首腦進行會晤，深入闡釋「一帶一路」的深刻內涵和積極意義，快速、高效地加強了他國對「一帶一路」的理解和支持，並就共建「一帶一路」達成廣泛共識。

據《財經國家周刊》不完全統計，自 2013 年 9 月以來，習近平主席出訪了中亞地區、俄羅斯、歐洲、巴基斯坦等共 32 個國家和地區，簽署與擬簽署的各類已公佈合作協議金額已超過 1.42 萬億美

元，這還不包括俄羅斯、美國、德國等未公開合作細節及協議金額的國家。同時，李克強總理出訪了東南亞、中亞和南美地區等共 27 個國家和地區，涉及國際合作金額高達 1.47 萬億美元以及由境外投資者參與境內資本市場投資（RQFII）的 155 億美元，這還不包括愛爾蘭、韓國等未公開合作細節及協議金額的國家。其中，除去南美地區達成的 1,100 億美元合作外，「一帶一路」沿線項目已公佈投資總額約 1.36 億美元。[13]

二是簽署一攬子合作協定。

具體包括與部分國家簽署了共建「一帶一路」合作備忘錄，與一些毗鄰國家簽署了地區合作和邊境合作的備忘錄以及經貿合作中長期發展規劃；研究編製與一些毗鄰國家的地區合作規劃綱要等。

目前，「一帶一路」戰略已經與俄歐亞經濟聯盟建設、中巴經濟走廊、歐洲「容克投資計劃」、越南「兩廊一圈」等國家和地區的戰略規劃形成了對接。中國正與「一帶一路」沿線國家積極規劃中蒙俄、新歐亞大陸橋、中國—中亞—西亞、中國—中南半島、中巴、蒙中印緬六大經濟走廊建設。[14] 中國與俄羅斯簽署了《絲綢之路經濟帶建設和歐亞經濟聯盟建設對接合作的聯合聲明》，與匈牙利簽署了政府間關於共同推進「一帶一路」建設的諒解備忘錄。烏法峰會期間，中蒙俄三國簽署了《關於編製建設中蒙俄經濟走廊規劃綱要的諒解備忘錄》。此外，中國還與塔吉克斯坦、哈薩克、卡塔爾、科威特等國簽署了共建「一帶一路」的諒解備忘錄，完成了中哈重大產能合作 28 個項目文件簽署等等。據悉，還有一批協議正在籌備之中，表明「一帶一路」在重點方向上已培育出若干支點國家和核心團隊。

三是達成了一批建設項目。

通過加強與沿線有關國家的溝通磋商，在基礎設施互聯互通、

產業投資、資源開發、經貿合作、金融合作、人文交流、生態保護、海上合作等領域，推進了一批條件成熟的重點合作項目。例如，習近平主席出訪巴基斯坦期間簽署的項目總額達 460 億美元，出訪印度尼西亞期間則達成了雅加達—萬隆高鐵合作建設框架協議。此外，中塔公路二期、中亞天然氣管道 D 線，以及莫斯科—喀山高鐵、中老鐵路、中泰鐵路、中緬皎漂港等項目均逐步推進，中白工業園已全面動工。[15] 其中，2015 年 12 月開工的中老鐵路，預計耗資 68 億美元，中老兩國政府共同出資 40%，餘下 60% 由兩國企業共同投資。該鐵路將使老撾從「陸鎖國」變成「陸聯國」，並將促進中國與東盟的融合，意義重大。

四是各類機構、企業「走出去」的熱情亦空前高漲。

據商務部統計，2015 年前三季度，中國企業對「一帶一路」沿線直接投資總額為 120.3 億美元，同比增長 66.2%，佔非金融類對外直投的 15.3%。同時，企業在「一帶一路」沿線承攬對外承包工程項目 3,059 個，新簽合同額 591.1 億美元，佔同期對外承包工程新簽合同總額的 54.3%，涉及電力工程、房屋建築、通訊工程、石油化工以及交通運輸等諸多領域。2015 年年初以來，在全球貿易總體下滑背景下，中國與「一帶一路」沿線國家的貿易額仍保持快速的增長。據預測，中國與沿線國家貨物貿易額將突破 2.5 萬億美元。[16]

結語

儘管「一帶一路」建設取得了一些階段性成果，但也存在許多尚待克服的障礙：

一是面臨著地緣風險、安全風險、法律風險、經濟風險和文化風險等多重挑戰。由於大多數沿線國家資源豐富、地理位置顯要，是大國拚搶和施加影響的核心區域，宗教衝突和地緣政治問題突出，政治風險較大；此外，由於區內經濟差異大，文明衝突以及制度差異顯著，協調發展的難度也陡增。

二是原則性倡議多、可操作的內容少；對絲路沿線國家總體瞭解不夠，對其相關期望瞭解不清；對合作前景及風險防範缺乏信心；中美俄及中、歐、印合作的利益共識嚴重不足。[17]

未來，需要在既有雙多邊和區域次區域合作機制框架下，通過合作研究、論壇展會、人員培訓、交流訪問等多種形式，促進沿線國家對共建「一帶一路」內涵、目標、任務等方面的進一步理解和認同；需要總結現有經驗，圍繞重點方向、重點國別、重大領域和重點項目來推進實施，結合他國對「一帶一路」的認知度、友好度，列出優先投資序列，穩步推進示範項目建設，共同確定一批能夠照顧雙多邊利益的項目，對各方認可、條件成熟的項目抓緊啟動實施，爭取早日開花結果；需要挖掘「一帶一路」發展理念及合作機制的利益交集點，努力探索各區域經濟整合模式中的共通點和利益共同點，從而帶動各模式間的協調、互補與合作，為全球經濟整合和全球發展提供新的增長動力。[18] 應該把經濟繁榮作為堅實基礎，把可持續發展作為根本目標，把設施聯通作為物質技術條件和

突破口，既著眼於美好未來，更扎實於當今現實，融通中國夢與世界夢，與沿線國家共同打造美好明天。

本章作者：蔡赤萌

國務院港澳事務辦公室港澳研究所經濟室主任、研究員，全國港澳研究會理事

注釋

1　王義桅：《「一帶一路」：機遇與挑戰》，北京：人民出版社，2015 年 4 月第 1 版，第 40 頁。

2　中國國家發展改革委、外交部和商務部：《推動共建絲綢之路經濟帶和 21 世紀海上絲綢之路的願景與行動》，2015 年 3 月 28 日，資料來源：http://www.ndrc.gov.cn/gzdt/201503/t20150328_669091.html（最後訪問時間：2015 年 10 月 27 日）。

3　〈中聯部智庫權威解讀：「一帶一路」建設的風險在哪裏〉，《南方都市報》，2015 年 10 月 27 日，載新浪網：http://news.sina.com.cn/o/2015-10-27/doc-ifxizwti7306074.shtml（最後訪問時間：2016 年 1 月 17 日）。

4　〈駐歐盟使團團長楊燕怡大使就中歐關係接受鳳凰衛視採訪〉，中華人民共和國駐歐盟使團網，2015 年 12 月 31 日，資料來源：http://www.fmprc.gov.cn/ce/cebe/chn/stxw/t1329016.htm（最後訪問時間：2016 年 1 月 17 日）。

5　〈官方：「一帶一路」建設取得五方面成果〉，中國新聞網，2015 年 8 月 3 日，資料來源：http://finance.chinanews.com/gn/2015/08-03/7444891.shtml（最後訪問時間：2016 年 1 月 18 日）。

6　〈「一帶一路」建設工作領導小組成員亮相〉，《證券日報》，2015 年 2 月 2 日，載人民論壇網：http://www.rmlt.com.cn/2015/0202/370754.shtml（最後訪問時間：2016 年 1 月 17 日）。

7　〈張高麗：突出重點 扎實工作 確保實現「一帶一路」建設良好開局〉，中國政府網，2015 年 7 月 21 日，載新浪網：http://news.sina.com.cn/c/2015-07-21/192732132119.shtml（最後訪問時間：2016 年 1 月 16 日）。

8   〈張高麗：堅持共商共建共享推進「一帶一路」建設 打造陸海內外聯動、東西雙向開放新格局〉，人民網，2016 年 1 月 16 日，資料來源：http://cpc.people.com.cn/n1/2016/0116/c64094-28059695.html（最後訪問時間：2016 年 1 月 16 日）。

9   〈「一帶一路」是甚麼？「一帶一路」工作成果總體上可歸納為「五個一」〉，中國投資諮詢網，2015 年 12 月 28 日，資料來源：http://www.ocn.com.cn/hongguan/201512/bhigj28134228.shtml（最後訪問時間：2016 年 1 月 17 日）。

10 同注 5。

11 同上。

12 胥帥：〈2016 價值挖掘：「一帶一路」走進實質操作階段〉，《每日經濟新聞》，2015 年 12 月 31 日，載網易財經：http://money.163.com/15/1231/00/BC4H5Q4N00253B0H.html（最後訪問時間：2016 年 1 月 18 日）。

13 同注 7。

14 〈張高麗在出席亞歐互聯互通產業對話會開幕式時的講話〉，新華網，2015 年 5 月 27 日，資料來源：http://news.xinhuanet.com/politics/2015-05/27/c_1115424921.htm（最後訪問時間：2016 年 1 月 21 日）。

15 同注 5。

16 〈程國平：「一帶一路」建設已從多方面取得積極進展〉，搜狐財經，2015 年 11 月 8 日，資料來源：http://business.sohu.com/20151108/n425634320.shtml（最後訪問時間：2016 年 1 月 16 日）。

17 趙磊：《一帶一路：中國的文明型崛起》，北京：中信出版集團，2015 年 10 月第 1 版，第 98–99 頁。

18 同注 1，第 44 頁。

資料鏈接

1.「一帶一路」的共建原則

　　根據三部委聯合發佈的《推進共建絲綢之路經濟帶和 21 世紀海上絲綢之路的願景與行動》，「一帶一路」的共建原則，是在「恪守聯合國憲章的宗旨和原則，遵守和平共處五項原則，即尊重各國主權和領土完整、互不侵犯、互不干涉內政、和平共處、平等互利」的基礎上，堅持以下四個原則：

　　一是堅持開放合作。「一帶一路」相關的國家基於但不限於古代絲綢之路的範圍，各國和國際、地區組織均可參與，讓共建成果惠及更廣泛的區域。

　　二是堅持和諧包容。倡導文明寬容，尊重各國發展道路和模式的選擇，加強不同文明之間的對話，求同存異、相容並蓄、和平共處、共生共榮。

　　三是堅持市場運作。遵循市場規律和國際通行規則，充分發揮市場在資源配置中的決定性作用和各類企業的主體作用，同時發揮好政府的作用。

　　四是堅持互利共贏。兼顧各方利益和關切，尋求利益契合點和合作最大公約數，體現各方智慧和創意，各施所長，各盡所能，把各方優勢和潛力充分發揮出來。

2. 中國各地方開放態勢

　　根據《願景與行動》，推進「一帶一路」建設，中國將充分發揮國內各地區比較優勢，實行更加積極主動的開放戰略，加強東中西互動合作，全面提升開放型經濟水平。

　　西北、東北地區。發揮新疆獨特的區位優勢和向西開放重要窗口作

用，深化與中亞、南亞、西亞等國家交流合作，形成「絲綢之路經濟帶」上重要的交通樞紐、商貿物流和文化科教中心，打造「絲綢之路經濟帶」核心區。發揮陝西、甘肅綜合經濟文化和寧夏、青海民族人文優勢，打造西安內陸型改革開放新高地，加快蘭州、西寧開發開放，推進寧夏內陸開放型經濟試驗區建設，形成面向中亞、南亞、西亞國家的通道、商貿物流樞紐、重要產業和人文交流基地。發揮內蒙古聯通俄蒙的區位優勢，完善黑龍江對俄鐵路通道和區域鐵路網，以及黑龍江、吉林、遼寧與俄遠東地區陸海聯運合作，推進構建北京—莫斯科歐亞高速運輸走廊，建設向北開放的重要窗口。

西南地區。發揮廣西與東盟國家陸海相鄰的獨特優勢，加快北部灣經濟區和珠江—西江經濟帶開放發展，構建面向東盟區域的國際通道，打造西南、中南地區開放發展新的戰略支點，形成「21世紀海上絲綢之路」與「絲綢之路經濟帶」有機銜接的重要門戶。發揮雲南區位優勢，推進與周邊國家的國際運輸通道建設，打造大湄公河次區域經濟合作新高地，建設成為面向南亞、東南亞的輻射中心。推進西藏與尼泊爾等國家邊境貿易和旅遊文化合作。

沿海和港澳台地區。利用長三角、珠三角、海峽西岸、環渤海等經濟區開放程度高、經濟實力強、輻射帶動作用大的優勢，加快推進中國（上海）自由貿易試驗區建設，支持福建建設「21世紀海上絲綢之路」核心區。充分發揮深圳前海、廣州南沙、珠海橫琴、福建平潭等開放合作區作用，深化與港澳台合作，打造粵港澳大灣區。推進浙江海洋經濟發展示範區、福建海峽藍色經濟試驗區和舟山群島新區建設，加大海南國際旅遊島開發開放力度。加強上海、天津、寧波—舟山、廣州、深圳、湛江、汕頭、青島、煙台、大連、福州、廈門、泉州、海口、三亞等沿海城市港口建設，強化上海、廣州等國際樞紐機場功能。以擴大開放倒逼深層次改革，創新開放型經濟體制機制，加大科技創新力度，形成參與和引領國際

合作競爭新優勢，成為「一帶一路」特別是「21世紀海上絲綢之路」建設的排頭兵和主力軍。發揮海外僑胞以及香港、澳門特別行政區獨特優勢作用，積極參與和助力「一帶一路」建設。為台灣地區參與「一帶一路」建設作出妥善安排。

內陸地區。利用內陸縱深廣闊、人力資源豐富、產業基礎較好的優勢，依託長江中游城市群、成渝城市群、中原城市群、呼包鄂榆城市群、哈長城市群等重點區域，推動區域互動合作和產業集聚發展，打造重慶西部開發開放重要支撐和成都、鄭州、武漢、長沙、南昌、合肥等內陸開放型經濟高地。加快推動長江中上游地區和俄羅斯伏爾加河沿岸聯邦區的合作。建立中歐通道鐵路運輸、口岸通關協調機制，打造「中歐班列」品牌，建設溝通境內外、連接東中西的運輸通道。支持鄭州、西安等內陸城市建設航空港、國際陸港，加強內陸口岸與沿海、沿邊口岸通關合作，開展跨境貿易電子商務服務試點。優化海關特殊監管區域佈局，創新加工貿易模式，深化與沿線國家的產業合作。

3. 推進「一帶一路」建設工作領導小組

推進「一帶一路」建設工作領導小組，是中國政府指導和協調推進「一帶一路」建設的高層次領導機制，組長為國務院副總理張高麗。領導小組主抓重大問題、重大規劃的研究和審定，下設辦公室，有綜合組、絲綢之路組、海上絲綢之路組和對外合作組。領導小組辦公室設在國家發展改革委，具體承擔領導小組日常工作。

2015年2月1日，推進「一帶一路」建設工作領導小組在北京召開首次工作會議，安排部署2015年及今後一段時期推進「一帶一路」建設的重大事項和重點工作。2015年7月21日，「一帶一路」建設推進工作第二次會議在北京召開。會議總結前一段的工作，圍繞重點方向、重點國家、重點項目，進一步研究部署下一階段工作。2016年是「十三五」開

局之年，也是「一帶一路」建設全面推進之年。2016 年 1 月 12 日，在北京召開的推進「一帶一路」建設工作會議，總結 2015 年「一帶一路」建設工作，研究 2016 年總體工作思路，部署下一步重點工作。

第四章

「一帶一路」的區域重點與戰略重點

提要

　　「一帶一路」戰略是一個分階、重點推進的長期戰略。東盟十國、中東、巴基斯坦、中亞哈薩克斯坦、俄羅斯是需要突破的區域重點。東盟是海上絲路明星，該地區經濟市場化程度高、經濟基礎好、政治基本穩定、與中國的經濟依存度高，是「一帶一路」戰略最容易推進的區域。中巴經濟走廊對於連接中亞和南亞直至歐洲具有重要戰略意義。巴基斯坦是中國的戰略合作夥伴，經濟落後、基礎設施建設嚴重不足、資源匱乏，是「一帶一路」建設急需推動的國家。中東阿拉伯地區地理位置重要，油氣資源豐富，西方勢力對該地區的滲透由來已久，該地區是「一帶一路」建設必須推進的區域。中亞地區哈薩克斯坦是「一帶一路」戰略的起點。俄羅斯是中國的戰略合作夥伴，在「一帶一路」戰略中居於重要位置。基礎設施互聯互通是「一帶一路」建設的物質基礎，貿易互通、投資自由化和便利化是建設的核心內容，資金融通是保障。產業發展的重點包括基礎設施建設相關行業、與貿易相關的產業、與能源開發與輸出相關的產業、高科技新興產業、現代服務業。

一、「一帶一路」建設區域重點：
東盟、中東、巴基斯坦

1. 確定「一帶一路」重點國家和區域的考慮因素

　　「一帶一路」的沿線國家和地區超過 64 個，語言文化、宗教歷史、政治經濟制度、經濟發展水平迥異，「一帶一路」要採取先易後難、重點突出、漸進式推動的戰略。首先推動與中國接壤並有一定政治經濟合作基礎的區域和國家，集中解決「一帶一路」沿線上的重要節點；以近中國和關鍵節點帶動遠中和周邊區域的合作和聯通。「一帶一路」要共同打造新亞歐大陸橋、中蒙俄、中國─中亞─西亞、中國─中南半島等國際經濟合作走廊。國家推進「一帶一路」建設工作領導小組辦公室公佈了《標準聯通「一帶一路」行動計劃（2015-2017）》，著重強調了近兩年推動的區域重點是，以東南亞國家聯盟（Association of Southeast Asian Nations，縮寫：ASEAN，簡稱「東盟」）、中亞、海灣等沿線重點國家和地區為方向，以中蒙俄等國際經濟走廊為重點。

　　在確定「一帶一路」重點國家和區域時，我們要綜合考慮以下幾個因素：與中國的外交關係良好，具備政策溝通與民心互通的基礎；具有一定的經濟基礎，與中國經濟結構具有較強互補與互利性；地理位置接近，政治與社會較為安定，中國軍事力量覆蓋力較強。綜合考慮國家戰略與上述因素，我們認為，目前的戰略重心區域為：蒙俄、中亞哈薩克斯坦、東盟十國、南亞巴基斯坦、中東阿拉伯國家。

2. 東盟 —— 海上絲路明珠

(1) 東盟在「海上絲綢之路」中的戰略意義

東盟是「海上絲綢之路」走出去的第一站，戰略意義重大。東盟成立於 1961 年 7 月，是一個政治、經濟、安全一體化的合作組織，包括緬甸、泰國、老撾、柬埔寨、越南、新加坡、馬來西亞、印尼、文萊、菲律賓。東盟位於東南亞，是連接印度洋與太平洋的戰略要衝，是世界上海、空運輸的樞紐地區，其地理位置具有重大戰略意義。東盟多個國家與中國接壤，一直是中國區域經濟合作的重點區域，無論是陸上，還是海上，都是「一帶一路」的重要節點國家。

1991 年，中國與東盟開啟對話進程；1997 年在領導人會議上，中國領導人與東盟領導人簽署了《聯合宣言》，確定了睦鄰友好關係；2002 年，中國與東盟簽署《中國 — 東盟全面經濟合作框架協議》，確定了 2010 年建立自由貿易區的目標。2013 年 10 月，中國國家主席習近平訪問東南亞國家，倡導攜手建設更為緊密的中國 — 東盟命運共同體，提出簽訂《中國 — 東盟國家睦鄰友好合作條約》、籌建亞洲基礎設施投資銀行（Asian Infrastructure Investment Bank，縮寫：AIIB，簡稱「亞投行」）、共同建設「21 世紀海上絲綢之路」等重大倡議。應該說，東盟是「海上絲綢之路」建設戰略的宣佈地。近年來，中國與東盟都保持了快速的經濟增長，雙方在互聯互通、金融、海上、農業、信息通信技術、人力資源開發、相互投資、湄公河流域開發、交通、能源、文化、旅遊、公共衛生、環境等二十多個領域開展合作。2014 年是中國 — 東盟文化交流年，是中國 — 東盟關係「鑽石十年」的開局之年，雙方簽署《建立亞洲基礎設施投資銀行備忘錄》，啟動自貿區升級版談判。

（2）中國—東盟雙邊關係面臨的困難與挑戰

中國—東盟雙邊關係的發展依然存在很多困難與挑戰。

東盟國家對外依賴程度較高，其貿易結構乃至金融體系都過度依賴外部市場，經濟上抵禦外部衝擊能力較弱。開放的地理結構使得東盟國家易受到外部政治和軍事力量的影響。東盟一體化的需求很大，但是困難重重：東盟各成員國的發展水平差異過大，東盟組織相對鬆散，缺乏強有力的統一領導；相對零碎的陸地面積也使其在政治、文化方面趨於保守，具有排他性；單一的民族經濟形式、單一的宗教區域經濟形式和貿易壁壘，均可能成為區域持續穩定發展的障礙。

中國與一些東盟成員國間存在著領土或領海糾紛，部分東盟成員國對迅速崛起的中國缺乏足夠認同與信任。

美國和日本在該地區的政治經濟利益對中國形成威脅。美國「重返東亞」戰略對中國與東盟的互信合作帶來了一定衝擊，這種衝擊還將持續。出於對中國軍事力量迅速增強的擔憂，美國和東盟將有可能加強安全領域合作，使中國—東盟的政治互信關係產生裂痕。美國主導的跨太平洋夥伴關係協定（簡稱 TPP）於 2015 年 10 月 5 日簽署，12 個成員國中有四個屬於東盟國家：新加坡、越南、馬來西亞、文萊。美國在東盟國家的經濟滲透是十分明顯的。日本在上個世紀六十年代推行的區域一體化發展模式——「雁型發展模式」中，東盟處於雁中和雁尾，是該發展模式的主要構成部分。日本與東南亞國家的經濟關係是十分密切的。在中國與東盟的合作中存在著「10+1」和「10+3」雙重機制，「10+3」模式就將日本和韓國納入進來，是一個東亞和東南亞合作的機制。日美在該地區的經濟和政治滲透無疑會阻礙中國與東盟經濟一體化的進程。

3. 中東和阿拉伯國家

（1）中東是兵家必爭之地

中東國家一般泛指西亞和北非地區，約 17 個國家，包括巴林、埃及、伊朗、伊拉克、以色列、約旦、科威特、黎巴嫩、阿曼、卡塔爾、沙特阿拉伯、敘利亞、阿拉伯聯合酋長國（以下簡稱「阿聯酋」）、也門、巴勒斯坦、塞浦路斯和土耳其。中東是兩洋三洲五海之地，處於連接亞歐非三大洲、溝通大西洋和印度洋的樞紐地位，是扼東西半球的交通要衝，連接歐亞大陸東西兩端的運輸網，世界 60% 以上的石油和四分之一的貿易從黑海—地中海—紅海—波斯灣—印度洋—馬六甲這條海上黃金通道經過。中東的地緣和戰略位置使之在世界政治、經濟和軍事上居於要塞地位，也使其成為世界列強逐鹿、兵家必爭之地。

中東是目前世界上石油儲量最大、生產和輸出石油最多的地區，中東石油主要分佈在波斯灣及沿岸地區。主要產油國家有沙特阿拉伯、科威特、阿聯酋、伊朗、伊拉克。由於中東便利的地理位置，中東的石油得以通暢地運往西歐、美國、日本等地。

（2）中國與中東合作的前景與障礙

中東地區是陸上絲綢之路和海上絲綢之路的交匯點。世界上有 22 個阿拉伯國家、兩億多人口處於「絲綢之路經濟帶」和「21 世紀海上絲綢之路」上，是「一帶一路」的天然合作夥伴。中國與阿拉伯國家的交流源遠流長，兩千多年前，聞名世界的古絲綢之路把中國與阿拉伯國家緊密聯繫在一起，雙方開展貨物貿易，傳播文化藝術，實現商品、人員、技術的交流交往。早在西漢時期，中國使節就曾到達阿拉伯國家。阿拉伯曆法、數學、醫藥學等都對中國文

化產生了重要影響。中國的造紙術、指南針和火藥等發明經阿拉伯人傳入歐洲。伊斯蘭教於七世紀中葉傳入中國。

中國改革開放以來，中阿合作不斷深化，交流交往日益密切。2004 年誕生中阿合作論壇，之後中阿雙邊貿易迅速擴張。2013 年 6 月，中國國家主席習近平在中阿合作論壇第六屆部長級會議上，提出了中阿共建「一帶一路」的構想，開啟了中阿合作的新篇章。中東已經成為中國重要的石油供給基地，2012 年中國進口石油中超過 40% 是中東國家提供的。

正是由於中東連接亞歐非中樞要塞的戰略位置和豐富的油氣資源，該地區一直是大國力量滲透的核心，是當今世界政治、經濟和軍事最敏感的地區之一。中東一直是世界霸權爭奪的焦點。該地區有三大宗教，即伊斯蘭教、基督教和猶太教；四個民族，即阿拉伯人、土耳其人、庫爾德人、波斯人；中東語言包括三大語系，即阿勒泰語系、印歐語系、閃含語系。該地區是世界宗教的中心，沙特阿拉伯的麥加是伊斯蘭教的發源地，耶路撒冷是伊斯蘭教、猶太教和基督教的聖地。在多元宗教和文化歷史的基礎上，該地區存在跨國界的泛阿主義、泛伊斯蘭主義和泛突厥主義，宗教衝突成為核心衝突。兩伊戰爭耗時八年，海灣戰爭戰火連綿，美伊戰爭持續七年之久。阿拉伯人與猶太人的衝突又演化為領土衝突、淡水衝突和運河爭奪戰，進而造成了五次中東戰爭，釀成當代世界政治軍事的大熱點——以巴衝突。

領土爭端、宗教衝突、資源搶奪、大國爭霸為該區帶來常年戰亂、民不聊生，使得中國對該地區的戰略開發十分困難。美國等西方勢力在該地區的滲透力很強，也形成中國開發該地區的直接障礙。

4. 中巴經濟走廊 —— 巴基斯坦

（1）中巴經濟走廊是「一帶一路」的旗艦項目

巴基斯坦位於南亞次大陸西北部，人口多達 1.97 億，是世界第六人口大國。90% 以上的居民信奉伊斯蘭教。巴基斯坦東北西三面分別與印度、中國、阿富汗、伊朗接壤，與印度在喀什米爾地區存在領土紛爭。伊斯蘭教的恐怖主義活動在巴基斯坦比較猖獗。

巴基斯坦能源以煤炭為主，能源十分匱乏，電力供應不足問題突出。能源危機是巴基斯坦面臨的最大問題。巴基斯坦是一個經濟比較落後的發展中國家。農業在國民經濟中的佔比達到 25%，超過工業。工業以輕工業為主，包括紡織、皮革、製糖等。巴基斯坦的基礎設施十分落後，公路、鐵路和電網建設都嚴重滯後，電力缺口高達 4,000 萬千瓦左右。單一的產業結構、落後的基礎設施、政權更迭頻繁、國內政治衝突不斷，使得巴基斯坦的經濟增長十分不穩定，通貨膨脹率奇高。

巴基斯坦是中國在南亞的重要合作夥伴，中巴友誼源遠流長。中巴在對印度、西方政治勢力的態度和反對恐怖主義方面具有一致利益，巴基斯坦是中國重要的對外援助國。巴基斯坦也是中國「一帶一路」建設在南亞的重點。中巴經濟走廊是「一帶一路」的旗艦項目，是中國國務院總理李克強於 2013 年 5 月訪問巴基斯坦時提出的，目的是加強中巴在能源、交通、海洋等領域的密切合作。2014 年巴基斯坦總統侯賽因訪華，提出加快中巴經濟走廊建設。中巴經濟走廊北起新疆喀什，南至巴基斯坦境內的印度洋出海口瓜達爾港，這一計劃主要是加快南北之間的鐵路建設、公路建設、油氣和光纜通道建設，充分發揮巴基斯坦在「一帶一路」建設中的橋樑作用。

（2）地緣政治動盪是中國企業投資的重要障礙

　　基礎設施建設是中巴經濟合作的起點。中國企業在巴基斯坦的基礎設施建設中擁有廣闊機會。中巴經濟走廊公路項目已經啟動招標，中國建設企業積極參與。能源合作是另外一個重點領域，尤其是核電項目建設，中國國家發展和改革委員會（以下簡稱「發改委」）已經批准在巴基斯坦建立六個核電站項目。中國核電建設具有較高的國際水平，競爭力很強。鋼鐵行業的合作機會也很多。巴基斯坦中部發現鐵礦石，巴政府要努力改變鋼鐵長期依賴進口的局面，而中國的鋼鐵行業屬於嚴重過剩產能行業，向巴基斯坦轉移產能，是一個不錯的選擇。

　　巴基斯坦的地緣政治動盪是中國企業在巴投資的一個重要障礙。印巴邊界衝突、伊斯蘭教極端主義分子活動猖獗、恐怖主義活動頻繁都加劇了巴基斯坦的政治危機，因此在巴基斯坦的企業投資風險很高。

二、「一帶一路」建設區域重點：
中亞與俄羅斯

1. 中亞地區：哈薩克斯坦是重心

（1）中亞是世界第三大能源產地

中亞地區是連接歐亞大陸的核心地帶，是陸路交通的要衝，多種文明和文化的交融地，擁有燦爛的歷史文明。中亞地區包括哈薩克斯坦、吉爾吉斯斯坦、塔吉克斯坦、烏茲別克斯坦和土庫曼斯坦。1991 年蘇聯解體後，五國宣佈獨立。獨有的地緣政治地位，加之戰略資源儲量豐富，是繼波斯灣、俄羅斯之後的第三大能源產地，中亞歷來就是各大列強爭奪之地。英國地理學家麥金德曾預言，誰控制了包括中亞在內的歐亞樞紐地帶，誰就控制了世界。

中國是中亞五國最大的貿易夥伴，也是中亞油氣資源最大的購買國。2012 年，中國進口天然氣中，土庫曼斯坦管道就佔了 51%。同時，中國是烏茲別克斯坦第一大、吉爾吉斯斯坦第二大投資來源國，哈薩克斯坦也成為中國在海外的第三大投資目的國。該國從中國獲得了大量的援助，例如修路建橋及人道主義援助等。中國在塔吉克斯坦具有重要的影響力。

由於中亞國家是中國西部鄰國，出於安全考慮，中亞是中國重要的政治與軍事合作夥伴。1989 年，中國與前蘇聯就開始了邊境安全的談判。1996 年 4 月 16 日，中國、俄羅斯、哈薩克斯坦、吉爾吉斯斯坦和塔吉克斯坦五國啟動了維護邊境安全的「五國會晤機制」。2001 年 6 月 15 日，烏茲別克斯坦正式加入五國機制，

六國正式宣佈成立「上海合作組織」（The Shanghai Cooperation Organisation，縮寫：SCO，簡稱「上合組織」），旨在打擊恐怖主義、分裂主義和極端主義三股勢力。與中亞國家保持平等的睦鄰友好關係，是中國對外關係的重心之一。當前，上合組織不僅推動中國與中亞、俄羅斯的軍事政治合作，還在經濟、教育、司法各方面展開多元化、多層級的合作。

（2）哈薩克斯坦是「一帶一路」沿線投資前景最好的國家

應該說，「一帶一路」的戰略設想是在上合組織的基礎上形成的。而這一戰略的發佈地點則是在哈薩克斯坦。2013 年習近平主席在哈薩克斯坦首次提出了建設「絲綢之路經濟帶」的設想。「一帶一路」在中亞地區的重心國家是哈薩克斯坦。哈薩克斯坦是中亞最大的國家，在世界著名政治領袖納扎爾巴耶夫的領導下，她被譽為中亞地區的「定海神針」。哈薩克斯坦的油氣資源十分豐富，裏海地區石油儲量大約為 900 億－2,000 億桶，天然氣儲量為 458.8 萬億立方米，分別是世界石油儲量和天然氣儲量的 17.2% 和 7.5%，裏海也被稱為世界第二個中東。裏海的石油儲量中屬哈薩克斯坦所有的約佔一半，天然氣則佔三分之一。哈薩克斯坦是中亞最大的石油天然氣生產國。2013 年其人均國內生產總值達到 23,211 美元，居於世界第 49 位，GDP 總量居於世界第 45 位。2001–2007 年經濟增長率年均達到 10.2%，是世界上經濟增長最迅速的新興國家之一。哈薩克斯坦是中國通向中亞和西亞的門戶，也是中國第三大鄰國。哈薩克斯坦的大國平衡外交戰略也奠定了其穩定發展的基礎。中哈兩國具有悠久的民間交流傳統，哈獨立之後中哈關係也進入了一個快速發展的時期。哈薩克斯坦政治穩定，經濟發展迅速，投資環境好，是中國企業在中亞地區投資的首選，是中國「一帶一路」沿線

投資前景最好的國家。

中哈兩國在產業結構、資源稟賦方面存在顯著互補性。兩國的經濟合作將主要集中在輕工業、製造業、基建行業和能源加工行業。哈薩克斯坦以重工業為主，日用輕工業比較落後；而中國在紡織服裝、日用化工、消費品生產方面具有優勢。哈薩克斯坦有基礎承擔從中國轉移過來的部分過剩產能，發展機械及電子製造、交通運輸工具、設備及儀器製造等等，成為亞歐製造業的橋頭堡。隨著哈薩克斯坦在中國「一帶一路」建設中的地位提高，哈國將成為連接亞洲與歐洲的物流中心、交通中心和貿易中心，進而促進哈國的交通運輸產業、旅遊產業和物流產業的快速發展。中國企業在哈國投資具有廣闊的前景。

中亞地區安全形勢十分嚴峻。成員國之間在宗教、文化、歷史方面充滿矛盾，經濟發展水平差異很大，周邊國家，特別是阿富汗的連年戰亂，也給該地區帶來戰爭恐懼和安全隱患。中亞成為國際恐怖主義、極端主義以及分裂新疆的「東突」勢力十分活躍的地區，投資環境比較差，社會衝突不斷，安全隱患大。中亞國家在水資源和邊界問題上留存了很多歷史問題，矛盾很大，推動一體化合作十分困難。中國推動的聯通中國和中亞的重要鐵路線路——中吉烏鐵路遲遲沒有開工，正是由於吉烏兩國的矛盾。

2. 俄羅斯：「一帶一路」中的核心

(1) 中俄具有廣闊的經濟合作前景

俄羅斯位於亞歐大陸北部，瀕臨北冰洋，是世界上國土面積最大的國家。橫跨亞歐兩大洲，海岸瀕臨大西洋、北冰洋、太平洋，陸上接壤中國、朝鮮、蒙古等 14 個國家。俄羅斯幅員遼闊，資源

豐富，作為陸上絲綢之路的必經之地，是聯通中國與歐洲大陸的陸上交通樞紐，獨特的地理位置優勢和在絲綢之路上的古代背景使其成為「一帶一路」中的核心。

俄羅斯工業基礎雄厚、部門全，以機械、鋼鐵、冶金、石油、天然氣、煤炭、森林工業及化工等為主，木材和木材加工業也較發達。俄羅斯工業結構不合理，重工業發達，輕工業發展緩慢，民用工業落後狀況一直沒有根本改變。蘇聯解體後，俄羅斯採取「休克」療法，激進地完成了市場化改革。2006 年 7 月，盧布實現完全可自由兌換。俄羅斯市場化改革後經濟發展勢頭一直很好，得益於其豐富的自然資源，國民生產總值和國民收入提高速度很快。2000–2012 年年平均經濟增長率達到 5.2%，引起世界關注。對能源出口過度依賴是俄羅斯經濟結構的致命弱點。2014 年，由於國際原油價格大幅下跌和西方集體制裁，俄羅斯陷入經濟衰退。

1949 年 10 月 2 日，中國與蘇聯建交。蘇聯解體後，1991 年 12 月 27 日，中俄兩國在莫斯科簽署《會談紀要》，確認俄繼承蘇聯與中國的外交關係。從 1992 年兩國「相互視為友好國家」，1994 年宣佈建立「建設性夥伴關係」，1996 年確立「戰略協作夥伴關係」，直至 2001 年簽署《中華人民共和國和俄羅斯聯邦睦鄰友好合作條約》，中俄關係連上四個台階。俄羅斯與中國接壤，是友好睦鄰關係，也是中國最主要的軍事戰略合作夥伴，這是與其他「一帶一路」國家所不具備的特殊關係。

中俄新型大國關係是建立在全面戰略協作夥伴關係上的全方位合作關係。這種關係的構建符合和平、發展、合作、共贏的時代要求，契合中俄各自的戰略利益，亦受到美國等大國因素的影響。在構建中俄新型大國關係的外交實踐中，兩國在全面戰略協作夥伴關係框架下進行了政治、經濟、人文、軍事等多領域的合作；通過上

合組織、金磚國家、二十國集團等網狀夥伴外交平台開展良性互動；在敍利亞危機、克里米亞問題等熱點敏感問題上進行了有效的戰略策應。

中俄兩國在經濟結構上存在較強的互補性，具有廣闊的經濟合作前景。在紡織業、家電、食品加工、能源、木材加工等行業，中國企業在俄羅斯擁有很好的投資機會。目前，中國在俄羅斯的投資基本分佈在能源資源、農林開發、建築和建材、貿易、輕紡、家電、通信等領域。隨著 2015 年國際油價止跌，盧布危機解除，俄羅斯經濟企穩，中國企業在俄羅斯的投資活動進一步加強。以中石油、中石化、中國神華為首的中國大型能源企業在俄羅斯的能源合作項目開展順利；中鐵在俄羅斯的鐵路建設項目也在提速；三一重工、中聯重科等工程機械製造企業也在俄羅斯積極尋求商機；中國銀行、中國建設銀行、中國工商銀行、中國農業銀行都在俄羅斯建立了子公司，為中國企業的投資和貿易活動提供金融服務。

（2）中俄關係發展存在一些不利因素

中俄關係的健康發展，仍存在一些不利因素。

俄羅斯對中國的崛起，在經濟上對它的超越，感到難以適應，心態失衡。俄羅斯國內不少人十分顧忌在經濟上形成對中國的依賴。

中俄經貿關係摩擦日益增多。為了防止對中國的經濟依賴，俄羅斯政府強調貿易和投資雙向發展，對於中國對俄羅斯的出口與投資採取謹慎態度。俄羅斯的投資環境較差，國內金融市場落後。受制於融資能力，在俄羅斯東部，中俄合作開發的一些建設項目遲遲難以啟動。

在中國發展與中亞合作關係方面，俄羅斯的表現是負面的。俄羅斯擔憂中國對中亞地區形成控制。2009 年 12 月 14 日，中國、哈薩克斯坦、烏茲別克斯坦與土庫曼斯坦四國領導人，一起開動了「世紀管道」，對於這種正常的商業合作，俄羅斯反應強烈。中亞國家部分石油從俄羅斯裏海油管輸向歐洲。中國與中亞國家的能源合作，無疑會受到俄羅斯的牽制。2011 年 10 月普京提出「歐亞聯盟」戰略。「歐亞聯盟」實質是以俄羅斯、白羅斯、哈薩克斯坦關稅同盟為基礎，在爭取更多獨聯體國家參與下，構建橫跨歐亞大陸的區域一體化合作機制。普京提出「歐亞聯盟」戰略後，2014 年 5 月 29 日，俄哈白簽署了成立「歐亞聯盟」的協議，吉爾吉斯斯坦與塔吉克斯坦即表示贊同，這樣在中亞與中國接壤的哈、吉、塔三國，就有可能被納入「歐亞聯盟」而受到俄羅斯的影響，使中國向西開放、發展與中亞國家的經貿合作面臨困難。自 2011 年 7 月 1 日俄白哈關稅同盟啟動後，這三國的對外關稅水平均有提高，使中國新疆對哈的出口立即下降了約 30%。在「歐亞聯盟」戰略和由俄主導的歐亞經濟共同體正在推進的經濟一體化進程的影響下，中國與上合組織的經貿合作功能可能會弱化。這是因為歐亞經濟共同體與上合組織成員國大部分重疊，與其經濟功能局部重合，中國不是歐亞經濟共同體的成員國，從而使中國商品進入該地區市場可能遇到高關稅與非關稅壁壘。

加大「一帶一路」戰略與俄羅斯歐亞戰略的對接，形成能夠彼此相容、成熟而穩定的戰略框架，是中俄兩國新型大國關係努力的方向。

三、「一帶一路」建設戰略重點：
基礎設施與貿易互通

根據《推動共建絲綢之路經濟帶和 21 世紀海上絲綢之路的願景與行動》，「一帶一路」合作的重點在政策溝通、設施聯通、貿易暢通、資金融通、民心相通等五個方面展開。政策溝通是「一帶一路」戰略的基礎和保障；設施聯通是「一帶一路」戰略的物質基礎，也是建設的優先領域；貿易暢通是「一帶一路」建設的重點內容；投資和貿易便利化、自由化是貿易投資領域的重心；資金融通是「一帶一路」建設的重要支撐；民心相通是「一帶一路」建設的社會根基。

1. 基礎設施互聯互通

(1) 基礎設施建設是發展「一帶一路」的物質基礎

《願景與行動》明確提出，基礎設施互聯互通為「一帶一路」建設的優先領域，重點在交通、口岸、航空、能源、通信等領域開展合作。

基礎設施建設是發展「一帶一路」的物質基礎。大力推進基礎設施建設不僅能夠構建「一帶一路」的橋樑和紐帶，更能夠激發區域內各國經濟的潛力，形成中國和相關國家的新經濟增長點，為區域各國未來發展打下堅實的基礎。隨著「一帶一路」的推進，亞洲以及許多發展中國家對基礎設施建設融資的需求在不斷增長。2012年，「一帶一路」主要沿線國家——印度、哈薩克斯坦、科威特、

老撾、馬來西亞、新加坡、柬埔寨、越南、巴基斯坦、卡塔爾、阿曼、蒙古、尼泊爾、孟加拉、斯里蘭卡、泰國、文萊、菲律賓等 18 個國家的基礎設施建設達到 1,120,204 百萬美元的規模。無論是發展中國家還是發達國家，基礎設施建設已成為經濟增長的重要引擎之一。

(2)「一帶一路」基礎設施建設給中國經濟增長帶來巨大機遇

「一帶一路」基礎設施建設是中國企業「走出去」，推廣鐵路、公路、港口、電網、能源設施、通信設施建設等優質產能的重要載體。多年的基礎設施建設和發展已經培育了中國在國際上具有競爭優勢的設計能力、建設能力、建築勞工隊伍、管理水平和為基建提供優質產品的製造業全鏈條。將這些優勢產能轉移到全球，融入「一帶一路」的建設高潮中，有效解決中國相關產業的產能過剩問題，並推動全球基礎設施建設的發展，與「一帶一路」國家共享基礎建設發展的巨大利益。

巨大的資本積累為中國輸出基礎設施產能奠定了基礎。資本輸出是產能轉移的重要支撐。長達三十餘年的高速經濟增長，使中國擁有世界上規模最大的外匯儲備，資本輸出已經成為中國對外開放的新特徵。人民幣國際化的快速推進也為資本輸出奠定了基礎。以中國資本為撬動，通過亞投行、金磚開發銀行、絲路基金等開發性資金的有效配合，調動當地國家的政府資金和民間資金，保障「一帶一路」基礎設施建設的資金供給是大有希望的。

「一帶一路」基礎設施建設給中國經濟增長帶來巨大機遇。「一帶一路」戰略圈定了中國 18 個省份，確定了七個高地、15 個港口建設以及兩個國際樞紐機場。相關統計資料顯示，目前各地「一帶一路」擬建、在建基礎設施規模已經達到 1.04 萬億元，跨國投資

規模約 524 億美元。考慮到一般基礎設施的建設周期一般為兩至四年，2015 年國內「一帶一路」投資金額或在 3,000 至 4,000 億元左右。海外項目基建投資中，假設三分之一的項目在國內，2015 年由「一帶一路」拉動的投資規模或在 4,000 億元左右。[2] 2015 年 1–9 月份，中國企業在「一帶一路」沿線的 57 個國家新簽對外承包合同 3,059 份，合同金額達 591 億美元，佔同期中國對外承包合同的 42.9%，同比增長 24.9%。[3]

（3）「一帶一路」基礎設施互聯互通面臨諸多困難與挑戰

「一帶一路」基礎設施互聯互通在得到廣大沿線國家和地區的廣泛回應下，也面臨著諸多困難與挑戰。

周邊鄰國對這一規劃帶有一定的疑慮，認為中國「一帶一路」是為了對抗美國主導的 TPP（跨太平洋夥伴關係協定）和 TTIP（跨大西洋貿易與投資夥伴協定），加強互聯互通是為了擴大自己的戰略腹地和勢力範圍，因而對中國抱有防範心理。近幾年來，美、俄等大國在伊朗、敘利亞、烏克蘭等問題上的博弈，更導致區域內熱點問題不斷，地緣政治關係相對緊張。「一帶一路」還可能遭受恐怖主義、毒品、非法移民等非傳統安全的威脅。

「一帶一路」沿線涉及眾多國家、不同城市，各國、各地區經濟發展水平、經濟活動佈局、人口地理分佈密度等方面都存在較大差異，導致其基礎設施建設的側重點也有所不同。

在「一帶一路」基礎設施互聯互通建設過程中，中國企業在跨境投資建設中可能面臨政治意識形態、宗教信仰等一系列企業海外經營不可逾越的隱性風險。在基礎設施的建設中，建設難，維護更難。

2. 貿易互通

（1）貿易既是「一帶一路」建設基點，也是衡量成效主要標準

貿易互通是古代絲綢之路的標誌，是「一帶一路」戰略的核心。推動貿易互通，要大力推進「一帶一路」沿線國家貿易便利化與自由化，促進貿易暢通，這包含兩個基本方面：一是使貿易便利化水平進一步提升，經濟聯繫更加緊密；二是構建與區域內各國良好的營商環境，積極同沿線國家和地區共同商建高標準自由貿易區，激發釋放合作潛力。

2015 年，「一帶一路」建設步入實施階段，貿易成為「一帶一路」建設的重要內容。從國際經濟合作角度看，無論是推進基礎設施互聯互通還是促進產能合作，最終均應轉化為貿易轉移與貿易創造效應，通過優勢互補，擴大貿易規模，帶動並促進雙方以至區域整體經濟發展。無疑，貿易既是「一帶一路」建設的基點，也應成為衡量其合作成效的主要標準。

當前國內經濟發展進入新常態，經濟下行壓力巨大，擴大對外貿易合作有助於促進國內經濟增長；同時，中國作為一個大國，主動構建貿易合作框架，對沿線國家的經濟發展也有重要作用。此外，中國產業結構不盡合理，區域發展差距較大，「一帶一路」貿易互通戰略有助於沿海地區過剩產能向中西部地區乃至國外轉移，提升產業結構，縮小區域差距。

據國際貿易中心資料庫資料顯示，2001 年以來，中國與「一帶一路」沿線國家貿易增長迅速，對「一帶一路」沿線國家貿易總額從 2001 年的 84 億美元增長到 2014 年的 1,120 億美元。中國與「一帶一路」沿線國家貿易總額佔中國貿易總額比例，從 2001 年的 16.5% 增長到 2014 年的 26%。其中，出口比例從 2001 年的 14.5%

增長到 2014 年的 27.2%。[4] 這表明,「一帶一路」沿線國家與中國的貿易聯繫已經變得愈來愈緊密。

全球經濟形勢低迷導致國際市場需求下降,致使發展中國家貿易增速下滑,造成雙邊貿易頹勢。大宗商品價格持續下跌使雙邊貿易雪上加霜。據中國海關統計,2015 年 1-9 月份,中國與「一帶一路」沿線國家雙邊貿易總額為 7,428 億美元,同比下降 10%,佔同期中國對外貿易總額的 25.6%。其中對沿線國家出口同比下降了 1.48%。自沿線國家進口同比降低了 21%。[5] 2015 年以來,中國與「一帶一路」沿線國家的貿易形勢比較嚴峻。

(2) 爭取與更多國家商簽自由貿易協定

「一帶一路」涵蓋區域廣闊,各國貿易便利化水平參差不齊,東南亞國家和南太平洋國家的便利化水平比較高,而中亞國家的貿易便利化水平比較低,成為制約區域貿易發展的重大障礙。我們需針對不同區域,採取不同的貿易便利化措施,降低貿易成本。

貿易便利化還受到目前邊境口岸的通關設施條件的制約,致使通關成本較高,通關能力不高。只有加強沿線國家信息互換、監管互認、執法互助的海關合作,降低非關稅壁壘,共同提高技術性貿易措施透明度,才能真正提高貿易自由化、便利化水平。

貿易壁壘與貿易合作層次不夠深入,成為推動貿易自由化的主要障礙與難點。為此,對於已簽署自由貿易協定的國家,應擴大服務貿易和投資領域的開放,創造更為便利和自由的貿易投資環境。與此同時,還應爭取與更多國家商簽自由貿易協定,為提升貿易水平提供制度性保障。

四、「一帶一路」建設戰略重點：
投資自由化與便利化、資金融通和產業重點

---

1. 投資自由化與便利化

（1）投資自由化和便利化是「一帶一路」戰略的核心內容

　　中國企業「走出去」，與當地的自然資源和勞動力資源相結合，將中國優勢產能輸送到「一帶一路」國家，推動全球產業鏈條在「一帶一路」國家中的合理分工，促進中國與「一帶一路」沿線國家的互利共贏，這是「一帶一路」戰略產生的重要背景。所以投資自由化和便利化是「一帶一路」戰略的核心內容。

　　根據《願景與行動》，投資自由化和便利化是指：消除投資壁壘；加強雙邊投資保護協定、避免雙重徵稅協定磋商，保護投資者的合法權益。在此基礎上拓展國家之間相互投資領域，在農林牧副漁業、能源、新興產業、服務業等各領域開展研發、生產、行銷以及建立上下游產業全產業鏈條、進行全方位合作；建立境外經貿合作區、跨境經濟合作區等產業園區的合作模式；加強環保生態合作，實現綠色絲綢之路。

　　在「一帶一路」戰略的推動下，中國企業對沿線國家的投資快速增長。在 2014 年北京 APEC 峰會上，習近平主席指出，未來十年中國對外投資將達 1.25 萬億美元。2015 年 1–9 月份，中國企業對沿線 48 個國家的直接投資達到 120.3 億美元，同比增長 66%，主要投向新加坡、哈薩克斯坦、老撾、印尼、俄羅斯和泰國等。[6]中國前十大「一帶一路」對外投資企業為：中國交建集團、國機集

團、中石油、中國核工業集團、中國電力建設集團、中國鐵建、中國建築工程、中國石化集團、中國鐵路工程公司、北京城建集團。目前對沿線國家的投資還基本上集中在能源和基礎設施建設方面。中國來自沿線國家的投資增速同樣可觀。「一帶一路」沿線國家在華設立外商投資企業 1,604 家，同比增長 19%；實際投入外資金額 61.2 億美元，同比增長 18.4%，增幅較高的國家有沙特阿拉伯、馬來西亞和新加坡。

（2）中國企業「走出去」面對的困難

通過對外直接投資，中國企業「走出去」，構建中國聯通歐亞的「一帶一路」，意義重大。但是，中國企業「走出去」的道路並不平坦。

首先，中國對外投資立法嚴重滯後，還缺乏一個完整的包括海外投資審批監管、海外投資保障、金融稅收、海外投資鼓勵與支持在內的海外投資立法體系。各種相關法律規定還存在相互衝突的地方。企業海外投資在缺乏法律保障的情況下，動力不足，尤其是民營企業更是有所顧慮。

中國企業海外投資在東道國面臨一系列勞工糾紛、文化衝突、法律制度差異、安全等方面的風險。

「一帶一路」沿線國家不同的宗教文化、人文環境和政治經濟制度，給中國企業在當地投資經營帶來愈來愈多的勞動糾紛。在很多國家，工會的力量很強，罷工十分普遍，工會在工資待遇、勞工權益保障方面具有很高的政治談判力。中國企業需要不斷適應當地勞工保障制度、文化宗教和法律制度，與當地國家人民共享投資發展的成果。

「一帶一路」沿線國家對於中國企業的進入並非都持歡迎態度。

很多國家擔心中國企業進入後會佔領和控制當地市場和當地經濟，並擔心中國元素對本國政治和文化的影響，因而對中國投資採取相對保守的態度。這意味著，中國通過「一帶一路」戰略帶動的全球資本輸出與產能輸出的戰略，與各國的發展戰略和發展模式會產生衝突。2014 年墨西哥對中鐵建項目違約，就反映了墨西哥國家政府對中國「走出去」戰略的恐懼。雖然中國與沿線國家也簽訂了一些自由貿易區協議，但是合作的深度和廣度十分有限，難以解決中國企業在當地面臨的各種障礙。

中國企業的投資也會因為戰爭、民族衝突、國內動亂、政權更迭、政策變更等因素遭受巨大損失。「一帶一路」沿線國家大多發展水平落後、民族宗教衝突嚴重、政治軍事衝突不斷、政權更迭頻繁、對外政策保守。一些政策經常出現反覆，投資承諾朝令夕改；部分國家政策連續性不強，政府一旦換屆，原有的承諾甚至已簽的協議都有可能被推翻、擱置。「一帶一路」沿線國家在投資、環境、勞工標準、知識產權等領域的相關法律制度各有不同的標準，亟待建立相關投融資爭端解決機制。

2. 資金融通

(1)「一帶一路」建設擁有四大資金池

「一帶一路」建設中的資金融通，意在通過推進亞洲貨幣穩定體系、投融資體系和信用體系建設，深化沿線各國金融合作。根據《願景與行動》，資金融通包括：擴大沿線國家雙邊本幣互換、結算的範圍和規模；推動亞洲債券市場的開放和發展；共同推進亞投行、金磚國家開發銀行（以下簡稱「金磚銀行」）籌建，就建立上合組織融資機構開展磋商；加快絲路基金組建運營；深化中國—東

盟銀行聯合體、上合組織銀行聯合體務實合作，以銀團貸款、銀行授信等方式開展多邊金融合作；支援沿線國家政府和信用等級較高的企業以及金融機構在中國境內發行人民幣債券；符合條件的中國境內金融機構和企業可以在境外發行人民幣債券和外幣債券，鼓勵在沿線國家使用所籌資金；充分發揮絲路基金以及各國主權基金作用，引導商業性股權投資基金和社會資金共同參與「一帶一路」重點項目建設；加強金融監管合作，形成應對跨境風險和危機處置的交流合作機制。

「一帶一路」建設擁有四大資金池，為其建設提供了啟動資金。他們是絲路基金、亞投行、金磚銀行、上合組織開發銀行。

絲路基金本質上是中國的主權基金，前期以交通、電力、通信等基礎建設投資為主，起點是國內相關省份的鐵路、公路和管道的新建和擴建投資，以後會擴展到文化、旅遊、貿易等諸多方面。

亞投行是一個多邊合作機構和政府間的金融開發機構，按照多邊開發銀行的模式和原則運營。首批投資的項目將集中在與中國沒有領土糾紛、沒有歷史問題的傳統友好國家，未來將涉足更多國家，推動更大規模的基礎設施投資。

金磚銀行重點在金磚五國以及與五國相聯的國家進行基礎設施投資，未來會擴展到世界其他國家和地區。

上合組織開發銀行重點解決中國和俄羅斯與中亞國家之間的互聯互通問題。四大資金池幾乎覆蓋了所有沿線國家和地區，為這些國家的基礎設施建設、資源開發、產業合作等提供融資支持。

(2) 為「一帶一路」建設集聚充足資金是根本出路

來自中國國內政府和民間的巨額資金是「一帶一路」建設的巨大保障。中國政府擁有世界第一的外匯儲備，各地政府都在推出地

方版的絲路基金。中國擁有世界上最高的儲蓄率，民間資本豐富，吸引民間資本進入基礎設施投資的 PPP 模式（即公共私營合作制，是指政府與私人組織之間，合作建設城市基礎設施項目）也將應用到「一帶一路」建設中來。中國各大金融機構都表現出參與「一帶一路」建設的強烈意願。2015 年博鰲亞洲論壇上，中國國開行董事長胡懷邦表示，國開行針對「一帶一路」已建立項目庫，涉及 64 個國家約 900 個項目、投資金額逾 8,000 億美元。2015 年 4 月，巴基斯坦水電開發項目作為絲路基金對外投資首個項目，在習近平主席訪問巴基斯坦期間正式簽署。工、農、中、建、交等大型商業銀行已在「一帶一路」沿線國家佈局 40 家分支機構。其中，2015 年，中國銀行「一帶一路」相關授信將不低於 200 億美元，未來三年將累計達到 1,000 億美元。[7]

充分利用國際金融市場，通過各種金融創新，為「一帶一路」建設集聚充足資金，是「一帶一路」建設的根本出路。香港作為全球金融中心可以成為「一帶一路」資金融通的中心。

要建立一個國家間的完善、有序的「一帶一路」融資體系，加強國家間在金融機構業務創新、金融標準統一、信用標準及共享、監管方面的合作，除了滿足「一帶一路」建設的資金需求，對於區域金融體系穩定也具有重要意義。

3. 產業重點

（1）產業合作前景廣闊

「一帶一路」沿線國家基本上都是發展中國家，經濟發展水平較為落後，產業門類比較單一，金融服務業發展滯後。很多國家自然資源十分豐富，能源儲備充足。中國與這些國家具有廣闊的合作前

景。在產業方面，「一帶一路」建設將主要集中在以下幾個領域：基礎設施建設相關行業，包括工程設計與施工、鋼鐵、水泥、工程機械設備、設備維修；與貿易相關的產業，包括交通設施、物流、倉儲、售後服務；與能源開發與輸出相關的產業，包括採礦機械設備製造、石油冶煉與加工設備製造，核電、風電、水電等新能源領域；高科技新興產業，集中在生物醫藥、信息通信、航空航天；現代服務業，包括金融服務、旅遊服務、酒店餐飲服務等。

（2）國家隊、民營隊先後出海

上述產業領域的第一梯隊——國家隊已經出海，活躍在「一帶一路」沿線國家中。這些企業包括中國交建、中國電建、中冶集團、中國中鐵、中石油、中石化、中核集團、中海集運、中海油、徐工集團、「中農工建」四大商業銀行等等。中核集團正在與埃及、沙特阿拉伯、蘇丹等國合作開發核電設施；中海集運與阿拉伯國家船運公司的海運合作進展迅速；中石油、中國銀行、中冶集團、同仁堂都列入 2014 年成功走入東盟的 20 家企業中；中國交建成功拍獲高達 17 億人民幣的巴基斯坦瓜達爾港新機場項目建設；中石油、中石化、中國中鐵、徐工、柳工、中科重工都在與俄羅斯的合作中走在了前面。國家隊在這些國家的投資與合作，促進了中國與這些國家的互聯互通、政策溝通和民心互通，積累了大量的經驗教訓。第二梯隊——民營隊正在出海。中國比較成功的大型民營企業，包括三一重工、華為等已經出海，業績驕人。在交通運輸、設備製造、酒店餐飲服務、旅遊服務、生物製藥、新能源開發等領域，大量的民營企業在「一帶一路」國家尋求合作與發展機會。

本章作者：戴金平

南開大學國家經濟戰略研究院副院長、教授

注釋

1　張憶東：〈一帶一路全球大戰略下的系統性機會〉，載《興業證券研究報告》，2014
年 11 月 10 日，萬德諮詢證券報告研究平台。

2　同上。

3　「2015 年 1–9 月中國與一帶一路相關國家經貿合作情況」，商務部網站，2015 年 11
月 4 日。

4　同上。

5　同上。

6　同上。

7　黃斌：「中行力促一帶一路，未來三年計劃授信千億美元」，新浪財經，2014 年 12
月 31 日，資料來源：www.sina.com.cn（最後訪問時間：2016 年 1 月 22 日）。

資料鏈接

「一帶一路」沿線主要國家投資前景分級

　　「一帶一路」是中國新時期的全面對外開放戰略。「一帶一路」沿線國
家眾多，跨越亞洲、非洲、歐洲以及太平洋、印度洋和大西洋，國家類型
迥異；合作領域廣，包括貿易、投資、文化交流、基礎設施建設、政治以
及軍事合作等等。這樣一個龐大的對外開放戰略必然是分階段、分步驟進
行的。從區域上來講，首先要突破的合作區域必須具備突破條件並且是戰
略意義重大的國家或地區。選擇區域合作重心是一個十分關鍵的問題。關
於「一帶一路」區域合作重心，除了在政府相關部門的文件中可以找尋一
些思路之外，比較深入的研究很少。首創證券的一項研究很有特色。〔首

創證券：「『一帶一路』：未來五年至十年的核心戰略與機遇」，2015 年 3 月 18 日，萬德諮詢證券報告研究平台。〕

該研究確立了一個決定國家投資前景的指標體系，該指標體系由自然環境、政治環境、經濟環境和安全因素四個大類構成，每一類又由多個子因素構成。自然環境包括資源稟賦以及與中國的契合度；政治環境包括政局穩定、國家發展戰略、政策連續性、與中國的外交關係；經濟環境包括經濟體量、經濟發展水平、經濟對外依賴度、經濟安全度、與中國的經濟貿易關係、產業結構及與中國的契合度；安全因素包括社會整體安定性、恐怖主義威脅、地區衝突風險等。對上述 13 個子指標根據重要性給予不同權重，產業結構以及與中國的契合度被賦予最高的權重，資源稟賦以及與中國的契合度，與中國的外交關係，也被賦予了很高的權重；地理便利情況、經濟發展水平和安全情況則被賦予了較低的權重。對「一帶一路」沿線上的 64 個國家進行上述 13 個子指標的打分，最後加總，得出每個國家的投資前景指數。該項研究接著根據前景指數對這些國家進行了分級處理。一級國家群包括哈薩克斯坦、俄羅斯、土庫曼斯坦、烏茲別克斯坦、蒙古；二級國家群包括巴基斯坦、伊朗、吉爾吉斯斯坦、塔吉克斯坦、泰國、沙特阿拉伯、科威特、意大利；三級國家群包括印度尼西亞、馬來西亞、埃及、馬爾代夫、斯里蘭卡、柬埔寨、老撾、文萊、希臘；四級國家群包括肯尼亞、敘利亞、伊拉克、緬甸、越南。

我們認為首創證券這項研究具有以下幾個特點：

第一，比較重視合作國家在資源稟賦、能源開發狀況、產業結構等方面與中國的互補性。這意味著，中國企業「走出去」，最重要的是尋求中國稀缺資源的開發、中國優質過剩產能的轉移。這是中國企業在對外投資中選擇投資地點的首要考慮因素，即「走到哪」的問題。

第二，合作國家與中國的政治、經濟與外交關係是中國企業是否「走出去」的決定因素。政策互通，的確是「一帶一路」戰略的前提和保障。

沒有好的政治、經濟與外交關係，企業「走出去」的地緣風險太高。這是解決「是否有條件走到那」的問題。

第三，地理便利被賦予了最低的權重。該項研究認為，是否接壤、是否交通便利並不是企業是否「走出去」的重要因素；即使接壤，如果雙方存在領土紛爭、政治制度對立、歷史遺留嫌隙、宗教衝突等障礙，也會阻礙中國企業「走出去」。即使相隔甚遠，如果友誼源遠流長、政治經濟制度相容、經濟結構互補性強，該國或地區也會成為中國企業「走出去」的首選。

我們認為，「一帶一路」沿線國家在中國新時期全球戰略中的戰略地位決定其在中國「一帶一路」戰略中的區域地位。決定一國或地區在中國全球戰略地位的因素，按照其重要性，依次為：地緣政治經濟地位、經濟結構互補性、政治經濟外交關係、安全環境。從企業角度來看，地緣政治地位並不是十分重要的因素，企業更多要從經濟結構互補性上考慮投資利益，從兩國政治、經濟、外交關係與文化往來方面考慮投資合作的便利性和安全保障，從地理位置、歷史傳承上考慮投資合作的成本和可持續性，從地緣政治軍事安全方面考慮投資的安全性。為了促進企業投資符合國家全球戰略方向，政府需要根據地緣政治經濟地位、經濟結構互補性、政治經濟外交關係、安全環境等方面確定「一帶一路」戰略合作的區域重點，推動中國與這些重心國家或地區的政策溝通和民心互通，加強政治、外交與軍事合作關係，為企業走到這些國家和地區鋪路。

第五章

「一帶一路」戰略：
衝突與挑戰

提要

　　中國「一帶一路」戰略的實施面臨一系列衝突與挑戰。中美之間的大國衝突是核心衝突，全球貨幣金融體系控制權的爭奪最為激烈，美國的「一帶兩翼」戰略和「新絲綢之路」計劃與中國的「一帶一路」戰略形成直接競爭；近鄰之爭也不容忽視，中國崛起結束了日本長達 40 年之久的東亞「雁型發展模式」，「一帶一路」戰略挑戰了日本在東亞和東南亞的核心利益，安倍政府的全方位外交凸顯其對中國「一帶一路」戰略的擔憂；印度的「三位一體」對沖戰略旨在與中國爭奪南亞以及中亞經南亞通往歐洲的控制權；俄羅斯作為中國的戰略夥伴對「一帶一路」戰略基本配合，但中俄在中亞的利益之爭、全球戰略地位之爭不可迴避；「一帶一路」沿線國家多是宗教文化衝突激烈、恐怖主義氾濫的地區，極端民族主義、極端宗教主義面對外部勢力的控制，肆意氾濫形成國際恐怖主義；東盟、南亞、中東、中東歐都存在著比較嚴重的地緣政治衝突；資金約束也是「一帶一路」戰略推進的重要障礙。

「一帶一路」是新時期的中國全面對外開放的宏圖偉略，是中國積極參與全球治理、勇於承擔全球社會責任的大國戰略，「一帶一路」戰略在實現「中國夢」的同時，也會給全球帶來經濟昌盛、政治穩定和文化繁榮。然而，在全球地緣政治衝突激烈、世界經濟深陷危機泥潭、貿易保護主義盛行、極端民族主義和宗教主義氾濫、恐怖主義活動猖獗的歷史性大變革中，中國全面對外開放戰略的實施將遭遇前所未有的風險和挑戰。

一、大國衝突：中美衝突是第一大挑戰

　　美國作為當今世界政治經濟軍事超級大國，其利益早已遍佈包括「一帶一路」戰略輻射地區在內的各個角落。中國「一帶一路」戰略必然會觸碰現有的國際政治經濟秩序，也必然會衝擊現有國際政治經濟秩序的主導者——美國的既得利益。2008年全球金融危機之後，美國一直致力於謀劃新的全球戰略，維繫和固化其在全球政治經濟中的控制地位。中國的大國戰略與美國維繫大國戰略在全球各個角落勢必發生重大衝突。

1. 國際貨幣金融體系變革：貨幣主導權之爭

　　美國是現有國際貨幣金融體系的主導者，美元是世界貨幣之

王。美國及其盟國控制的國際貨幣基金組織（IMF）、世界銀行、國際清算銀行等國際經濟組織，是現有國際貨幣金融體系的捍衛者。美國在這些組織中擁有控制權。在國際貨幣基金組織的基金份額中，美國是第一大持有者，佔比為 17.398%，日本為第二大持有國，為 6.461%，中國是第三大份額國，為 6.39%。2010 年國際貨幣基金組織就推出了基金調整方案，將中國份額由 3.72% 提高到 6.39%，卻遭遇美國重重阻撓，直至 2015 年國際貨幣基金組織採取替代方案才實現了上述目標。在已經調整的基金份額中，美國依然具有重大事項的一票否決權；美日依然聯合控制著國際貨幣基金組織的重大決策。在世界銀行中，美國也是最大的控股國，對於重大事項具有一票否決權。雖然 2010 年 4 月通過了股權結構改革方案，中國的投票權從 2.71% 提高到 4.42%，發展中國家從 44.06% 提高到 47.19%，卻依然沒有撼動美國的控制地位，美國擁有 15.8% 的投票權，對必須 85% 通過的重大事項仍然具有一票否決的權力。伴隨著經濟實力的增長，中國增強了國際金融體系中的話語權，但要衝破美國和日本的聯合圍剿，仍是十分困難的。

為推動「一帶一路」的戰略實施，中國大力推進亞投行、金磚銀行、絲路基金等國際金融開發機構的創建和發展，這就會在一定程度上衝擊由世界銀行、國際開發銀行、國際貨幣基金組織主導的現有國際貨幣金融體系。

早在亞投行籌建之初，美國就曾游說並施壓其同盟國，要求他們慎重加入。[1] 美國擔心，這些由中國大力倡導的金融機構會削弱美國在國際金融體系中的地位。其原因有三點：

第一，中國在這些機構中擁有多數投票權，會使美國邊緣化；

第二，這些機構可能會向那些無法從現有多邊機構中取得融資的國家提供貸款，從而使由美國主導的現有機構的借貸約束性條件

失去效力；

第三，中國利用這些金融機構提升自身的國際地位和政治影響力，影響到美國的主導地位。

基於此，美國一定會不遺餘力地阻撓中國推動的國際金融開發機構的建立和發展。

人民幣國際化是中國推動「一帶一路」戰略的重要組成部分，也是「一帶一路」戰略的物質基礎。人民幣成為世界貨幣，必然撼動當前美元統治的國際貨幣體系，削弱美元霸權。強勢美元戰略是美國國際政治經濟戰略的基礎，是美國當前經濟發展模式的基礎，美國會不遺餘力地捍衛美元國際貨幣的主導地位，阻撓人民幣國際化戰略的實施。2010 年中國提出人民幣加入 SDR（特別提款權）的申請在國際貨幣基金組織就遭到美國的反對，未獲通過。之後幾年，中國加快匯率市場化改革進程，推動資本自由流動和資本項下人民幣自由兌換的改革，人民幣快速升值。2015 年中國重新提出人民幣加入 SDR 的申請，美國依然堅持人民幣存在幣值低估的問題，阻撓人民幣加入 SDR，最終失敗，中國的申請獲得通過。人民幣加入 SDR 貨幣籃子，是人民幣國際化進程的重要一步。可以預見，在人民幣國際化、中國在貨幣金融體系中地位日益提高的過程中，來自美國的不同聲音會愈來愈大。

2. 美國「新絲綢之路」對壘中國「一帶一路」

中亞國家脫離蘇聯獨立之後，美國就盯上了這個地緣相當重要的地區。1999 年 5 月，美國國會通過了旨在促進中亞國家擺脫俄羅斯控制的「絲綢之路戰略法案」。2011 年 7 月，美國國務卿希拉里在印度參加第二次美印戰略對話，又提出了「新絲綢之路」計劃，

意圖以戰後的阿富汗為樞紐，加強與中亞國家及南亞國家的合作，推動中亞—阿富汗—南亞的道路暢通和貿易合作，實現美國在中亞—阿富汗—南亞絲綢之路的政治經濟與軍事控制。該戰略在美國亞歐大陸戰略中居於重要位置。美國的「新絲綢之路」戰略通過印度牽制中國和伊斯蘭世界，控制中亞和裏海新的油氣資源，防止中國和俄羅斯壟斷中亞利益，防止伊朗對阿富汗形成新的干預，可謂一舉多得的國際戰略。

美國「新絲綢之路」計劃涵蓋範圍與中國「一帶一路」戰略所輻射的地域存在重大重疊，中亞和南亞是中國「一帶一路」戰略的重心區域。中美在中亞、南亞一定會觸碰，如何協調彼此利益是一個不可避免的問題。

3. 美國 TPP 與 TTIP 對壘中國「一帶一路」

美國雖然不是「一帶一路」的域內國家，但「一帶一路」戰略沿途卻遍佈著美國的同盟國和夥伴國。中國與這些國家開展合作、加強交流、建立共信，會在一定程度上削弱美國對這些國家的控制。

在以中國為代表的金磚五國及其他新興發展中國家迅速成長、改變著世界政治經濟秩序的背景下，美國正在謀劃其新的全球戰略，即「一帶兩翼」戰略。「一帶」是指與美國血脈相連的北美洲大陸，通過北美自由貿易區、美加墨自由貿易區來實現，實現美國與之近鄰的一體化。「兩翼」是指亞太戰略和歐洲戰略，亞太戰略是跨太平洋夥伴關係協定（簡稱 TPP），歐洲戰略是跨大西洋貿易與投資夥伴協定（簡稱 TTIP，也稱「經濟北約」）。「一帶兩翼」是美國強化全球霸權地位的重要戰略。

TPP 前身是由新加坡、新西蘭、智利和文萊發起的跨太平洋戰略經濟夥伴關係協定，旨在建立一個貿易與投資一體化的自由貿易區。2008 年美國宣佈加入 TPP 談判，並邀請秘魯、澳大利亞加入談判，將美國關心的議題納入談判領域，開始主導 TPP 的談判進程。之後，韓國、日本、越南、馬來西亞、墨西哥、加拿大等國宣佈加入談判。經過若干輪談判，除韓國外的 12 個國家終於在 2015 年 11 月通過了 TPP 協定文本。TPP 是目前標準最為嚴格的自由貿易協定，涉及在國際貿易組織自由貿易談判中遲遲不能通過的議題，包括全面的市場准入、數字經濟中的信息共享、全球供應鏈條的「無縫」貿易等等。通過 TPP，美國要主導亞太區域的自由貿易平台，並以此重新界定全球自由貿易的標準。美國推動的 TPP，再次挑戰中國的對外開放水平和中國在全球的經濟貿易地位。

　　與歐洲聯合，抵禦來自新興發展中國家的衝擊與挑戰，一直是美國對外戰略的核心。美國與歐盟於 2013 年 6 月開始啟動 TTIP 談判，該談判旨在建立世界上最大的自由貿易區——美歐自由貿易區。TTIP 覆蓋面十分廣泛，包括了幾乎所有的貿易與投資領域，目前正在就二十多個領域進行談判。由於覆蓋面廣、貿易和投資自由化程度高，談判過程十分艱難。TTIP 是一個沒有發展中國家參與的世界貿易談判，是美歐重拾世界壟斷之夢的重大舉措。

　　美國的「一帶兩翼」覆蓋了美洲、亞太地區、歐洲幾乎所有的地區，涉及七十多個國家；中國的「一帶一路」戰略覆蓋亞洲、歐洲和非洲，沿線國家六十多個。中美新時期的全球戰略均表現為全球性、大國性和主導性，中美各自的戰略會在不同的領域和區域碰撞和交叉，產生各種各樣的矛盾和衝突。這是兩個大國主導世界的衝突，這一衝突將主導本世紀全球政治經濟發展的基本方向。美國會在各個方面、各個領域阻撓中國走向世界的腳步。中國已經成為

世界第二大對外投資國，其對外投資已經成為國際資本流動的一個亮點，但中國企業在很多國家的投資和併購行為遭到來自美國的阻撓。2015 年中國企業在澳大利亞購買達爾文港口的長期使用權，遭到美國反對；中國企業在澳大利亞購買農場的行為也因為美國的反對而停止。

中國在推行「一帶一路」戰略中觸碰到現有的世界地緣政治與經濟格局，大多會表現為與美國地緣政治與經濟利益的衝突。所以，中美衝突是中國「一帶一路」戰略面臨的第一大挑戰。

二、 近鄰之爭：日本、印度與俄羅斯

1. 日本：爭奪亞洲主導權成為中日兩國競爭焦點

日本作為現有國際秩序的既得利益者，對於中國「走出去」的嶄新戰略，反應一直比較冷淡。安倍政府一如既往的保守主義加之 2014 年以來積極推動的「戰略外交」，在亞洲乃至世界範圍內制衡中國，遏制「一帶一路」。[2] 中國的「一帶一路」戰略勢必打破現有的國際秩序，影響日本的既得利益，在諸多方面與日本產生衝突。

作為「一帶一路」戰略的資金保障 —— 亞投行、金磚銀行和絲路基金正在籌建中，而這些機構直接與日美控制的亞洲開發銀行（Asian Development Bank，縮寫：ADB，簡稱「亞行」）形成競爭，

動搖日本通過亞行實施對亞洲貨幣金融體系控制的根基。日本共同社就曾發表評論文章稱，對基礎設施建設需求旺盛的新興市場國家與發展中國家提供的金融援助，中國主導籌建的國際金融機構——亞投行與日美兩國主導的亞行之間的競爭在所難免。在中國主導亞投行建立之時，日本就聯合美國製造各種干擾和障礙，企圖破壞亞投行的誕生。

中資企業在「一帶一路」沿線各國的投資，勢必與早已開始海外投資的日本企業產生競爭。中日在各國基礎設施建設領域的競爭愈演愈烈。2015 年 10 月中旬，在與日本新幹線方案的奪標競爭後，中國取得了印度尼西亞的高鐵項目，這是使用中國技術和設備的首個海外高鐵建設項目。在印度市場，如今中資企業在發電、城市交通等領域中的頻繁出現，在價格競爭力上讓日企倍感威脅。[3]此外，中日高鐵企業在新加坡、馬來西亞、泰國、東盟等多個高鐵項目訂單上，也都展開了激烈的爭奪。

「一帶一路」打通了亞洲和歐洲的通道，有利於亞歐各國的經濟聯繫。在此過程中，中國與亞洲各國加強合作、增強信任，對亞洲各國的影響力進一步增強，這使日本和中國在亞洲展開了競爭。爭奪在亞洲的主導權成為中日兩國的競爭焦點。

東盟是中國近鄰，是「一帶一路」戰略的核心區域之一，也是中國外交關係的戰略重心。東盟也是日本謀求亞洲地位的關鍵所在。上個世紀七十年代，日本曾經積極推行「雁型發展模式」，日本為雁頭，東亞「四小龍」（韓國、中國台灣、中國香港、新加坡）為雁中，東盟其他國家為雁尾。這是當時日本構建東亞統治地位的區域發展戰略。「雁型發展模式」的實施，雖然不甚成功，但卻加深了日本與東亞和東南亞各國的經濟貿易關係，使日本與東盟各國經濟依賴度很高。中國在提出「一帶一路」戰略之後，日本更加緊

與東盟各國的經濟和政治外交。2013 年 1 月，日本首相安倍晉三訪問越南、泰國和印尼，5 月訪問緬甸，7 月訪問馬來西亞、新加坡和菲律賓三國，11 月出訪老撾、柬埔寨和文萊。至此，安倍晉三出任首相不滿一年，就遍訪東盟十國，這凸顯了他對東盟的重視。安倍此舉旨在彰顯日本的存在感，謀求改變地區外交中的落後局面。[4]

甚至對於蒙古和中亞，日本也在強化與這些國家和地區的外交關係。2015 年 10 月 22–28 日，安倍晉三前往蒙古國以及中亞五國進行訪問。安倍與各國首腦舉行會談以推動資源採購的多樣化，還希望通過基建合作來強化經濟關係。有分析稱，安倍此舉意在牽制在該地區影響力不斷增強的中國。[5]

2. 印度：「三位一體」對沖戰略應對「一帶一路」

印度是中國「一帶一路」沿線的重點國家之一。南亞是「一帶一路」戰略實施的重心區域之一。印度是南亞最大的國家，也是南亞國家中對中國「一帶一路」戰略態度極其消極的國家。「印度困局」[6]是中國全球戰略困局之一。

印度與中國雖然是近鄰，但是喜馬拉雅山幾乎隔絕了兩國之間正常的政治經濟和文化交流，兩國的政治經濟與文化特徵迥異。印度曾經是英國的殖民地，1947 年獨立之後建立了西方民主體制，是當今世界上實施西方民主制的最大的發展中國家。印度又是一個文明古國，宗教文化色彩相當濃郁。一半以上的人口信仰印度教，還有基督教、伊斯蘭教、錫克教、袄教等多種宗教，1,500 種語言，14 種官方語言。印度歷史上形成的階級、宗教和種族分層的種姓制度根深蒂固，社會極其複雜。在這樣一個種族、宗教和階級多元化而且階層鮮明的國家實施西方民主，也算是世界一大奇觀。

印度與中國的關係更是錯綜複雜。兩國存有領土邊界爭端，1962 年曾經發生軍事衝突，形成印度對中國的怨恨情結。兩國是亞洲兩個人口大國，中國的快速崛起引致印度對中國的怨恨情結加重，將中國視為其成為亞洲大國的競爭對手。

　　印度民族主義思潮十分嚴重，體現為文化民族主義、政治民族主義和經濟民族主義。民族主義成為印度對外關係的一大障礙。印度民族主義主導的印度地緣政治經濟戰略，與中國的「一帶一路」戰略發生直接衝突。一直以來，印度人將印度洋視為自己的勢力範圍，不允許任何國家染指。經馬六甲海峽通往波斯灣和非洲地區的航線是中國「一帶一路」戰略的要道，這條航線承載著中國能源進口的 80%。印度的全球戰略首先是謀求在南亞的大國地位，進而實現在亞洲的統治地位，最終實現全球的中心地位。印度的大國戰略面對中國的迅速成長、中國在全球政治經濟地位的提升，直至中國的「一帶一路」戰略，印度對中國的敵對心理愈發嚴重，將中國崛起視為對印度自身的最大威脅。

　　為了應對中國「一帶一路」戰略，印度實施了「三位一體」的「對沖戰略」：大力發展軍事現代化、強化軍事控制實現「內部制衡」；發展與美國、日本、東南亞、南亞各國之間的友好合作關係，充分利用該地區美國的勢力範圍，對中國實施「外部制衡」；防止「對沖戰略」演變為敵對戰略，發展與中國的政治、經濟、軍事和社會文化的交流與合作，實施「接觸中國」戰略。[7]

　　在海上，為了加強在南海的控制，印度提出了「一點兩環」海上擴張思路：以安達曼—尼科巴群島為支點，採用軍事手段扼守印度洋與太平洋之間的咽喉要道；在環阿拉伯海地區和環孟加拉灣地區，通過經濟合作將戰略影響輻射到沿岸所有國家。在這一思路指導下，印度一方面擴建安達曼—尼科巴群島海軍基地，加強其在東

北印度洋海域的軍事實力；另一方面又令海軍越過馬六甲海峽進入西太平洋，在南海與日本和越南等國進行戰略對接，從而為南海和馬六甲海峽等通道或咽喉帶來更多安全壓力。

隨著印度經濟發展提速，印巴之間的不平衡會加大，一個缺少巴基斯坦制衡、民族主義逐漸強化、更加自信的印度將會對中國「21世紀海上絲綢之路」建設帶來很多干擾。

3. 俄羅斯：總體理解配合「一帶一路」，但也有衝突

中國與俄羅斯之間的關係歷史悠久。在世界無產階級革命中，蘇聯共產黨和中國共產黨就是密切合作的兩個共產主義政黨之間的關係。蘇聯和中國的無產階級革命成功之後，都先後建立了社會主義國家，同屬一個社會主義陣營，與以美國為首的資本主義陣營形成東西對立。同在一個陣營中，蘇聯是社會主義陣營的領袖。蘇聯在多方面對中國的社會主義建設進行支援。在上個世紀八十年代之前，蘇聯和美國進行了曠日持久的軍備競賽。蘇聯赫魯曉夫上台之後，中蘇關係全面惡化，蘇聯對中國實行全面包圍戰略，悍然入侵阿富汗、介入越南戰爭、派軍入駐蒙古、激化中印邊界衝突等等。上個世紀八十年代之後，蘇聯在勃列日涅夫和戈爾巴喬夫執政期間，開始轉變對華政策，蘇聯從蒙古和阿富汗撤軍，督促越南從柬埔寨撤軍，認真與中國談判邊界爭端問題，中蘇關係開始走向正常化。

蘇聯解體後，中國與蘇聯的關係演變為與俄羅斯及與中亞五國的關係。中國與俄羅斯的關係進入一個新的歷史階段。兩個大國都進行了政治經濟體制改革。與中國漸進式的經濟市場化改革道路不同，俄羅斯採取了「激進式」療法，迅速實現了市場化改革。在經

歷了陣痛之後，俄羅斯也步入快速發展時代。中國的漸進式改革取得了巨大成功，創造了世界經濟增長的奇跡。兩個政治與軍事大國的經濟起飛，同時引起了世界關注。2004 年兩國就邊界問題達成一致，徹底解決了困擾兩國政治經濟關係的關鍵，兩國關係進入良性發展的軌道。烏克蘭危機以來，俄羅斯與中國進入了「蜜月期」，俄對華戰略倚重增強，對「一帶一路」戰略總體持理解、配合立場。

中國已經成為世界第二大經濟體，是世界上政治軍事舉足輕重的大國。中國制訂的「一帶一路」戰略是中國復興之戰略。在總統普京的帶領下，俄羅斯也在謀求新時期的大國控制地位。兩個大國的全球戰略存在以下衝突：

其一，中亞衝突。中亞五國獨立之後，俄羅斯一直將其視為自己的勢力範圍，中亞控制戰略在俄羅斯地緣政治經濟戰略中居於核心地位。中亞是中國的近鄰，如何協調中國和俄羅斯在中亞的利益，成為中俄關係的一大重點。上海合作組織，就是協調俄羅斯、中國和中亞地區關係的平台。中亞是中國「一帶一路」戰略中的區域核心之一，中國與俄羅斯在該地區的角逐是不可避免的。

其二，全球戰略衝突。俄羅斯作為一個政治經濟軍事大國，當今的全球戰略是其歐亞聯盟戰略。歐亞聯盟旨在建立新的俄羅斯與其他獨聯體國家之間的合作夥伴關係，從關稅同盟入手，組建經濟聯盟，最後形成政治經濟聯盟。雖然俄羅斯沒有將歐亞聯盟的邊界陳述清晰，但普京的「歐亞」實際是指歐亞區域（包括歐亞大陸中心和周邊）的中心地帶，主要包括獨聯體內的俄羅斯、中亞、東歐等地，也大體相當於麥金德所說的「世界島」，控制了世界島，也就控制了世界。俄羅斯的全球戰略是以控制核心要地來控制世界。這個所謂的「世界島」，在中國「一帶一路」戰略中居於要塞地位，中國與俄羅斯的全球戰略衝突不言而喻。

三、文化衝突：
宗教衝突、恐怖主義、文化與制度差異

---

1. 宗教衝突

「一帶一路」沿線地區，文化差異很大，宗教信仰繁多，有道教、佛教、伊斯蘭教、基督教、猶太教、印度教、錫克教、儒教等多個宗教。宗教衝突已經跨越國界，超越意識形態、政治與經濟衝突，成為主導世界矛盾與衝突的決定因素。宗教以其獨有的教義，指導教徒的價值觀與行為方式。宗教之間的衝突體現為價值觀與行為方式的巨大衝突。宗教衝突不僅表現為不同宗教之間的衝突，還包括一個宗教內部不同分支的衝突。宗教經常淪為實現政治利益的工具，在很多國家和地區都與政治意識形態力量結合在一起。宗教衝突背後有政治衝突、經濟衝突，常常表現為邊界軍事衝突。

猶太教與伊斯蘭教之間長達兩千年的衝突帶來了中亞、西亞、北非地區的戰火連綿，十一世紀末基督教與伊斯蘭教的戰爭長達四百餘年，十五世紀後西方殖民者以基督教統治東方的擴張遭遇佛教勢力的激烈抵抗。基督教內部的衝突從來沒有停止過。十三世紀初，羅馬天主教與東正教發生武裝衝突，十六世紀宗教改革中新教與天主教爆發了長期戰爭。伊斯蘭教與猶太教的衝突伴隨著巴以衝突不斷升級。中東地區的連年混戰則既有伊斯蘭教與其他宗教的衝突，也有伊斯蘭教內部不同支派的衝突。中國在與不同宗教信仰的國家和民族共同建設「一帶一路」的過程中，信仰和宗教的衝突是難免的。

極端宗教主義與極端民族主義演化為當前的恐怖主義，更成為中國「一帶一路」戰略的重大威脅。

2. 恐怖主義

恐怖主義由來已久。十九世紀初歐洲資本主義的發展伴隨著貧富分化的加劇，底層知識分子構成的左翼力量迅速發展，在巴黎公社等無政府主義行為失敗之後，這股力量便轉而進行恐怖主義活動，並迅速在資本主義世界蔓延。資本主義國家大力推行社會福利制度，縮小貧富分化，緩解社會矛盾，恐怖主義幾乎銷聲匿跡。十九世紀二十年代之後以英國為代表的殖民活動又在全球推動了恐怖主義回潮，中東成為恐怖主義的中心。中東恐怖主義建立在西方列強對中東控制和掠奪的基礎之上。列強在中東大力扶植自己的力量，列強之間的爭奪加劇了中東各國的民族衝突、宗教衝突和種族衝突，這種衝突日益演化為恐怖主義的行動。

中東是國際恐怖主義組織聚集地。阿以衝突中的恐怖主義活動盛行。英國於 1922 年將巴勒斯坦納入殖民範圍後，扶植猶太人在巴勒斯坦進行復國活動，遭到阿拉伯人民的武裝抵抗。猶太人與阿拉伯人之間的衝突成為中東問題的核心。猶太人在美國等西方勢力的支持下，在巴勒斯坦的土地上建立了以色列。阿拉伯人在巴勒斯坦周邊地區建立了大量武裝，與以色列對抗。雙方都採用恐怖主義的手段，戰火紛飛，民不聊生。這是基於阿以衝突的中東恐怖主義。

源於伊斯蘭極端主義的恐怖主義愈演愈烈。伊斯蘭極端主義是阿富汗戰爭的產物。1979 年蘇聯入侵阿富汗，穆斯林愛國組織發起抵抗運動，在美國支持下，建立了「聖戰者伊斯蘭聯盟」。聖戰者

聯盟後來發展為基地組織。基地組織後來成為國際恐怖主義組織。基地組織製造了震驚世界的 2001 年美國「9‧11」恐怖襲擊以及 1998 年駐坦桑尼亞和肯尼亞的美國大使館爆炸等恐怖活動。美國撤出伊拉克以後,基地組織在伊拉克的一個分支機構的頭目巴格拉迪率領一部分基地成員與基地分道揚鑣,建立了「伊拉克伊斯蘭國」。2013 年聯合敘利亞極端組織建立了 ISIS,即「伊拉克與大敘利亞伊斯蘭國」(又稱「伊拉克和黎凡特伊斯蘭國」)。該組織活躍在中東各國,主要是伊朗、伊拉克、敘利亞,以建立一個伊斯蘭教的國家為宗旨,到處製造恐怖主義事件。中國新疆的恐怖主義活動——「東突」組織的訓練營也在 ISIS。阿富汗的塔利班是中東另外一個恐怖主義組織。基地、「伊斯蘭國」和塔利班都根植和活躍在中東地區。這三個組織的恐怖主義活動愈演愈烈。2015 年底的巴黎大屠殺事件、西非馬里首都的賓館恐襲等都造成嚴重恐慌,馬里的恐襲使赴馬里談判基礎建設項目的中建集團三名高管喪生。

　　印度恐怖主義活動一直存在,而且影響廣泛,西孟加拉邦、泰米爾納德邦、那加蘭邦、米左拉姆邦、梅加拉亞邦、曼尼普爾邦、查謨和喀什米爾地區、阿薩姆邦、所謂的「阿魯納恰爾邦」以及特里普拉邦等都是恐怖主義及暴力活動的重災區。

　　中國新疆地區是「一帶一路」陸上「出海口」,居於重要戰略位置,國際恐怖主義組織——「東突」便活躍在此地。東突厥自古代就存在,至 1948 年,美國介入新疆事務,試圖借助「東突」來反共,破壞中國和平統一。後來,這股勢力在極端主義、分裂主義和國際恐怖主義影響下,由分裂主義轉變為恐怖主義,一直存在至今。

　　中國「一帶一路」戰略就是要打通亞洲通往歐洲的通道,中東和南亞是這個通道的樞紐。中東和南亞的恐怖主義氾濫是「一帶一

路」戰略實施的重大障礙。

3. 文化與制度差異

文化具有豐富的內涵，是集物質與精神財富於一體的範疇，由信仰、道德、知識、藝術、法律、習俗、制度等多要素構成。除了宗教信仰差異之外，「一帶一路」沿線國家具有多元文化、多重意識形態、多元政治經濟制度、多級發展水平的特性。中亞文化已經在古老中亞文化的基礎上添加了俄羅斯文化元素與美國文化元素，正在形成一種多元化現代中亞文化；中東文化則體現為伊斯蘭文化、猶太文化和基督教文化三種文化的衝突；東盟則正在佛教與基督教共存的基礎上實現東西方文化的融合，英語已經成為一種普遍使用的語言，中文也愈來愈普遍，經濟市場化程度也在不斷提升；南亞則是世界四大文明發源地之一，是佛教和印度教的發源地，文化宗教衝突也十分嚴重；印度的種姓制度在印度文化中發揮著主導作用。

中國在與世界融合的過程中，來自文化與制度的挑戰首先表現為共產主義信仰與世界三大宗教信仰之間的衝突；其次，建立在宗教信仰基礎之上的文化與無主流宗教信仰的中國文化之間的衝突也是嚴重的；再次，政治制度的差異也是巨大的。在政治制度和意識形態方面，世界上社會主義國家僅在極少數地區存在，中國是一個社會主義大國，具有社會主義的政治制度與意識形態。政治制度和意識形態的差異是中國推行「一帶一路」戰略的重大挑戰。世界各地存在的「中國威脅論」恰恰反映了中國與很多國家在意識形態領域的衝突。

在世界文化融合的歷史進程中，在古絲綢之路文明時代，中國

文化沿著古絲綢之路向世界各國的傳播和滲透是廣泛和深入的；在之後的歷史長河中，伴隨著資本主義的殖民運動，西方文化廣泛傳播，蘇聯的社會主義陣營建設也加快了俄羅斯文化在世界社會主義國家的傳播和滲透，戰後美國實施全球擴張戰略的重要工具就是文化擴張和滲透。在中國「一帶一路」沿線的國家和區域，美國文化、歐洲文化、俄羅斯文化都有很深的根基，中國文化的傳播和推廣會遭遇到極大抵制。

在「一帶一路」戰略實施過程中，中國企業「走出去」已經面臨意識形態、文化習俗、員工職業操守、誠信程度、法律制度等一系列企業海外經營不可逾越的隱性風險，從而處於「站住容易站穩難」的尷尬境地。[8] 世界銀行集團一項調查表明，150 家開展對外直接投資的中國企業面臨的最主要挑戰是文化衝突。中國在印度、越南、緬甸、吉爾吉斯斯坦等國的多項投資，也都曾因文化衝突、民間抗議等問題而被迫停工。這就需要企業在與國外開展合作的過程中，尊重其他國家的風俗習慣、宗教信仰等，努力瞭解並融入當地的文化，最大程度地減少和避免因文化衝突而引起的對抗。

中東基礎設施建設是「一帶一路」互聯互通建設的重要內容，基礎設施建設的瓶頸是資金問題，開展融資租賃是解決資金瓶頸的有效手段。為此，中國融資企業在中東做了很多探索，試圖探尋出在中東開展融資租賃的途徑。多項調研表明，在中東開展融資租賃幾乎是不可能的。中東各國的經濟規模都比較小，基礎設施建設往往涉及幾個國家，國家之間相關法律規定的差異直接阻礙了融資租賃一攬子方案的實施。中東各國經濟市場化程度都不高，社會信用體系也沒有建立起來，沒有很好的信用文化。在融資租賃的結構設計中，租賃方的信用狀況直接影響融資租賃的風險，是融資租賃提供方必須考量的因素。但是在中東各國，租賃方均拒絕提供資信狀

況證明。同時，中東各國企業均比較保守，一般僅在當地企業之間進行商業往來，設備生產方只能通過當地中介進行產品銷售，很難直接為設備使用方提供融資租賃。

東南亞很多國家目前的勞動力成本都低於中國，很多中國企業或者是跨國公司開始將中國的加工企業轉移到東南亞勞動力成本較低的國家。但是，中國企業在馬來西亞的投資表明，由於當地文化特徵，勞動力管理成本和勞動力的隱性成本較高。探索與當地文化相適應的人力資源管理體系，是中國企業在海外投資發展必須要考慮的首要問題。

四、地緣政治衝突：
東盟、南亞、中東、中東歐

地緣政治衝突是當今世界戰亂不斷的重要原因。從俄羅斯、蒙古國，到東南亞地區的緬甸，南亞地區的巴基斯坦、阿富汗、印度，西亞北非的巴以地區、敘利亞、伊拉克、也門、埃及，再到中東歐地區的烏克蘭，均充斥著政治動盪、軍事衝突、政權更迭、社會秩序混亂等問題。從「一帶一路」的走向來看，上述這些國家或地區大部分處於重要位置，緬甸是通往印度洋及南亞地區的門戶，也門位於亞丁灣與紅海的咽喉部位，敘利亞是地中海東岸的重要國家，烏克蘭則是黑海地區的重要國家。這些地區政治局勢的不確定

構成對「一帶一路」戰略的重大障礙。

1. 東盟

東南亞地區的地緣政治衝突主要集中在緬甸。緬甸的政治轉型以及近期的內戰，使中緬關係陷入低谷，不僅使中國在緬甸現有的投資項目遭受重大損失，而且使一些重要規劃，如孟中印緬經濟走廊陷入困境。緬甸地區的衝突已經影響到中國邊界，密松水電站、皎漂—昆明鐵路項目停建，2013年年中緬甸萊比塘銅礦事件爆發並持續發酵。中國對緬甸的投資與經濟援助都處於低谷。

緬甸建國後的數十年裏，中央政府與各地少數民族武裝之間的軍事衝突從未停止。在國際大國勢力的滲透下，緬甸的內部衝突演化為國際政治衝突。緬甸成為全球地緣政治經濟格局變化下大國博弈的焦點之一。2008年緬甸新憲法公投通過，使美國可以很好地施展除軍事、經濟制裁以外的地緣政治手段，美國勢力滲透更加肆無忌憚。隨著中國經濟崛起，中國與周邊國家以及其他地區國家交往日益密切，在政治外交、經濟合作、領土爭端、海外安全保障等領域的關係都在悄然發生轉變，「一帶一路」戰略便是中國新的全球戰略。美國重返亞太戰略和中國「一帶一路」戰略正在對全球地緣格局變革產生重大影響。緬甸地緣衝突就是在這兩大戰略眾多領域的交匯處發生的一次間接對抗。

2. 南亞

南亞地區的政治動盪主要在阿富汗，印度和巴基斯坦各自的國內政治衝突也接連不斷。

2014 年，隨著政府換屆選舉完成以及北約安全部隊全面撤軍，阿富汗進入了政治、安全和經濟的全面轉型期。阿富汗新政府適時調整外交政策，希望密切與周邊國家的關係，為阿富汗的重建營造良好外部環境，但阿富汗的內外環境都不容樂觀。美軍撤兵以來，阿富汗政府和現行政治體制獲得了廣大民眾的支持，政治民主化進程將進一步推進。然而，其內部腐敗氾濫、效率低下、政府治理能力低下的問題，很難在短期內得到改善。塔利班軍事武裝在 2014 年對政府武裝發動了大規模襲擊，造成大規模平民死傷。塔利班控制的阿富汗區域愈來愈多，勢力不斷擴張。阿富汗處在重要的政治經濟轉型期，各方面前景不明，塔利班顯然不會放棄這個機會。塔利班與政府的軍事衝突將會長期存在，未來幾年將是阿政府反恐戰爭的關鍵時期，未來阿安全局勢難免會繼續惡化。

印度始終都是宗教衝突的多發地，也成為恐怖主義的聚集地。宗教衝突、恐怖主義引發政治衝突不斷。中國和印度之間過去爆發的邊境衝突，至今仍然影響著兩國關係的正常發展，印度與此相聯繫的民族主義情緒一直未能得以消弭。正如印度前商務部部長蘭密施所言，毫不誇張地說，絕大多數印度人對中國懷有很強的戒備心理。這也正是印度比較排斥「一帶一路」發展倡議的重要原因。

3. 中東

中東的地緣政治衝突是世界戰亂的中心。中東地區面臨著巴以民族衝突、遜尼派與什葉派宗教衝突、世俗政權與宗教力量對立、宗教極端勢力、恐怖主義等多重問題，區域政治風險極高。加之該地區地緣政治敏感，區域內大國勢力角逐。巴以問題久拖不決，埃及、伊拉克乃至阿富汗局勢動盪，也門內部武裝衝突，都是大國勢

力角逐的體現。

敘利亞是該地區的政治衝突焦點之一。2014 年 6 月以來,「伊斯蘭國」佔領敘利亞東部大片領土,成為國際恐怖主義分子的聚集地。國際反恐聯盟將敘利亞作為打擊恐怖主義的主要目標。美國一直拒絕敘利亞政府加入其主導的打擊「伊斯蘭國」國際聯盟。以美國和海灣國家為首的外部勢力指責敘利亞現政府加劇敘國內危機,要求總統巴沙爾下台。俄羅斯空軍於 2015 年 10 月 2 日開始轟炸位於敘利亞阿勒頗境內的目標。2015 年底,俄羅斯在敘利亞境內的軍事行動進展迅速,主要目的是摧毀「伊斯蘭國」極端組織的基礎設施。「伊斯蘭國」的恐怖主義活動在各國聯合打擊下更加瘋狂地在世界蔓延,進一步加劇各國在敘利亞的軍事行動。敘利亞的「伊斯蘭國」與世界各國之間的軍事衝突將會長期存在。

伊拉克是中東地區宗教衝突與大國勢力角逐的另外一個政治軍事衝突焦點。2003 年 3 月 20 日,美、英等國單方面發動伊拉克戰爭;2011 年 12 月 20 日,美國實現從伊拉克的完全撤軍。美軍撤退之後,伊拉克國內地區暴力衝突及恐怖襲擊頻頻發生。一個重要的恐怖主義組織基地在伊拉克迅速發展起來。

埃及是中東人口最多的國家,也是非洲人口第二大國,是歷史文明古國,控制著蘇伊士運河要塞,具有重要的地緣地位。埃及的政治革命起源於 2010 年底的「阿拉伯之春」運動,這是爆發在中東地區的反對權威統治和政府腐敗的民眾運動。2011 年,實施權威統治的穆巴拉克政府下台。

之後,埃及從權威政治向憲政政治過渡,國內政治衝突頻繁發生。伊斯蘭勢力在埃及迅速發展,外部勢力對埃及的干預也日益加劇,恐怖主義和政治衝突更是不可避免。在埃及國內,存在著軍隊、穆斯林兄弟會、世俗政黨三大政治勢力的角逐,軍隊已經宣佈

不與任何一個政黨為伍，保持中立，埃及的政治衝突就集中體現在穆斯林兄弟會與世俗政黨之間的矛盾與衝突。目前，埃及政府是世界反恐怖主義同盟的核心成員，得到美國等一些盟國的軍事援助。同時，埃及也不斷遭到以「伊斯蘭國」為代表的恐怖主義組織的頻繁攻擊。國內政治局勢十分動盪。

多年來，阿拉伯國家和以色列的矛盾成為困擾中東穩定和發展的巨大障礙。巴以衝突的根本是猶太人在巴勒斯坦實現復國和建國理想，與居住在巴勒斯坦的阿拉伯人衛國和護國之間發生的衝突，這一衝突由始至終都是外部大國勢力從幕後控制。巴以衝突激化了阿拉伯地區的宗教衝突，使猶太教與伊斯蘭教的衝突不斷升級。西方大國的干預更促進了極端民族主義和極端宗教主義的復興，引致恐怖主義組織快速發展，恐怖主義活動氾濫。

4. 中東歐

中東歐的政治動盪主要體現為俄羅斯與西方勢力的政治軍事博弈。2013 年 11 月開始的烏克蘭危機成為焦點。

烏克蘭危機的核心是烏克蘭國內試圖擺脫俄羅斯控制的勢力與俄羅斯勢力之間的衝突，意圖擺脫俄羅斯的烏克蘭勢力得到美國與歐盟的支持，親俄羅斯勢力則得到俄羅斯的強烈支持。烏克蘭危機第一階段是以「歐洲買單」（EuroMaidan）為標誌的基輔街頭抗議和烏克蘭政權的突變。第二階段是克里米亞公投獨立並加入俄羅斯，這是危機真正的轉捩點，烏克蘭內部的政治鬥爭從此上升為戰略性質的大國對抗。第三階段是烏克蘭當局對盧甘斯克和頓涅茨克州分裂力量實施軍事行動。第四階段是「明斯克停火協議」以及烏克蘭合法政權的重建。中東歐地區的烏克蘭危機雖因「新明斯克協

議」而漸趨平靜，但俄羅斯與西方勢力在該地區的明爭暗鬥則將會長期存在。

五、資金之困

1.「一帶一路」基建資金缺口大

「一帶一路」的重中之重是基礎設施互聯互通，鐵路、公路、管道、海運和航線的建設是貿易、投資、文化交流的基礎和前提。中國積累了基礎設施建設的長期經驗，鐵路和公路、管道建設水平居於世界前列。巨額的外匯儲備也為基礎設施建設提供了一定的資金保障。推動「一帶一路」基礎設施建設，一方面可以轉移中國基礎設施建設的優質產能，另一方面可以推動中國國際能源安全網的建設，保障能源的安全有效供給。然而，基礎設施建設是長期投資項目，需要的資金額度大，回收時間長。

根據亞行估算，2010−2020 年，亞洲基礎設施建設平均每年的新增投入需要是 8 萬億美元（參見表一）。其中，能源設施建設需求超過 4 萬億美元，鐵路、公路、航空、港口的建設需求超過 2 萬億美元，通信設施建設超過 1 萬億美元，還有水和衛生設施建設 3,000 多億美元。很多核心國家基礎設施建設都存在巨大資金缺口。世界銀行和亞行只能每年向亞洲國家提供 200 億美元貸款，基

表一 亞洲基礎設施建設資金需求預測（單位：億美元）

部門	新增需求	更新替代	合計
能源	31,764	9,122	40,886
通信	3,254	7,303	10,557
交通	17,617	7,045	24,661
水和衛生	1,555	2,258	3,813
合計	54,189	25,728	79,917

資料來源：亞洲開發銀行、平安證券研究所。

礎設施建設只佔其中的 40%–50%。亞洲除中日韓三個大國之外，
2013 年的 GDP 總額僅有 8 萬億美元，中低收入國家資本形成率只
有 25%，其中用於基礎設施建設的只有 20% 左右，大約 4,000 億美
元。如此計算，亞洲國家基礎設施建設每年的資金缺口將近 4,000
億美元。

2. 多種途徑解決資金困局

亞投行、金磚銀行、絲路基金正是基於上述原因而誕生。亞
投行預定資本金為 1,000 億美元，金磚銀行初始資本金是 500 億美
元，絲路基金中國承諾出資 400 億美元。三個金融機構資本金合計
也不會超過 2,000 億美元。亞洲基礎設施建設的資金缺口僅靠亞投
行、金磚銀行、絲路基金是解決不了問題的。況且「一帶一路」沿
線不僅包括亞洲國家，還包括一些非洲和歐洲國家，基礎設施建設
基金缺口每年遠不止 4,000 億美元。資金約束是中國大力推動「一

帶一路」建設的重要約束。

　　基礎設施建設只是「一帶一路」建設的一個方面，貿易暢通、民心互通都需要大量的資金投入。民心互通包括教育、文化、旅遊、醫療、科技等多方面的合作，貿易暢通關鍵要打通在新能源、新材料等新產業領域的合作，構建各類產業園區，促進建立統一市場。中國企業「走出去」，是實現貿易暢通的重要載體。中國企業對外直接投資，需要充足的金融和資金支援。「一帶一路」沿線國家大多都是金融和資本市場相對落後的地區，當地融資十分困難。如何拓寬國際融資通道，充分利用國內和國際兩大金融市場，是「一帶一路」建設的重要課題。

　　鼓勵私人資本參與基礎設施建設是解決資金瓶頸的重要突破口。然而，由於基礎設施投資規模大、投資回收期限長、投資回報低，很難成為私人資本青睞的對象。同時，在很多國家，尚存在私人資本進入基礎設施投資的法律和法規障礙。如何推動各國向私人資本開放基礎設施投資領域，如何解決私人資本基礎設施投資中的低回報與長期風險問題，是解決資金瓶頸的關鍵。

　　推動人民幣國際化也是解決資金瓶頸的突破口，也就是中國對外輸出人民幣。第二次世界大戰之後美國推行的「馬歇爾計劃」，就是對外輸出美元、推動美元國際化的重要舉措。隨著中國世界經濟政治大國地位的提升，人民幣國際化進程也在加速。目前，人民幣已經成為世界第四大貿易結算貨幣。然而，人民幣國際化不是一朝一夕之事，從結算貨幣發展到金融貨幣、儲備貨幣，最終成為一個名副其實的世界貨幣，人民幣還有一個相當長的過程。

本章作者：戴金平

南開大學國家經濟戰略研究院副院長、教授

注釋

1 馬建英：〈美國對中國「一帶一路」倡議的認知和反應〉，載《世界經濟與政治》，2015 年 10 月，第 104–160 頁。

2 許元榮、鄭妮婭：〈日本怎麼看待中國「一帶一路」〉，《第一財經日報》，2015 年 8 月 11 日，第 13 版。

3 日本國際貿易投資研究所，《中國「走出去」的現狀和方法 2014 年度報告》。

4 共同社 2013 年 11 月 17 日電。

5 共同社 2015 年 10 月 20 日電。

6 李曉：〈「一帶一路」戰略實施中的「印度困局」〉，載《國際經濟評論》，2015 年第 5 期，第 22 頁。

7 同上。

8 李楠：〈「一帶一路」戰略支點 —— 基礎設施互聯互通探析〉，載《企業經濟》，2015 年 8 月，第 170–174 頁。

資料鏈接

1. 美國的「一帶兩翼」戰略

在中國大力推動「一帶一路」戰略的同時，美國也在加緊推動「一帶兩翼」戰略。

(1)「一帶」——美洲自由貿易區

美洲自由貿易區的建立歷經曲折。美洲自貿區的 34 個國家，經濟發展水平差異很大，很難在一個標準下推行自由貿易。上個世紀九十年代以來，拉美國家國內經濟危機不斷、政治動盪加劇、美國國內保護主義浪潮復甦，都阻撓了美洲自由貿易區的談判。2003 年，在自由貿易區談判屢屢受挫、經濟一體化進展甚微的情況下，美國推動雙邊自由區貿易談判。美國先後與智利、危地馬拉、尼加拉瓜、薩爾瓦多、洪都拉斯、哥斯達黎加等超過 14 個國家簽署了自由貿易協定。2005 年 3 月，在美國推動下美洲自由貿易區談判重新啟動。2015 年巴西開始啟動加入美洲自由貿易區的談判。美洲自由貿易區談判在加速。

(2) 亞太翼——跨太平洋夥伴關係協定（TPP）

2005 年 5 月，APEC 成員國文萊、智利、新西蘭和新加坡四國發起建立跨太平洋戰略經濟夥伴關係，在貨物貿易和服務貿易自由化、知識產權和投資最惠國待遇方面達成協定，旨在建立一個全面的自由貿易區。2008 年美國宣佈加入，並邀請澳大利亞和秘魯一起加入談判。2009 年 11 月，美國提出擴大跨太平洋戰略夥伴關係談判，將跨太平洋戰略經濟夥伴關係正式更名為跨太平洋夥伴關係，並主導了談判議題。2010 年馬來西亞和越南加入談判，2011 年日本宣佈加入，2012 年墨西哥和加拿大宣佈加入。2013 年 9 月，韓國宣佈加入談判。2015 年 10 月 5 日，跨太

平洋夥伴關係談判正式通過了自由貿易協定，12 個初始成員國分別是美國、日本、新西蘭、澳大利亞、馬來西亞、越南、智利、秘魯、新加坡、文萊、墨西哥和加拿大。美國的亞太翼戰略初步形成。

跨太平洋夥伴關係協定是目前世界上標準最高的自由貿易區協定，具有以下幾個特徵：

其一，全面自由貿易。強調全面的市場准入，覆蓋貨物貿易、服務貿易和投資。

其二，供應鏈整合。促進區域內生產和供應鏈的發展，實現「無縫」貿易。

其三，應對新貿易挑戰。在新經濟和新時代，會產生新的自由貿易挑戰，包括數字經濟、國有企業問題等等。協定倡導通過創新，探尋新的解決方案，促進成員國之間在新經濟形式中的合作，提高生產力和競爭力。

其四，倡導包容性。重視各國之間在經濟發展水平、經濟結構方面的差異，在自由貿易安排中包含過渡期安排，承諾不同發展水平經濟體、不同規模企業都能在自由貿易中獲益。

其五，開放性。TPP 目標是引領新時代全球自由貿易的標準和方向，最終形成一個全球性的自由貿易區。強調構建一個全球性的自由貿易平台，無論是 APEC 國家還是非 APEC 國家，都歡迎加入。

（3）歐洲翼——跨大西洋貿易與投資夥伴關係協定（TTIP）

在美國與歐洲之間建立一個自由貿易通道的想法由來已久。早在 1949 年，加拿大就提出將北約從軍事聯盟發展為軍事經濟聯盟，但遭到歐洲拒絕。上個世紀七十年代，美國有一些政治家和經濟學家重提美國和歐洲的自由貿易區設想，鑒於當時全球有關貿總協定機制推動全球自由貿易，該提議沒有得到重視。1995 年，美國與歐洲聯盟簽署《跨大西洋新綱要》，再次開始討論自由貿易區議題。

由於遲遲未能走出 2008 年金融危機的泥潭，2013 年 2 月，美國和歐洲最後決心重新啟動跨大西洋自由貿易區談判，旨在通過建立全球最大自貿區，推動美國和歐洲實現更加可持續的經濟發展。2013 年 7 月 8–12 日，TTIP 第一輪談判在美國華盛頓舉行。雙方就 20 個議題的框架和談判程序達成了一致。此後進行了多輪談判。2015 年 2 月啟動第八輪談判。2015 年 11 月下旬完成第十一輪談判，取得重要進展。TTIP 談判包括以下內容：

第一，市場准入。取消關稅，除了少數敏感商品採取分階段取消關稅的方法，其他待協定一生效，將立即取消。開放服務貿易，消除服務市場長期進入的障礙。在投資自由化和政府採購領域實行國民待遇原則。

第二，監管與非關稅壁壘。在監管體系與標準合作的基礎上，降低非關稅壁壘，降低的程度要超越 WTO 水平。在 WTO《衛生與檢疫協議》的基礎上簽署《衛生與檢疫附加協議》，建立一個就衛生與檢疫問題持續改進對話和合作的機制。在 WTO「技術貿易壁壘協定」的基礎上升級為「技術貿易壁壘附加協定」，建立一個合作和持續解決技術貿易壁壘的平台。在一些關鍵領域，諸如化工、汽車、藥物、健康醫療部門，逐步推進監管的包容性和統一性。

第三，制定規則，共同應對全球貿易的挑戰。旨在確定二十一世紀全球貿易與投資自由化的新規則，包括知識產權保護、環境保護以及其他相關規則。

TTIP 的談判並不順利。歐盟 28 個國家依然保持各自獨立的財政體系，自由貿易談判主要牽涉各國財政部門。歐盟國家內部經濟發展水平、經濟結構存在一定差異，貿易與投資自由化的訴求也不一致。歐盟的決策程序十分複雜，決策效率低下。歐盟委員會在與美國談判時，必須要平衡成員國之間的利益訴求，難度很大。TTIP 談判涉及內容十分廣泛，貿易與投資自由化標準也很高，觸及各國核心利益，諸如農業利益集團、汽車

利益集團、飛機利益集團等等，阻力很大。

儘管如此，2015 年 10 月下旬的 TTIP 第十一輪談判取得重大進展，雙方承諾在 2016 年完成談判。

2. 美國的「新絲綢之路」計劃

美國的「新絲綢之路」計劃孕育於 1997 年。2011 年奧巴馬開始正式實施。美國「新絲綢之路」計劃具有以下幾個戰略目的：一是將在阿富汗的軍事控制轉化為經濟政治控制；二是通過「新絲綢之路」計劃，對中亞各國實行政治和經濟滲透，增強美國在中亞的利益；三是孤立伊朗；四是解決印巴問題；五是包抄中國。

「新絲綢之路」計劃主要包括以下兩大內容：

第一，通過降低關稅、取消非關稅壁壘、統一監管標準、貿易與投資便利化措施，促進區域貿易和投資自由化，實現區域共同市場。

第二，通過能源管道和鐵路、公路、橋樑等基礎設施建設，打通各國間的陸上交通通道，便利能源輸送、貨物流通、人員往來，促進區域內的交通一體化和能源合作一體化。

美國的「新絲綢之路」計劃與其「一帶兩翼」戰略相互呼應，在中東恐怖主義愈演愈烈、南亞恐怖主義日益猖獗的形勢下，該計劃的重要性正在凸顯。

3. 日本的「雁型發展模式」

1932 年，日本學者赤松通過對日本棉紡織業的研究，提出了產業發展的「雁型形態」。後來日本著名經濟學家小島清將雁型產業發展形態理論與比較優勢理論相結合，提出在東亞區域內根據比較優勢差異、進行雁型產業分工的政策建議。該建議被日本政府採納，在東亞區域內推行日本梯次產業轉移，在東亞合理分工、構建全球製造業鏈條的宏大戰略，即為「雁型發展模式」。

「雁型發展模式」實際上是東亞的產業分工梯次安排，在這一模式中，日本處於第一層次，具備完整的現代化工業體系，生產技術先進、工業發達、資金雄厚，在東亞區域經濟發展中居於領頭雁地位；亞洲「四小龍」（NIEs）是新興工業化國家和地區，屬於第二層次，具有比較先進的技術和雄厚的資金，在東亞區域經濟發展中居於雁身地位；東盟是從農業起步向出口型工業方向發展和邁進的一些國家，屬於第三層次，有豐富的資源和廉價的勞動力，重點發展勞動密集型工業，在東亞區域經濟發展中充當雁尾的角色；作為「後起的社會主義市場經濟國家」的中國，屬於第四層次，擁有豐富的生產要素和廣闊的市場。

日本在東亞推行「雁型發展模式」中，主要採取對外直接投資的方式進行產業轉移。從六十年代到九十年代，共進行了四次產業轉移。

「雁型發展模式」促進了東亞各國的經濟快速發展，東亞奇跡的形成一定程度上歸功於「雁型發展模式」。1997 年東亞金融危機之後，這一模式出現危機。日本因為錯失第三次科技革命而雁頭折下；中國崛起打亂了原有的雁型分工；美國在東亞的經濟利益滲透削弱了日本的控制力量。東亞的「雁型發展模式」正在走向終結。

4. 印度的「三位一體」對沖戰略

作為南亞最大的國家，印度一直以來將印度洋視為印度湖，是印度必須控制的勢力範圍。同時，印度的政治家們夢想構建一個橫跨太平洋和印度洋直至中亞的「大印度聯邦」。中國「一帶一路」戰略的提出，對印度的區域大國戰略形成挑戰。為此，印度政府實施了應對中國戰略的「三位一體」戰略。

該戰略由三個模塊組成。

第一，軍事大國戰略。大力推動軍事現代化、強化軍事控制實現「內部制衡」，此為印度的軍事大國戰略。該戰略被認為是「三位一體」戰略

的基礎和核心。

第二，合縱戰略。發展與美國、日本、東南亞、南亞各國之間的友好合作關係，充分利用該地區美國的勢力範圍，對中國實施「外部制衡」。這一戰略與美國「新絲綢之路」計劃中對中國的包抄戰略互相配合，對中國的威脅很大。美國和日本是中國「一帶一路」全球戰略中的主要競爭對手，印度與這兩個國家聯手，的確對中國形成抑制。在東南亞和南亞國家中，也有一些國家擔心中國崛起後的地區單極局面，對中國「一帶一路」戰略持謹慎態度，印度利用這一點，便加大與東南亞和南亞國家的政治、軍事和經濟聯合，共同抵禦中國勢力範圍的擴張。

第三，互利戰略。防止「對沖戰略」演變為敵對戰略，發展與中國的政治、經濟、軍事和社會文化的交流與合作，實施接觸中國戰略。這一點表明，印度並沒有將中國列為敵對國家，戰略上存在與中國互利共贏的需要。

印度的「三位一體」戰略在加緊推進。在海上，為了加強對南海的控制，印度提出了「一點兩環」海上擴張思路：以安達曼—尼科巴群島為支點，採用軍事手段扼守印度洋與太平洋之間的咽喉要道；在環阿拉伯海地區和環孟加拉灣地區，通過經濟合作將戰略影響輻射到沿岸所有國家。在這一思路指導下，印度一方面擴建安達曼—尼科巴群島海軍基地，加強其在東北印度洋海域的軍事實力，另一方面又令海軍越過馬六甲海峽進入西太平洋，在南海與日本和越南等國進行戰略對接，從而為南海和馬六甲海峽等通道或咽喉帶來更多安全壓力。

在印度的「三位一體」戰略中，印度與巴基斯坦衝突是一大障礙。但是，隨著印度經濟的快速發展，政治和軍事力量的提升，在美國和日本的大力支持下，印度可能會成為中國「一帶一路」戰略的羈絆之一。

5. 俄羅斯的「歐亞聯盟」戰略

「歐亞聯盟」的設想最早是由哈薩克斯坦領導人納扎爾巴耶夫於 1994 年在莫斯科大學演講中提出來的，意在推動歐亞國家之間的貿易與投資往來。2011 年 10 月 3 日，俄羅斯總理普京以總統候選人的身份在《消息報》發表了署名文章——〈歐亞新的一體化計劃：未來誕生於今天〉，正式提出了在前蘇聯地區建立「歐亞聯盟」的設想。

「歐亞聯盟」的目標是建立一個類似於歐盟的超國家的政治經濟軍事聯合體，使獨聯體國家實現重新聯合，成為世界多級格局中的「一極」。根據其路線圖，「歐亞聯盟」將沿著歐亞經濟共同體—關稅同盟—統一經濟空間—歐亞經濟聯盟—歐亞聯盟的路徑建設。擬建立的「歐亞聯盟」包括白羅斯、哈薩克斯坦、俄羅斯、吉爾吉斯斯坦、塔吉克斯坦和其他前蘇聯國家。除了白羅斯和哈薩克斯坦，很多國家還沒有對此明確表態。2011 年 11 月 18 日，白羅斯、哈薩克斯坦和俄羅斯總統簽署了一項協定，計劃到 2015 年建立「歐亞聯盟」。該協議包括未來整合的路線圖，並建立歐亞委員會（以歐盟委員會為藍本）和歐亞經濟空間，2012 年 1 月 1 日起開始實施。歐亞委員會作為「歐亞聯盟」的最高權力機構，負責推動「歐亞聯盟」的實現。歐亞委員會有制定關稅政策、競爭規則、能源和財政政策等宏觀經濟領域的決策權，其權限也涉及政府招標和移民控制領域。目前白羅斯和哈薩克斯坦是「歐亞聯盟」的核心國家，俄羅斯與白羅斯和哈薩克斯坦之間的合作進展順利，三國之間的關稅同盟已經基本實現，正在推動歐亞經濟空間的實現。

俄羅斯正在爭取更多前蘇聯國家，尤其是烏克蘭的加入。2013 年底，當時的烏克蘭總統亞努科維奇拒絕與歐盟簽署自由貿易協定，引發烏克蘭政治危機。當前，烏克蘭危機在持續惡化，俄羅斯將烏克蘭納入「歐亞聯盟」的努力失敗了。烏克蘭危機也使「歐亞聯盟」計劃暫時擱置，「歐亞聯盟」的前景如何，還有待於進一步觀察。

中篇
———

香港機遇・本地篇

第一章

香港參與共建「一帶一路」的 新部署

提要

　　香港參與共建「一帶一路」作出了新部署：確立了香港的策略定位，即作為「一帶一路」的「超級聯繫人」、首選平台和重要節點，將國家和「一帶一路」沿線國家聯繫起來；成立由行政長官主持的「一帶一路」督導委員會，設立「一帶一路」辦公室，任命「一帶一路」專員；與國家發改委簽署支持香港全面參與和助力「一帶一路」建設的安排；主辦「一帶一路高峰論壇」；啟動與沿線人民「民心相通」的工作。香港的民間機構一直不遺餘力，積極響應參與共建「一帶一路」，包括主辦論壇及研討會、實地考察、搭建交流平台等，一帶一路總商會是其中的突出代表。香港應定位為「一帶一路」建設的「國際服務樞紐」，發展香港成為世界級的投資與管理基地，打造環球商貿和供應鏈管理平台，提升香港為世界級金融中心，打造香港為中國企業的境外營運中心，發展香港為世界級的專業服務中心。

2016 年 5 月，時任全國人大常委會委員長張德江在港視察時發表講話，不僅明確指出香港是「一帶一路」建設的一個重要節點，中央政府在制定「十三五」規劃綱要和設計「一帶一路」願景與行動時，均把支持香港參與和助力「一帶一路」建設作為重要的政策取向，而且認為香港在「一帶一路」建設中具備四大獨特優勢：區位優勢、開放合作的先發優勢、服務業專業化優勢和文脈相承的人文優勢。張德江宣佈，中央政府將支持香港在以下四個方面發揮積極作用：一是主動對接「一帶一路」、打造綜合服務平台；二是瞄準資金融通，推動人民幣國際化和「一帶一路」投融資平台建設；三是聚焦人文交流，促進「一帶一路」沿線民心相通；四是深化與內地合作，共同開闢「一帶一路」市場。張德江的這一表態具有重要意義，為香港參與共建「一帶一路」提供了重要指引。

一、特區政府定策略設機構簽協議辦論壇促民心相通

根據中央政府的要求和本地實際情況，香港在參與共建「一帶一路」方面作出了新部署。

1. 制定策略

香港特區政府對參與「一帶一路」建設非常重視，首先確立了香港的策略定位，即作為「一帶一路」的「超級聯繫人」、首選平台和重要節點，將國家和「一帶一路」沿線國家聯繫起來。時任行政長官梁振英在 2016 年施政報告中，表示特區政府將積極參與和配合國家的「一帶一路」建設，認為香港開放程度高、對外關係廣泛、人脈關係密切，在國家眾多城市當中，有「兩制」的特色，與「一帶一路」沿線國家互補性強，發展協同效應的潛力很大；香港最具國際競爭力的支柱產業，如金融、貿易物流、高端服務業和旅遊，以至香港的新興產業，都可以配合國家「走出去」和「引進來」的策略；香港企業在內地和外國亦擁有或管理大量的第一和第二產業，包括農、林、漁、礦業和輕、重工業等，具備豐富經驗、雄厚實力和優秀的管理團隊，可以參與沿線的合作。緊接著，行政長官從集資融資平台、商貿物流平台、貿易環境、專業及基礎設施服務平台以及促進民心相通等方面，詳細闡述了具體的策略和行動。

隨後，特區政府根據香港的獨特優勢和面對的機遇和挑戰，制訂了五個「一帶一路」的策略重點，包括：（1）加強政策聯通；（2）充分利用香港優勢；（3）用好香港專業服務中心的地位；（4）促進項目參與；（5）建立夥伴合作，以推動與內地和「一帶一路」相關國家及地區夥伴的協作。政府指定商務及經濟發展局（商經局）在政府推動「一帶一路」工作上擔當牽頭和協調統籌的角色，並組織招聘「一帶一路」專員專責相關工作。

2. 成立機構

　　為更好地抓住「一帶一路」建設帶來的歷史性機遇，特區政府於 2016 年在行政架構設置上做了如下三件事：

　　一是成立由特首主持的「一帶一路」督導委員會，負責制定香港參與「一帶一路」的策略和政策，成員包括三位司長、有關政策局局長和「一帶一路」專員。隨後督導委員會多次舉行會議，除了檢視特區政府各相關政策局和部門有關「一帶一路」的行動計劃和進度報告外，也就重點議題進行商討，包括香港特區參與在北京舉行的「一帶一路」國際合作高峰論壇、與內地有關部門商談如何協助香港企業參與「一帶一路」發展、宣傳香港優勢的策略，以及加強推行「民心相通」的工作等。

　　二是設立「一帶一路」辦公室，負責推動研究工作，統籌協調相關政府部門及香港貿易發展局、香港旅遊發展局等機構，以及與中央部委、各省市政府、香港的業界、專業團體和民間團體聯絡，就他們提出的問題和建議提供意見，並給予適當協助，同時負責籌備香港特區參與高峰論壇。為了在香港、內地和海外推介香港是「一帶一路」的重要節點和「超級聯繫人」、擁有獨特優勢及可作的貢獻，辦公室製作了宣傳短片和小冊子，還設立了「一帶一路·香港」網站，提供有關「一帶一路」倡議的訊息。辦公室一直留意國家推動「一帶一路」建設的最新發展，與有關政策局或組織緊密溝通，以助政策局適時制定合適的政策和措施，推動香港參與「一帶一路」建設。

　　三是任命「一帶一路」專員，指導「一帶一路」辦公室的工作。「一帶一路」專員主要協助行政長官透過督導委員會和辦公室聯繫政府各政策局／部門及社會各界，把握香港在「一帶一路」倡議下

的新發展機遇，同時向行政長官和督導委員會就制定和執行「一帶一路」相關策略提供建議和意見。專員除作為香港特區政府就「一帶一路」建設與外界持份者的主要聯繫人外，亦負責與「一帶一路」沿線國家的高層官員和商界領袖展開策略對話，以及與半官方／法定機構及社會各界建立策略合作平台，代表香港處理關於「一帶一路」倡議的事宜。專員動員社會各界以推展「一帶一路」建設的工作，同時須全力監督有關香港參與「一帶一路」建設的各項事宜。

香港金融管理局於 2016 年 7 月也成立了基建融資促進辦公室（IFFO），其使命是透過邀請不同機構作為合作夥伴，匯聚主要持份者共同合作，以促進基建投資及其融資。其主要職能是提供一個資訊交流和經驗分享的平台，提升技能和知識，推廣市場及產品發展以及促進投資及融資活動，迄今共有超過 90 間來自中國內地、香港及海外的機構加入成為合作夥伴，當中包括多邊金融機構及發展銀行、公營機構投資者、私營機構投資者／資產管理公司、銀行、保險公司、基建項目發展及營運機構、專業服務公司及國際貿易協會。IFFO 秘書長馮殷諾表示，IFFO 並非投資者，不會提供交易配對，而是提供資訊及經驗交流平台，投資者很多時候對新興市場的體制、法律及監管不熟悉，不能放膽發展這些市場，甚至「一帶一路」沿線國家，IFFO 可擔當橋樑角色，並會與其他政府機構互相合作，未來亦會舉辦工作坊及專題講座，提升業界對基建投資及融資的技能及知識水平。

3. 簽訂協議

2017 年 12 月 14 日上午，國家發展改革委員會主任何立峰在北京會見來訪的香港特區行政長官林鄭月娥一行，雙方簽署了《國家

發展和改革委員會與香港特別行政區政府關於支持香港全面參與和助力「一帶一路」建設的安排》（以下簡稱《安排》），通過 26 項合作措施，支持香港全面參與和助力「一帶一路」建設，奠定了香港在「一帶一路」建設上以香港所長貢獻國家所需的關鍵定位。這些措施涵蓋香港擁有獨特優勢和地位的六大重點領域，分別是金融與投資、基礎設施與航運服務、經貿交流與合作、民心相通、推動粵港澳大灣區建設，以及加強對接合作與爭議解決服務等等。

《安排》支援有關方面利用好香港平台，為「一帶一路」建設提供多元化融資渠道；推動基於香港平台發展綠色債券市場；發揮香港作為全球離岸人民幣業務樞紐的地位，推進人民幣國際化；支援香港發展高增值海運服務；進一步推動內地和香港在資訊、公路、鐵路、港口、機場等基礎設施領域加強合作；支援香港參與有關區域經濟合作機制；支援香港舉辦高層次的「一帶一路」建設主題論壇和國際性展覽；支持香港積極參與和推動粵港澳大灣區建設；支援香港建設亞太區國際法律及爭議解決服務中心等。香港特區政府還與發改委、港澳辦及其他相關部委，建立一個聯席會議制度，作為雙方的定期和直接溝通平台，就香港參與和助力「一帶一路」建設事宜進行協商，研究具體工作重點。

根據《安排》，特區政府與由發改委牽頭的相關中央部委，於 2018 年 6 月召開了首次「一帶一路」聯席會議；12 月又與商務部召開了「內地與香港經貿合作委員會」及其下設「內地與香港『一帶一路』建設合作專責小組」的首次會議，加強內地與香港在經貿領域「一帶一路」建設方面的合作。

與此同時，特區政府還積極發揮「促進者」及「推廣者」的角色，與香港、內地和海外的商會、香港專業團體等建立了多層次的溝通渠道，構建企業協作和項目對接平台，包括 2018 年 2 月在北

京人民大會堂舉行「國家所需　香港所長——共拓一帶一路策略機遇」論壇，又在 2018 年 8 月及 11 月分別與國資委及商務部合作，舉行「與央企共贏『一帶一路』機遇——產業園區投資環境交流會」，及「一帶一路貿易投資政策與實務交流會」，助力業界拓展「一帶一路」市場。特區政府也一直透過不同機構和委員會，例如香港貿發局、工業貿易諮詢委員會，以及不同形式的活動，包括舉辦每年一度的「一帶一路高峰論壇」和組織商貿代表團考察多個「一帶一路」新興市場，積極推廣香港作為「一帶一路」重要節點及首選商貿和服務平台的角色。特區政府還主動做推廣工作，2018 年已到訪的國家有柬埔寨、緬甸、越南、印尼、以色列及白羅斯，並籌備今後的相關推廣工作。

4. 舉辦論壇

由香港特區政府主辦的「一帶一路高峰論壇」，已經連續舉辦三次，支持單位為中華人民共和國外交部、國家發展和改革委員會、商務部及中國人民銀行，香港貿發局為聯辦機構。論壇自舉辦以來取得較好效果，與會人數逐年增加。其中，首屆「一帶一路高峰論壇」於 2016 年 5 月 18 日在香港會議展覽中心舉行，旨在推介「一帶一路」概念。論壇請來四十多位來自「一帶一路」沿線國家及地區的決策官員，以及香港、內地、東盟和其他地區的商界翹楚擔任演講嘉賓，全面剖析「一帶一路」倡議帶來的全新機遇。論壇吸引逾 2,400 人出席，包括投資者、項目負責人及專業服務提供者。時任中共中央政治局常委、全國人大常委會委員長張德江也親臨香港，出席「一帶一路高峰論壇」，並於會上發表主題演講，宏觀分析「一帶一路」帶來的機遇，並闡述香港在「一帶一路」的獨

特優勢。

第二屆「一帶一路高峰論壇」於 2017 年 9 月 11 日在香港會議展覽中心舉辦。承接上屆論壇的氣勢，第二屆論壇以「化願景為行動」為題，請來多位香港、中國內地及「一帶一路」沿線國家的政府官員、企業家及專業界別翹楚，對「一帶一路」建設作出及時而且具前瞻性的分析，為與會者的「一帶一路」相關投資和業務發展提供啟發。首場討論環節以「投資『一帶一路』：與政策官員對話」為題，由「一帶一路」國家及地區的官員，解構與倡議相關的政策走向。另一場討論環節則聯同香港、中國內地以及東盟的基建行業領袖，探討「商伴與東盟：基建推動增長」，分享在東盟地區基建項目需求殷切的大環境下，如何乘勢而起，香港的企業如何發揮自身優勢。

第三屆「一帶一路」高峰論壇於 2018 年 6 月 28 日舉行，吸引來自 55 個國家及地區的部長級官員、商界領袖和專業人士共約 5,000 人參與，共同分享「一帶一路」的最新發展以及這一倡議為不同行業帶來的新機遇。這屆論壇以「全方位合作」為主題，包含主題討論環節、午宴主論壇、九場專題分組論壇、全日進行的投資及商貿配對環節，以及三場投資項目推介，主題包括能源、天然資源及公用事業、運輸及物流基建、以及鄉郊及城市發展等。論壇按項目內容、投資者需求、服務供應商專長，安排超過 500 場一對一項目對接會，涉及超過 220 個投資項目，涵蓋逾 40 個國家和地區，其中包括物流、基建、能源、科技和城市發展等。

在短短三年間，「一帶一路高峰論壇」已成為內地、海外與香港企業對接最大和最重要的「一帶一路」商務投資平台。第四屆「一帶一路高峰論壇」於 2019 年 9 月舉行，論壇擴展至兩天，形成「一帶一路周」，論壇匯聚不同國家主要官員、國際機構代表、商界翹

楚及行業領袖，並設有項目對接會議，推動和促進香港作為「一帶一路」建設的國際商貿平台。

5. 民心相通

在「五通」當中，特區政府率先啟動與沿線人民的「民心相通」工作，結合香港的半官方組織和大量的民間團體，發展與各地人民的交往，促進民心相通。其中一個重要措施是利用高度國際化和英語普及程度高的優勢，搭建教育、文化及青年交流平台。現時有不少「一帶一路」國家的學生在香港就讀，自 2012/13 學年起，政府就在香港九所政府資助的院校設有專門的獎學金，2016 年起將獎學金的範圍擴展到整個「一帶一路」地區，向沿線國家推廣香港的大專教育，招募學生來港入讀學士學位課程，促進香港與沿線民眾的交往。 2016 年施政報告決定向獎學基金注資 10 億元，將「特定地區獎學金」的名額，由每年 10 名分階段增加至約 100 名，鼓勵更多「一帶一路」國家的學生來港升學，並鼓勵學校在相關科目和學生活動中，加入關於「一帶一路」沿線國家的內容。

與此同時，在「優質教育基金」下設立優先主題，鼓勵學生多認識「一帶一路」及與相關地區交流，並介紹香港可作出的貢獻。新措施包括更新或微調中小學課程及製作適用教材、增加學生學習外語的機會，2017 年到內地「絲綢之路」沿線的學生交流團名額增加至 5,600 名，並透過優質教育基金推動學生到內地及沿線國家交流。政府於 2017 學年起增設「一帶一路印尼獎學金」，2018 學年增加兩個以私人捐款設立的馬來西亞及泰國「一帶一路」獎學金。

為了促進香港與沿線國家的合作交流，特區政府放寬對相關國家的就業、求學、旅遊等的簽證要求，近年來已與白羅斯就雙方的

互免簽證安排達成共識，並放寬柬埔寨簽證安排。在文化方面，政府主要透過本地和海外的表演、展覽、研討會和論壇等活動，推廣香港的多元藝術及文化，以促進內地通過香港與沿線國家的民心相通，並加強與沿線國家的體育交流和合作。

二、香港民間積極參與「一帶一路」建設

自「一帶一路」倡議提出以來，香港的民間機構亦一直不遺餘力積極響應參與，一帶一路總商會是其中的突出代表。

1. 一帶一路總商會聯合港澳台僑工商專業界發揮優勢

一帶一路總商會由麗新集團主席林建岳、正大製藥集團總裁鄭翔玲、高銀金融地產控股主席潘蘇通、華彬集團主席嚴彬共同發起成立，希望聯合港澳台僑的工商專業界人士，發揮香港的獨特優勢，在「一帶一路」建設中發揮作用。

2018 年 2 月，在國務院外交部、發改委、商務部、國資委、港澳辦及香港中聯辦的鼎力支持下，該會與香港特區政府在北京人民大會堂成功合辦了「國家所需 香港所長——共拓一帶一路策略機遇」論壇。中央有關部門、央企國企、重點民企和香港特區政府、商會組織的代表逾 800 人出席了論壇。時任全國人大常委會委

員長張德江，國務委員楊潔篪、王勇，全國政協副主席陳元親臨論壇，張德江委員長更發表主旨演講，陳元副主席也作主題發言。是次論壇規格之高，陣容之強，影響之大，為過去香港主辦的論壇所罕見。

這次論壇成功帶出的重要信息，不僅是中央對香港參與「一帶一路」建設的鼎力支持，還包括對商會在「一帶一路」建設中發揮特殊作用的肯定和期待。一帶一路總商會在今次論壇中發揮了三方面的特殊作用：一是帶動業界廣泛參與，加強了港企與國企及內地重點民企之間的聯繫；二是推動論壇議題更加務實，更接地氣，更加切合業界的實際需要；三是發揮民間力量，構建企業對政府的合作協商平台，推動政府與商界結成開拓「一帶一路」機遇的夥伴。

一帶一路總商會還成功舉辦了「貫連帶路 拓展商機」論壇；回顧與展望——「一帶一路」倡議五周年論壇；聯合中國投資協會外資投資委員會舉辦「2018 跨境投資與併購研討會」；參與協辦世界華人會計師大會、2018 國際法論壇、「一帶一路，共創新思路」投資推廣研討會；參與一帶一路國際聯盟、第十三屆亞洲品牌盛典、2018 博鰲亞洲論壇青年會議；支持「中國走出去戰略論壇」、「貿易糾紛下的國際貿易環境：不同地區的應對策略國際論壇」等。該會積極發揮連接政府學界與企業的橋樑作用，發揮廣泛聯繫各行各業的紐帶作用，加強與國家信息中心、全國工商聯、北京市發改委、廣州市金融局的聯繫，並組織大灣區考察團深入走訪各界。

該會未來有三大工作方向：一是構建華資分佈大數據庫；二是組建「共商、共建、共享」民間平台，推動民間與政府的交流和合作；三是為華資開拓「一帶一路」商機提供智力支持。

該會希望透過商會這個可靠的協商平台，與業界共同拓展「一

帶一路」沿線國家的機遇，同時為青年一代尋找更多發展機會和商機。該會重視為會員物色並推介在「一帶一路」沿線發展的投資項目和機會，針對會員有興趣和專門委員會認為有潛力的項目／地方，組織深度考察團，積極整合民間企業的力量，為工商專業界在「一帶一路」建設中，打造更多可持續發展的合作契機。

2. 香港民間參與方式多種多樣

（1）論壇及研討會

2018 年 8 月 23 日，香港中華總商會主辦中總世界華商高峰論壇，論壇以「『一帶一路』與粵港澳大灣區機遇」為主題，雲集內地及香港政府高層官員、全球華商及各界專業精英和學者共同探討「一帶一路」和粵港澳大灣區發展前景及香港機遇。2018 年 12 月 11 日，香港總商會「一帶一路」工作小組成員舉辦午餐會，以「一帶一路對香港中小企業的實際影響：風險與爭議解決」為題，討論在風險和糾紛調解方面對中小企的實際影響。2019 年 3 月 28 日，香港總商會邀請招商局集團海外部／國際合作部部長李鍾漢於午餐會上分享吉布提港口、中白工業院等多個招商局集團於「一帶一路」的投資項目，讓會員瞭解「一帶一路」的機遇與挑戰。

（2）實地考察

2019 年 5 月 22–26 日，香港中華廠商聯合會組織訪問團赴孟加拉考察，以瞭解當地最新的經貿發展，為開拓「一帶一路」市場探路。2019 年 6 月 14–18 日，香港黑龍江經濟合作促進會、港區省級政協委員聯誼會、香港金融發展協會、太平山青年商會及中央獅子會共同協辦「慶祝建國 70 周年 2019 香港工商界暨青年『一帶一路』

黑龍江省考察」活動，鼓勵年輕人瞭解國家的最新發展，以及「一帶一路」帶來的機遇。

（3）搭建交流平台

2018 年 11 月 12 日，香港中華廠商聯合會聯同香港品牌發展局首次舉辦「廠商會及品牌局與各國駐港領事交流酒會」，與「一帶一路」沿線各國駐港領事館代表交流聯繫。2018 年 12 月，香港中華總商會、中國對外承包工程商會牽頭成立「內地—香港一帶一路工商專業委員會」，加強內地與香港企業緊密合作。

（4）教育推廣

海上絲綢之路協會舉辦「張騫計劃——大學生暑期實習項目」多年，促進香港大學生認識國家的「一帶一路」倡議。

3. 香港貿易發展局擔當重要角色

香港貿易發展局是於 1966 年成立的法定機構，負責促進、協助和發展香港貿易，在世界各地設有 50 個辦事處，通過舉辦國際展覽會、會議及商貿考察團，為企業、尤其是中小企開拓內地和環球市場的機遇。香港貿發局在香港參與「一帶一路」方面擔當重要角色，專門成立了「一帶一路委員會」，致力推動香港成為共建「一帶一路」的商業樞紐。

香港貿發局按照制定路線圖、建立聯盟、構建溝通合作平台、締造商機、促成合作項目等五大方向，支援「一帶一路」發展。在調研和資訊方面，香港貿發局全年刊登約 2,500 份電子及印刷版研究文章，並透過「一帶一路」資訊網站提供相關資訊，現時已累計

超過 840 萬人次瀏覽。在建立聯盟方面，香港貿發局 2017 年成立「一帶一路國際聯盟」，現時共有來自 30 個國家及地區的 121 個成員機構，會員總數超過 500 萬。在締造商機方面，香港貿發局通過舉辦商貿代表團及投資洽談活動，帶領香港專業服務及內地企業代表訪問東盟、中東、非洲等地，瞭解當地機遇，促成商貿合作。

三、香港應定位為「一帶一路」建設的「國際服務樞紐」

　　香港既是亞太區的金融、商貿、物流、投資管理和專業服務中心，也是「21 世紀海上絲綢之路」的橋頭堡，具有「一國兩制」優勢和獨特區位優勢，在「一帶一路」建設中不僅僅是「超級聯繫人」，還應當定位為「國際服務樞紐」，充當境外建設支援和全面服務的角色。在這個新定位下，香港可從如下五個方面積極參與和配合：

　　第一，積極參與「一帶一路」沿線投資和管理，發展香港成為世界級的投資與管理基地。

　　目前香港是亞太區首屈一指的投資與管理中心，未來共建「一帶一路」將成為香港對外投資增長的主要帶動力量，投資金額將有增無減，香港將有機會提升為世界級的投資和管理基地。

　　第二，促進「一帶一路」沿線貿易發展，打造環球商貿和供應鏈管理平台。

估計未來 10 年中國與「一帶一路」沿線國家的貿易年均增長將超過 10%，雙邊貿易額將從目前的 1 萬億美元增加到 2.6 萬億美元以上，佔中國外貿總額比重將從現時的 27% 提升至 35% 以上，這將給香港商貿活動帶來更大發展空間。

第三，為「一帶一路」建設提供國際化融資服務，提升香港為世界級金融中心。

共建「一帶一路」所釋放出來的對金融服務的龐大需求，預示著亞洲金融中心、特別是中國金融中心將獲得巨大發展。香港金融市場在服務「一帶一路」建設的同時，有機會進一步提升為世界級金融中心，包括世界級的資本市場、財富管理中心和離岸人民幣市場等，最終發展成為「亞洲的倫敦」。

第四，支持內地企業到「一帶一路」國家投資，打造香港為中國企業的境外營運中心。

國家大力鼓勵及推進內地企業「走出去」，中資企業在「一帶一路」沿線投資意願也進一步提升，相信未來將會有更多內地企業以借港出海、併船出海的方式到「一帶一路」沿線投資，香港將成為內地企業在境外最重要的營運平台和服務基地。

第五，為「一帶一路」建設提供規範化的專業服務，發展香港為世界級的專業服務中心。

香港在多個領域，包括會計、法律、投資環境及風險評估、環境諮詢、建築、工程管理等均擁有優勢，可以為「一帶一路」提供顧問服務和參與營運管理，藉此把香港專業服務提升至世界級規模和水平。

最後，必須指出，國際性人才是香港最寶貴的資源，在「一帶一路」建設中可以最大限度地發揮作用，以提升成功機率，減少失誤和損失。未來香港應培養和引入更多國際性人才，以便更好地服

務「一帶一路」建設，最大程度地分享「一帶一路」發展帶來的共
同利益。

本章作者：王春新博士

中國銀行（香港）資深經濟研究員

資料鏈接

1.《國家發展和改革委員會與香港特別行政區政府關於支持香港全面參與和助力「一帶一路」建設的安排》

國家主席習近平在 2017 年 7 月來港視察時，肯定中央政府支持香港
在推進「一帶一路」建設中發揮優勢和作用。同年 8 月，中央政府原則上
同意由國家發改委與特區政府簽署一份有關中央支持香港全面參與「一帶
一路」建設的文件。2017 年 12 月，行政長官林鄭月娥與國家發展和改革
委員會主任何立峰在北京簽署《國家發展和改革委員會與香港特別行政區
政府關於支持香港全面參與和助力「一帶一路」建設的安排》，作為香港
進一步參與「一帶一路」建設的方針和藍本。

《安排》聚焦金融與投資、基礎設施與航運服務、經貿交流與合作、
民心相通、推動粵港澳大灣區建設，以及加強對接合作與爭議解決服務等
六大重點，訂定具體建議，讓香港充分發揮在「一國」和「兩制」下的獨
特優勢，在參與「一帶一路」建設及為國家作出貢獻的同時，把握好「一
帶一路」倡議所帶來的機遇，為香港經濟發展提供新動力。

2. 一帶一路總商會

一帶一路總商會由麗新集團主席林建岳、正大製藥集團總裁鄭翔玲、高銀金融地產控股主席潘蘇通、華彬集團主席嚴彬共同發起成立，其宗旨是聯合港澳台僑的工商專業界人士，在「一帶一路」中發揮作用，既為業界聯繫「一帶一路」沿線國家及地區，擴大網絡，開拓商機，開展多方面的合作，造福當地民眾，又為香港發展和國家戰略作出貢獻。

一帶一路總商會下設多個專門委員會，包括金融委員會、大型基建委員會、貿易委員會、專業服務委員會、文化產業委員會、醫療健康委員會、青年事務委員會、科技創新委員會等，並會邀請業界人士和各方專家加盟，就參與「一帶一路」建設，提出可持續發展的建議。

該會有三大工作方向：一是構建華資分佈大數據庫；二是組建「共商、共建、共享」民間平台，推動民間與政府的交流和合作；三是為華資開拓「一帶一路」商機提供智力支持。

第二章

香港在「一帶一路」
及新經濟下的機遇

提要

　　全球經濟在 2010 年之前和之後 30 年有兩大經濟浪潮：一是之前的「生產全球化」；二是之後的「消費全球化」。當新經濟發展與第二個經濟浪潮聯合起來，可以發現兩個重要現象：一是新興經濟體正成為全球第二個經濟浪潮的核心舞台；二是與傳統經濟不同，第二個經濟浪潮的發展並不需要大量土地、資源或大批量生產，而是通過新思維、新模式、新管道在新的大市場中創造價值，這讓中小企、微型企業、甚至個別創業者都有機會參與全球競爭。「一帶一路」下全球供應鏈格局的變革呈現三方面的新趨勢：一是從單向供應鏈到多向供應鏈；二是從線下供應鏈到全渠道供應鏈；三是從為大企業服務到為中小企業服務。香港要在兩大經濟浪潮及「一帶一路」中抓住機遇，可從三方面著手：一是圍繞內地企業「走出去」建立一套完備的產業鏈；二是香港須大力發展新經濟；三是香港應透過創新金融服務，成為亞洲天使投資中心。總之，用新經濟的創新模式，服務「一帶一路」上的消費者和大量中、小、微型企業，正是香港未來發展機遇之所在。

一、世界及中國經濟新趨勢與創新驅動的互聯網新經濟浪潮

1. 2010 年之前和之後 30 年的兩大經濟浪潮

全球經濟可以以 2010 年為界，在 2010 年前的 30 年及之後的 30 年，分別出現了兩大經濟浪潮。

第一個經濟浪潮發生在 1980 至 2010 年，我稱之為「生產全球化」。在這 30 年間，消費品生產的各個環節散落世界各地，並由供應鏈管理將來自不同地區的生產企業連接起來，建立起覆蓋全球的供應鏈網絡。與此同時，全球出現 15 億新增勞動力，提供大量人力及智力資源，當中很大部分來自中國大陸，有的亦來自東南亞、印度、歐洲等地，成為全球供應鏈網絡的生力軍。這段時期的生產成本及消費品價格偏低，全球經濟發展非常蓬勃，而香港則因為擔當了全球供應鏈協調者的重要角色，經濟得以迅速增長。

2010 年後，在生產全球化浪潮繼續推進之際，世界經濟迎來了第二個經濟浪潮，我稱之為「消費全球化」。隨著發展中國家的工資連年上升，生活質素亦隨之得到提升。根據馮氏集團利豐研究中心預測，未來 30 年，世界將會產生約 30 億新興中產階層，這些中產消費者擁有強大的消費力，其中很大部分來自亞洲，包括中國大陸、印度、東南亞、中東等發展中國家和地區。

新興中產階層的產生，使原來集中在發達國家，即歐、美（或 OECD）等地的消費，開始在全球擴散，引發「消費全球化」浪潮。自 1980–2010 年間，發達國家佔全球消費總額的比例已由 84% 下降

至約 78%。[1] 而該比例預料會於 2040 年進一步下降至約 65%。也就是說，隨著發展中國家的中產階層數量大增，他們正逐漸成為不容忽視的消費力量，他們亦同時引發第二個經濟浪潮的來臨，全球消費力的這一轉移將為世界經濟帶來巨變。

2. 創新驅動的互聯網新經濟浪潮

隨著互聯網及流動通訊科技在商業領域的廣泛應用，它不但引發了由創新驅動的新經濟浪潮，而且創造了全新的互聯網商業管道和經營模式，更突破了諸多傳統經濟的限制，不再受規模、空間和地域的約束。當新經濟發展與第二個經濟浪潮聯合起來，我們發現兩個重要現象：

其一，新興經濟體正成為全球第二個經濟浪潮的核心舞台，部分原因是由於其傳統商業管道尚未成熟，而以互聯網科技為主的新商業管道既具備後發先至的優勢，又提供廣闊的發展空間，因此新興經濟體在第二個經濟浪潮中迅速冒起。

其二，與傳統經濟不同，第二個經濟浪潮的發展並不需要大量土地、資源或大批量生產，而是通過新思維、新模式、新管道在新的大市場中創造價值，這讓中小企、微型企業、甚至個別創業者都有機會參與全球競爭；而八十後、九十後、○○後或更年輕的年輕人，都可以在第二個經濟浪潮中分一杯羹。

概括而言，如何運用創新方式，經互聯網和流動互聯網，服務發展中國家冒起的大量消費者、中小型以及微型企業，將成為抓住消費全球化和新經濟浪潮的關鍵。

二、「一帶一路」下全球供應鏈變革的三大趨勢

　　宏觀全球經濟走勢固然重要，但我們必須同時深入瞭解和掌握中國的國情及其經濟發展方向。中國在進一步開放改革的過程中會有甚麼需求？香港可以在當中扮演甚麼角色？香港如要擔當一個出色中介人的角色，不但要明白中國內地如何看自己，更要明白其他國家、地方如何看中國。

　　雖然中國經濟正從高速增長轉變為中高速的「新常態」增長，國家目前已不是純粹追求經濟增長，而是要同時兼顧男女平等、節約資源、保護環境等其他推動社會進步的重要元素。

　　自 1978 年改革開放以來，中國目前已位列全球第二大經濟體，成為全球最大經濟體亦指日可待。必須指出的是，消費全球化和新經濟兩大全球浪潮，與中國領導人於 2013 年提出的「一帶一路」國策，在地理空間上互相重疊，同樣集中在發展中國家這些龐大的新興市場；這對全球未來 30 年經濟走勢及發展而言，舉足輕重。

　　從規模來看，「一帶一路」覆蓋六十多個國家的 44 億人口，佔目前全球 GDP 及總消費額約三分之一。其中，北邊的「一帶」，即陸路絲綢之路，其經濟總量和人口約佔「一帶一路」整體的 25%，而南邊的「一路」，即海上絲綢之路，則佔 75%。

　　就戰略佈局而言，北邊的絲綢之路將扮演把資源和大宗商品運往中國的角色，而南邊的海上絲綢之路則擔當將中國的產品、產業輸出至沿線國家的重任。換句話說，「一帶一路」將提供未來中國轉型發展所需的資源和市場。

此外，「一帶一路」將為全球的產業分工和發展格局帶來深遠影響。一方面，「一帶一路」沿線基礎設施建設將孕育新的生產和消費基地；另一方面，為「一帶一路」服務的新設金融體系，包括亞投行，除可大大推進人民幣國際化，亦可補足現有國際金融體系的不足，也有助推動世界經濟治理格局的多元化發展，更可提升中國的國際影響力。

毫無疑問，「一帶一路」戰略的成功實施，將會加速全球供應鏈格局的變革。我觀察到有以下三方面的新趨勢：

1. 趨勢一：從單向供應鏈到多向供應鏈

首先，新興中產階級的產生以及消費全球化的浪潮已經改變了傳統的「東方生產、西方消費」的供應鏈模式。全球供應鏈正在變得更加微妙、複雜和多向。過去，我們將亞洲，特別是中國生產的產品出口到歐洲和美國，全球供應鏈基本是單向的；而現在，隨著「一帶一路」沿線國家消費力量的迅速崛起，「全球生產、全球消費」的網絡狀新供應鏈格局正在形成。像中國、印度等新興非 OECD 國家正成為全球供應鏈不容忽視的重要消費來源——這為全球的企業帶來了新的機遇和挑戰。

2. 趨勢二：從線下供應鏈到全渠道供應鏈

在供應鏈方向發生改變的同時，供應鏈的模式也正發生變化。在零售端，我們可以清晰地看到，數字化經濟以及電子商務的興起正在重構整個零售行業，線上與線下服務結合的全渠道模式，將取代傳統實體店，成為未來零售業的發展趨勢。

這種零售終端發生的轉變，將對供應鏈上游的各個環節均產生巨大影響。我們目前已經看到的趨勢包括訂單的碎片化（fragmentation of orders）、不斷提高的物流要求、以及從大規模標準化生產（mass production）到大規模訂製（mass customization）的轉變等等。

過去，我們用線下的傳統渠道連接生產者和消費者，全球供應鏈基本是單渠道的；而現在，「一帶一路」沿線的國家正熱切地擁抱互聯網新經濟的浪潮，而中國已成為互聯網經濟的全球引領者之一。因此，我們的全球供應鏈也需要在各個環節，包括需求預測、生產佈局、庫存管理、倉儲和物流、分銷模式、以及技術整合等環節，尋找新的解決方案，將線上的流通渠道與傳統的線下流通渠道緊密結合，形成全渠道的供應鏈新模式。

3. 趨勢三：從為大企業服務到為中小企業服務

第三個重要趨勢就是，非 OECD 國家的崛起以及電子商務在這些國家的飛速發展，正使更多的中小企業、甚至微型企業參與到全球供應鏈當中。過去，我們很多外貿企業，包括利豐，主要是為比較成熟、組織完善、並擁有良好支付系統的企業，特別是 OECD 國家的大企業服務。而現在，在中國、印度、及「一帶一路」沿線的非 OECD 國家中，數以百萬計的中小企業、微型企業正成為主角；他們的採購、分銷、零售、物流模式，與我們早已熟悉的成熟模式差異很大——這無疑為供應鏈管理帶來了巨大的挑戰。因此，「一帶一路」下，我們也需要探索為中小型、甚至微型企業服務的有效模式。

三、香港如何在兩大經濟浪潮及「一帶一路」中抓住機遇

1. 圍繞內地企業「走出去」建立一套完備產業鏈

整體而言，消費全球化、第二個經濟浪潮和「一帶一路」，將成為香港未來發展的主要背景；香港的年輕人必須認識這大環境，深入掌握中國國情、有效聯繫毗鄰國家，以及充分瞭解全球趨勢，才可以在這大環境中立足。

上世紀八十年代起，國際資本開始進入中國市場，而中國產品亦開始出口國際市場。香港抓住這個機遇，成功發展成為亞太區的金融、貿易、航運和專業服務中心。

三十多年後的今天，中國資本開始沿著「一帶一路」「走出去」，世界各地的產品亦開始流入內地消費市場。面對這個巨變，香港應積極調整發展方向，力求在內地企業和人民幣「走出去」、國際產品走進中國的過程中，協助國家轉變發展方式，並同步推動香港經濟轉型。

事實上，香港作為亞太地區經濟、金融、貿易中心的地位正面對多方競爭，我們急需穩固和拓展經濟腹地，增強樞紐和平台功能。若能成為中國企業拓展「一帶一路」市場的基地，香港將會吸引更多國際性的投資和經濟活動，這不僅能鞏固香港的服務業，並可圍繞內地企業「走出去」建立一套完備的產業鏈，而香港的樞紐和平台優勢亦能由過往的單向提升為雙向功能。

2. 香港必須大力發展新經濟

正如前面所說，擁有 30 億消費者的新興經濟體，將為掌握互聯網科技和新經濟商業模式的企業，提供前所未有的發展空間。因此，要抓住「一帶一路」的市場，香港必須大力發展新經濟。

開拓新經濟將有助解決香港目前面對的許多挑戰。香港土地少、天然資源少、本地市場需求有限，正好通過開展新經濟來突破局限，也可為香港青年人提供創業空間，增加就業機會，讓他們有向上流動的機會。

一百多年來，香港一直扮演全球供應鏈協調者的角色。這一角色仍然重要。未來，香港必須善用新科技，透過發展新的商業運作模式，將已有和新創的供應鏈互相結合，應用到全球各地。

這意味著香港相對傳統的商業模式，需要通過創新，轉變到新的運作和增長模式；中小企業作為香港的經濟支柱，也需要在多個範疇廣泛應用資訊科技，加強其競爭力。在公、私營領域，我們需要新的機構、設施、培訓計劃和諮詢服務，也需要政府的政策和具體支持，推動香港發展新經濟。

3. 香港應透過創新金融服務成為亞洲天使投資中心

香港也應加快在金融領域的創新步伐，從而在初創企業的金融服務方面扮演更重要的角色。30 年前，香港在亞洲地區率先應用風險投資模式，讓整個地區的創新企業得以蓬勃發展。時至今日，香港仍然是風險投資和私募基金投資的中心。不過，今天的創業者需要的是比風險投資更早一步的天使投資，為他們在創業最初期提供種子資本。這種方式，正好可以將香港有抱負、有衝勁的年輕人，

和擁有豐富商業和社會經驗的前輩結合起來。未來，香港應透過提供創新的金融服務，成為亞洲的天使投資中心。

可以預見，用新經濟的創新模式，服務「一帶一路」上的消費者和大量中、小、微型企業，正是香港未來發展機遇之所在。

本章作者：馮國經博士

馮氏集團主席

注釋

1　數據由利豐研究中心根據世界銀行「世界發展指標」計算得出，資料來源：http://databank.worldbank.org/data/reports.aspx?source=World%20Development%20Indicators&preview=on（最後訪問時間：2015 年 12 月 1 日）。

資料鏈接

「一帶一路」對企業的啟示

(1)基礎設施建設層面：從硬件開始進行能力構建，特別是在「一帶一路」計劃的初期階段

① 與計劃相關的基礎設施項目（例如亞投行和絲路基金投資的項目）會為建築機械公司、基礎設施建設公司、建築材料生產商以及基礎設施運營商帶來商機。

② 該計劃優先處理連接未貫通的路段，以及消除交通運輸瓶頸。

③ 該計劃將推動建設連接北京與莫斯科的歐亞高速交通走廊。

④「一帶一路」地區內的交通連接將大大改善。

（2）金融層面：加快人民幣國際化

① 金融一體化是實施「一帶一路」計劃的重要基礎，這一過程將為金融及相關行業專業服務創造更多需求。

② 大規模基礎設施項目融資為亞洲債券市場的進一步發展提供機遇。

③ 中國將鼓勵公司在中國境內以及境外發行人民幣債券，為「一帶一路」計劃項目提供資金。預計這一舉措將大幅增加對人民幣的需求。

④ 隨著「一帶一路」沿線貿易和經濟活動擴大，為了減少外匯風險，對於以人民幣結算貿易的需求也會增加。

（3）貿易與物流層面：區域物流實現快速增長

① 中國將與「一帶一路」沿線國家協商建立更多自由貿易區。

② 中國將與「一帶一路」沿線國家合作，減少非關稅壁壘，共同改善技術貿易措施的透明度，進而實現貿易自由化與貿易便利化。

③ 中國將推動跨境電子商務和其他創新，為消費者帶來更價廉物美的進口產品。

④ 貿易活動的增加將為物流行業帶來機遇。

（4）分銷和零售層面：海上絲綢之路已經準備好迎接新興中產階級的需求

① 經濟合作與發展組織（OECD）在 2010 年進行的一項研究指出，全球中產階級人數在 2009 年為 18 億人，到 2020 年將增加到 32 億人，到 2030 年將增加到 49 億人；當中大部分增長（85%）來自亞洲。到 2030 年，亞洲中產階級人數將佔全球總數的 66%。

② 亞洲中產階級的購買力同樣迅速增長。全球中產階級消費支出將從 2009 年的 21 萬億美元增加至 2030 年的 56 萬億美元。其中超過 80% 的增長來自亞洲。到 2030 年，亞洲中產階級消費支出將佔全球總額的 59%。

③ 亞洲消費力的快速增長足以抵消發達國家消費增長疲弱。另外，需求轉移至亞洲亦會對現有的全球供應鏈帶來影響。

(5) 旅遊業層面：「一帶一路」沿線國家之間交流日見頻繁

① 中國將與「一帶一路」沿線國家進行旅遊合作。

②「一帶一路」沿線國家將簡化旅遊簽證申請程序。

③「一帶一路」計劃將有助促進西藏自治區與尼泊爾等鄰國的旅遊合作。

〔參見馮氏集團利豐研究中心：〈絲綢之路經濟帶與 21 世紀海上絲綢之路〉，2015 年 4 月，資料來源：https://www.fbicgroup.com/sites/default/files/The%20Silk%20Road%20Economic%20Belt%20and%20the%2021st%20Century%20Maritime%20Silk%20Road%20Chinese%20APR%2015.pdf（最後訪問時間：2015 年 12 月 1 日）。〕

第三章

「一帶一路」建設中的香港集資融資和財富管理平台

提要

「一帶一路」戰略的基建資金需求龐大，香港作為環球銀行及融資業務的佼佼者，亦是區內具領導地位的資金及財富管理中心，正好為「一帶一路」在金融方面再一次為國家作出巨大的貢獻。一方面，這不僅令有關「一帶一路」的多邊融資機構如亞投行等，發揮區域財資中心的角色，以方便緊密聯繫國外企業作出高效的資金調度及管理；另一方面，亦能通過香港首屈一指的資本市場，為這些多邊融資機構及參與項目的企業籌措資金。對此，香港業界提出多項建議：一是在香港設立「亞投行香港營運中心」；二是開放證券市場，可用人民幣、美元、歐元及英鎊作為上市幣值；三是吸引「一帶一路」的企業來港上市；四是加快基金互認步伐；五是香港可以爭取成為基建資金的發債平台；六是修改法例，為伊斯蘭債券的「投資回報」免稅；七是嘗試發展「海洋金融」；八是在「滬港通」的基礎上，積極爭取中央早日同意開通「深港通」。

「一帶一路」是中國為擴大對外投資力度、消除國內增長放緩的影響、和提振當前低迷的全球貿易而推出的重要戰略性決策。

「一帶一路」由中國國家主席習近平於 2013 年首次提出，是一項旨在推動中國貿易、資本和服務流動的宏偉倡議。為此，中國將在其境內外大規模投資，包括興建公路、鐵路、港口、能源和其他基礎設施項目。

基建發展將是這項戰略發揮其預期功效的受益行業之一。目前中國生產的鋼材遠超自身需求，加上國內建築市場增速減慢，過剩的鋼材不斷堆積。「一帶一路」如此巨大的投資將有助於提振經濟動力，幫助中國內地將部分過剩產能（如建築和鋼鐵行業）轉移到缺乏相應資金和技術的國家，開展基礎設施項目的建設。透過投資於亞洲的基建需求，中國對外可幫助亞洲經濟發展，對內則可刺激國內重工業的需求。

中國還設立了規模達 400 億美元的「絲路基金」，並牽頭成立了跨地區的亞投行，以滿足「一帶一路」沿線國家基礎設施建設項目的資金需求。[1]

作為首屈一指的國際金融中心，香港可以扮演融資平台和財富管理中心的角色，在「一帶一路」倡議實施過程中發揮重要的作用。

一、「一帶一路」：國家和地區性戰略

1.「一帶一路」的戰略涵蓋巨額投資

「一帶一路」戰略旨在重振起始於古代中國，連接亞洲、非洲和歐洲的古代陸上及海上商業貿易路線。

「一帶」是指古代陸上貿易路線「絲綢之路經濟帶」。它始於中國，途經中亞和西亞，一直抵達歐洲。「一路」是指中國往南的海上貿易路線，現在稱為「21世紀海上絲綢之路」。它始於中國，途經東南亞、印度，一直延伸到非洲。

「一帶一路」戰略共涉及65個國家，覆蓋44億人口（佔全球總人口的63%）。這些國家的經濟總量達21萬億美元，佔全球經濟總量約29%。[2] 倡議的主要目標是促進整個區域的基礎設施建設，改善並打造新的貿易路線，創造商業機遇，並推動中國與「一帶一路」沿線國家建立區域經濟貿易和投資合作關係。

「一帶一路」的戰略涵蓋巨額投資。我們估計，在今後幾年，已計劃的國內項目和已開工項目的總投資金額可能將達到1.5萬億人民幣（約合2,300億美元）。這相當於中國2014年基礎設施固定資產投資的四分之一，相當於中國2014年固定資產投資總額的3%，這將大力推動總體需求。[3]

因此，「一帶一路」將有助於中國加強在全球經濟中的影響力，深化區域經濟合作，推動中國政策制定者所期望實現的經濟轉型和結構性改革。

2.「一帶一路」帶給中國國內的機遇

「一帶一路」可以說是中國長期經濟政策的核心。與「一帶一路」相關的投資計劃將給中國的國內經濟注入巨大活力，包括推動國內多個較落後省份的發展。

一些市場人士預測，「一帶一路」將為中國 2015 年的 GDP 增長率貢獻 0.25%。[4]

「一帶一路」戰略將加強中國在亞洲貿易和運輸的核心地位。中國龐大的交通、建築及運輸產業將是這一舉措的最大受益者。農業、紡織、電訊和高科技行業亦有望獲得連帶效益。

基建是一個國家或地區經濟發展的先導，基礎設施建設已經成為過往中國經濟增長的突破點。在過去三十多年，隨著中國的改革開放和城鎮化發展，中國快速成為全球最大的基建市場。然而，隨著中國部分地區房地產行業持續調整，出現產能過剩。加上不斷增大的地方政府債務規模，以及中國整體經濟放緩，這些均對基礎設施建設的發展造成了影響。

僅 2015 年頭五個月，中國煤炭、水泥和玻璃行業的利潤就下降了 60% 以上，冶金業的利潤也下滑了 36%。據估計，光鋼鐵行業每年的過剩生產能力就達到大約 3 億噸。[5]

「一帶一路」承載著緩解中國過剩產能、推動貿易便利化、加強沿線國家互聯互通等戰略構想。該計劃旨在通過刺激國內和國際市場對商品的需求，進一步拉動鋼鐵、煤炭、水泥、建材等高耗能產品的消耗，以緩解國內煤炭業產能過剩的壓力。

中國西部省份則可望受益於絲綢之路的復興。中國國家發改委、商務部、外交部聯合發佈的《願景與行動》，劃定了中國經濟對外發展的五條國際大通道，圈定了沿線 18 個省份，包括：新

疆、陝西、甘肅、寧夏、青海、內蒙古等西北六省區，黑龍江、吉林、遼寧等東北三省，廣西、雲南、西藏等西南三省區，上海、福建、廣東、浙江、海南等五省市，內陸地區則是重慶。規劃還提及要發揮港澳台地區在「一帶一路」中的作用。此外，新疆被定位為「絲綢之路經濟帶核心區」，福建則被定位為「21世紀海上絲綢之路核心區」。

這些地區佔中國國土面積的三分之一，人口佔比則為五分之一。我們估測，加強此地區間的互聯互通性，將是未來幾年的重要趨勢。今年的《政府工作報告》裏，鐵路建設是最大的一項投資，中央政府計劃投資 8,000 億元以上，新投產里程 8,000 公里以上。值得關注的是，此投資主要是花在中西部的鐵路建設上。

此外，現代工業從沿海向內陸轉移，對於中國未來幾年的經濟前景可能至關重要。

「一帶一路」藍圖將加快並鼓勵這一進程，並且提升中國在製造業領域的競爭力。隨著中國國內勞動力成本不斷攀升，勞動密集型製造業的競爭優勢正在被削弱，地處南亞的越南、老撾、緬甸和孟加拉等國收入水平較低，將有可能把勞動密集型製造業的「接力棒」接過來，取代中國成為新的「世界加工廠」。然而，中國中西部地區的人口年齡結構卻更具生產力，勞動力資源相對充足。按戶籍人口計算，中西部地區的人口撫養比仍然低於東部地區，意味著中西部地區仍有人口勞動潛力可以發掘。「一帶一路」將改善內陸地區的基礎設施狀況，有助於將中國經濟發展戰略的重心轉向內陸。

3.「一帶一路」戰略：超越中國

隨著中國在歐亞大陸和海上絲綢之路沿線興建基礎設施，中國

在全球貿易及交通運輸中的核心地位將得以加強。「一帶一路」中大量的投資將流入中國龐大的交通運輸部門，推動原材料、製成品和人才的國際流動。

2015 年上半年，中國對「一帶一路」沿線國家的出口總額為 2,958 億美元，佔其全部出口總額的 27.6%。中國從這些國家的進口總額達 1,896 億美元，佔全部進口總額的 23.4%。[6]

中國與「一帶一路」沿線國家之間的貿易量一直在穩步攀升（2014 年同比增加約 7%），隨著「一帶一路」對基礎設施項目的建設與跨境交通的改善，貿易量將有望繼續增長。[7] 據中國官方的估計，在今後 10 年，中國與「一帶一路」沿線國家之間的貿易量將超過 2.5 萬億美元。[8]

迄今為止，「一帶一路」計劃包括一系列宏偉的基礎設施項目。例如，中國將建造 15 個港口，以改善貿易流動；同時，將擴建保稅倉儲、出口加工和轉口貿易的保稅區。（參見表一及表二）

在鐵路方面，中國計劃改善或延長境內與跨境鐵路。目前，中國與歐洲的鐵路貨運時間大約為 20–25 日，海運時間是其兩倍。與「一帶一路」計劃相關的基礎設施項目有望大幅縮短交貨周期，因為高速鐵路設施將逐步取代舊式鐵軌。

與此同時，今後幾年，海關通關手續將得以簡化，促進商品更快、更高效地通關。

值得關注的是，「一帶一路」計劃將引發一股新的中國企業海外直接投資熱潮。中國的「走出去」政策鼓勵中資企業在海外市場積極開展投資、銷售產品。對於很多中國企業而言，跨境併購已成為借助國外市場優勢、向價值鏈上游移動、並提升自身全球競爭力的最快捷通道。

中國商務部的數據顯示，2015 年上半年，中國對「一帶一路」

表一 「一帶一路」中國境內項目（已啟動或在建之項目）

省份	2015 年計劃項目	部門
新疆	（1）新疆南部、中部和北部三條公路	交通
	（2）建設霍爾果斯口岸，對接中亞石油管道	能源
	（3）建立新保稅區和貿易合作中心：烏魯木齊、喀什	貿易
青海	（1）建立新保稅區：曹家堡	貿易
	（2）西寧機場後續建設，並開通更多航線	交通
甘肅	（1）建立蘭州衛星城市：蘭州新城	基礎設施
	（2）敦煌旅遊資源開發	旅遊
陝西	（1）與中亞國家及澳大利亞開展採礦與加工合作	貿易、能源
	（2）建設國家航空實驗區	交通
	（3）建立能源產品交易融資中心	貿易、能源、金融
	（4）在西安新城建設地鐵和其他交通運輸網	交通
寧夏	（1）銀川機場	交通
	（2）「交通突破計劃」：一系列鐵路和公路項目	交通
內蒙古	（1）建造通向蒙古的鐵路	交通
	（2）建立新貿易區：滿洲里、二連浩特	貿易
雲南	在金邊建立新的金融中心	金融
廣西	在北部灣建立自貿區	交通、貿易
江蘇	將連雲港打造成海上絲綢之路的重要港口	交通、貿易
福建	（1）在廈門建立國際空運中心	交通
	（2）進一步推進廈門機場建設項目	交通
	（3）建設六條鐵路和三條高速公路	交通

（續表）

廣東	(1) 港口建設：廣州、深圳、珠海、湛江和汕頭	交通
	(2) 積極參與港澳粵自貿區建設	貿易
	(3) 參與東盟國家新港口建設	交通、貿易
黑龍江	(1) 升級 1,600 公里的省級公路，在農村建造 3,000 公里的公路	交通
	(2) 建造三江機場	交通
	(3) 哈爾濱新地鐵	交通
	(4) 中俄邊境鐵路、公路和橋樑建設	交通
遼寧	建設三條連通遼寧和歐洲的通道：遼寧—滿洲里—歐洲通道；遼寧—蒙古—歐洲通道；東北—北極海運海上航道	交通

資料來源：國家發改委、各地方政府網站，滙豐整理。

表二　「一帶一路」中國境內投資項目

省份	項目	投資額（單位：10 億元人民幣）
內蒙古	交通	175
遼寧	交通	46
黑龍江	交通	無具體數字
福建	整體基礎設施	330
雲南	交通：三條鐵路	93.7
重慶	建設兩江新區	45
廣西	整體基礎設施	98.4
陝西	灌溉和水利	24
甘肅	交通	78
青海	交通	30.8

（續表）

寧夏	電網	60.8
新疆	交通	25
浙江	交通	68
廣東	交通	110
海南	整體基礎設施	211.1
上海	交通	50
吉林	交通	16.3
西藏	交通	無具體數字
		總計：1,462.1

資料來源：《2015 年中國政府工作報告》、各省發改委、交通局網站，滙豐整理。

沿線 48 個國家的直接投資達 71 億美元，佔中國對外非金融類投資總額的 15.3%，同比增長 22%。[9] 我們相信，隨著「一帶一路」倡議在今後幾年不斷推進，中國海外直接投資額將隨之增加並實現多元化。[10]

這些新增的對外直接投資，相信也將促進人民幣在國際市場上的使用。當前，人民幣在國際貿易結算與投資活動中的使用正日益擴大。「一帶一路」各大項目的建設大部分由中國出資，至少一些貸款和賣方融資可能以人民幣結算，而不是以美元結算。

此外，「一帶一路」不僅關乎經濟利益，也是中國外交的重要組成部分。中國希望通過推動跨境商品、服務和人員輸出，擴大其國家在區內的影響力。二十多年來，雖然中國為很多發展中國家的物質基礎設施「硬件」建設做出了巨大貢獻，但仍缺乏「軟實力」。「一帶一路」目標之一就是通過非強制、非軍事手段，強化中國作為負責任全球大國的國際形象。

當然，在某些方面，經濟目標與政治目標是可以一致的：「一帶一路」沿線的很多發展中國家基礎設施嚴重匱乏，而中國擁有資本、技術和剩餘產能，正好可以幫助它們填補空缺。在亞洲投資興建基礎設施，既可以帶動亞洲其他國家的經濟發展，也可以為國內重工業創造需求。

二、構建國際金融流

1.「一帶一路」沿線很多國家缺乏資金

「一帶一路」倡議富有遠見、雄心勃勃，但同時也耗資巨大。沿線很多國家都是新興市場經濟體，通常經濟發展速度和生活水平改善速度都會相對較快，但其交通設施、能源及電信基礎設施匱乏落後，又缺乏資金開展大規模的變革，因而發展面臨巨大瓶頸。

雖然亞洲很多經濟體的發展速度位居世界前列，但該地區基礎設施建設卻存在著巨大的資金缺口。根據亞行的估算，2010－2020年，亞洲需要新投入 8 萬億美元用於基礎設施建設。每年大約需要 7,300 億美元，用於國家和地區間的基礎設施建設，才能支撐目前經濟增長的水平。但為亞洲國家基礎設施建設提供融資的主要機構，例如亞行，其資本在 2013 年全年僅能提供 210 億美元貸款。可見，亞太地區現有的融資機構遠遠不能滿足這一資金需求。"

2. 中國有能力為「一帶一路」沿線國家提供資金支持

中國目前的外匯儲備大約為 3.2 萬億美元，是完全有能力、也有充足的政治和經濟理由，為「一帶一路」沿線國家提供資金的支持。[12]

對於中國國內的基礎設施建設而言，資金的主要來源是傳統的政府財政收入和儲備金，以及政府債券的發行籌集。但由於「一帶一路」戰略具有跨境的屬性，因此，國際供資來源也必然會發揮重要的作用。中國政府已明確表示，歡迎外國機構參與「一帶一路」的投資項目。[13]

一方面，中國將支持各國政府和信用評級良好的外國企業，發行在岸和離岸人民幣債券及其他外匯債券。[14] 這將有助於滿足「一帶一路」項目的融資需求，同時亦推動國際對人民幣的使用，這也是中國政府的另一項首要政策。

另一方面，中國推出了兩項新的金融舉措，以滿足與「一帶一路」計劃相關的巨大融資需求。

首先，2014 年 11 月，中國設立 400 億美元的「絲路基金」，專為「一帶一路」的各大項目提供資金支持。至少在基金創立的初期階段，所有資金皆由中國提供。

「絲路基金」的運作方式類似於股票基金，主要動用國內資本，尤其是外匯儲備，來投資「一帶一路」沿線國家及其他國家的項目。「絲路基金」不僅為基礎設施建設提供資金，而且也面向高收益項目，如資源開發和工業合作項目。

2015 年 4 月，該基金宣佈啟動首個項目，對巴基斯坦卡洛特水電站項目投資 16.5 億美元，該項目是中巴經濟走廊計劃的一部分。

同時，中國於 2014 年 10 月牽頭成立亞投行，旨在為「一帶一

路」計劃提供融資。亞投行迄今已獲得 57 個創始成員國的支持,包括印度、馬來西亞、印度尼西亞、新加坡、文萊、緬甸、菲律賓、巴基斯坦、英國、澳大利亞、巴西、法國、德國和西班牙等。[15]

亞投行希望建成一個多邊跨國性金融機構,類似於 1966 年在馬尼拉成立的亞行,註冊資本為 1,000 億美元。直至 2015 年 6 月 29 日,中國持有已認繳股本的 30.34%。[16] 亞投行將為從太平洋到波斯灣各國的基礎設施項目提供資金支持。每個成員國的表決權大致與其出資額成正比。亞投行的業務可能包括傳統貸款和信用擔保,預計會使用債券融資機制,並通過公私合作模式籌集私營資本。亞投行將匯集亞洲區域的知識和技術,實現基礎設施供應與特定區域需求的對接。

亞投行作為一個複雜的多邊組織,涉及多個國家的利益,中國擔任牽頭國任重道遠。但毫無疑問,亞投行將令中國在亞洲乃至全球發揮更大的影響力。

三、香港:「一帶一路」融資與財資管理中心

1. 香港可以為「一帶一路」提供全面的金融服務及支援

「絲路基金」和亞投行的資金承諾力度大,為落實推行「一帶一路」計劃提供強大的保障。香港作為國際金融中心,可以在融資和

財資管理方面為「一帶一路」發揮重要的作用，即作為「一帶一路」重要的融資平台，為其不同的項目提供資金籌集及管理方案。

在集資融資領域，香港是世界三大金融中心之一，擁有全球最具規模的離岸人民幣業務中心，亦是亞洲最大的資產管理中心。香港具有多元化的融資渠道及資本市場，環球頂尖的金融專業團隊，可以為「一帶一路」提供全面的金融服務及支援。除了在主要的集資融資平台（債券與股權融資）籌集私人資金外，香港亦能提供廣泛的融資與諮詢服務，例如離岸人民幣融資、貿易結算、資產管理及併購諮詢等等。

更重要的是，香港在地理上毗鄰內地，與內地在商業、金融、文化與歷史方面有著緊密的聯繫。作為外界進入中國市場的門戶，香港也是中國內地與外界建立聯繫的橋樑。加上香港是中國最國際化的城市，擁有獨立的金融和法律體系，最能在對外金融融通方面有效操作，亦是區內國際金融機構雲集的資金管理中心。發展「一帶一路」項目相關的內地企業和國外參與的私人公司和機構，共同需要一個稅率吸引、法規完善、營運高效的市場去融通及管理資金。

對於亞投行而言，香港可順理成章地成為其主要融資地，為「一帶一路」下的多個項目提供所需的金融服務。

香港雲集了眾多的本地和國際金融服務機構，所僱用的專業人士總數超過 24 萬，佔香港就業人口的 6.3%。[17] 此外，香港還擁有大量從事法律、會計、管理、信息技術等領域工作的專業人士，可協助亞投行投資、發展及管理基建項目。

香港是一個開放的金融市場，全球各地的資金流入香港十分便利。香港有發行各類債券的豐富經驗，包括點心債券和伊斯蘭債券。最重要的是，香港擁有成熟、高效、流動性強的金融市場。

論總市值，香港交易及結算所位列世界十大證券交易所，是內

地大小企業、乃至海外企業掛牌上市的理想目的地。[18] 目前香港是內地企業首選的融資中心。多年來，無數的內地企業已經在香港證券交易所掛牌上市。Dealogic 的數據顯示，僅 2014 年，在港交所的 IPO 集資總額高達 290 億美元，較 2013 年同比上漲 34%。自 2002 年以來，港交所證券市場的 IPO 集資額每年皆居世界前五位。[19] 隨著中國繼續開放資本市場，並鼓勵中資企業「走出去」，港交所的上市活動將保持持續增長的勢頭。

另外，香港在人民幣國際化進程中亦發揮了重要的先導作用。香港已是全球離岸人民幣融資、債券發行、貿易結算和資產管理的主要中心。隨著中國積極推動人民幣在海外市場的使用，香港也因此獲益匪淺。由於人民幣尚未實現可完全兌換性，故此中國一直在發展「離岸」市場，推動人民幣在內地以外的地區使用。離岸市場有別於內地企業、居民和在華外資企業使用人民幣的「在岸」市場。

人民幣的國際化進程非常迅速。十年前，人民幣的使用範圍還僅限於中國內地。如今，人民幣已成為第二大國際貿易融資貨幣和第九大交易貨幣（日均交易量達 1,200 億美元）[20]。截至 2015 年 8 月，人民幣也成為了全球第四大支付貨幣（2012 年 8 月排名第十二位）。[21]

2. 香港已成為全球人民幣貿易結算、融資與資產管理中心

2004 年，香港成為推出人民幣業務的首個離岸市場。迄今為止，香港已成為全球人民幣貿易結算、融資與資產管理中心，推出了多種人民幣產品和服務，不斷滿足企業、金融機構和個人投資者的需求。

香港擁有除內地以外最大的人民幣資金池，這為香港的人民幣業務提供了有力支持。到 2014 年底，客戶在香港的人民幣儲蓄以及在港銀行發行的人民幣存款證總額已超過 1.1 萬億元人民幣。[22]

作為全球人民幣貿易結算中心，香港為本地與海外的銀行和企業提供服務。2014 年，在港各大銀行完成的人民幣貿易結算總額達到 6.3 萬億元人民幣，同比增長 60%。[23]

隨著「一帶一路」戰略的推動，中國與沿線國家的貿易往來有望進一步增長。

同樣，自 2007 年發行首批以人民幣計價的債券以來，香港的「點心債券」市場增勢迅速。截至 2014 年底，點心債券市場規模達 3,810 億元人民幣。同年，超過一百家機構總共發行 1,970 億元人民幣點心債券。目前，點心債券市場是中國內地以外最大的人民幣債券市場。[24]

3.「滬港通」、「深港通」鞏固了 香港作為全球人民幣融資中心的獨特地位

與此同時，2014 年 11 月推出的「滬港通」計劃是一項全新的改革，實現了兩地資金的直接雙向流通。內地投資者首次可以買賣香港的股票，而國際投資者也能買賣內地的股票，這也鞏固了香港作為全球人民幣融資中心的獨特地位。目前，類似「滬港通」的「深港通」計劃也在籌備中。

在國際資產管理市場上，香港也一直扮演重要資產管理中心的角色。香港是亞洲最大的資產管理中心之一，其金融服務公司管理的資產總額超過 2 萬億美元。[25]

2015 年，隨著上海與香港「基金互認計劃」的啟動，香港在

基金管理領域的地位得以進一步鞏固。受惠於該計劃，香港和內地的基金可以在對方市場交易，因此加深了滬港之間的金融聯繫。同時，「基金互認計劃」也將提高香港在基金管理、資產管理、分銷和營銷活動方面的業務規模，並加強香港的相關功能，進一步推動其成為全球綜合資產管理中心，鞏固香港作為全球金融中心的地位。

結語

「一帶一路」戰略將是今後中國經濟和外交的大方針。中國計劃在「一帶一路」覆蓋的範圍內大力興建基礎設施項目，這不但推動沿線六十多個國家及地方的經濟增長，加大相互間的貿易往來，亦緩解中國自身行業產能過剩的問題，並為中國帶來長遠的經濟投資收益及政治影響力。然而，亞洲區內基建需求龐大，所衍生的周邊發展項目更多如繁星。雖然絲路基金和亞投行等提供的貸款支援將有助滿足部分的融資需求，但向私人部門籌措大量資金實屬必要。

香港作為環球銀行及融資業務的佼佼者，亦是區內具領導地位的資金及財富管理中心，正好為「一帶一路」在金融方面再一次為國家作出巨大的貢獻。一方面，這不僅能令有關「一帶一路」的多邊融資機構如亞投行等，發揮區域財資中心的角色，以方便緊密聯繫國外企業作出高效的資金調度及管理；另一方面，亦能通過香港

首屈一指的資本市場，為這些多邊融資機構及參與項目的企業籌措資金。此舉更可利用全球最大的離岸人民幣市場——香港，並藉「一帶一路」項目以加大人民幣在國際資金流方面的使用，而香港亦可因此鞏固其作為亞洲金融中心的地位。

本章作者：王冬勝

香港上海滙豐銀行有限公司副主席兼行政總裁

注釋

1   Available at: http://www.reuters.com/article/2014/11/08/us-china-diplomacy-idUSKBN0IS0BQ20141108 (accessed January 22, 2016).

2   Available at: http://www.chinadailyasia.com/opinion/2015-07/16/content_15291060.html (accessed January 22, 2016).

3   朱日平：〈構建新絲綢之路〉，香港：滙豐環球研究報告，2015 年 5 月，資料來源：https://globalconnections.hsbc.com/hong-kong/tc/articles/paving-silk-road（最後訪問時間：2016 年 2 月 1 日）。

4   Available at: http://usa.chinadaily.com.cn/business/2015-03/25/content_19908927.htm (accessed January 22, 2016).

5   Available at: http://www.bbc.com/zhongwen/trad/china/2015/07/150722_ana_china_industry_overcapacity (accessed January 22, 2016).

6   Available at: http://en.people.cn/n/2015/0806/c98649-8932161.html (accessed January 22, 2016).

7   Available at: https://www.fidelityworldwideinvestment.com/static/pdf/nordic/2015-03-20%20One%20Belt%20One%20Road.pdf (accessed January 22, 2016).

8   Available at: http://www.reuters.com/article/2015/03/29/us-china-economy-

oneroad-idUSKBN0MP0J320150329 (accessed January 22, 2016).

9　　Available at: http://en.people.cn/n/2015/0806/c98649-8932161.html (accessed January 22, 2016).

10　〈中國「一帶一路」—— 中國及外國企業的新機遇〉，香港：滙豐環球研究報告，2015 年 7 月，資料來源：https://globalconnections.hsbc.com/hong-kong/tc/articles/chinas-one-belt-one-road-opportunities-chinese-and-foreign-businesses（最後訪問時間：2016 年 2 月 1 日）。

11　　Available at: http://www.economist.com/blogs/economist-explains/2014/11/economist-explains-6 (accessed January 22, 2016).

12　　Available at: http://www.reuters.com/article/2015/10/07/china-economy-forex-reserves-idUSB9N0WZ04D20151007 (accessed January 22, 2016).

13　同注 3。

14　同上。

15　　Available at: http://www.aiib.org/ (accessed January 22, 2016).

16　　Available at: http://www.mof.gov.cn/zhengwuxinxi/caizhengxinwen/201506/t20150629_1262372.html (accessed January 22, 2016).

17　司爾亞司數據信息有限公司，資料來源：https://www.ceicdata.com/zh-hans（最後訪問時間：2016 年 2 月 1 日）。

18　　Available at: http://www.sfc.hk/web/EN/files/SOM/MarketStatistics/a01.pdf (accessed January 22, 2016); https://www.hkex.com.hk/eng/market/sec_tradinfo/stockcode/eisdeqty.htm (accessed January 22, 2016).

19　　Available at: https://www.hkex.com.hk/eng/newsconsul/hkexnews/2015/150108news.htm (accessed January 22, 2016).

20　　HSBC Globle Research, "The Rise of the Redback IV", March 2015, available at: https://www.research.hsbc.com/midas/Res/RDV?p=pdf&key=XnyqT6tV4N&n=452294.PDF (accessed January 22, 2016).

21　　Available at: https://www.swift.com/assets/swift_com/documents/products_services/RMB_Sibos_Special_Edition_2015_final_PR.pdf (accessed January 22, 2016).

22   Available at: http://www.hkma.gov.hk/media/eng/doc/key-functions/monetary-stability/rmb-business-in-hong-kong/hkma-rmb-booklet.pdf (accessed January 22, 2016).

23   同上。

24   同上。

25   Available at: http://www.hkma.gov.hk/media/eng/doc/key-information/press-release/2014/20141128e4a20.pdf (accessed January 22, 2016).

資料鏈接

（資料由香港文化協進智庫整理）

1. 業界有關打造香港成為「一帶一路」集資融資和財富管理平台的建議

（1）設立「亞投行香港營運中心」。一方面，亞洲國家需要龐大的基建投資，亞投行本身的股本遠不符需求。設立「亞投行香港營運中心」，既可利用香港國際金融中心的優勢進行融資，又能帶動香港金融業的進一步發展；另一方面，香港擁有與國際接軌、完善而嚴謹的金融制度及監管機制，擁有大量金融及相關專業服務的專才，是亞洲最重要的資產管理中心，具有人民幣離岸中心的優勢，完全有條件設立「亞投行香港營運中心」。「亞投行香港營運中心」的主要功能：作為「一帶一路」沿線國家及企業融資發債平台。香港特區政府應該研究國際貨幣基金組織、世界銀行等國際金融機構的融資營運方式和特點，就具體組建「亞投行香港營運中心」，向中央提出具有可行性的具體建議。

（2）政府財金部門要主動出擊，解決各地「一帶一路」企業到香港上市、融資的障礙，尤其是涉及監管制度的會計準則及法律等問題；亦要善

用香港金融市場的優勢，開放證券市場，可用人民幣、美元、歐元及英鎊作為上市幣值，及利用香港的即時外幣兌換支付系統，方便用外幣作為交易單位。

（3）由政府牽頭帶領本地企業到「一帶一路」沿線國家路演，向當地企業及政府介紹香港上市融資等業務。

（4）香港交易所要主動到沿線地區推銷港交所的優勢，吸引企業來港上市，與其他聚集「一帶一路」企業的交易所研究類似「互聯互通」的合作。

（5）改革基金發行模式，加快基金互認步伐，增設基金上板，利用香港交易所作為公開交易平台，以減低交易費用及促進基金交投。

（6）香港可以爭取成為基建資金的發債平台，並積極作出相關配套，容許在香港發行不同幣值的債券，以切合不同國家資金所需。

（7）伊斯蘭教人口最多，財政實力強，有巨大潛力，惟伊斯蘭教規定不能有「利息」，只可有「投資回報」，香港需修改法例，為伊斯蘭債券的「投資回報」免稅。

（8）香港有不少船務公司，而且碼頭業務發達，可以嘗試發展「海洋金融」，例如船務集資、船務保險、發展新船種及新路線。

（9）在「滬港通」的良好基礎上，積極爭取中央早日同意開通「深港通」，以便內地和香港在金融合作上，繼續向前跨進。爭取把優質的中小型股票，納入「深港通」開通時的首批名單，讓投資者可以有更多選擇，同時又不會引發過度的金融風險。加強與中央有關部門商討，撤銷「滬港通」要求內地投資者需要 50 萬元人民幣資金才可開戶的最低門檻。

2. 點心債券

點心債券是指在香港發行或交易的離岸人民幣債券，由國家財政部、內地金融機構、港資企業等多元機構發行。此類債券有「點心債券」的暱

稱，是因為與內地人民幣債券市場相比，香港的市場規模較小，債券發行量較少，只是正餐的點綴，故以「點心」命名。「點心債券」的特點是年期普遍較短，利率風險較低，而且產業分佈較為多元化，惟部分債券或沒有信用評級，投資者或難以準確判斷債券的可靠度。

3. 伊斯蘭債券

伊斯蘭債券是指嚴格遵守伊斯蘭教宗教規定的債券，英文名稱為 Sukuk。按伊斯蘭教法，債券不能涉及保險和金融衍生工具、具擬似賭博性質的金融交易以及與酒、豬肉、賭博、煙草等相關的業務。運作上，伊斯蘭債券與傳統債券差別不大，最大分別是不能支付利息予持債人，否則有違教法。目前，全球金融市場的伊斯蘭債券發行總額已超越 1,000 億美元，是一項主流的投資工具。

4.「滬港通」與「深港通」

「滬港通」的正式名稱是「滬港股票市場交易互聯互通機制」，是上海與香港建立的股票市場試點計劃，於 2014 年 11 月 17 日正式開通。該機制讓香港與內地投資者可透過當地市場的交易所及結算所，買賣和結算對方市場的股票，從而促進兩城的資金互通，加快市場化步伐。「深港通」性質與「滬港通」相同，只是對口城市由上海改為深圳，預計將於近期開通。

第四章

香港作為「一帶一路」國際
商貿平台的關鍵角色

　　金融海嘯以降,「非全球化」蔓延全球,形形色色的地方和本土主義、有形無形的貿易壁壘,使全球經濟復甦蹣跚不前。同時,在世界經濟重心東移、戰後成立的國際經濟協調機構逐步老化的情況下,世界經濟需要的已不只是簡單的刺激和起動,而是秩序的重塑與多邊協調機構的調整。「一帶一路」就是中國對抗「非全球化」、提振世界經濟、重塑國際秩序的回應。在當今多極化的世界,要為世界經濟秩序的重塑引入新的元素、原則和動力,關鍵是要按照「開放兼容」、「互利共贏」的原則、利用市場力量結合「帶路內外」各國共同努力,這就需要一個高度國際化、有足夠市場深廣度、而且有高度公信力和規範性的「國際商貿平台」來推動「一帶一路」戰略,而香港正好是這樣一個關鍵平台的最佳選擇。如何為「一帶一路」建立一個高效全面的國際商貿平台,推動中國與「帶路內外」國家的經濟整合,為世界經濟的重組和起動貢獻力量,將會是二十一世紀香港的重要歷史任務,也將是香港經濟升級換代的關鍵。

一、「一帶一路」需要一個國際商貿平台

1.「一帶一路」是中國對重塑世界經濟秩序的回應

金融海嘯以降，「非全球化」蔓延全球，保護主義抬頭，不單林林總總的進口管制有增無減，而且高排他性、低透明度的區域貿易協定紛至沓來，加上形形色色的地方和本土主義、有形無形的貿易壁壘，使全球經濟復甦蹣跚不前。金融海嘯已過七年多，但世界貿易（對比全球生產值）和跨國資金流量還沒有恢復到災前的水平。雖然前車之鑑讓世界經濟免於重蹈上世紀三十年代「大蕭條」（Great Depression）的覆轍，但「非全球化」還是讓「大衰退」（Great Recession）的陰霾揮之不去。

要重振世界經濟，就要頂住保護主義，抑制「非全球化」。可惜，戰後成立的國際經濟協調機構如世界貿易組織（WTO，簡稱「世貿組織」）、世界銀行和國際貨幣基金組織等，都已不同程度地老化，特別是在世界經濟重心東移、主要發展中國家快速增長的背景下，世界經濟需要的不單是簡單的刺激和起動，而是秩序的重塑與多邊協調機構的調整。「一帶一路」就是中國對重塑世界經濟秩序的回應。

表面上，「一帶一路」涵蓋的主要是中國周邊和絲路沿線國家，區域意味很重。但正如官方一再強調的，「一帶一路」是「秉持開放的區域合作精神，致力於維護全球自由貿易體系和開放型世界經濟」，是「基於但不限於古代絲綢之路的範圍」[1]，那就是說，這是一個涵蓋全球的策略。

圖一 世界貿易至今還沒恢復到金融海嘯以前水平

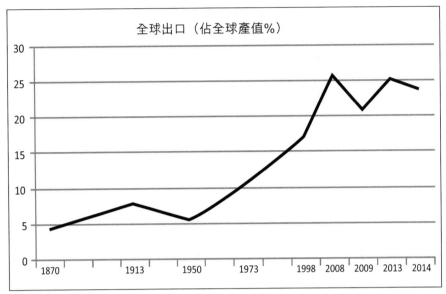

全球出口（佔全球產值%）

資料來源：世界貿易組織、香港貿易發展局。

圖二 國際資本流動自金融海嘯後停滯不前

銀行跨境信貸（萬億美元）

資料來源：國際清算銀行。

當然，以中國當前的國力和在世界舞台上的地位，要重塑世界經濟秩序還是力有不逮。而且，在當今多極化的世界，要憑一國之力改造世界也是不可能的。關鍵是要通過「一帶一路」，為世界經濟秩序的重塑引入新的元素、原則和動力，希望能在得道多助的情況下順勢而為。

2. 三個關鍵元素：開放、共贏、市場

(1)「開放兼容」

　　「一帶一路」首要的元素是「開放兼容」。這對抑制「排他性」地區經濟組織的發展、維護自由貿易體系和開放型世界經濟至關重要。當前正在醞釀的一些超大型地區經濟組織，排他性濃、透明度低，而規模龐大。雖然都打著維護自由貿易的旗號，但可能更多的作用是構建貿易壁壘。事實上，根據世貿組織的資料，自金融海嘯以來，二十國集團限制進口的措施有增無減，受影響的貿易量每年已超過 8,000 億美元。

　　「一帶一路」通過多層次的雙邊和多邊協議推動帶路沿線國家互相開放市場，當然也有一定的地區局限，關鍵是要秉持「開放兼容」的原則，讓這些雙邊和多邊協議的內容和成員範圍不斷擴大。例如，剛成立並擁有 57 個創行會員的亞投行，便是「開放兼容」的受惠者。當然，如何貫徹這原則，還需經歷不少考驗。

(2)「互利共贏」

　　「一帶一路」第二個重要的元素是「互利共贏」。「非全球化」之所以蔓延全球，是因為沒有處理好全球化過程裏的利益平衡和分配，以致一方所得成為另一方所失，全球化的負面影響蓋過了正面

貢獻。世界經濟秩序重組之所以阻力重重，也是因為「零和遊戲」的思維，新舊秩序被視為是你死我活、勝敗之爭。要擺脫「非全球化」的魔咒，重組世界經濟秩序，就要處理好全球化和新舊秩序的利益平衡，在互惠互利、求同存異的基礎上讓利益最大化。

（3）遵循「市場規律和國際通行規則」

要達至「互利共贏」，不單要求有能夠代表各方利益的協調機構去策劃、推動，還需要有合理、可行和透明的守則作依歸，也就是需要有「一帶一路」成功的另一個重要元素：遵循「市場規律和國際通行規則」。這裏的難點在於，不少「一帶一路」的合作項目是基建投資，需要政策支持和公共資金的投入，而「一帶一路」沿線不少是發展中國家，市場發展程度參差，國際規則不甚通行，如何利用「市場規律和國際通行規則」達到「互利共贏」，將會是「一帶一路」成敗的關鍵。

3.「一帶一路」國際商貿平台的必要條件

綜上所述，一個能結合「帶路內外」經濟力量，以市場為主導，高度國際化的國際商貿平台對「一帶一路」的推動非常重要。這個國際商貿平台的必要條件包括：

（1）高度國際化

一個高度開放的經濟及社會；對各國經營者一視同仁，實行全面的國民待遇；市場准入、退出自由；資金、貨物、人才、信息流動自由；大量的國際企業、機構、人才匯聚；有大量的國際經濟聯繫，包括官方和民間、機構和個人層面。

（2）有足夠的深廣度的各類要素市場

商品、服務、人才、資本、信息、產權等不同市場有相當的流動性和成熟的運作機制；多元化的市場參與機構，包括供應、中介、管理和需求各方面。

（3）有高度的公信力和規範性

平台運作公開、透明、中立，有豐富的運作經驗；由獨立的平台營運機構管理；有清晰的運作條例；按國際通行規則和法例辦事；有可信的保障機制和有效的糾紛處理系統。

二、香港是「一帶一路」的最佳國際商貿平台

按照國際商貿平台需要的三個條件，香港是「一帶一路」國際商貿平台的最佳選擇。

1. 高度國際化

（1）香港是全球最大的自由港，貨物進出零關稅，資金、商品、人才、信息流動自由。

（2）實行全面的國民待遇，對各個國家和地區的經營者一視同仁；（除少數如航空，廣播等）市場准入、退出自由。

（3）大量的國際企業、機構、人才匯聚。全球五百大企業當中的 100 家在港設有分支機構，不同國家和地區的商會超過三十個，美、英、日、歐、中國內地駐港商會會員數均居全球前列；八千多家在港設立的非本地企業中，有 3,800 家是地區總部或辦事處；各國駐港領事館、辦事處 122 所；有近百家地區和國際傳媒。

（4）香港是一個高度開放和多元化的經濟體和社會，有大量的國際經濟社會聯繫，特別是在聯繫中國內地與東亞和西方主要國家方面。外籍常住人口 50 萬；國際學校超過五十間。

（5）國際交通運輸發達，全球一半人口覆蓋於香港五小時飛行航程之內。香港國際機場是全球最大的國際貨運和第三大客運機場，每天有 1,100 架航班連接一百八十多個城市。香港集裝箱碼頭吞吐量雖然已從全球第一下降到第五，但香港港口作為全球最大的珠江三角洲港口群的樞紐功能有增無減，主要是因為它在船舶註冊、買賣、融資、管理、營運、保險、法律、物流、配送等方面的配套服務，在區內港口的整合和提升效率方面扮演著重要的角色。

（6）由於歷史的原因和基本法賦予的獨立貨幣發行和管理權力，香港在國際和地區金融合作方面有其獨特的貢獻和聯繫。它是金融穩定理事會（FSB）、國際清算銀行（BIS）、亞洲開發銀行（ADB）、東亞及太平洋地區中央銀行會議（EMEAP）、東南亞新西蘭澳洲中央銀行組織（SEANZA）及東南亞中央銀行組織（SEACEN）的會員。香港在上述機構主要專責委員會擔任重要角色，如金融穩定理事會下的亞洲地區諮詢小組、國際清算銀行下屬的巴塞爾銀行監理委員會、東亞及太平洋地區中央銀行會議下設的金融市場工作組等；並在推動區內金融合作如亞洲債券基金、清邁協議多邊化等的過程中作出過特別貢獻。

（7）香港是一個獨立關稅區，是世貿組織的成員。由於基本法

賦予的獨立對外經貿權力，香港對外簽訂了 65 個航空協議，32 個稅務協定，17 個投資保護和促進協議，六個自由貿易協定，向 152 個國家和地區取得特區護照免簽證入境安排，而且數目還在不斷增加，這些都大大促進了香港的國際聯繫。

2. 各類要素市場有足夠的深廣度

（1）香港商品和服務貿易發達，2014 年是全球第八大商品貿易中心，年貿易額達 11,250 億美元；也是全球第十七大服務貿易中心，2014 年貿易額為 1,850 億美元。

（2）香港是位列前茅的國際金融中心，與紐約、倫敦齊名，也是全球最大、最具市場廣度和深度的離岸人民幣市場。世界一百大銀行中有 70 家在港營業，國際金融機構如世界銀行、國際貨幣基金組織、國際清算銀行等都有分支機構在港。香港既是全球第一大的首次公開發售證券（IPO）集資中心、第五大外匯交易中心、第七大股票市場、第七大國際銀行中心，還是亞洲第二大的資產管理和私募基金中心。

（3）香港是國際投資的樞紐平台。根據聯合國統計，香港在 2014 年是全球第二大對外直接投資來源地，當年在海外投資 1,427 億美元，僅次於美國；累積總投資（2014 年底）14.6 萬億美元，位居全球第四，緊隨於美、英、德之後。同時，香港接受的海外直接投資也是在全球前列，2014 年排名第二，達 1,033 億美元，累積總投資（2014 年底）位居第三，達 15 萬億美元，僅次於美、英。香港的跨境投資，有不少是內地通過香港「走出去」或者是海外投資者利用香港投到內地的資金。據中國商務部統計，香港佔內地對外直接投資約 60%，同時也佔內地吸收的海外直接投資超過 45%。國

際及內地資本大進大出香港再投資到第三地，主要是利用香港在人才、資金、貨物、信息流動的高度自由，依靠香港國際化和便利的交通、法律、關稅、金融、通訊及其他服務平台，高效的品質、市場推廣和品牌管理服務，管理區域和國際投資活動，提高投資效率和回報。

（4）香港也是國際和地區的主要商貿展覽會議中心，單是香港貿易發展局主辦的就有五個全球最大和另外五個亞洲最大的商品展覽，以及數個全球和區內前列的專業會議；每年外地來港出席展覽、會議的商務人員達七百多萬。

3. 有高度的公信力

（1）香港司法獨立，奉行普通法，具備成熟完善的法律制度，匯聚大批經驗豐富的法律專業人士，是亞太地區首選的國際法律和爭議解決服務中心。

（2）香港現行的《仲裁條例》，以聯合國國際貿易法委員會的《國際商事仲裁示範法》為基礎，採用一套廣為業界熟悉的國際仲裁制度，便利商界和仲裁人員使用。

（3）數個知名的國際法律和仲裁機構已在香港設立辦事處，當中包括國際商會的國際仲裁院、中國國際經濟貿易仲裁委員會香港仲裁中心和海牙國際私法會議亞太區域辦事處。中國海事仲裁委員會亦在香港設立分處，是中國海事仲裁委員會首個設於內地以外地方的分處。

（4）香港國際仲裁中心作出的仲裁裁決，可在《紐約公約》一百五十多個締約成員的法院執行，基本上包括全球大多數國家。基於香港與內地的安排，香港作出的仲裁裁決也可在內地強制執

行。因此，香港可協助中國和外國企業──特別是採用普通法國家的企業──解決其商業項目的糾紛或海事爭議。

（5）除了法律仲裁，香港不少專業服務行業如會計、金融、審計、醫療、工程、檢測等，都具備相當高的國際專業水平，而且與國際專業組織聯繫密切，在國際專業領域廣受承認。

圖三　「一帶一路」略圖

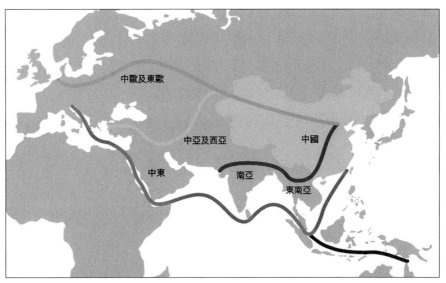

注：本地圖乃根據《推動共建絲綢之路經濟帶和21世紀海上絲綢之路的願景與行動》描述的地緣經濟合作建議而繪製，僅供參考。實際路線或會略有不同，並可能隨著項目發展而伸延至其他地區。

資料來源：香港貿易發展局。

如何發揮香港上述的優勢，為「一帶一路」建立一個高效全面的國際商貿平台，推動中國與帶路沿線國家的經濟整合，為世界經濟的重組和起動貢獻力量，將會是二十一世紀香港的重要歷史任務，也將是香港經濟升級換代的關鍵。

本章作者：關家明

香港貿易發展局研究總監

注釋

1   中國國家發展改革委、外交部和商務部:《推動共建絲綢之路經濟帶和 21 世紀海上
     絲綢之路的願景與行動》,2015 年 3 月 28 日,資料來源:http://www.ndrc.gov.cn/
     gzdt/201503/t20150328_669091.html(最後訪問時間:2015 年 10 月 27 日)。

資料鏈接
(資料由香港文化協進智庫整理)

1. 業界有關打造香港成為「一帶一路」最佳國際商貿平台的建議

(1)香港作為簡單低稅制地區,有需要擴大這方面的優勢,特別是避免「雙重課稅」(Double Taxation)。業界建議特區政府更加積極地與「一帶一路」沿線國家簽訂「避免雙重課稅協定」,這有助投資者準確地評估其稅務負擔,並提供額外的誘因,吸引海外投資者在香港投資,亦會提高本港公司到「一帶一路」國家投資的興趣,協助企業擴大業務。目前已簽訂相關協定的沿線國家包括:文萊、印度尼西亞、科威特、馬來西亞、卡塔爾、泰國、阿拉伯聯合酋長國、越南;正在談判的國家包括:巴林、孟加拉、印度、以色列、巴基斯坦、俄羅斯、沙特阿拉伯。

(2)貿易便利措施方面,業界希望特區政府完善與「一帶一路」沿線國家的海關合作機制,並就貿易投資促進、通關便利化、商品檢驗檢疫、食品安全、質量標準、電子商務、法律法規透明度等領域開展貿易便利化合作,從而營造可預見、低成本、高效便利的外貿發展環境。同時,政府應發揮海關統計資料優勢,為企業、商會、行業協會提供及時、準確的沿線國家進出口統計資訊。具體而言,政府應盡快落實「經認證的經營者」

（AEO）計劃，讓達標的企業享有外地海關的通關便利。

2. 香港貿易發展局

香港貿易發展局（Hong Kong Trade Development Council，縮寫：HKTDC；簡稱「貿發局」）於 1966 年成立，是負責拓展香港全球貿易的香港法定機構，為香港製造商、貿易商及服務出口商服務，在全球各地設有逾四十個辦事處。其宗旨，是為香港公司，特別是中小企業，在全球締造新的市場機會，協助他們把握商機，並推廣香港具備優良商貿環境的國際形象。每年，香港貿發局在全球舉辦約超過 340 項貿易展覽及推廣活動、560 項交流會或外訪團，以及接待約 650 個訪港貿易團，協助香港中小企聯繫全球業務夥伴。

3. 香港簽訂對外貿易協議概況

香港以自由開放的經濟政策馳名於世，不僅積極參與多個國際經濟組織，如世貿組織、亞太經合組織、太平洋經濟合作議會等，還與多個經濟體簽訂自由貿易協議，遍及歐洲、拉美、大洋洲。除最廣為人知、與中國內地簽訂的《內地與香港關於建立更緊密經貿關係的安排》外，還有《中國香港與新西蘭緊密經貿合作協定》（2010）、《香港與歐洲自由貿易聯盟國家自由貿易協定》（2011）、《中國香港與智利自由貿易協定》（2012）等，這些亦是香港重要的對外貿易協議。香港與東盟的雙邊貿易協議亦有望於 2016 年落實，為香港與外地經濟往來提供更穩健的基礎。

4. 國際企業在香港設立地區總部或辦事處概況

香港是亞太區內其中一個重要的國際金融中心，是內地企業「走出去」、國際企業走進內地的一道橋樑，加上簡單稅制、低稅率、信息自由流通等有利條件，吸引了不少國際企業選擇在港設立地區總部或辦事處。按投資推廣署及政府統計處研究所得，海外及內地駐港公司共有約 8,000

間，其中地區總部及辦事處的數量，截至 2015 年第三季，由回歸時的約 2,500 間升到 3,798 間，18 年內升幅逾五成之多；當中以美、日、中國內地公司為主；相關總就業人數約 42.2 萬人，為香港經濟持續發展提供強而有力的支撐。

第五章

「一帶一路」建設中的香港高端專業服務平台

提要

　　「一帶一路」的一個重點是推動各國和各地區的基礎設施及產業合作互聯互通，[1] 這需要大量國際性專業服務作中介及後勤支援。專業服務是香港的核心競爭力，具有人才儲備充足、專業服務達國際水平、與國際接軌的健全法律制度等優勢，在「一帶一路」戰略中大有可為。香港專業服務需要對接「一帶一路」戰略，發揮三大作用：一是「一帶一路」沿線國家對專業服務有殷切需求，香港正好作為服務提供者；二是香港法律優勢可用作解決「一帶一路」建設中的經貿爭議；三是香港的專業服務作為中介，可降低「一帶一路」建設的運作成本。香港應發揮專業服務的優勢打造兩個中心：一是「一帶一路」專業服務支援中心；二是「一帶一路」的仲裁中心。

一、香港專業服務業具有明顯優勢

1. 專業服務業人才儲備充足

香港在多個專業領域包括會計、法律、建築、工程、資訊科技、廣告等，人才儲備充足。以專業服務及其他工商業支援服務為例，2013 年從業員達到四十九萬五千多人（參見表一）。同時，香港現有 19 所可頒授本地學位的院校，在 2014/15 學年，這些院校

表一　香港專業服務及其他工商業支援服務就業人數

	2009	2010	2011	2012	2013
專業服務及其他工商業支援服務	456,200	460,100	469,400	483,000	495,600
（甲）專業服務	174,900	178,800	185,000	195,400	203,600
法律、會計及核數服務	46,300	46,500	47,400	49,200	49,900
建築及工程活動、技術測試及分析；科學研究及發展；管理及管理顧問活動	61,700	63,800	67,100	70,700	74,600
其他專業服務（例如：資訊科技相關服務、廣告及專門設計服務）	66,800	68,400	70,500	75,500	79,000
（乙）其他工商業支援服務	281,300	281,300	284,400	287,600	292,000

資料來源：香港特區政府統計處 2013 年《香港服務貿易統計》，
http://www.statistics.gov.hk/pub/B10200112013AN13B0100.pdf（最後訪問時間：2016 年 1 月 22 日）。

開辦約 300 個學士學位課程及 400 個副學士課程，包括各種專業服務相關的課程，為業界培訓大量人才。

2. 高端專業服務達國際水平

專業服務業是香港的支柱產業，聚集了大量專業服務機構和高端服務人才，能夠提供國際化程度很高的專業服務。例如，在管理諮詢行業方面，全球首一百家最大的銀行中，71 家在港設有據點，加上大量投資機構和保險公司，令香港雲集了大量專營企業策略、機構組織、財務管理、信息技術及產品開發的諮詢顧問機構。[2] 國際企業選擇在香港設立據點，反映香港的專業服務達到國際水平。在「一帶一路」戰略推進的過程中，香港達國際水平的專業服務，可以為「走出去」的中國內地企業提供包括集資融資、盡職調查、風險管理、企業管理、審計會計、物流銷售、品牌推廣、法律仲裁、建築規劃、工程測量等方面的專業服務。

3. 香港有與國際接軌的健全法律制度

(1) 香港是國際法務之都

香港擁有根據英式普通法而設立的獨立司法機構和可靠而透明度高的監管機制。根據《2014–2015 年全球競爭力報告》，香港的司法獨立指數在全球位居第五，亞洲第一；而在有效解決爭議制度方面，更是在 144 個國家和地區中排名第三。香港目前有一千二百多間本地律師行及 70 間海外律師事務所經營業務，全球五十大律師行中，已有超過半數在香港設有據點。眾多法律人才雲集本地，使香港成為國際法務之都。[3]

（2）法律仲裁發展迅速

香港近年在仲裁業務上發展迅速，香港國際仲裁中心更已達到世界級水平。一方面，香港法院支持通過仲裁解決法律爭端，從2011年至今從未拒絕執行任何一個仲裁裁決。與仲裁有關的上訴案件，都交由高等法院專職聆訊仲裁的法官負責，確保了審判的專業水平。另一方面，香港在法制上也積極配合仲裁的發展。2011年6月生效的《仲裁條例》，就是根據聯合國國際貿易法委員會的《國際商事仲裁示範法》制定，對香港的仲裁發展發揮了巨大的推動作用。經過2013年和2015年兩次修訂後，《仲裁條例》已成為保障和鞏固香港作為仲裁中心的基石。

香港還通過簽署《紐約公約》以及與內地和澳門分別簽訂的相互執行仲裁裁決的安排，保障了香港所作出的仲裁裁決，可以在全球超過一百五十個國家和地區得到承認與執行。值得一提的是，除了伊拉克，「一帶一路」沿線國家均是《紐約公約》的成員，這意味著在香港作出的仲裁裁決，可望在大多數「一帶一路」沿線國家得到確認和執行。

4. 高端專業服務業是香港的核心競爭力

高端專業服務業是香港經濟重要一環，也是香港核心競爭力所在，行業更在不斷擴張。以法律、會計、審計、建築及工程服務為例，其增加價值在2007–2012年間的年均增長為9.9%，遠較同期整體經濟增長的4.6%為高。2012年，專業服務業對香港本地生產總值的貢獻達4.7%，從業員近20萬人。[4] 服務貿易進出口更長年呈順差狀態，2013年香港的服務貿易盈餘總額高達2,291億元。按服務組成部分分析，旅遊是服務輸出的最大組成部分，佔2013年服務輸

出總額的 37.2%；接著是運輸（29.8%）及金融服務（15.7%）（參見表二）。同時，香港服務貿易遍及全球，2013 年來自北美的服務順差佔香港服務總順差的 29%；西歐則為 24%。香港可以在北美、西歐等先進經濟體取得服務順差的優勢，正顯示香港高端專業服務業在國際上的競爭力。

表二　按服務組成部分劃分的服務輸出、輸入及輸出淨額

服務組成部分	年份	服務輸出			服務輸入			服務輸出淨額
		百萬港元	比重（百分比）	按年變動百分率	百萬港元	比重（百分比）	按年變動百分率	百萬港元
所有服務	2009	501,303	100.0	-7.9	473,686	100.0	-16.2	27,617
	2010	625,719	100.0	24.8	546,930	100.0	15.5	78,789
	2011	710,716	100.0	13.6	578,035	100.0	5.7	132,681
	2012	764,026	100.0	7.5	594,266	100.0	2.8	169,760
	2013	812,345	100.0	6.3	583,216	100.0	-1.9	229,129
製造服務	2009	-	-	-	134,340	28.4	-32.3	-134,340
	2010	-	-	-	148,852	27.2	10.8	-148,852
	2011	-	-	-	139,459	24.1	-6.3	-139,459
	2012	-	-	-	138,884	23.4	-0.4	-138,884
	2013	-	-	-	116,002	19.9	-16.5	-116,002
保養及維修服務	2009	2,324	0.5	17.4	509	0.1	12.9	1,815
	2010	2,567	0.4	10.5	525	0.1	3.1	2,042
	2011	2,378	0.3	-7.4	590	0.1	12.4	1,788
	2012	2,505	0.3	5.3	639	0.1	8.3	1,866
	2013	2,351	0.3	-6.1	796	0.1	24.6	1,555

（續表）

服務組成部分	年份	服務輸出			服務輸入			服務輸出淨額
		百萬港元	比重（百分比）	按年變動百分率	百萬港元	比重（百分比）	按年變動百分率	百萬港元
運輸	2009	183,646	36.6	-18.6	101,042	21.3	-21.6	82,604
	2010	231,971	37.1	26.3	121,961	22.3	20.7	110,010
	2011	250,075	35.2	7.8	139,414	24.1	14.3	110,661
	2012	248,494	32.5	-0.6	142,580	24.0	2.3	105,914
	2013	242,398	29.8	-2.5	140,573	24.1	-1.4	101,825
旅遊	2009	127,193	25.4	6.7	120,519	25.4	-3.8	6,674
	2010	172,472	27.6	35.6	134,849	24.7	11.9	37,623
	2011	221,490	31.2	28.4	148,071	25.6	9.8	73,419
	2012	256,534	33.6	15.8	155,716	26.2	5.2	100,818
	2013	301,969	37.2	17.7	164,545	28.2	5.7	137,424
建造	2009	1,079	0.2	-31.7	923	0.2	-28.1	156
	2010	1,123	0.2	4.1	413	0.1	-55.3	710
	2011	1,111	0.2	-1.1	609	0.1	47.5	502
	2012	2,564	0.3	130.8	2,500	0.4	310.5	64
	2013	3,043	0.4	18.7	2,710	0.5	8.4	333
保險及退休金服務	2009	4,811	1.0	2.8	6,216	1.3	2.0	-1,405
	2010	6,664	1.1	38.5	9,262	1.7	49.0	-2,598
	2011	6,610	0.9	-0.8	9,283	1.6	0.2	-2,673
	2012	7,224	0.9	9.3	9,462	1.6	1.9	-2,238
	2013	7,913	1.0	9.5	10,406	1.8	10.0	-2,493
金融服務	2009	87,484	17.5	-6.4	24,360	5.1	-0.7	63,124
	2010	101,639	16.2	16.2	27,526	5.0	13.0	74,113
	2011	111,910	15.7	10.1	30,214	5.2	9.8	81,696
	2012	120,680	15.8	7.8	30,528	5.1	1.0	90,152
	2013	127,777	15.7	5.9	32,694	5.6	7.1	95,083

（續表）

服務組成部分	年份	服務輸出			服務輸入			服務輸出淨額
		百萬港元	比重（百分比）	按年變動百分率	百萬港元	比重（百分比）	按年變動百分率	百萬港元
知識產權使用費	2009	2,972	0.6	0.5	13,176	2.8	5.1	-10,204
	2010	3,110	0.5	4.6	15,367	2.8	16.6	-12,257
	2011	3,575	0.5	15.0	15,640	2.7	1.8	-12,065
	2012	4,034	0.5	12.8	15,656	2.6	0.1	-11,622
	2013	4,450	0.5	10.3	15,722	2.7	0.4	-11,272
電子通訊、電腦及資訊服務	2009	9,910	2.0	3.0	6,770	1.4	-6.4	3,140
	2010	14,220	2.3	43.5	8,684	1.6	28.3	5,536
	2011	17,058	2.4	20.0	9,783	1.7	12.7	7,275
	2012	18,632	2.4	9.2	11,338	1.9	15.9	7,294
	2013	20,454	2.5	9.8	12,807	2.2	13.0	7,647
其他商業服務	2009	78,318	15.6	-3.3	64,096	13.5	9.8	14,222
	2010	88,097	14.1	12.5	77,667	14.2	21.2	10,430
	2011	92,264	13.0	4.7	83,132	14.4	7.0	9,132
	2012	99,082	13.0	7.4	84,946	14.3	2.2	14,136
	2013	99,540	12.3	0.5	85,045	14.6	0.1	14,495
個人、文化及康樂服務	2009	3,043	0.6	-21.0	727	0.2	-35.1	2,316
	2010	3,310	0.5	8.8	649	0.1	-10.7	2,661
	2011	3,677	0.5	11.1	728	0.1	12.2	2,949
	2012	3,676	0.5	*	864	0.1	18.7	2,812
	2013	1,820	0.2	-50.5	754	0.1	-12.7	1,066
政府貨品及服務	2009	524	0.1	1.4	1,008	0.2	-9.8	-484
	2010	546	0.1	4.2	1,176	0.2	16.7	-630
	2011	568	0.1	4.0	1,112	0.2	-5.4	-544
	2012	601	0.1	5.8	1,153	0.2	3.7	-552
	2013	631	0.1	5.0	1,163	0.2	0.9	-532

注：* 代表增減少於 0.05%。

資料來源：香港特區政府統計處 2013 年《香港服務貿易統計》，http://www.statistics.gov.hk/pub/B10200112013AN13B0100.pdf（最後訪問時間：2016 年 1 月 22 日）。

二、香港專業服務需要對接「一帶一路」戰略

香港專業人才國際經驗豐富，熟悉不同國家的文化、經濟、投資貿易等情況，並且在各地有廣泛的人脈網絡，完全有能力在「一帶一路」戰略中，發揮專業服務的優勢，對接「一帶一路」戰略，既為國家發展提供助力，也為香港尋找發展的機遇。

1.「一帶一路」沿線國家對專業服務有殷切需求

「一帶一路」是一個劃時代、大規模和大面積的區域經濟合作計劃。據估計，「一帶一路」涉及六十多個國家和地區，覆蓋 44 億人口，佔全球人口的 63%，整體 GDP 高達 21 萬億美元，約為全球 GDP 的 29%，當中不少更屬於發展中國家。在「一帶一路」戰略下，這些國家都將迎來發展以及經濟升級轉型的機遇，對於金融、法律、會計、項目管理等高端服務的需求將極為殷切。

「一帶一路」戰略首階段發展集中在大型基建工程和建設項目，將對鐵路、機場、港口的營運和管理，供電、供氣等基礎設施的規劃和建設有極大的需求。香港在這些環節都達到國際先進水平，業界也有輸出相關服務的經驗，將可在「一帶一路」戰略上扮演後勤支援的角色，既可提供顧問服務或參與營運管理，甚至可直接投資相關的基建項目，以滿足「一帶一路」沿線國家對專業服務的殷切需求。

2. 香港法律優勢可用作解決「一帶一路」
建設中的經貿爭議

「一帶一路」戰略涉及龐大的基建項目，就基建類別而言，包括鐵路、公路、碼頭、運河、電網、給排水、煤氣、光纖等不同系統。就基建的性質而言，涉及選址、融資、經濟技術的可行性研究，工程勘察、場地平整、工程設計、工程招投標、工程施工安裝、材料供應、工程監理、工程驗收和結算等方面。就基建的專業而言，涉及城鎮規劃、經濟帶規劃、交通樞紐規劃、建築工程、土木工程、結構工程、機電工程、制控工程、綠化工程等方面。其中最容易出現爭議的是大大小小、不同類別的工程承包和分包合同。

預計未來二十年與「一帶一路」有關的商事和工程合同數量將多達數十萬宗，其中可能發生的合同爭議隨時有萬宗以上。由於工程爭議的當事人具有不同國籍，工程所在地又在外國，工程爭議所涉及的法律是外國的法律，工程類別繁多，爭議事項又是複雜的專業問題，司法訴訟不是解決爭議的最適當辦法，更不是惟一的辦法，比司法訴訟更好的解決辦法是仲裁。涉及「一帶一路」有關工程合同爭議的仲裁，具有國際性（當事人雙方或其中一方是外國法人）的特點，以香港作為仲裁基地，運用國際認受性較高的香港特區法律來解決有關爭議，有助於以低成本方式解決「一帶一路」涉及的經貿爭議。當中，香港的仲裁中心可望扮演重要的角色。

3. 以香港的專業服務為中介可降低
「一帶一路」建設的運作成本

中國企業「走出去」的實踐證明，由於不熟悉國際營商規則，

而海外投資和貿易又具有較大的風險，許多跨國項目不能匹配最佳合作商，有些甚至中途擱淺，大大增加了中國企業海外佈局的交易費用。香港遵行西方慣用的營商規則，並長期與東盟、歐美密切合作，具有強大的業務基礎以及完善的專業服務支持。中國企業以香港作為「走出去」的「跳板」和「基地」，有助降低「一帶一路」建設的運作和風險成本，減少碰壁的機會。

三、香港打造「一帶一路」專業服務支援中心

專業服務是香港經濟的優勢一環，香港的專業服務可以擔當內地企業的「跳板」，協助內地企業更穩健地「走出去」，投入到「一帶一路」的建設中。香港特區政府應扮演推動者的角色，包括整合香港的專業服務以配合「一帶一路」戰略，打造「一帶一路」專業服務支援中心，推動香港與「一帶一路」沿線國家的資歷互認，以及展開對外宣傳，在「一帶一路」沿線國家進行路演等，都需要香港特區政府的推動。

1. 在東涌建設「一帶一路」專業服務支援中心

為促進香港專業服務更好地配合「一帶一路」戰略，香港特區政府應該為專業服務機構提供經營場地，覓地興建一個集合各種專

業服務於一體的「一帶一路」專業服務支援中心，發揮專業服務的集聚優勢。其中，東涌是一個值得考慮的地方。隨著港珠澳大橋的落成，東涌的交通網絡將接連澳門、深圳前海、珠海橫琴以至較遠的南沙，發展潛力巨大。香港特區政府在早年已經規劃將東涌發展成航天城 Aeropolis，但近年發展卻較為緩慢。

其實，外國有不少成功的航天城例子，例如，荷蘭的 Schipol，已經發展成一個高端產業的重鎮。東涌有足夠的可發展土地，隨著交通基建不斷完善，加上有接連內地幾個「自貿區」的優勢，大有條件發展成新的產業中心。為配合「一帶一路」戰略的機遇，香港特區政府可以在東涌建立一個「一帶一路」專業服務支援中心，在區內興建商業大廈、科研中心、傳訊中心、高端產業區、會議展覽中心等，並以具競爭力的租金鼓勵香港專業機構進駐，形成集聚效應。將來，外國政府或企業要聘用「一帶一路」的相關專業服務時，直接到「一帶一路」專業服務支援中心，就可找到各種專業服務，以便利企業的經營。

2. 爭取中央支持，將香港定位為「一帶一路」專業服務中心

在「一帶一路」戰略下，將會有大量的內地企業需要「走出去」，到「一帶一路」的沿線國家進行各種投資及商貿活動。「一帶一路」涉及的巨額投資屬於國際性投資，需要遵循國際標準。實施國際標準，需要具國際水平的專業服務支持及配合，包括國際法律及解決爭議服務，也包括保險及再保險、會計及審計、評級及項目評估，以及項目諮詢及管理等專業服務。

香港擁有高端的專業服務產業，人才儲備豐富，並且有與國際

接軌的法律制度與市場規則，又有嚴格的監管法規，再加上形形色色的專業服務公司，條件優越。香港特區政府需積極爭取中央將香港明確定位為「一帶一路」戰略的專業服務中心，主要為內地企業及「一帶一路」沿線國家企業提供各種專業服務，確保有關投資能夠符合國際標準。如能得到中央的明確定位，香港可望名正言順地成為「一帶一路」的專業服務中心，為沿線國家政府和企業提供服務，這將產生極大的宣傳效果。內地專業服務機構亦可來香港接受相關培訓，以提升內地的專業服務質素。

香港特區政府應有更積極作為，包括制訂政策措施和投放資源，在「一帶一路」沿線國家推廣香港專業服務品牌，協助香港專業服務企業於內地成立公司，以拓展兩地專業服務的合作。

3. 推動與「一帶一路」沿線國家的資歷互認

香港專業服務要更好地服務「一帶一路」戰略，必須進一步推動香港的專業資歷與國際間的互認。學術資歷往往與專業發展息息相關。回歸後，透過《內地與香港關於建立更緊密經貿關係的安排》（CEPA），香港與內地多個專業範疇包括建築及相關工程、證券及期貨、保險、專利代理、會計師專業、地產代理等，都先後簽訂資歷互認協議，大幅深化兩地專業服務的合作，既提升了內地專業服務的水平，也為香港的業界提供了巨大的發展機遇。

在「一帶一路」戰略下，香港專業服務的對象涉及數十個「一帶一路」沿線國家，這些國家的制度、國情都極為不同，香港專業服務要配合「一帶一路」的發展，支持內地企業「走出去」，必須確保香港的專業服務能夠與這些國家接軌，達致「專業互認」。否則，香港的專業人士到「一帶一路」沿線國家提供服務會有障礙。

香港特區政府應與業界制定多邊合作計劃，與內地及外國的相關政府部門和專業團體加強聯繫，開展資歷互認的相關工作；並且可邀請「一帶一路」沿線國家的專業機構在香港成立辦事處，加強彼此的專業交流，理順兩地的專業服務差異，讓香港的專業服務能夠更好地服務「一帶一路」戰略。

4. 利用專業服務優勢打造「一帶一路」「總部經濟」中心

香港在推動「一帶一路」戰略中應著力發展「總部經濟」，內地企業以至一些香港企業將來要到「一帶一路」沿線國家進行投資，或是將生產線搬到成本較低的國家時，其企業總部、「大腦」還是留在香港。這對於香港的經濟發展將有積極作用。事實上，在強大的專業服務支援下，香港的「總部經濟」發展已經相當成熟，在香港設有區域總部、辦事處的海外公司有數千家，是國際上眾多機構、公司及決策人士管理其區內業務、人才與資金的平台。為配合「一帶一路」戰略的推進，香港特區政府應該利用專業服務的優勢，強化香港作為「一帶一路」「總部經濟」的角色，作為企業「走出去」的後勤基地。為此，特區政府應為在香港設立總部的內地或海外企業提供一些政策上的優惠，並簡化相關程序，吸引更多企業在港設立總部。

四、香港構建「一帶一路」仲裁中心

1. 仲裁世界的競爭

　　世界上主要的仲裁機構約有十餘家，但每年處理逾千宗仲裁案件的仲裁機構並不多。中國內地有規模的仲裁機構處理的仲裁案件數量比較多。有關仲裁機構近年受理的案件數目列表如下：

表三　主要仲裁機構近年受理仲裁案件數目

仲裁機構	2008	2009	2010	2011	2012
美國仲裁協會	703	836	888	-	-
北京仲裁委員會	2,057	1,830	1,566	1,471	1,473
中國國際經貿仲裁委員會	1,230	1,482	1,352	1,435	1,060
香港國際仲裁中心	602	746	624	502	456
國際商會仲裁院	663	817	739	795	759
倫敦國際仲裁院	213	232	237	224	-
新加坡國際仲裁中心	71	114	140	188	235
斯德哥爾摩商會仲裁院	176	215	197	199	177

資料來源：整理自 HKIAC 網站和其他仲裁機構網站。

　　對「一帶一路」有關工程合同爭議的仲裁案件，所有仲裁機構自然希望分一杯羹。國際上的仲裁機構各有不同的強項，香港的仲裁機構雖然有「一國兩制」及完善法律體系的優勢，但也要不斷提升競爭力，將香港打造成「一帶一路」的仲裁中心。

2. 香港要創造以仲裁服務「一帶一路」的條件

香港仲裁業務近年發展迅速，通過仲裁解決法律爭議亦日趨普及，但仍然存在一些制約及不足。

（1）香港國際仲裁中心的規則過於靈活，而其他仲裁機構的規則較為明確而固定

仲裁需要雙方當事人合作來處理爭議，如果規則過於靈活，在仲裁雙方當事人財力不對稱時，不願意合作的當事人就會製造不必要的麻煩，利用程序規則來拖延時日，消耗對方當事人的財力，藉此拖垮對方。這是每一個提交仲裁的當事人不能不考慮的風險。因此，香港應該完善現時的仲裁規則。

（2）香港國際仲裁中心沒有規定與爭議金額相關的行政收費和仲裁員收費標準，有較大的浮動空間

其他仲裁機構通常都規定了與爭議金額相關的行政收費和仲裁員的分級遞減收費比率。北京仲裁委員會、中國國際經貿仲裁委員會、美國仲裁協會和國際商會仲裁院都明確規定了收費比率。收費與爭議金額的比率有關時，提交仲裁當事人計算索賠金額比較謹慎；收費與爭議金額的比率無關時，當事人就容易「報大數」，這樣也增加了仲裁庭處理工作的麻煩。

（3）為當事人提供仲裁服務的律師收費不封頂也會影響仲裁中心競爭力

香港的律師服務是以時間計費的，不封頂。如果為當事人提供仲裁服務的費用可以封頂，例如美國和中國內地的做法，就可以避

免不必要的拖延，也可以增強香港仲裁的競爭力。

3. 提高香港國際仲裁中心競爭力的建議

為了提高香港國際仲裁中心的競爭力，並令其能為「一帶一路」沿線國家政府以及有建設工程合同爭議的當事人接受，香港國際仲裁中心應當考慮以下的改革建議：

(1) 與內地仲裁機構組建新的「一帶一路」仲裁機構

建議香港國際仲裁中心與北京仲裁委員會（目前內地每年處理仲裁案件最多的仲裁機構）或中國國際經貿仲裁委員會（內地歷史最悠久的仲裁機構）合作，組建新的「一帶一路」仲裁機構，發揮彼此不同的優勢，作為處理「一帶一路」相關經貿爭議的仲裁基地，並且藉此理順兩地的仲裁制度，取長補短，發揮更大的協同效應。建議香港特區政府牽頭尋求與內地相關仲裁機構的合作。

(2) 兩地應制定較為簡明扼要的通用仲裁規則

兩地法律制度、仲裁制度都不相同，為了加強兩地協作，兩地有關部門應聯手制定通用的仲裁規則，該規則可以吸收《聯合國國際貿易法委員會仲裁規則》、內地和香港的仲裁規則以及若干國際知名仲裁機構的仲裁規則的適當內容，量體裁衣改良，為「一帶一路」戰略服務。

(3) 兩地應達成有關仲裁的統一收費標準

兩地應就有關「一帶一路」的仲裁收費達成統一標準，其中與爭議金額相關的分級遞減的案件受理費（行政費）和處理費（仲裁

庭費用），可以比目前世界各個仲裁機構略為優惠，以提高競爭力。

(4) 制定「撤案」的規定

仲裁庭有義務根據仲裁雙方當事人提交的證據和有關合同條款的規定，商議並評估（不具有法律約束力）雙方當事人案情的優劣和利弊，爭取雙方就和解裁決或「撤案」自行談判。在「撤案」的情況下，可根據實際仲裁的進展情況退回一部分仲裁費。如當事人不願意「撤案」，也不能和解，則應盡快依法、依約、依事實證據公平、合理地做出裁決。對此，兩地也應參考國際經驗，制定關於「撤案」的規定。

(5) 律師服務可彈性收費

對於律師服務的收費，儘管香港難以進行全面的改革，但針對香港律師費高企的問題，應允許涉及「一帶一路」仲裁的當事人，可與律師協商收費調整空間，以提高香港的競爭力。

(6) 亞投行應主導招標的格式合同仲裁條款

「一帶一路」工程建設的主要貸款方可能是亞投行和絲路基金，也不排除與世界銀行及其他國際或當地金融機構合作提供貸款，亞投行應當結合「一帶一路」的實際情況，主導制定符合各種不同建設工程招標的格式合同條款，包括仲裁條款。「一帶一路」的規劃和設計是由中國主導的，有關的工程設計和施工安裝的標準，要採用中國標準；而工程勘探和基礎工程的設計和施工標準，可以採用當地標準。對適用香港法律和採用中國標準、當地標準對應的問題，當有協調性條文。

世界各國的建設工程合同基本上都採用格式合同條款，不採用

格式合同條款的極少。建設工程的類別雖然很多，也要有不同的格式合同條款。由於國內外都有不少適用於不同工程項目的格式條款，例如國際顧問工程師聯合會編寫的 FIDIC 合同條款，中國國際經貿仲裁委員會也出版過《常用經濟貿易合同書示範文本》，中國在吸收世界銀行貸款時也制定了各種不同工程項目的招標文本等。在上述文本的基礎上，中國應抓緊制定適用於「一帶一路」各種不同工程項目的格式合同條款，與「一帶一路」沿線國家的政府和業界協商後採用，令之後的相關仲裁工作可進行得更加暢順。

本章作者：韓成科

香港文化協進智庫副總裁、全國港澳研究會會員

宋小莊

全國港澳研究會會員、法學博士

注釋

1   中國國家發展改革委、外交部和商務部：《推動共建絲綢之路經濟帶和 21 世紀海上絲綢之路的願景與行動》，2015 年 3 月 28 日，資料來源：http://www.ndrc.gov.cn/gzdt/201503/t20150328_669091.html（最後訪問時間：2015 年 10 月 27 日）。

2   香港特別行政區政府投資推廣署網頁，資料來源：http://www.investhk.gov.hk/zh-hk/business-opportunities/business-professional-services.html（最後訪問時間：2015 年 11 月 12 日）。

3   同上。

4   香港特別行政區行政長官於 2015 年 1 月 14 日發表的 2015 年施政報告，資料來源：http://www.policyaddress.gov.hk/2015/chi/p26.html（最後訪問時間：2015 年 11 月 12 日）。

資料鏈接

1. 香港的專業資格認可制度

　　香港在多個專業上都設有嚴格的資格認可制度，以確保從業員的質素，包括：醫生、藥劑師、律師、會計師、建築師、工程師、金融從業員、護士、職業治療師、視光師、物理治療師、放射技術師等等。要取得有關的專業資格，主要有以下幾種途徑：取得相關專業的文憑或學位，通過相關的專業考試，在該行業擁有一定年資、完成相關的實習要求等。例如，會計師須通過香港會計師公會之專業考試（Qualification Programme），方能註冊；建築師在取得相關學歷後，須具備 24 個月實際工作經驗，其中 12 個月的工作經驗必須於香港取得，還要通過「香港建築師學會」的專業實習及實務經驗考試；從事金融業者必須考獲「證券及期貨從業員資格」方可執業等等。

2. 仲裁（Arbitration）

　　仲裁是法庭訴訟之外另一種排解糾紛的方法。在香港，仲裁由《仲裁條例》（香港法例第 341 章）規管。進行仲裁之前，牽涉入爭議的人士（或公司）必須協議將爭議提交仲裁，這一協議往往是在爭議產生之前就達成，而且包含在商務合同中的某一個條款。在簽署載有仲裁條款的合同時，當事人便已同意將他們之間的爭議交給一位或數位獨立人士（即仲裁員）來審理，而不是交給法院審理。仲裁是一種法律程序，其結果是由一位或數位仲裁員作出裁決書。仲裁裁決書是終局裁決，並對所有當事人均有約束力，只在極例外的情況下，當事人方可對仲裁裁決提出反對。綜合而言，仲裁有以下特點：自願性、專業性、靈活性、保密性、快捷性、經濟性、獨立性。

3. 世界銀行集團「解決投資爭端國際中心」（International Centre for Settlement of Investment Disputes）

「解決投資爭端國際中心」是根據 1966 年 10 月正式生效的《關於解決國家和其他國家國民投資爭端公約》（又稱《華盛頓公約》）成立的國際組織，其辦公地點設在美國首都華盛頓 D.C. 的世界銀行內。中心的宗旨是為外國投資者與東道國政府之間的投資爭端提供國際解決途徑，即是在東道國國內司法程序之外，另設國際調解和國際仲裁模式。中心主要通過調解和仲裁去解決投資爭端。按《華盛頓公約》規定，在調解模式中，調解員僅向當事人提出解決爭端的建議，供當事人參考。在仲裁模式中，仲裁員作出的裁決具有約束力，當事人應遵守和履行裁決的各項條件。現時中心已被視為投資者與國家之間爭端解決的領先國際仲裁機構。

4.「總部經濟」（Headquarters Economy）

「總部經濟」是全球化時代的產物，它因為某一單一產業價值的吸引力，利用各種手段，將創意、決策、指揮等產業鏈條，進行大規模的聚集，在某區域或者領域產生聚化，形成有特定職能的經濟區域。比如，美國矽谷、荷里活、西雅圖、曼哈頓以及華爾街，英國倫敦金融城、德國法蘭克福、法國拉德芳斯、中國香港、日本新宿、新加坡等。中國學者張鵬教授把「總部經濟」概括為：「在單一產業價值觀念中的現代人類高端智能的大規模極化與聚合。」〔張鵬：〈給政府進言——到底甚麼是總部經濟〉，總部經濟·中國網，資料來源：http://www.zbjj-cn.com/article3/detail.asp?id=441（最後訪問時間：2015 年 11 月 12 日）。〕

第六章

「一帶一路」建設中的
香港多元旅遊平台

提要

　　絲綢之路是世界最具活力和潛力的黃金旅遊之路，涉及六十多個國家，44億人口，旅遊市場規模之大、資源之豐，可想而知。為實現「一帶一路」的旅遊願景，中國內地無論是國家層面還是地方層面，旅遊主管部門和企業都已經行動起來。香港構建「一帶一路」多元旅遊平台具有八大有利條件：一是在「一帶一路」中的地理優勢明顯；二是具有歷史文化優勢；三是行業基礎堅實，實力雄厚；四是軟件硬件良好；五是配套設施齊備優良；六是具政策法律優勢；七是具有人才教育優勢條件；八是香港特區政府致力打造「一帶一路」多元旅遊平台。

　　香港構建「一帶一路」多元旅遊平台需努力實現八個目標：一是綜合觀光度假遊樂旅遊中心；二是郵輪旅遊樞紐中心；三是商務會展旅遊中心；四是旅遊產品集散展示推廣交易中心；五是旅遊行業的國際組織中心；六是旅遊研究中心、旅遊人才教育培訓中心；七是旅遊公司上市集資和旅遊基金運作的中心；八是旅遊「互聯網＋」新業態中心。

一、「一帶一路」沿線旅遊潛力巨大

1.「一帶一路」是天然的亞歐非旅遊合作走廊

「一帶一路」的重大戰略，是推動沿線各國合作發展的新構想，亦為具有綜合性、開放性、先導性特點的旅遊業，帶來了發展的新視角、新動力、新重點和新機遇。「一帶一路」建設包括政策溝通、設施聯通、貿易暢通、資金融通、民心相通的五個合作重點。隨著這些領域合作的不斷展開，特別是民心相通工程，必將大大提升各地區往來便利化程度，從而令旅遊業從中受惠。

「一帶一路」是貫通亞洲、歐洲和非洲的經貿合作走廊，亦是天然的亞歐非旅遊合作走廊。從整體規模和特點來看，絲綢之路是世界最精華旅遊資源的匯集之路，擁有了 80% 的世界文化遺產；絲綢之路是世界最具活力和潛力的黃金旅遊之路，涉及六十多個國家，44 億人口。旅遊市場規模之大、旅遊資源之豐，可想而知。

從旅遊增長來看，2013 年末「一帶一路」構想提出之後，受益於「一帶一路」相關國家及地區豐富的旅遊資源，內地旅遊業發展即呈現一派蒸蒸日上的景象，特別是與「一帶一路」沿線地區相關的旅遊更是火爆。2014 年，內地具有代表性的線上旅遊服務商攜程，將酒店、機票、旅遊度假、門票等集為一體的一站式旅遊業務線作為研究資料，發現 2014 年，僅是通過該網絡平台，就總計向「一帶一路」相關國家和地區輸送旅客 8,400 萬人次；2015 年首季已向「一帶一路」地區輸送遊客 2,500 萬人次，環比增長 12.5%。該網預計這個數字在 2015 年底將突破一億大關。據中國國家旅遊局預計，「十三五」

期間，中國每年將為「一帶一路」沿線國家輸送 1.5 億人次中國遊客、2,000 億美元旅遊消費。同時，中國還將吸引沿線國家 8,500 萬人次遊客來華旅遊，拉動旅遊消費約 1,100 億美元。其潛力之足、增速之快，不言而喻。

2.「一帶一路」旅遊迎來最好的政策環境和助力

從宏觀政策環境方面來看，「一帶一路」旅遊正迎來最好的政策環境和助力。2015 年 3 月 28 日，經中國國務院授權，國家發改委、外交部、商務部聯合發佈的「一帶一路」《願景與行動》，其中旅遊業就是重要內容之一。《願景與行動》提出加強旅遊合作，擴大旅遊規模，互辦旅遊推廣周、宣傳月等活動；聯合打造具有絲綢之路特色的國際精品旅遊線路和旅遊產品，提高沿線各國遊客簽證便利化水平；推動「21 世紀海上絲綢之路」郵輪旅遊合作，推進西藏與尼泊爾等國家邊境貿易和旅遊文化合作，加大海南國際旅遊島開發開放力度等。在《願景與行動》框架下，國家與「一帶一路」相關的旅遊規劃正在抓緊討論研究修改中。據瞭解，國家旅遊局於 2014 年 12 月完成了《絲綢之路經濟帶和 21 世紀海上絲綢之路旅遊合作發展戰略規劃》初稿，該規劃將包括實施重點行動、完善保障機制與推進三年計劃等務實內容，並將在經過專家修訂定稿之後擇時公佈。[1]

不難看出，《願景與行動》所描繪的旅遊願景規劃宏大，倡導的行動步驟具體有力，對於旅遊業界來說，「一帶一路」《願景與行動》無疑是帶來了千載難逢的新機遇，亦意味著新的擔當，迎來新的變化。

為實現「一帶一路」的旅遊願景，內地無論是國家層面還是地

方層面，旅遊主管部門和企業都已經行動起來。國家旅遊局將 2015年確定為「絲綢之路旅遊年」，這是旅遊行業貫徹落實「一帶一路」戰略構想的重要舉措，強調旅遊業作為開放性、綜合性產業，在「一帶一路」國家戰略中具有先聯先通的獨特優勢，應當主動作為，先動先行，努力實現「互聯互通，旅遊先通」。在境外宣傳推廣中，2015 年重點突出絲綢之路主題。2015 年 3 月 14 日，第十屆莫斯科國際旅遊交易會開幕，中國展團突出宣傳了「美麗中國—絲綢之路旅遊」主題。隨後在 4 月 4–8 日舉辦的第四十九屆柏林國際旅遊交易會上，國家旅遊局全力塑造中國旅遊新形象，吸引更多國際遊客前來領略中國之美、絲路之美。各省市自治區等地方政府和旅遊相關部門亦緊鑼密鼓，根據《願景與行動》，結合本地特點，展開各具特色的旅遊規劃，加強圍繞「一帶一路」的旅遊工作。翻開歷史，無論是張騫出使西域，還是鄭和下西洋，廣義上都可視為某種形式對外交流和旅遊的創舉，開創了「一帶一路」傳播文明、人類交流的傳奇。進入新時代，在「一帶一路」大戰略之下，旅遊業又打開了全新視野，迎來新機遇，必將開創前人無法想像的新境界。

香港旅遊業自然也面臨千載難逢的歷史機遇。正如聯合國世界旅遊組織 The World Tourism Organization（UNWTO）秘書長兼世界旅遊經濟論壇（Global Tourism Economy Forum）榮譽主席塔勒布・瑞法依（Taleb Rifai）所說，「一帶一路」倡議不僅帶來龐大機遇加強區域合作，促進區內人民享有更美好生活，更將此推及其他地區如拉丁美洲的太平洋聯盟國家。在這種情況下，「一帶一路」倡議為釋放旅遊新動力帶來許多機會，促使文化旅遊成為社會經濟發展的支柱。[2]

二、香港構建「一帶一路」多元旅遊平台的八大有利條件

香港旅遊業作為與金融、貿易物流、高端服務業並列的四大支柱產業之一，經過多年發展，已經奠定雄厚基礎，累積強大實力，一年從各方湧來的旅客就超過 6,083 萬人次。香港素有「東方之珠」、「美食天堂」、「購物天堂」、「盛事之都」等美譽，是區內名副其實的國際旅遊中心。整體而言，在「一帶一路」沿線國家和地區中，香港的旅遊優勢突出，所處地理位置特別，從本地觀光、娛樂、購物、商旅，到出境旅遊，以及會展、酒店、交通、文娛等各個方面，都具備特長，從而形成了旅遊產業鏈條的整體綜合優勢。這些優勢將為香港在「一帶一路」中建成互利多贏的多元旅遊平台，提供良好條件和有力保證。

1. 香港旅遊業在「一帶一路」的地理優勢明顯

打開地圖，就很容易理解香港地理位置的優越。香港正處陸上絲綢之路和海上絲綢之路之間的重要接合點，通過鐵路、公路網絡，西北向，香港可接入陸上「絲綢之路經濟帶」；東向出海，則正面向海上絲綢之路。可以說，在「一帶一路」這一橫跨歐亞大陸與東北亞、西亞和東南亞的國際經濟大動脈和海陸空經貿走廊上，香港正是一個重要的接合和聯絡點，具有陸海雙重優勢，特別是東南向東盟的東南亞，東北向日韓的東北亞，這些地區與香港具有更傳統的緊密聯繫。

在區域經濟地圖中，香港正處珠三角要津，與澳門、珠海一線相望，在珠三角東線，則與深圳、東莞、廣州連為一線；傳統上省港澳就是一家兄弟，隨著港珠澳大橋的開通，整個珠三角更是融為一體，影響延及廣闊的泛珠三角地區。可見，香港無論是在珠三角、泛珠三角，還是在「一帶一路」的大格局中，都具有突出的地理位置和區位優勢。

2. 香港旅遊業具有歷史文化優勢

香港既是中國的一個特區，又是一個國際化大都市。由於接受了長達百年的英治，擁有獨特的歷史經驗，傳統現代融合，東西文化薈萃，香港一直是中外文化交流的重鎮和橋頭堡。這些歷史文化的特點既體現在制度形式、社會文化、居民辦事風格等方面，亦表現在建築、節慶、宗教等方面。香港居民中，外籍人士眾多；城市風貌上，有傳統中華式，亦有大量不同時期和風格的西式建築，各放異彩；在節慶上，既有聖誕節、復活節等西方節日，亦有春節、中秋、重陽等中華傳統節日，還有不少香港本地特色的節慶活動如太平清醮等；在宗教上，香港奉行宗教自由，佛教、基督教、天主教、伊斯蘭教、道教等宗教自由傳播，和諧共處，充分顯示了香港歷史文化的多元、自由、包容特色。

而且，香港經濟已經充分融入全球經濟，有著非常國際化的營商網絡和環境，特別是與海上絲綢之路沿線國家的交往歷史悠久，瞭解所在國的法律法規、風土人情、商業及投資規則。從貨物貿易轉口、到金融貨幣流轉、再到旅遊文化傳播，都可以發揮獨特作用，為香港經濟和旅遊發展注入動力。

3. 香港旅遊行業基礎堅實、實力雄厚

經過幾十年的發展，香港旅遊業已有較為強大的基礎，積累了一定實力，成為香港四大支柱產業之一。香港雖然面積不大，但其獨特的國際自由港和中國門戶的地位、特殊歷史、多元文化、豐美市郊自然風光等特點，使其成為全球最受歡迎的旅遊目的地之一，既是國際金融中心、貿易中心、航運中心，亦是名副其實的國際旅遊中心。來港旅遊人數一直保持快速增長，特別是內地開放自由行政策之後，更加速成長，2014 年吸引了逾 6,083 萬人次環球旅客來港，與入境旅客相關的總消費在 2013 年即達 3,320.5 億港元。（參見表一、二、三）

不僅如此，香港居民出境遊也不斷壯大，每年出境旅遊成為不少香港人的生活方式，港客也成為各地旅遊業界競相爭取的目標市場。香港旅遊業界在促進旅遊業發展的同時，自身也不斷成長，無論是在吸引旅客來港，還是組織港人外遊，都表現出了世界級的服務質素。

4. 香港旅遊業軟件硬件良好

香港旅遊業無論在軟件，還是硬件條件方面，都在區內首屈一指。在軟件方面，香港亞洲國際都會的城市形象和香港旅遊天堂的金字招牌已經家喻戶曉；凸顯服務和旅遊內容的「好客之都」、「美食天堂」、「購物天堂」等品牌，也在國際上深入人心；香港是一個法治之區，「安全之城」的名聲亦為人所認可，這些都是香港旅遊業持續發展的保證。

表一　2014 年 12 月訪港旅客統計、訪港旅客人次撮要
（按居住國家／地區計）

居住國家／地區	2013 年 12 月	2014 年 12 月	增長率	2013 年 1–12 月	2014 年 1–12 月	增長率
合計	5,222,324	5,666,362	+8.5	54,298,804	60,838,836	+12.0
中國內地	3,890,000	4,401,845	+3.2	40,745,277	47,247,675	+16.0
短途地區市場（不包括中國內地）	901,490	839,903	-6.8	8,403,263	8,407,120	*
中國台灣	180,950	169,302	-6.4	2,100,098	2,031,883	-3.2
日本	103,733	92,364	-11.0	1,057,033	1,078,766	+2.1
韓國	107,282	109,586	+2.1	1,083,543	1,251,047	+15.5
印度尼西亞	59,874	52,603	-12.1	517,487	492,004	-4.9
馬來西亞	91,332	82,854	-9.3	649,124	589,886	-9.1
菲律賓	70,320	68,768	-2.2	705,319	634,744	-10.0
新加坡	107,150	92,127	-14.0	700,065	737,911	+5.4
泰國	61,910	53,727	-13.2	534,676	485,121	-9.3
其他	118,939	118,572	-0.3	1,055,918	1,105,758	+4.7
長途地區市場	355,591	350,700	-1.4	4,270,391	4,268,856	*
美國	91,400	94,277	+3.1	1,109,841	1,130,566	+1.9
加拿大	32,214	32,988	+2.4	353,954	354,408	+0.1
英國	40,406	40,039	-0.9	513,430	520,855	+1.4
法國	17,724	16,402	-7.5	227,760	217,065	-4.7
德國	17,185	16,448	-4.3	220,604	218,530	-0.9

（續表）

澳大利亞	58,166	54,559	-6.2	609,714	603,841	-1.0
其他	98,496	95,987	-2.5	1,235,088	1,223,591	-0.9
新市場	75,243	73,914	-1.8	879,873	915,185	+4.0
印度	36,905	42,987	+16.5	434,648	516,084	+18.7
海灣合作地區國家	4,761	3,627	-23.8	50,787	49,152	-3.2
俄羅斯	19,665	15,957	-18.9	223,664	202,141	-9.6
荷蘭	7,385	7,001	-5.2	91,820	92,795	+1.1
越南	6,527	4,342	-33.5	78,954	55,013	-30.3

注：海灣合作地區國家包括巴林、科威特、阿曼、卡塔爾、沙特阿拉伯以及阿聯酋；*代表數字少於 0.1%。

資料來源：香港旅遊發展局。

表二　過夜旅客人次（按居住國家／地區計）

居住國家／地區	2013 年 12 月	2014 年 12 月	增長率	2013 年 1–12 月	2014 年 1–12 月	增長率
合計	2,483,664	2,535,508	+2.1	25,661,072	27,770,459	+8.2
中國內地	1,582,213	1,686,776	+6.6	17,089,509	19,077,014	+11.6
短途地區市場（不包括中國內地）	587,262	546,070	-7.0	4,899,054	5,028,820	+2.6
中國台灣	73,610	69,214	-6.0	785,678	807,168	+2.7
日本	64,243	56,429	-12.2	607,877	636,432	+4.7
韓國	78,552	82,652	+5.2	745,367	894,532	+20.0
印度尼西亞	48,248	42,040	-12.9	379,744	365,237	-3.8
馬來西亞	74,642	67,846	-9.1	466,578	437,346	-6.3

（續表）

菲律賓	61,200	58,655	-4.2	584,727	521,192	-10.9
新加坡	90,394	77,268	-14.5	521,620	567,325	+8.8
泰國	50,104	45,189	-9.8	426,797	394,884	-7.5
其他	46,269	46,777	+1.1	380,666	404,704	+6.3
長途地區市場	260,897	253,815	-2.7	3,058,287	3,049,557	-0.3
美國	66,295	68,138	+2.8	786,359	801,434	+1.9
加拿大	23,407	23,452	+0.2	246,679	245,205	-0.6
英國	33,394	32,380	-3.0	422,525	423,123	+0.1
法國	12,885	12,016	-6.7	163,596	158,657	-3.0
德國	12,395	12,121	-2.2	158,702	159,520	+0.5
澳大利亞	47,643	43,422	-8.9	476,324	468,333	-1.7
其他	64,878	62,286	-4.0	804,102	793,285	-1.3
新市場	53,292	48,847	-8.3	614,222	615,068	+0.1
印度	24,500	26,870	+9.7	284,607	322,185	+13.2
海灣合作地區國家	4,310	3,241	-24.8	42,929	40,989	-4.5
俄羅斯	13,012	9,863	-24.2	146,221	131,605	-10.0
荷蘭	5,358	4,935	-7.9	67,729	69,744	+3.0
越南	6,112	3,938	-35.6	72,736	50,545	-30.5

資料來源：香港旅遊發展局。

表三　不過夜旅客人次（按居住國家／地區計）

居住國家／地區	2013 年 12 月	2014 年 12 月	增長率	2013 年 1–12 月	2014 年 1–12 月	增長率
合計	2,738,660	3,130,854	+14.3	28,637,732	33,068,377	+15.5
中國內地	2,307,787	2,715,069	+17.6	23,655,768	28,170,661	+19.1
短途地區市場（不包括中國內地）	314,228	293,833	-6.5	3,504,209	3,378,300	-3.6
中國台灣	107,340	100,088	-6.8	1,314,420	1,224,715	-6.8
日本	39,490	35,935	-9.0	449,156	442,334	-1.5
韓國	28,730	26,934	-6.3	338,176	356,515	+5.4
印度尼西亞	11,626	10,563	-9.1	137,743	126,767	-8.0
馬來西亞	16,690	15,008	-10.1	182,546	152,540	-16.4
菲律賓	9,120	10,113	+10.9	120,592	113,552	-5.8
新加坡	16,756	14,859	-11.3	178,445	170,586	-4.4
泰國	11,806	8,538	-27.7	107,879	90,237	-16.4
其他	72,670	71,795	-1.2	675,252	701,054	+3.8
長途地區市場	94,694	96,885	+2.3	1,212,104	1,219,299	+0.6
美國	25,105	26,139	+4.1	323,482	329,132	+1.7
加拿大	8,807	9,536	+8.3	107,275	109,203	+1.8
英國	7,012	7,659	+9.2	90,905	97,732	+7.5
法國	4,839	4,386	-9.4	64,164	58,408	-9.0
德國	4,790	4,327	-9.7	61,902	59,010	-4.7
澳大利亞	10,523	11,137	+5.8	133,390	135,508	+1.6

（續表）

其他	33,618	33,701	+0.2	430,986	430,306	-0.2
新市場	21,951	25,067	+14.2	265,651	300,117	+13.0
印度	12,405	16,117	+29.9	150,041	193,899	+29.2
海灣合作地區國家	451	386	-14.4	7,858	8,163	+3.9
俄羅斯	6,653	6,094	-8.4	77,443	70,536	-8.9
荷蘭	2,027	2,066	+1.9	24,091	23,051	-4.3
越南	415	404	-2.7	6,218	4,468	-28.1

資料來源：香港旅遊發展局。

　　香港旅遊發展局精彩總結了香港旅遊的四個「品牌 DNA」，以突出香港形象，建立品牌個性，反映出香港作為旅遊目的地的獨特之處。這四個 DNA 分別是：

　　「精彩不息」：在香港這個活力十足的不夜城，時刻都能帶來新鮮不同的體驗，讓旅客盡享日與夜的精彩。

　　「迷人對比」：中西古今、城市郊野，種種對比強烈的元素在香港相互碰撞、影響，既有火花，也能並容，給旅客無限的驚嘆。

　　「多元緊湊」：旅客在香港，能以有限時間享受多種不同的體驗！因為沒有一個城市像香港一樣，擁有如此豐富多元的旅遊體驗，而且都近在咫尺。旅客可以輕鬆、快捷又安全地暢遊，隨時發現新驚喜。

　　「潮流尖端」：走在時代尖端的香港，匯聚世界潮流與各地精華，同時也能創造出與眾不同的自我風格，為各地旅客帶來酷炫的產品和體驗。[3]

在硬件方面，香港擁有豐富的觀光資源，旅遊觀光景點多樣，包括知名的主題公園海洋公園、迪士尼樂園，還有太平山頂、維港風景、昂坪 360 纜車、濕地公園、天際 100、地質公園、中環摩天輪、各個郊野公園等各具特色的觀光去處。而且，香港購物商場林立，各類特色店舖遍佈各區；豐富多姿的本地和環球美食隨處可見，滋味正宗地道，引人入勝，流連忘返；文化娛樂，盛事不斷，香港成為名聞遐邇的「盛事之都」，包括一年一度的美酒佳餚巡禮、維港 3D 燈光匯演、香港網球公開比賽、國際七人欖球比賽、香港藝術節等大型特色活動，都吸引了從四面八方專程而來的大批遊客。香港的博物館展覽、文化藝術表演、藝術作品展覽活動亦豐富多彩，在區內享有盛名。隨著西九文化區的建成和投入運營，相關條件會更上層樓。在郵輪設施方面，藉海港城郵輪碼頭，香港已經發展成為亞洲郵輪樞紐之一；在啟德大型郵輪碼頭投入使用後，郵輪旅遊條件更加成熟。

5. 香港旅遊配套設施齊備優良

旅遊不可能單兵獨進，必須依靠完善的配套設施。在這點上，香港具有強大優勢。

交通方面，香港陸路、通關、航空、航運配套齊全，提供旅客便捷服務。香港是亞洲主要的航空和航運樞紐，物流網絡發達，能夠為「一帶一路」沿線的企業，提供全球供應鏈管理等高端物流服務。香港的港口航線遍達全球 510 個目的地，「一帶一路」沿線中 45 個國家與香港有海運貨物往來。郵輪航線也通達全球。香港擁有全球最繁忙的客貨運機場，香港的貨運為全球最繁忙，與 43 個「一帶一路」沿線國家有空運貨物往來。正在籌建的機場第三條跑道，

完成後機場容量會增至 900 萬噸貨運量，鞏固香港作為物流中心和航空中心的地位。航空客運航線連接全世界，香港國泰航空公司亦是世界頂尖航空公司之一。

在旅遊業極為依賴的酒店方面，香港現在已經有 74,000 間不同價格的房間，預計至 2017 年能夠提供 1 萬間新的酒店房間。這些配套條件形成了香港多元旅遊平台容納能力的基礎。

6. 香港旅遊業具政策法律優勢

香港是舉世聞名的自由港，除商品貨物擁自由貿易條件之外，在各地人員往來交流方面，也享有非常自由的條件。香港特區護照全球有效，現時已經有 152 個國家和地區給予香港特區護照持有人免簽證或落地簽證安排，其中不少是「一帶一路」沿線國家和地區。這為人員之間的相互往來提供了極大便利，這一優勢條件是許多地區無法比擬的。

在旅遊政策上，香港特區政府一直大力支持旅遊業發展，特別是成立了旅遊發展局，在整合旅遊資源、加強對外推廣、籌劃旅遊活動、服務業界、提供旅遊平台、加強業界溝通等方面，提供了優良的服務和支援。旅發局全球辦事處的佈局就有北京、上海、廣州、成都、東京、大阪、首爾、新加坡、台北、悉尼、倫敦、巴黎、法蘭克福、洛杉磯、紐約、多倫多等地，旅發局還在新德里、曼谷、雅加達、馬尼拉、莫斯科、迪拜等地設有海外地區代辦，卓有成效地推廣香港旅遊業。

行業生態與法律環境方面，香港業界有旅遊業議會等機構，力保行業自律；亦有消費者委員會等，對旅客權益提供完善保障。更重要的是，法治一直是香港社會的核心價值，法治社會令旅遊秩序

更好，旅遊環境更安全。

7. 香港旅遊業具有人才教育優勢條件

香港旅遊業的發展成就離不開大批高質素的相關企業和從業人員。香港現在直接從事旅遊業的有 23 萬人，在零售、住宿、膳食等旅遊相關行業的就業人數超過 63 萬人，佔整體就業人數的17%。無論是觀光景點的管理，還是旅遊公司的導遊、產品開發、市場和行政人員，以及相關的酒店、飲食等行業，都聚積了不少高質素的各類專業人士。

在專上教育方面，香港理工大學酒店及旅遊學院教學水平一流，在全球同業中名列前茅，為行業輸送了大批高層次人才。香港的旅遊職業培訓亦比較發達，包括中華廚藝學院、國際廚藝學院及職業訓練局等相關職業培訓學校及課程等，為旅遊業輸送大批合資格專才。香港在世界級的餐飲比賽中，都屢獲殊榮，蜚聲國際。

8. 香港特區政府致力打造「一帶一路」多元旅遊平台

中國政府有關部門 2015 年 3 月發佈的「一帶一路」《願景與行動》文件中，提出包括香港特區在內的沿海及港澳台地區，具有經濟開放程度高、經濟實力強、輻射帶動作用大的優勢，可積極參與和協助「一帶一路」的構建和發展。

根據中央政府提出的戰略構想，香港特區政府開始緊鑼密鼓地研究香港特區在「一帶一路」戰略下的各個議題。香港特區行政長官梁振英本人就主持了一個聯席會議，把包括策略發展委員會、經濟發展委員會、香港與內地經貿合作諮詢委員會等三個主要相關委

員會的業界翹楚匯集起來，集思廣益，已形成一些初步意見，並正聽取社會各界，尤其是工商、金融、專業界的意見，力求能夠把握機遇，發揮優勢，為國家發展作出貢獻。進入後政改時期，香港社會整體主要注意力和精力亦轉向經濟民生，與「一帶一路」國家戰略構想的對接研究提上了議事日程，相關研討亦方興未艾，成為城中熱議話題。無論是在香港特區政府的擘劃研究，還是業界和社會的討論中，如何利用「一帶一路」機遇，進一步發展好香港旅遊成為必不可少的一環。

梁振英於 2015 年 8 月 13 日出席中華全國歸國華僑聯合會及香港僑界社團聯會舉辦的「一帶一路」專題講座時，全面闡發香港在這一國家策略中的地位優勢和角色，展示了香港特區政府對接國家戰略的思考。因應「一帶一路」中提出的「五通」大方略，即政策溝通、設施聯通、貿易暢通、資金融通和民心相通，特區政府提出了香港可以成為「一帶一路」的五個平台這一總體思路。五個平台是指主要集資融資平台、商貿物流促進平台、高端專業服務平台、多元旅遊平台和新興產業平台，其中就包括多元旅遊平台。

梁振英認為，香港是國家最高度開放、國際化程度最高的城市，人口當中外國居民比例高，中西文化薈萃，旅遊硬件軟件設施成熟，是全球最受歡迎的旅遊目的地之一，因此也可以成為「一帶一路」戰略下促進民心相通的城市。[4]

2015 年 8 月 5 日，林鄭月娥以香港署理行政長官的身份出席一個「一帶一路」與香港機遇高峰論壇午餐會時論述了五個平台，對香港建成多邊旅遊平台的條件、內容等，作出了更詳細的說明。林鄭月娥指出，雙邊旅遊是民心相通的一個重要渠道，香港這個多元化的旅遊平台將能發揮很大的作用。香港中西文化薈萃，既有大都會的動感魅力，也有大自然的怡人景色，既是購物天堂，又是美

食之都，本身已是全球最受歡迎的旅遊目的地之一，相信對「一帶一路」沿線地區的民眾亦會有一定的吸引力。香港處於東北亞、東南亞的交接位置，與澳門、珠三角的景點互補性很強，發展一程多站、郵輪旅遊的潛力很大。香港將與國家其他港口合作，擴大亞洲郵輪旅遊的市場及區內的航線發展，推動海上絲綢之路郵輪旅遊合作。就香港本地居民出境旅遊的情況，她表示，香港市民一向很喜歡外遊，除了招待訪港旅客外，特區政府亦會鼓勵業界把握機會，開拓「一帶一路」沿線地區的旅遊市場，為香港市民開發和推薦新旅程，同時促進香港和這些地區的民間交流。[5]

從特區政府高層的論述可見，香港多元旅遊平台的設想和目標，正是基於對自身旅遊資源特點、發展前景和「一帶一路」大策略的結合而提出，因時制宜，因地制宜，有堅實的產業基礎和明確的政策指向。特區政府強有力的支持，也是香港構建「一帶一路」多元旅遊平台的重要條件。

三、香港構建「一帶一路」多元旅遊平台的八個努力目標

根據旅遊業的形態和結構，香港要打造成為「一帶一路」的多元旅遊平台，應努力達至以下八個目標，形成由八大中心構成的多元旅遊平台。

1. 綜合觀光度假遊樂旅遊中心

香港應一方面充分利用已有的旅遊景點，挖掘潛力，提升品質，加大市場推廣，特別是針對「一帶一路」國家和地區的宣傳推廣力度；另一方面應不斷設法引入和建造新的觀光旅遊景點，增強旅遊魅力和吸引力。與此同時，應不斷改善和提升娛樂、美食、購物設施與環境，豐富旅遊體驗，引入更多新的娛樂活動、體育比賽、文藝表演、文化展覽、文物博覽等。這些活動或具世界級的質素水平，或富中國傳統與本地特色，以吸引不同興趣、更加多元的旅客來港旅遊休閒度假娛樂，將香港「旅遊中心」、「美食天堂」、「購物天堂」等金漆招牌擦得更亮，注入更多新的內容。

2. 郵輪旅遊樞紐中心

《願景與行動》重視郵輪遊新業態，香港郵輪旅遊早已佔據亞洲區樞紐地位，應在新形勢下，成為多元旅遊平台的重要亮點。香港郵輪平台在內圈，可與澳門和珠三角地區加強旅遊合作，除了其他內容，應攜手重點發展一程多站式的黃金郵輪旅遊圈；在中圈，可與海南、福建、廣西、上海、浙江、江蘇、山東、河北、遼寧等沿海內地省市，探索郵輪旅遊合作，形成一條郵輪繡帶；在外圈，應與其他「一帶一路」國家和地區合作，擴大亞洲郵輪旅遊市場及區內的航線發展，特別是推動海上絲綢之路國家和地區的整體郵輪旅遊合作，在這方面，香港大有可為。

3. 商務會展旅遊中心

香港是世界級金融中心、國際商貿中心、國際航運中心，來自世界各地的商家雲集，是天然的商務旅遊平台；香港又是世界級的會議展覽中心，是全球最受歡迎的會展旅遊目的地之一。香港商務及經濟發展局局長蘇錦樑在一篇文章中披露，香港過夜會展客已經由 2009 年的 120 萬人次，上升至 2014 年的 180 萬人次。[6] 會展旅遊客多為過夜客，消費潛力大，為各地爭相延攬的優質高端客。為支持會展旅遊業的長期發展，特區政府已經邀請香港貿發局提出在灣仔北興建新會展設施的計劃。在「一帶一路」戰略實施中，香港應抓住機遇，舉辦更多各類有關「一帶一路」的商務會展活動，在不同會展活動中突出「一帶一路」主題，令香港商務會展旅遊平台呈現新的風貌，成為「一帶一路」商務會展旅遊中心。

4. 旅遊產品集散展示推廣交易中心

香港作為區內及全球有影響力的會展中心，在旅遊業展示、旅遊產品集散交易方面，條件得天獨厚。一直以來，一年一度在會展中心舉行的香港旅遊展成為區內重要的旅遊交流盛會，吸引來自全球數十個國家和地區的旅遊景點管理部門、旅遊業界、旅遊官員參與，成為同業交流、拓展市場、旅遊產品展示、形象宣傳的重要窗口。在「一帶一路」新條件下，一方面應繼續舉辦傳統的香港旅遊展會，另一方面還可創辦更有針對性、升級版、深化版的「一帶一路」旅遊新展，令香港多元旅遊平台成為「一帶一路」國家和地區的旅遊產品集散展示推廣和交易中心。

5. 旅遊行業的國際組織中心

香港作為區內首屈一指的國際都會，一直奉行自由港政策，人流、貨流、資金流、信息流都暢通無礙，服務業發達，又有國際認可的法治環境及國際關係，世界多數國家都在港設有領事機構，且香港具有舉辦各種國際會議的經驗，所以，在「一帶一路」建設中，除了爭取吸引亞投行、絲路基金等國際多邊機構落戶或佈局香港外，旅遊方面，香港亦有條件成為旅遊行業國際多邊機構組織總部或分支機構的所在地。香港應在國家的支持下，積極爭取在多元旅遊平台中增添「一帶一路」國際旅遊組織中心的內容與功能。

6. 旅遊研究中心、旅遊人才教育培訓中心

由於香港具備旅遊人才、教育、培訓方面的優勢，在「一帶一路」多元旅遊平台建設中，亦可整合資源，尋求「一帶一路」沿線國家和地區的支援合作，攜手共同組建「一帶一路」旅遊研究中心、人才培訓和教育基地，共同研究旅遊問題，開發旅遊產品，培養各層次的旅遊人才，為「一帶一路」旅遊發展提供全面的人才和智力支援。

7. 旅遊公司上市集資和旅遊基金運作的中心

香港作為世界級的國際金融中心，每年吸引各地不同類型企業來港上市集資，亦是各類國際資金的重要投資市場。「一帶一路」旅遊的迅速發展，離不開金融的支持。目前在香港上市的旅遊、酒店類股份亦有一定規模。隨著「一帶一路」戰略推進，香港金融市

場一定會吸引更多旅遊公司上市。香港有關各方也應創造條件，加大上市推廣力度，從而令香港成為「一帶一路」旅遊企業的上市中心，為多元旅遊平台提供多一根有力的支柱。

8. 旅遊「互聯網＋」新業態中心

在「互聯網＋」國策驅動下，旅遊行業自身的升級轉型正在加速。中國國家旅遊局最新發佈的《國家旅遊局關於促進旅遊業與信息化融合發展的若干意見》徵求意見稿中提出，到 2020 年，旅遊信息化規劃論證、系統整合、互聯互通、資源分享格局基本形成，到 2030 年，實現讓旅遊業融入互聯網時代、用信息技術武裝中國旅遊全行業的目標。近來，多家傳統景點及旅遊類企業已經積極擁抱「互聯網＋」：中青旅發佈「遨遊網＋」戰略，邀約 100 家旅遊產業優質運營商、建設 O2O「百城千店」；宋城演藝花 26 億元構建以演藝為中心的 O2O 生態圈；海昌控股亦乘勢與攜程、去哪兒、同程等多家互聯網企業形成緊密合作關係，通過互聯網銷售電子門票，並降低通過傳統旅行社銷售的比例；海昌與阿里巴巴旗下全新獨立旅遊品牌——「阿里旅行·去啊」及支付寶合作，推出了第一個品牌活動——「碼上遊」；短短三天時間，海昌武漢項目「碼上遊」成為 2015 年「五一」期間全國銷量冠軍。可見，「互聯網＋」已經在改變旅遊業界生態。

香港正是一座資訊自由流通的城市，騰訊等多家互聯網公司在港上市，海昌控股亦是港股上市公司。香港多元旅遊平台應充分利用資訊資源優勢，發展成為「一帶一路」旅遊「互聯網＋」新業態的開發運用和管理中心。

結語

　　香港社會須合力打造香港多元旅遊平台，促進「一帶一路」民心相通，實現願景，抓住機遇，達至多贏，推動香港旅遊及經濟發展進入新境界。

　　香港建設多元旅遊平台，關鍵也是要靠行動，既需要政府與業界合力，加強區域合力，形成政策合力，也需要業界之間合力和跨界之合力。

　　對特區政府來說，應加強對發展「一帶一路」多元旅遊平台的頂層設計，形成整體發展藍圖，既要有實現這一藍圖的路線圖，也需時間表和具體的負責人；需要繼續夯實和提升已具備的各項旅遊優勢，在軟件和硬件方面增進新的優勢，增加觀光景點建設，提升承載能力，豐富旅遊體驗，提高旅遊行業的整體競爭力，繼續改善旅遊環境，提供更加方便快捷的出入境方式，完善各種配套設施。在與業界合作方面，特區政府正在不斷加強工作，包括設立旅遊配對基金等，以支持香港旅遊對外推廣。今後應有針對性地幫助業界拓展「一帶一路」旅遊商機。

　　建設多元旅遊平台，在地區合作上，應在「一帶一路」願景下，更加緊密有效地與廣東、澳門合作，特別是與珠三角地區旅遊合作，真正形成一程多站的旅遊模式，在產品線路設計和對外宣傳中，應該攜手出擊，建立起整體一致的旅遊形象；在與內地其他省區合作中，應根據各地旅遊發展的規劃，形成不同的合作策略和重點，與沿海省市區，應加強郵輪旅遊合作；在內陸省區，則利用廣深港高鐵開通並接入全國高鐵網之機，加強合作，探索新型旅遊合

作模式。

在與「一帶一路」相關國家和地區的旅遊合作方面，香港亦大有文章可做。不少「一帶一路」沿線國家是香港合作已久的商貿夥伴，但也有更多較陌生的新興市場。香港特區政府應與相關國家與地區加強政策協調、信息溝通，促進業界合作，解決旅遊糾紛。香港旅遊部門和業界應攜手香港貿發局、投資推廣署等機構，共同研究這些國家和地區的市場，為進入這些市場和與這些地區合作，進行有針對性的部署。香港官方應同業界一起，訪問「一帶一路」沿線國家和地區，加深與這些國家和地區的相互認識和溝通，爭取更加便利的人員往來安排，尋找旅業商機和合作空間。業界亦應在「一帶一路」的大框架下，主動拓展思路，尋求機遇，為香港旅遊業開創新的圖景。

香港特區行政長官梁振英經常說，香港這個地方是一個「超級聯繫人」，用英語來說就是 super-connector，香港以其擁有「一國」和「兩制」的雙重優勢，聯繫內地與海外。香港這個「超級聯繫人」的獨特優勢和功能，可以在「一帶一路」大戰略實施中，繼續用下去、走下去，以旅遊業「超級聯繫人」的身份，發揮「多元旅遊平台」的強大功能，締造旅遊業美好未來，成為人心相通、文化相連、經濟交流的重要平台，為「一帶一路」注入強大動力和活力，亦為香港旅遊業以至香港整體經濟發展創造無窮機遇。

需要注意的是，近年在泛政治化風氣之下，香港有人以反水客為名，發起多次趕客行動，還有「鳩嗚團」滋擾旅客、「蝗蟲論」污辱內地旅客等，令香港「好客之都」的形象受到玷污；加之，大規模、長時間的違法「佔中」行動，亦令香港法治城市、安全城市的形象受到損害。要在「一帶一路」建設中成為各方認可的多元旅遊平台，香港特區政府和社會各界必須下大力氣，以強有力行動，

消除泛政治化對城市形象的負面影響，重塑好客形象、法治形象，切不可讓多元旅遊平台的願景淪為空談。

本章作者：羅興輝

《香港商報》副總編輯

注釋

1　〈「一帶一路」的旅遊願景看行業新機〉，《中國旅遊報》，2015 年 4 月 1 日，1 版。

2　澳門旅遊局：〈把握「一帶一路」機遇　推動沿線深度文化旅遊經濟合作〉，2015 年 10 月 12 日，資料來源：http://industry.macautourism.gov.mo/cn/pressroom/print.php?id=2761（最後訪問時間：2015 年 10 月 28 日）。

3　香港旅遊發展局：〈我們的品牌〉，資料來源：http://www.discoverhongkong.com/tc/about-hktb/our-brand.jsp（最後訪問時間：2015 年 10 月 28 日）。

4　〈行政長官出席「一帶一路」專題講座致辭全文〉，香港特區政府新聞網，2015 年 8 月 13 日，資料來源：http://www.info.gov.hk/gia/general/201508/13/P201508130526.htm（最後訪問時間：2015 年 10 月 28 日）。

5　〈署理行政長官出席「一帶一路」與香港的機遇高峰論壇午餐會致辭全文〉，香港特區政府新聞網，2015 年 8 月 5 日，資料來源：http://www.info.gov.hk/gia/general/201508/05/P201508050492.htm（最後訪問時間：2015 年 10 月 28 日）。

6　〈香港：好客旅遊城〉，《香港商報》，2015 年 10 月 2 日，A02 版。

資料鏈接

1. 香港旅遊發展局（Hong Kong Tourism Board）

　　香港旅遊發展局簡稱「香港旅發局」，於 2001 年 4 月 1 日成立，是由香港政府資助的旅遊推廣機構，其使命是致力於擴大香港旅遊業對香港社會及經濟的貢獻，鞏固香港作為世界級旅遊點的地位。香港旅遊發展局前身為 1957 年根據法例設立的香港旅遊協會（簡稱「香港旅協」，Hong Kong Tourist Association）。香港立法會於 2001 年 3 月 14 日通過《2001 年香港旅遊協會（修訂）條例》，香港旅協於 2001 年 4 月 1 日改為香港旅遊發展局，由香港政府提供資金營運，不再沿用旅協的會員制度。

　　根據 2001 年生效的《香港旅遊發展局條例》，旅發局有六項宗旨，其中包括：致力擴大旅遊業對香港的貢獻；在全世界推廣香港為亞洲區內一個具領導地位的國際城市和位列世界級的旅遊目的地；提倡對旅客設施加以改善；在政府向公眾推廣旅遊業的過程中給予支持；在適當情況下支持為到訪香港旅客提供服務的人及其活動；就促進以上事宜所可採取的措施，向行政長官作出建議及提供意見。香港旅發局在世界各地設有 15 個辦事處，並於六個不同市場設有代辦。2013 年 2 月 22 日，香港特區政府委任林建岳博士出任旅發局主席。

2.「自由行」

　　「自由行」的正式名稱為「個人遊」計劃，於 2003 年推出。當時，香港受沙士影響，經濟陷於谷底。為刺激香港經濟發展，中央推行「自由行」計劃，即開放內地居民以個人身份訪港旅遊。在《內地與香港關於建立更緊密經貿關係的安排》（CEPA）下，2003 年 7 月 28 日起，廣東省四個城市的居民（包括東莞、中山、江門、佛山）可以個人身份訪港旅遊，計劃現時已擴展至 49 個內地城市。「自由行」計劃成效顯著，計劃推行

前，2002 年的本港接待旅客為 1,660 萬人次，其中 41.2% 來自內地，到 2014 年，相關數字分別升至 6,083 萬人次及 77.7%。

第七章

「一帶一路」建設中的
香港新興產業平台

提要

　　中國「一帶一路」建設的發展戰略，將為香港提供機會，拓展橫跨歐亞的廣闊市場腹地，也為香港創意與創新提供巨大發展空間。香港具備發展新興產業的養分，例如資訊自由、成熟的金融機構、保護知識產權、司法獨立、各種交易均安全可信。把握「一帶一路」的歷史機遇，發展科技創新，在香港構建新興產業平台乃當務之急。隨著愈來愈多跨國公司與內地企業在香港成立地區總部或辦事處，香港可成為全球嶄新營商意念的試驗平台，而內地企業則可利用香港平台找到產業升級的方案。香港特區政府實應及時研究新興產業「生態圈」所需的條件，及時推而廣之，研究修改不合時宜的法例與規管體制，真正做好市場供求連接，並促進新興產業在香港的試驗和發展。惟有如此，香港才能為中國內地的改革開放、「一帶一路」、「走出去」戰略的有效實施，作出應有的貢獻。

一、基本概念

1. 以創新和創意為核心的新興產業

　　傳統產業締造了香港過往的輝煌奇跡，上一代的努力，推動香港經濟蓬勃發展。香港向來是一個開放的城市，人才匯聚，跨國企業眾多，讓以提高效益為主要經濟增長動力的發展模式發揮得淋漓盡致。然而，香港經濟下一波的發展，必須要轉向以發展創新和創意為主要推動力的模式。中國「一帶一路」建設的發展戰略，將為香港提供機會，拓展橫跨歐亞的廣闊市場腹地，為香港創新提供巨大發展空間。

　　過去這兩百多年，市場經濟理論告訴我們，專業化（specialization）和貿易可以提高效益和生產力。經濟學者將他們的研究對象分為「實物」（things）和「慾望」（wants）。但「實物」必然會匱乏、回報也會遞減（diminishing returns），人類惟一的選擇只是如何有效地分配（allocate）匱乏的資源，以取得最大的效用（utility）。就這項工作來說，經濟學者指出，自由市場和開放競爭最為有效。但這未能說明，資源獲得有效的分配後，經濟為甚麼還能繼續增長。因為不少傳統的學者相信，回報最終必定會遞減，換言之，增加農場、工廠或員工數目所帶來的邊際好處（marginal benefit）會逐步下降，最終停止增長。這種思維在相當長的時間內主宰著經濟學界，以致很多學者把開放市場當作經濟能否發展的關鍵，又或者把人口控制看作發展中地區現代化的先決條件。早期對經濟成長的看法將成長歸因於科技的變化（technological change），

但當時把科技變化看作外生（exogenous）的因素，也就是一些在時間長河中不斷發生的事。

直到最近這三十多年，由於保羅・羅默（Paul Romer）研究成果的啟發，有關的認識才取得突破。這項發展將經濟成長的核心動力歸因於那些導致創新和科技發明的意念（ideas）或者說構想。人均實質收入得以增長，並非因為擴大投資、多僱用勞動力，而是因為想到更新更好的意念。相對於「實物」，「意念」無窮無盡（boundless），而且不帶競爭性（rival），一種意念可同時供很多人分享。新的科技和意念可以將遞減的回報轉化成遞增，帶來無窮的成長。[1]

因此，新興產業（Emerging Industries）的核心是創新與創意，促使沒有發生的事物令其發生，鼓勵把「意念」（ideas）轉化為有價值的「實物」（things）或服務。[2] 新興產業大多是對市場需求具前瞻性，甚至改變市場固有的商業模式。香港具備發展新興產業的養分，例如資訊自由、成熟的金融機構、保護知識產權、司法獨立、各種交易均安全可信。而知識產權、文化創意、科技創新、檢驗檢測、環保技術、跨境電商、數據服務等，這些都是香港具發展潛力的產業。（國際上對新興產業的定義，另參見本章資料鏈接 2）

2. 互聯網時代與平台商業模式

在互聯網及全球化的影響下，現代城市正進入全球互聯的年代。資訊迅速流動、高度透明，加上交易可瞬間完成，是現代營商環境的寫照。嶄新商業平台的普及，對於傳統產業而言，既是威脅，也是前所未有的機遇。

網絡的興起與網上平台的產生，衍生了破壞式創新，或稱「創

造性破壞」的出現，可以將原來的產業價值破壞殆盡。例如，蘋果（Apple）和谷歌（Google）將手機定位成平台策略的一環，競爭的重點在於平台上應用程式的多寡，而不只是手機的功能。[3] 平台模式有助降低交易成本，達成複合效益與共贏局面，徹底改變產業的價值鏈。

一個成功的平台企業並非僅提供簡單的管道或中介服務。平台商業模式的精髓，在於打造出一個完善、成長潛能強大的「生態圈」，它擁有獨樹一格的資訊系統、精密規範的機制，能有效激勵多方群體進行互動，來達成平台企業的願景，是一種能改變未來所有產業命運的創新商業模式。蘋果（Apple）正是一個經典案例，以全新的方式重整並凝聚音樂、出版、電信等諸多產業中的各個環節，甚至創造出新的跨界產業。[4]

鼓勵創意產業，不能單靠本地企業及人才，更不能單靠本地市場。香港對境外企業最大吸引力在於簡單稅制、低稅率、資訊的自由流通、廉潔的政府、員工的生產力，以及法治及司法獨立性。大量的內地企業與眾多跨國企業都在香港成立地區總部或辦事處，香港可成為全球嶄新營商意念的試驗平台。香港特區政府實應及時研究新興產業「生態圈」所需的條件，及時推而廣之，研究修改不合時宜的法例與規管體制，以促進新興產業在香港的試驗和發展，這些實是香港在「一帶一路」戰略中發揮特殊作用的應有之義。

3. 城市促進創意與創新的理論

城市本身，就是獨樹一格的平台生態圈。購物中心也是運用平台模式的好例子，集合了各式各樣的品牌商店，凝聚想要一次滿足購物慾望的人們。政府從商家身上抽足了「稅收」，促進城市的蓬

勃發展。倫敦、巴黎等歷史大城，就是建立在這樣的基礎上，像有機體一樣不斷擴張。[5]

同時，城市也是匯聚人才的地方。美國哈佛大學經濟學者 Edward Glaeser 在其巨著 *Triumph of the City: How Our Greatest Invention Makes Us Richer, Smarter, Greener, Healthier and Happier*（《城市的勝利：人類最偉大的發明令我們更富裕、精明、環保、健康和快樂》）中表示，一個城市有窮人，方顯得經營有方，因為有經濟機會吸引外地人聞風而至。[6] Glaeser 有關勝利之城的研究，界定了城市在經濟發展中的三大功能：創意中心、生產力源泉和變革的動力。[7] 香港關鍵在於吸引富人力資源的「才主」，而不是純粹有錢的「財主」。

另外，都市計劃界的傳奇人物 Jane Jacobs 以一部 1961 年的名著 *The Death and Life of Great American Cities*（《美國偉大城市的生與死》）聞名於世。[8] 其後她又寫了幾本主要談論經濟的書，其中，1969 年的 *The Economy of Cities*（《論城市經濟》）和 1984 年的 *Cities and the Wealth of Nations*（《城市與原富》），更就經濟發展提出極具啟發性、以至挑戰性的命題。Jacobs 認為，城市經濟是創新經濟變革之源，這使城市得以屹立不倒。過程中，個人和企業透過多元分工和彼此互動，形成高價值的間接輻射效應，從而推動經濟進步。但無論創造新事物還是翻新舊事物，都需要解決兩個問題。

第一，廣收資訊，以新穎有用的角度結合本身的經驗和智慧進行處理，也就是説創新。這或涉及大量的辛勞，或需要點運氣，甚至兩者兼具。故此，資訊的流通和互動的啟發，兩者都不可或缺。

第二，城市有適當的環境，便於將新知識應用在商業上。Jacobs 從創新性的經濟變革中領悟到經濟學上的「動態界外因素」

（dynamic externalities），也就是令社會累計的回報超過個人回報總和的輻射效應。Jacobs 認為，創新永遠是在城市產生的，因為人、行業和資訊在城市裏彼此就近、容易激發。

然而，Jacobs 的研究面世後將近有二十年，對經濟學界沒有可見的影響，直到 Robert Lucas 教授在 1988 年的論文 "On the Mechanics of Economic Development"（〈論經濟發展的機制〉）裏引用她的研究。[9] Lucas 在 1995 年獲頒諾貝爾經濟學獎，其後在 2009 年的論文 "Ideas and Growth"（〈意念與成長〉）裏，再次確定對 Jacobs 的信念。[10]

二、新興國家發展新興產業面對的困難

「一帶一路」沿線大多是新興市場（Emerging Markets）和發展中國家。「一帶一路」新興國家的經濟普遍處於發展中的階段，與其他地區經濟互補性較強，彼此合作潛力和空間很大。（國際上對新興市場的定義，另參見本章資料鏈接 3）

1. 理論層面的困難：技術、組織、文化

根據學者周鑫宇的研究，國家現代化變革可以分為技術（Technical）、組織（Associational）、文化（Cultural）三個層面。

如果從這三個層面逐一考察，就會發現新興國家崛起過程中「學習的限度」。[11]這三個層面「學習的限度」也可以被認為是新興國家在發展新興產業時面對的困難。

技術層面是指科學技術知識以及一切工具性的事物，如語言、行業標準、功能性法規等等。技術學習對新興國家至關重要，可以有效推進現代化過程。然而，最有效的學習也只意味著無限的接近。隨著新興國家與西方技術差距的縮小，技術學習的邊際效應會降低。新興國家如果不能實現自主的技術創新，那麼國家的進一步發展就會面臨瓶頸。

相比之下，現代化只要稍微超出單純的技術層面之外，涉及人與社會的組織方式，如管理方式、經濟體制、政治制度等等，不同國家社會的差異性問題就會凸顯，簡單的經驗複製和模型移植就會出現障礙。在制度層面，新興國家對外部先進經驗的借鑒必須與本地土壤相適應。即使是同樣由歐洲啟蒙運動產生的民主政治制度設計，在法國和美國也有著顯著的差別；同樣是智慧化的流水線生產和跨國行銷，日本豐田公司和美國福特公司的管理方式也各異其趣。從發達國家的歷史經驗來看，在組織和制度層面上已經沒有一種普世的現代化模式可言。

在文化層面，不同的現代化國家更是因為文化的特殊穩定性而呈現出差異化的現代性特徵。無論我們怎樣習慣於說「西方」這個概念，現代美國、現代法國、現代丹麥、現代瑞士等都是保持個性，但都能成功實現現代化的文化個體。事實證明，日本社會並沒有在現代化過程中變成一個西方社會。文化層次上的現代化是多元性的。

2. 實踐層面的困難：金融危機、科技落後

　　新興經濟體的發展中特性會使其股市更加波動，如環球經濟衰退等宏觀事件對新興市場的打擊尤其嚴重。另外，整體新興市場的經濟和股市的收入來源較為集中，普遍依賴出口和商品，容易受外部因素影響。

　　近期，受到中國需求放緩、油價下跌、美元升值以及自身結構性問題的困擾，新興市場經濟表現動盪，主要表現為原油等大宗商品下跌使得資源出口國家經濟增速放緩；新興市場貨幣普遍出現貶值；MSCI 新興市場股票指數普遍出現系統性下跌；新興市場資本流出加速，外匯儲備大幅下降。在高速增長的背後，從二十世紀九十年代以來，新興市場國家卻頻頻遭遇金融危機的困擾。

　　與此同時，新興經濟體的高速發展過程中並沒有大規模制度或技術創新，更多依靠技術模仿，這種增長的可持續性值得考量。世界銀行對典型的新興經濟體從 1965 年至今的經濟增長品質進行了考察。結果顯示，1960 年以來中國和印度的經濟增長很大程度上是由全要素生產率（TFP，也稱總和要素生產率，即除去物質資本和人力資本貢獻率之後的剩餘）所推動；從 1990 年開始，俄羅斯也出現相同的趨勢。但是在拉美地區、印度尼西亞、馬來西亞以及南非，TFP 對經濟增長的貢獻率始終不明顯；在阿根廷和巴西，TFP 的貢獻率甚至出現了負值（平均值分別為 -8% 和 -37%）。[12]

三、香港建設新興產業平台的特色與優勢

1. 高度開放與自由

香港奉行自由開放市場、小政府、簡單稅制及低稅率，再加上法治與司法獨立，尊重私有產權，制度行之有效。司法獨立和自由經濟是支持香港擔當其新角色的重要優勢。小政府是反映政府一向對商業決定持不干預的政策，使市場參與者若不違法、不違反誠信道德，在許多行業營商均不需要面對繁複的行政審批，所以香港也是世界上營商最便捷的城市之一。

香港連續 22 年（1995–2016 年）獲美國傳統基金會評為全球最自由經濟體。經濟自由、公民自由與言論自由根植於香港社會之中。獨立司法制度使個人與企業相信，他們擁有的自由和產權受一個透明可測的制度所保障，這降低了個人及企業參與各項經濟活動的不確定性。當市場遇上不能預見的變化時，可自由靈活作出適當的反應，這是吸引境外企業在香港成立地區總部與辦事處的根本原因（參見圖一）。

2. 國際商貿平台

香港是國際商貿的一個重要平台，人才、資金，以及全球不同行業市場資訊匯聚於此。2014 年境外機構在香港成立地區總部、地區辦事處及駐港辦事處共 7,585 家，僱用了 40.5 萬人。這些境外機構主要來自 13 個國家和地區，包括：日本（1,388 家）、美國（1,331

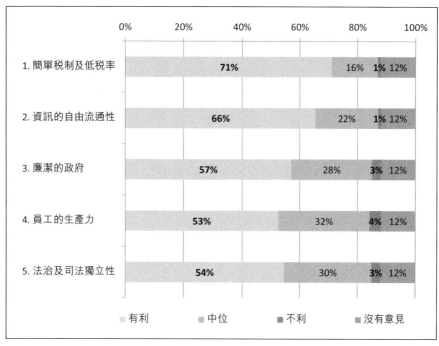

資料來源：香港特區政府統計處，作者自製圖表。

家）、中國內地（957 家）、英國（584 家）、中國台灣（426 家）、
新加坡（343 家）、德國（335 家）、法國（311 家）、瑞士（242 家）、
荷蘭（187 家）、澳大利亞（173 家）、意大利（152 家）及韓國（136
家）等。

　　這些跨國企業的母公司分別從事不同的行業，包括製造業
（31.5%），進出口貿易、批發及零售業（35.9%），金融及銀行業
（17.6%），專業、商用及教育服務業（10.7%），運輸、倉庫及速
遞服務業（8.2%），資訊科技服務業（4.3%），還有其餘分散於不
同行業之中。他們利用了香港優越的位置及經濟自由的吸引力，在

香港指揮或配合母公司調動或整合內地與亞太地區的各項資源，統籌市場及營銷的推廣，以配合企業全球業務的發展。香港的地區總部除大多要處理中國內地業務外，業務平均最少覆蓋兩至三個亞洲國家或地區，包括新加坡、中國台灣、韓國、日本、馬來西亞、泰國、印度、印度尼西亞、越南、菲律賓、中國澳門及澳大利亞等。近年更有跨國公司將企業或部分業務的全球總部設於香港。

香港不同類型的本地及跨國企業，可以在新創企業發展的不同階段進場幫助它們成長，透過香港已有的境外企業（包括中國內地企業與跨國企業），這些新創企業可認識各地市場的要求，改良服務或產品，以滿足不同市場顧客的需要。這有助降低新創企業營運成本，增加來港成立企業嘗試新意念產品 / 服務的吸引力。

3. 成熟的金融、專業服務平台

香港是主要國際金融中心，也是人民幣最重要的全球離岸交易平台。香港的外資銀行來自 36 個國家，其中 71 間是屬於全球最大的 100 間銀行。香港的外匯市場發展成熟，買賣活躍，沒有外匯管制，資金自由進出，有利於本港與境外各地區的緊密聯繫。[13] 2014 年中國內地以人民幣結算的對外貿易約 66,000 億元人民幣，其中有 63,000 億元人民幣貿易結算由香港處理，佔總額的 95%。[14]

香港特區政府近年致力發展各項金融基建，推廣資產管理業務，吸引境外企業來港上市，使香港成為境外資金匯聚平台。截至 2015 年 4 月底，在香港聯合交易所掛牌的上市公司有 1,780 間，當中有 896 間為內地企業，這些內地企業由 1993 年至 2015 年 4 月底已透過香港集資 45,314 億港元。

2014 年，香港是全球第二大的外來投資目的地，僅次於中國內

地；也是全球第二大直接外來投資來源地，僅次於美國。[15] 2013 年中國對外直接投資以香港為目的地佔總額 57%，不少內地企業利用香港平台管理全球資源的調撥。根據 2015 年 10 月香港貿易發展局對內地企業的最新調查，隨著中國大幅放寬境外投資管理措施，超過一半的內地企業首選香港作為專業服務平台，以達成提升產品設計及技術研發（R&D）能力、投資開發及推銷自有品牌轉型升級等目標。[16]

成熟的金融體制、國際性的銀行家網絡、集資能力強大的股票市場、及不斷湧現的天使投資基金，令企業更容易得到融資。香港擁有龐大的國際金融網絡，有利於參與全球熱議的金融科技（FinTech）潮流。香港新創企業可藉著國際金融中心的地位加速金融科技領域發展，並依託珠三角製造業發展便攜式科技產品（wearable device）；也可以珠三角為基礎，在人民幣資本帳逐步開放的情況下，為內地設計專業、貼身的金融服務。

4. 普通法對個人與企業的權益較有保障

香港的普通法制度，為處於採取民法制度的中國內地企業提供獨特機遇，使之得以透過另類平台，實行融入國際金融市場的策略性體驗。內地現已試行的金融市場活動，包括企業上市、政府及企業發債、以及人民幣國際化等等。歷史上的機緣巧合，造就了中國國境之內，包含一個實行截然不同法制的香港特別行政區，應好好加以利用。

對投資者的法律保障，是金融市場發展的核心問題，各國多以本國的《商務法》（以《企業法》及《破產法》為主）為制定其他金融法規的依據，其中包括保障場外股東及場外優先債權人的相關

法規。對場外投資者的法律保障尤其重要，因為保障投資者的資產免受企業內部知情者剝奪，有助於鼓勵互不相識的投資者放心交易，促進金融市場蓬勃發展。

普通法國家的司法程序形式主義較輕，司法獨立程度較高，對產權及履行合約均有較大保障。普通法制度下的司法決策程序靈活，法官既能夠亦樂於執行彈性較大的財務合約，因而有助推動金融市場發展。

保障私有產權對於創新尤為重要，因其牽涉到創造出新的產權，或把現有產權開創出新的用途也等於是新生的產權。普通法框架及其制度，較能提供充分誘因獎勵創新者，並有效地把產品推銷給市場用家。[17]

從經濟角度來看，普通法制度從下而上，有效保障了個人與企業的權益，降低了個人與企業進行不同經濟活動的不確定性，這些對境外企業／投資者尤為重要。普通法傳統是保障了香港能成為國際金融中心、跨國企業樞紐及新興產業平台的最重要原因。

5. 位處全球最充滿活力的大珠三角經濟區

珠三角作為中國內地經濟最驕人的一個地區，崛起於中國前領導人鄧小平自 1970 年代末期起實施的改革開放。當時港商把握契機，到廣東省（簡稱「粵」），特別是鄰近香港的深圳和東莞，設廠生產。粵、港行政上獨立，制度有別，但分工合作創造了經濟奇跡。香港為廣東省的工廠提供生產者服務，藉著出口產品和引入投資，使省內的製造業得以與世界緊密扣連。

就大珠三角內部來説，廣東省的經濟與港、澳兩地高度融合。三地通過製造業和生產者服務，早已連成一氣。香港的生產者服務

為廣東省出口導向的製造業提供不可或缺的支援。內地自從對外開放後，大珠三角一直是發展最快的地區之一。而廣東省能夠長期高增長和迅速工業化，打從一開始就與港商的企業精神不可分。港粵的經濟關係既深且廣。

香港的生產者服務，特別是金融與專業服務，大大支援了廣東省的發展。同時，也因廣東省充滿活力的製造業，使香港得以發展成全球服務業比重最高的經濟體，香港服務業佔 GDP 達 90% 以上（參見圖二）。香港的金融服務及專業服務不僅惠及廣東省，也涵蓋內地各省市甚至鄰近的亞洲各國和地區。

圖二　香港與廣東省經濟結構（工業、服務業佔 GDP 的比例百分比）

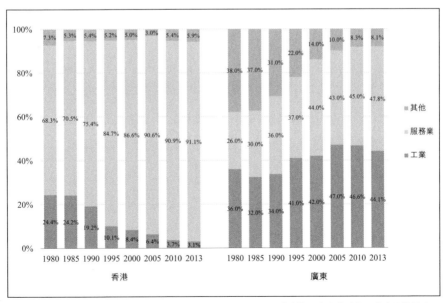

資料來源：廣東省統計局及香港特區政府統計處，作者自製圖表。

6. 具有促進跨境電商發展的優越條件

「一帶一路」最主要的發展重點在於基礎建設，並藉以帶動區域經濟的整合，包括進出口貿易、電子商務，以及社交網站、互聯網金融平台等更進一步的整合；未來的商機也因此將與這些領域有著緊密的連結。在「一帶一路」的戰略背景下，跨境電商將會成為一條非常重要的「空中絲綢之路」，和海陸「一帶一路」發揮互補的作用。加上「互聯網＋」和「工業 4.0」等經濟策略的推展，將為跨境電商的發展帶來歷史性的機遇。

香港不僅擁有穩健完善的資訊及通訊科技基礎設施、健全的法律體制、便利的電子支付服務，而且是國際物流樞紐，這些條件都可以促進跨境電商的蓬勃發展。根據國際管理發展研究所發表的《世界競爭力年報》，自 2011 年起，香港在科技基礎設施方面已連續五年在全球排名第一。香港互聯網的連線速度平均為每秒 94.8 兆比特（表一），在全球排名第二。香港的流動電話普及率非常高，達 232%（表二），這些都為電商的發展提供了有利環境。

香港的新興優勢產業應積極參與協助「一帶一路」的建設，例如在跨境電子商務、互聯網金融、現代物流體系等方面，開展與新興國家的合作，搶佔新興市場。一言以蔽之，香港的科技產業、創意產業等，在「一帶一路」中都有很大的市場潛力。

表一 2015 年第二季度全球網絡平均最高峰值十大名單

1	新加坡	108.3 Mbps
2	中國香港	94.8 Mbps
3	韓國	83.3 Mbps
4	日本	75.1 Mbps
5	中國台灣	74.5 Mbps
6	羅馬尼亞	72.1 Mbps
7	卡塔爾	71.1 Mbps
8	以色列	71.4 Mbps
9	瑞典	62.8 Mbps
10	中國澳門	62.6 Mbps

資料來源：科技公司 Akamai，作者自製圖表。

表二 2015 年 4 月香港電話 / 住戶寬頻滲透率

住宅固定電話線滲透率	100.4%
流動電話服務用戶滲透率	232.2%
住戶寬頻滲透率	83.4%

資料來源：香港特區政府通訊管理局辦公室，作者自製圖表。

四、香港本地創業、創意的經驗

以三藩市為基地的研究公司 Compass 最新公佈的 2015 年全球新創企業生態系統排名研究結果顯示，香港是全球首五個增長最快的新創企業樞紐之一，並列為首 25 個新創企業樞紐。量度生態系統的指數主要由五部分組成：新創企業的表現、融資、人才、市場可達的範圍及創業團隊經驗。[18] 全球新創企業系統綜合排名前三的城市／區域：矽谷、紐約和洛杉磯。香港新創企業的發展速度僅次於柏林、班加羅爾、聖保羅、倫敦，與阿姆斯特丹並列第五位。[19]

另外，根據香港投資推廣署 2015 年 9 月的最新統計，現時在香港註冊的新創企業共有 1,558 家，與 2014 年相比增加了 46.3%，創意工作空間（Co-work Space）數目在五年間由原來的三家迅速增長到 40 家。

香港的新創企業生態在過去兩年發展迅速，本地與外地專才在新創企業群體不斷增加。調查認為，由於香港靠近廣闊的中國內地市場、便捷直達其他亞洲的市場、開放市場的悠久歷史和深厚的國際貿易專業經驗，香港在市場可達範圍方面排名前十位。這些因素都使香港成為新創企業向全球快速擴展的一個有吸引力的發射台。

這個研究顯示，儘管有較高的增長率，香港新創企業生態仍處於發展的早期階段。創業在較年輕的世代變得愈來愈普遍，但香港本地文化一般仍不鼓勵冒風險，這也使新創企業在聘請高質素本地人才方面存在困難。

百本醫護（bamboo.com.hk）是近年提供醫療服務創業的一個成功例子。公司於 2009 年在香港成立，並於 2014 年 6 月在創業板上

市。百本透過登記的合資格專業醫護人員，為醫院、診所、院舍、醫療機構、公司及個人提供多元化的醫療護理服務，以及提供全面的醫療及護理人手方案。憑著創辦人關志康出色的管理技巧，加上嚴格的品質監控、人口老化帶來醫療服務的商機，百本在短短數年內已成為香港數一數二的專業醫護服務公司。

提到世界時尚之都，大多數人只想到紐約、巴黎、倫敦和米蘭，但 Grana 創辦人盧克・格拉納（Luke Grana）卻受香港的配送、物流和稅務等優勢所吸引。2013 年在香港成立她的網上時裝店，目的是提供豪華品質但價錢相宜的時裝。她知道，必須改變傳統的經營模式，最重要是減少中間人的成本，盡可能保持最低運費，並能在第二天把時裝交到顧客手上。一直以來，時裝的價格中，顧客不單要支付服裝的成本，還須支付供應鏈各環節的高昂成本。香港優越的物流基礎設施、高效率的電訊設備、簡單稅制和低稅率，使 Grana 在香港的總部可有效降低成本，把顧客所訂購的時裝，在第二天即可分銷到世界各地。優質配送服務使貨物由香港到澳洲各城市的運輸價格，較澳洲本土的成本更相宜。創辦人認為，香港配送、物流和稅務具獨特優勢，使她的新經營模式得以在香港實現。

基於作為供應鏈管理中心的傳統優勢，香港有強大的潛力讓能結合硬件和軟件能力的新創企業發展，如配戴物品和物聯網有關的產品。鄰近深圳亦提供了容易獲得廉價和快速產品成型的優勢。此外，由於香港長期作為主要的國際金融中心之一，金融技術是另一項具成長潛力的發展領域。

就新創企業在香港總體發展中的地位而言，破壞性創新正重新定義全球的經濟、社會和政治秩序，而新創企業的發展是這個過程中的一個重要組成部分。長久以來，在製造業、貿易和服務業等領

域，香港一直非常成功地整合和動員地區內與世界各地的人才和資源。[20] 現在，我們已踏入新的階段，要在創新方面扮演這樣的角色。

五、政府制度性平台的建設

香港長遠的經濟成長有賴創意（creativity）和創新（innovation），例如金融業推出嶄新金融產品如衍生證券，專業服務協助內地企業融資及「走出去」。香港特區政府也曾聲稱，其政策重點之一，在於促進本地創意工業的發展。

1. 開放各類數據庫

在一些具有大型規模經濟的行業，創新和競爭的必要條件是建立基本的基礎設施。現代資訊年代（information era），電訊與數碼媒體行業的線路網絡與電波頻譜，乃至擁有大量數據的各類數據庫，是這些大型規模經濟的重要基礎。特區政府可發揮重要的作用，開放這些基礎設施，方便公眾使用，降低新行業的入市門檻，從而鼓勵競爭。

以香港地產代理行業的成功為例，可以看看開放數據庫為業界作了甚麼貢獻。三十年前，香港本地的地產代理仍以獨立經營的小店居多，中原和美聯兩大地產集團就是在此年代成立，帶頭變革營

運方式，終於成為行內獨領風騷的兩大集團。自此之後，兩大集團更進一步將物業交易的數據庫與客戶的交易模式掛鈎，從而推行為客戶量體裁衣的市場策略，以便定期主動接觸客戶，再將從中所得的客戶回應資料，輸入不斷擴建和更新的數據庫中。

特區政府可以開放各種數據庫供公眾瀏覽（當然以不違反《私隱條例》為原則），幫助發展具創意的營運方式，醫管局的醫療記錄即屬一例。缺乏這類數據，以實質數據為依據的醫療保險業就無從開辦，醫療保險市場就只會繼續成為保險推銷員的禁臠；得到這類數據，香港保險業就能學習如何善用之，以建立足以提供優質職位和開拓商機的醫療保險業。

2. 修改不合時宜的條例，完善新興產業制度平台

自 1995 年起，香港政府便推行電訊市場的開放政策，市場競爭令本地與國際電訊服務收費大幅下降，服務質素上升。受惠於開放的電訊政策，商機湧現，為創業者提供了業務發展的契機，而消費者亦獲得最優質的電訊服務，使香港得以成為固網寬頻普及率和平均寬頻速度均是全球最高的地區之一。根據《2014 年第四季互聯網發展狀況報告》，香港互聯網的平均連接速度位例全球之首。[21]由於當年政府開放了電訊市場，奠定了香港此後二十年仍能夠成為領先的國際商業和金融中心的基礎，並同時成為了區內主要電訊和互聯網樞紐，也為全球互聯及「互聯網＋」提供了良好的基礎設備。這些曾是香港政府應對科技發展，而修改過時電訊條例的成功經驗。

今天，香港能否成為新興產業的試驗平台，取決於特區政府能否及時修改阻礙發展新興產業、不合時宜的條例。近年的一些發展

確使人對香港能否成為新興產業的平台產生憂慮。香港警方在 2015 年 8 月曾展開大規模行動，「拉人封舖」拘捕 Uber 職員。不少顛覆、創新曾被視為觸犯法例，警方高調採取行動，到業務創新的公司「拉人封舖」，過去也有例子。就如今日成行成市的速遞生意，過去曾經被視為非法。

DHL 香港及遠東區創辦人鍾普洋 1972 年創辦 DHL 國際，這是香港第一間專營速遞服務的私營公司。DHL 國際的成立威脅到郵政局的獨市生意，警方於是放蛇調查，並告上法庭指 DHL 國際侵犯郵政局專利。DHL 國際最後在官司中勝訴，港英政府未有因敗訴而罷休，更打算透過修訂《郵政條例》，封殺 DHL 國際。鍾普洋游說商界，爭取他們的支持，最終商界群起反對修訂《郵政條例》，港英政府最後屈服。之後，速遞公司業務在港迅速發展。這是香港商界以小勝大，並促使政府修改不合時宜條例的經典案例。[22]

隨著全球互聯，分享經濟將全球擴散，例如 Instagram、Amazon、Apple、Spotify、Airbnb、Uber、LinkedIn、eCommerce 及各式社交網站，新的商業模式正挑戰傳統的政府管理。從 DHL 案例可見，不少新興企業也是從法律灰色地帶的罅隙中誕生，今天被視為非法，他朝可能是顛覆和革新行業的經典案例。特區政府應修改和改變不合時宜的法例及規管架構，令消費者可獲得科技創新及營商新意念帶來的好處。

設計新興產業制度性平台的原則是運作有序、公開透明、可以預測、開放參與，設計時需要最大的創意和大量的能力建設（capacity building），進而維持市場秩序。當然，香港在設計時應考慮中國內地市場的要求。

特區政府在建構和運作這類制度性平台時應嚴守的金科玉律

是：確保對供應方和需求方等所有人公開透明、均等參與，只擔任遊戲的裁判，避免從旁鼓動或選擇贏家。這有三個好處：一是政府作為中立的裁判，是參與者認可的誠實中介，既享有權威，又獲得各方的尊重；二是當有平台完成歷史任務後，政府是廢除這種平台惟一有公信力的權威，如此方能確保過氣的平台不會用來維護既得利益，浪費資源；三則這些平台雖本是為了與內地融合而創設，但同時開放讓其他地方參與才有助於中國內地與世界融合。

3. 改善外界對特區政府推動創意、創業的負面觀感

政府作為一個消費者，在採購政策上，可作一些有助引入新意念的措施。政府公共採購一般要公開招標。但這種策略的結果是太著重大企業、大財團，太重視公司過去的往績及經驗，確保每次政府採購項目均可百分百落實。新創企業沒有那麼多往績及經驗，政府是否應考慮在一些銀碼不大、不屬關鍵性的採購（即使犯錯仍能補救的項目），多選擇具創意的本地企業。在關鍵性項目上，可沿用傳統的採購政策。

在多個全球城市創意、創業的調查中，香港的創意、創業表現排名並不突出。2015 年 Uber 在香港的司機被檢控，而在上海則獲合法經營，也加強了人們對香港這方面的負面觀感。特區政府能否重拾過去自由、開放的思想，及時修改新興產業平台相關法例，協助新意念在香港醞釀及實施，讓國際社會瞭解香港除了是一個國際金融中心，還是一個鼓勵及協助創意、創新的城市。這將有利於吸引境外具創意、創新的人才來港。

4. 吸引更多具創新意念的境外人才，推動大中華世界（Greater Chinese diaspora）的「腦力循環」

（1）具備培養高素質人才與吸引人才的土壤

過去這三十多年，香港經濟的產業結構急劇轉型，製造業被服務業取代。由 1976–2014 年，以就業人數計，製造業由 46.5% 跌至 2.8%（工業由 47.0% 跌至 3.2%），服務業所佔的比重由 45.4% 增至 88.4%（參見圖三）。生產者服務業是服務業重要的部分，而金融服務、旅遊、貿易及物流和專業及工商業支援服務是主要的組成部分。企業只有獲得這些生產者服務，生產力才能享有高成長。

從製造業至生產者服務業的轉變，就業人口的在職培訓發生了根本的變化。製造業大量的從業員只需要熟習產品生產的部分工序，服從能力較高，所需技能狹窄。服務業的從業員則要直接面對顧客或與人一起工作，因應顧客或不同人的需要，而設計更貼身的服務，從業員的靈活性要求較高，要應對不同需求的差異。因此，生產者服務需要更高內在質素、適應能力的從業員。以服務業為主體的社會，尤其在跨國企業匯聚的城市，在人力資源方面需要培養更多元、開放而非標準化的人才。

道德和倫理標準有助於在工作場所建立誠實和責任感。而所謂「知識資本」（knowledge capital）包括各種設計高效能機械和產品的科技知識，以及加強機構組織效率的智慧。最後不可忽視的是，創意和創新所需的是批判（critical）、反射（reflective）和橫向（lateral）思維訓練。員工生產力是 2014 年跨國企業調查中第四個吸引境外機構在香港成立辦事處的因素，反映香港員工的素質受境外企業的肯定。

圖三　1976–2014年香港就業人口佔製造業與服務業的百分比

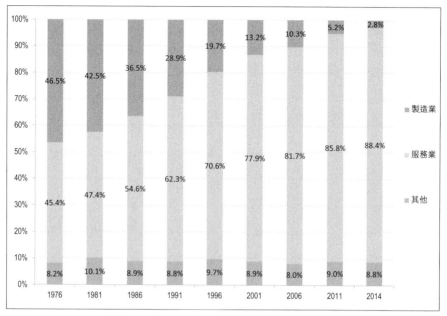

資料來源：香港特區政府統計處人口普查及中期人口統計（1976–2011）、
2014年就業綜合估計數字，作者自製圖表。

（2）推動大中華世界（Greater Chinese diaspora）的「腦力循環」

　　香港有良好的法治、強有力的知識產權（IPR）保護制度、與內地的生產基地有近水樓台之便和緊密的聯繫，加上本地市場效益高，能有效地提供創業融資，消費市場又與內地密切扣連、保持興旺，香港在與內地合作進行創意和研發上，享有獨特的地位。

　　內地近年大力加強高等教育和研發活動。香港每年也產生大批的理工畢業生，其中不少專業人才留在海外發展。海外華人世界的人才供應也很充裕。這個龐大的人力資本庫，除了高端科技和知識外，對全球以及中國都非常熟識，也有龐大的人際網絡。香港應該發揮自有的獨特地位，開發這個人力資本庫，讓華人世界的「腦力

循環」得以暢通無阻，使香港能協助大中華世界「意念」交流達更佳效果。

　　高端人才有助建設新興產業平台，全社會都必須做好人力資源配套。要與真正的市場需求連接，除了要把握好方向，還需要境外企業有力的參與和支持。與珠三角以至全球市場加強人才的融合和協作，才能深化現有的互惠夥伴關係。

結語

　　香港奉行自由開放市場、小政府、簡單稅制及低稅率，而且法治與司法獨立，尊重私有產權，制度行之有效，這正是吸引跨國企業、人才、資訊匯聚的重要因素。

　　有鑒於生產者服務對促進生產力和提高國際競爭力的重要性，以及其自身的多元性和分散性，政府的經濟角色應著重於提供鼓勵創新的基礎設施和人力資本投資，維持穩定透明的營商環境，放寬對各種專業和職業的限制以降低入市障礙，並努力為服務業打開香港的出口市場，降低其門檻。香港若能改善移民政策並有效推行，同時強化人口的量與質，將會在邁向亞洲領先大都會的途程上踏出一大步。

　　把握國家「一帶一路」的歷史機遇，發展科技創新，在香港構建新興產業平台乃當務之急，以迎接愈來愈多內地企業在香港成立

辦事處來調撥全球的資源。香港擁有達國際水平的基礎設施、學術機構、科研人才以及完善的知識產權保護制度，而香港作為國際商貿和金融中心，廣泛的商貿網絡和多元化的融資平台都有助新意念產生，而內地企業則可利用香港平台找到產業升級的方案。

　　香港特區政府及參與管治者必須重拾自由、開放的思想，修改不合時宜的法例與規管限制，及時構建更開放、公平的新興產業平台，以做好與真正的市場供求連接，保持香港一貫營商便捷的有效制度。這樣，香港才能為國家的改革開放、「一帶一路」、「走出去」戰略的有效實施，作出應有的貢獻。

香港大學經濟金融學院經濟學講座教授

黃天沂

香港文化協進智庫高級研究主任

注釋

1　Paul Romer, "Increasing Returns and Long-Run Growth", *Journal of Political Economy*, October 1986.

2　Amar Bhidé, *The Venturesome Economy: How Innovations Sustain Prosperity in a More Connected World* (Princeton University Press, 2008).

3　陳威如、余卓軒：《平台革命：席捲全球社交、購物、遊戲、媒體的商業模式創新》，台灣：商周出版，2013 年版，第 6 頁。

4　同上，第 28 頁。

5　同上，第 29 頁。

6　Edward Glaeser, *Triumph of the City: How Our Greatest Invention Makes Us Richer, Smarter, Greener, Healthier and Happier* (Penguin Press, 2011).

7　Edward Glaeser, Hedi Kallal, Jose Scheinkman and Andrei Shleifer, "Growth in Cities", *Journal of Political Economy*, December 1992.

8　Jane Jacobs, *The Death and Life of Great American Cities* (New York: Random House, 1961).

9　Robert E Lucas, Jr., "On the Mechanics of Economic Development", *Journal of Monetary Economics*, July 1988.

10　Robert E Lucas, Jr., "Ideas and Growth", *Economica*, February 2009.

11　周鑫宇：〈「新興國家」研究相關概念辨析及其理論啟示〉，載《國際論壇》，2013 年第 2 期。

12　劉洪鐘、楊攻研：〈新興經濟體的崛起與世界經濟格局的變革〉，載《經濟學家》，2012 年第 1 期。

13　香港特別行政區政府：《香港便覽 —— 金融制度》，2015 年 6 月。

14　"Hong Kong: The Premier Offshore Renminbi Business", Hong Kong Monetary Authority, April 2015.

15　香港貿易發展局：《經貿研究 —— 香港經貿概況》，2015 年 9 月 25 日。

16　香港貿易發展局：《經貿研究 —— 中國企業海外投資：首選香港專業服務平台》，2015 年 10 月 5 日。

17　Rafael La Porta, Florencio Lopez-de-Silanes and Andrei Shleifer, "The Economic Consequences of Legal Origins",(2008) *Journal of Economic Literature*, 46(2), 285–332.

18　香港大學新聞發佈，〈香港在全球新創企業樞紐的增長速度排名首五位〉，2015 年 7 月 28 日，資料來源：http://econ5.hku.hk/events/Ecosystemresult/indexc.html（最後訪問時間：2016 年 2 月 1 日）。

19　〈來香港創業吧！〉，載《彭博商業周刊 / 中文版》，2015 年第 9 期。

20　R. L. Forstall, R. P. Greene and J. B. Pick, "Which are the Largest? Why Lists of Major Urban Areas vary so Greatly?", (2009) *Tijdschrift voor Economische en Sociale Geografie*, 100(3), 277.

21　香港特別行政區政府：《香港便覽——通訊》，2015 年 7 月。

22　Po Chung and Saimond Ip, *The First 10 Yards: The 5 Dynamics of Entrepreneurship and How They Made A Difference at DHL and Other Successful Startups* (HB) (Cengage Learning Asia, 2008), pp 1–9, pp 221–236.

資料鏈接

1. 業界有關打造香港成為「一帶一路」新興產業平台的建議

（1）國家「一帶一路」發展戰略推出後，世界經濟重心會逐步東移，業界建議香港著重發揮金融及信息物流中心的優勢，建立聯繫社會及商界的網絡，方興未艾的物聯網（Internet of Things，縮寫：IoT）更是大有可為。物聯網指的是互聯網、傳統電信網等資訊承載體，讓所有能行使獨立功能的普通物體實現互聯互通的網絡。物聯網拉近分散的資訊，統整物與物的數碼資訊，具有十分廣闊的市場和應用前景。

（2）香港應該把握發展「一帶一路」新興產業平台的優勢和機遇。業界希望特區政府創新與科技當局加強對「一帶一路」沿線新興產業投資環境的調研和資訊收集，並且與業界攜手造訪有潛力的地區。

2. 新興產業的定義

新興產業（emerging industry）是指隨著新的科研成果和新興技術的發明、應用而出現的新的部門和行業。世界上講的新興產業主要是指電子、資訊、生物、新材料、新能源、海洋、空間等新技術的發展而產生和發展起來的一系列新興產業部門。全球最大金融教育網站之一的 Investopedia，將新興產業定義為一種具有不確定性的產業，新產品的需求、市場、潛力都處於一種不明確的狀態，巨額的研發投入到底有多大

的收入產出是個很大的未知數。〔"Definition of 'Emerging Industry'", Investopedia, available at: http://www. investopedia.com/terms/e/ emergingindustry.asp (accessed November 22, 2015).〕

另據國際會計師事務所普華永道（Pricewaterhouse Cooper, PwC）與歐盟企業與產業總署（Directorate-General for Enterprise and Industry, DG ENTR）合作的一項關於歐洲產業集群政策（European Cluster Observatory）的研究，新興產業被定義為建立一個全新的產業價值鏈，或者現有產業的重新配置，由一個顛覆性的想法驅動（或思想融合），從而將這些想法／機遇轉化為新產品／服務。

新興產業除了高附加值這個主要特點外，還包括其他重要特點：它形成於一個新產品、服務或思想的基礎之上；從跨部門的溢出效應中取得結果；往往是研究和知識密集型產業；培育創業精神和創新精神；觸發並使市場結構發生變化；處於不平衡的狀態，因為它的出現往往是源於一種顛覆性的想法；具有較高的集群傾向。〔"Defining Emerging Industries", Emerging Industries, available at: http:// www.emergingindustries.eu/ methodologies/definitions.aspx (accessed November 22, 2015).〕

3. 新興市場的定義

新興市場（Emerging Markets）一詞於 1980 年首次由世界銀行經濟學家 Antoine van Agtmael 提出。2001 年，高盛經濟學家吉姆·奧尼爾在其研究報告中提出「金磚四國」的概念以後，引起媒體對新興國家崛起的廣泛關注，並刺激了相關新概念的創造。「新興市場」（Emerging Markets）、「新興經濟體」（Emerging Economies）、「新興大國」（Emerging Big Powers）、「新興工業化國家」（Newly Industrialized Countries）、「發展中國家」（Developing Countries）等名稱在不同的場合混用，還出現了「金磚國家」（BRICS）、「八國集團參會國家」（G8＋

5＋1）、「展望五國」（VISTA）、「新鑽十一國」（N－11）、「基礎四國」（BSIC）等各種新名詞。

　　根據國際貨幣基金組織（IMF）全球金融穩定性研究報告（Global Financial Stability Report，GFSR，2004 年 9 月），新興市場被定義為「發展中國家的金融市場未經全面發展，但仍於海外涉足投資者」；另外一些國際金融公司的權威定義包括：只要一個國家或地區的人均國民生產總值（GNP）沒有達到世界銀行劃定的高收入國家水平，那麼這個國家或地區的資本市場就是新興市場；有的國家，儘管經濟發展水平和人均 GNP 水平已進入高收入國家的行列，但由於其股市發展滯後，市場機制不成熟，仍被認為是新興市場。

　　回顧 1988 年，環球就只有十個新興市場，可供私人投資者買賣的相關股票價值僅佔市場總值 1%。現在，被投資銀行摩根士丹利所編製的 MSCI 歸納為新興市場的國家和地區共有 23 個，相關股票價值佔市值已達 11%。它們包括：巴西、智利、中國內地、哥倫比亞、捷克、埃及、希臘、匈牙利、印度、印度尼西亞、韓國、馬來西亞、墨西哥、秘魯、菲律賓、波蘭、俄羅斯、卡塔爾、南非、中國台灣、泰國、土耳其及阿拉伯聯合酋長國。

4. 創新及科技局

　　創新及科技局（Innovation and Technology Bureau，縮寫：ITB，簡稱「創科局」）是香港特別行政區政府的決策局，專責香港的創新科技及資訊科技發展政策，及在政府內部統籌相關的事務。香港立法會會議於 2015 年 6 月 3 日通過開設創科局的決議案，至 2015 年 11 月 6 日，立法會財務委員會通過成立創科局的撥款。創科局於 2015 年 11 月 20 日正式成立，首任局長為楊偉雄。創科局下設創新及科技科，負責監督創新科技署及政府資訊科技總監辦公室的運作。

5. 德國弗勞恩霍夫應用研究促進協會

德國弗勞恩霍夫應用研究促進協會（德語：Fraunhofer-Gesellschaft zur Förderung der angewandten Forschung e. V.，另譯名：夫朗和斐協會），是德國也是歐洲最大的應用科學研究機構，成立於 1949 年 3 月 26 日，以德國科學家、發明家和企業家約瑟夫‧弗勞恩霍夫的名字命名。弗勞恩霍夫協會下設八十多個研究所，研究經費達 10 億歐元，總部位於慕尼黑。弗勞恩霍夫協會是公助、公益、非盈利的科研機構，為企業，特別是中、小企業開發新技術、新產品、新工藝，協助企業解決自身創新發展中的組織、管理問題。〔德國弗勞恩霍夫協會北京代表處，資料來源：http://www.fraunhofer.cn/research_organ_show.jsp?id=421（最後訪問時間：2015 年 11 月 22 日）。〕

第八章

「一帶一路」建設中的
香港培訓平台

提要

　　要實現「一帶一路」的宏大計劃，足夠的人才供應不可或缺。在國際化、營商制度、大學教育、培訓機構等範疇，香港皆表現突出，有能力成為「一帶一路」的人才培訓平台。當務之急，香港需做好五方面的工作：一是設立專門人才培訓交流中心，加強培養本地人才；二是建立網上人才培訓平台；三是強化研究機構效能；四是加強與內地合作；五是吸引「一帶一路」地區人員來港受訓。香港只有著手籌措建設香港的培訓平台，形成一套有效、完整的人才培訓機制，才能既協助「一帶一路」的願景落實，亦為自身長遠發展添加動力。

一、「一帶一路」瓶頸不是資金而是人才

1. 人才就是解決「一帶一路」諸般難題的關鍵之一

「一帶一路」戰略宏大、立意高遠，覆蓋世界逾六成人口，涉及數十個國家政商界、不同部門的相互合作，並不是一個短期項目，不能急追成果，需要有長遠計劃、悉心經營協調，而計劃成敗，箇中關鍵之一是人才是否足夠和達標。正面地看，「一帶一路」機會無限，能為中國未來數十年經濟持續發展帶來源源不絕的動力，有利於中國過剩的資金及生產力尋找合適的投資目標；同時，計劃面臨不少挑戰，如複雜和多變的地緣政治環境、多樣的語言環境等，若未能一一妥善處理，勢將影響成效。簡單地說，人才就是解決諸般難題的關鍵之一。

「一帶一路」分別通過五條路線貫穿亞歐非大陸，包括：一，中國經中亞、俄羅斯至歐洲；二，中國經中亞、西亞至波斯灣、地中海；三，中國至東南亞、南亞、印度洋；四，由中國沿海城市經南海、印度洋至歐洲；五、由中國沿海城市經南海往南太平洋。[1] 五條路線走向，覆蓋數十個國家，各地區語言、文化背景、經濟發展程度、政治制度、法例規管迥異，地緣政治複雜，市場環境千變萬化，對人才的能力要求極高，絕不能墨守成規。擁有獨特技能的專業人士通常經長時間培訓，是社會的寶貴財富，政府及有關當局應大量投放資源培育這類人才。要實踐「一帶一路」這樣大型的計劃，需要數以萬計的專業人才，包括金融、會計、工程、管理、法律、保險、語言等範疇，不一而足。可是，人才並不是從天而降，

需要有關方面著意栽培、慢慢培養，建立充裕的人才庫，方能滿足有關需求。

2. 國家提供人才的四個途徑

針對人才需求的問題，清華大學國際問題研究所副所長趙可金在〈「一帶一路」瓶頸不是資金，是人才〉一文中，提出四個提供人才的途徑，包括整合內部資源、轉化社會資源、挖掘境外資源及開發新興資源，並特別提到：「今後，中國應該在更多吸納外國留學生、專業技術人才、管理人才甚至領導人才上多下工夫，特別是通過制度創新，營造吸引各方面人才紛至沓來的優良環境，組建一支強而有力的境外人才大軍，為『一帶一路』建設服務。」[2]

二、香港的人才環境優勢

面對「一帶一路」龐大的人才需求，港人該問，香港應該扮演怎樣的角色？怎樣才能對國家的「一帶一路」戰略作出最大貢獻、並藉此帶動自身發展？要尋求問題的答案，必須先瞭解香港的優勢所在。

中國國際經濟交流中心首席研究員張燕生指出，香港應利用自身優勢，於「一帶一路」中把握發展機遇，推動自身長遠發展，「香

港擁有的金融、融資、貿易、法治等優勢可以讓香港在未來取得過去 35 年從未有過的重要地位」[3]。下面綜合分析香港人才環境方面的優勢。

1. 香港人才環境的最大優勢是與國際接軌

就人才環境而言，香港的最大優勢就是國際化。隨著內地經濟長足發展，內地大城市已愈加現代化，與香港相比，北京、上海、深圳等大城市不輸分毫，個別範疇更是超過了香港。可是，基於香港獨特的歷史背景，曾受殖民統治多年，享有「一國兩制」的制度優勢，不少制度設計與西方接軌，而傳統的中華文化亦得以承傳下來，華夏文明獲得良好保存，中西文化薈萃，香港仍是中國最國際化的現代化城市之一。在這個多元開放的文化環境下，最能吸引各方人才棲身、一展所長。香港，兼具中西之長，是交流中西經驗的最佳地方，亦是中國與國際溝通的重要橋樑。受惠於「一國兩制」的保障，香港仍是不少外商進入內地市場的首選地方。

香港與國際制度相接軌，大學學歷以至會計、工程、審核諮詢等專業資格審核嚴格、要求嚴謹，具有廣泛認受性，得到不少海外地區認可。以會計為例，香港會計師公會的會員資格在國際獲得認可，香港公會與澳大利亞、加拿大、南非、美國等會計師公會達成協議，可申請當地公會會籍及在當地取得執業資格。而在工程業方面，香港工程師的專業資格亦受到廣泛認可，如中國內地、美國、英國、加拿大等。香港的專業資格受到世界多個地區認可，有利香港專業人士「走出去」、向外地輸出服務。

此外，香港與國際間相互往來頻繁，對國際標準的商業合作模式熟悉，有利於提供一個公平、開放的貿易平台，讓各地資金投資

經營、發展業務。香港的營商環境優良，屢獲肯定，如在美國傳統基金會的《經濟自由度指數》年度報告中多次被選為全球最自由經濟體，在世界銀行發表的《2015 年全球營商環境報告》便利營商排名表中名列第三，在瑞士洛桑國際管理發展學院 2014 年發表的《世界競爭力年報》中排名第四位。由此可見，香港的營商環境自由開放，廣受國際認同，制度與國際接軌，對將來「一帶一路」的推廣與實踐必定有所助益。

2. 香港高等教育及專業人才儲備有發展潛能

香港的大學水平高。在過去二十年，本地大學無論在教育水平、國際視野方面，均脫胎換骨，表現更上一層樓。上世紀八九十年代，因憂慮社會前景變遷，香港一度出現移民潮，大批本地精英移居外地，在異國落地生根、發展事業，高峰期更達一年 6 萬人之數，其中大約四成左右為大學生。昔日的天子門生大規模外移，令香港的知識市場出現空洞，企業、機構等管理層出現空缺。面對大量人才外流，香港政府為填補這批社會棟樑離開造成的空缺，將本港大專院校規模擴充，增加至現時的八所資助院校規模，香港理工大學、香港城市大學、香港浸會大學及嶺南大學均是在這背景之下誕生。經此一役，香港的大學規模日益擴張，大學畢業生數目迅速增加，教研質素亦同步改善，香港大學、香港科技大學、香港中文大學等，更長期位列亞洲以至世界大學排名前列。

在 2014 年大學教育資助委員會（以下簡稱「教資會」）公佈的「2014 年研究評審工作」中，採取國際準則評審研究項目的質素水平，總結八所教資會資助院校在 2007–2013 年提交的約 17,000 個研究項目，確認 12% 的項目獲國際專家評為達到「世界領先」水

平，34% 達到「國際卓越」水平，其餘絕大部分達到國際或區域水平，足證香港的高等教育研究水平出色。[4] 大學水平高，大學畢業生人數充裕，能配合「一帶一路」戰略培養合適人才，為持續實踐「一帶一路」戰略打下良好的人才基礎。

而且，香港曾受高等教育及專業訓練的人才眾多，基礎良好，有進一步發展的潛能。以教資會的資助課程計算，近十年的大學畢業生人數穩步上揚，由十年前的每年約 15,000 人，升約兩成至每年 18,000 人，能夠為市場提供的高等教育人才不斷增加。[5]

專業人才方面，香港本地的人才數量充足，能為企業持續發展提供支援。例如：會計業，截至 2015 年 7 月，香港會計師公會會員總數達 38,926 名，執業會員增至 4,418 名；法律服務業，截至 2014 年，本地持有執業證書的律師共 8,279 名，香港律師行及註冊外地律師行分別有 836 間及 79 間；工程業，截至 2015 年，香港工程師學會的合資格專業會員人數超過 30,000 名，當中有 14,000 多名法定會員；測量業，截至 2015 年 8 月，香港測量師學會共有 6,101 名正式會員；管理諮詢業，截至 2015 年 6 月，提供管理及管理顧問服務的本地機構達 7,992 間，相關就業人數共 34,811 人。

圖一　香港教資會資助學士課程畢業生數目

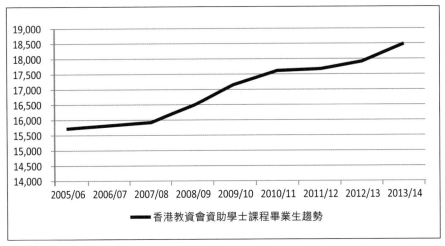

資料來源：大學教育資助委員會。

表一　香港專業人才概況

行業	專業人才數目
會計	38,926
法律服務	8,279
工程	30,000
測量	6,101
管理諮詢	34,811

資料來源：香港會計師公會、香港律師會、香港工程師學會、香港測量師學會、
香港政府統計處《就業及空缺按季統計報告》。

　　綜合以上資料，可以看到香港的高等教育及專業人才具一定儲
備基礎，可以為香港參與「一帶一路」戰略提供充足的人才支援。

3. 香港的培訓機構眾多且經驗豐富

從人才培訓的角度考察，香港培訓機構累積多年經驗、優勢，能在「一帶一路」戰略的人才培訓方面發揮作用。香港半官方的僱員再培訓局資料顯示，目前共有約 100 間認可培訓機構，以及約 400 間培訓中心分佈港九新界，提供的培訓課程層出不窮，有與就業掛鈎或服務特定對象及不同目標群體的課程，有提供「國家職業資格」證書課程、行業認證課程等專業認證，亦有以實務技能為主的實用課程，為有需要人士提供培訓進修服務，提升個人競爭力。

香港培訓機構的最大優勢是課程水平高，尤其是部分培訓機構有本地大學作為後盾，例如香港中文大學專業進修學院、香港城市大學專業進修學院、香港理工大學企業發展院等大型機構，均由各高等院校的分支部門營辦，為培訓機構提供充足的教研支援，課程質素具保證，導師資歷獲認可，水平不遜於各大專院校。而且，培訓機構的課程受嚴格監管，僱員再培訓局對培訓機構設有嚴謹的審批準則，涵蓋行政、課程質素、導師資格等範疇，確保課程符合標準，避免課程濫竽充數的情況出現，畢業生資歷獲廣泛認可。再者，本地的培訓中心數量眾多，方便在職人士及學生與時並進、持續進修，能滿足龐大的學習需要，長遠支援香港的人才發展。

4. 香港有潛力成為「一帶一路」的人才培訓平台

在「一帶一路」的大方向下，香港需認清自身的長處和短處，並善加利用優勢，才能邁步向前。從上述可見，香港在國際化、營商制度、大學教育、培訓機構等範疇表現突出，具備人才培育的良好土壤，且有能力匯聚各地人才交流，建立人才培訓平台。巴曙

松、王志峰在〈「一帶一路」：香港的重要戰略機遇〉一文中，概括了香港在「一帶一路」中的九個發展方向，包括：一是積極參與整體框架的設計及跟蹤評估；二是構建以香港為基地的全球融資體系；三是鞏固香港在境外人民幣融資市場的優勢地位；四是擴大香港在離岸人民幣市場的領先優勢；五是加強深港合作發展海洋經濟；六是幫助建立具有國際標準的商業模式和合作框架；七是鼓勵香港企業參與基建項目投資和管理；八是為中資企業在沿線投資基建項目提供協助；九是為「一帶一路」輸送國際性人才。[6] 兩位專家學者除建議利用香港金融市場的優勢外，大部分建議更特別提到香港能為計劃輸送國際性人才，反映香港確有潛力成為「一帶一路」的人才培訓平台，為「一帶一路」戰略持續發展提供有力支援。

三、香港如何扮演好培訓平台的角色

香港可以如何著手準備、扮演好培訓平台的角色？香港可按以下幾個大方向來作準備，形成一套有效、完整的人才培訓機制，包括：設立專門人才培訓交流中心，加強培養本地人才；建立網上人才培訓平台；強化研究機構效能；加強與內地合作；吸引「一帶一路」地區人員來港受訓。

1. 設立專門人才培訓交流中心，加強培養本地人才

香港應設立「一帶一路」的專門培訓交流中心，整合人才資源，建立人才庫，為計劃提供充足人才。特區政府可資助經費，與本地的大學及培訓機構合作，提供合適的短期及長期課程，介紹「一帶一路」的發展概況和各地市場規管、社會制度、語言文化等範疇，加深本地專才對計劃沿線國家的瞭解。在上世紀九十年代初，為迎接香港回歸，港英政府特意為公務員提供培訓，由香港中文大學的香港亞太研究所講解中國國情，涉及經濟開放政策、人口、交通、珠三角發展、上海發展等不同範疇，消除公務員對內地社會發展的誤解。特區政府可因應發展需要，參考過往經驗，與本地的大學、培訓機構合作，設立特別專題課程或國際認可的專業課程，為本地公務員、商界及專業人士等對「一帶一路」有興趣的人士，提供培訓，方便本地人才轉型，滿足「一帶一路」對人才的需求。

除整合人才資源、為專業人士「增值」外，長遠而言，香港亦需自行培養新一代相關人才，補充人才庫。故此，特區政府有必要研究於本地大學開設相關課程，或於現時課程基礎上加入有關內容，改善配套措施，讓大學生更易掌握「一帶一路」的發展，並提供獲「一帶一路」沿線國家認可的專業資格試，以培育更多具國際視野的中、高層人才及合資格的專業人才，支援內地、香港企業向外拓展的大計。

2. 建立網上人才培訓平台

除實體的培訓平台外，香港亦應利用創新科技之便，以互聯網建立網上交流培訓平台。須知道，東盟十國的語言、文化多元，單

計新加坡一國，便有英文、中文、馬來文和印度文等不同語文，再加上其餘各國的文化背景、社會制度也截然不同，為推動「一帶一路」增添不便，影響計劃成效。多種語言難以互相溝通，且因地理上存在距離，為各地交流帶來阻隔，要克服箇中障礙，跨越地理及語言限制，當局可考慮建立多語版本的網上平台，發放與「一帶一路」相關的商業資訊，如各國政策、基建項目發展等，讓各地商人能獲得第一手營商資訊，開拓商機，加強合作，並可藉網上平台提供合適的遙距課程，讓各地有興趣人士能加深對「一帶一路」戰略的瞭解。

3. 強化研究機構效能

當局應研究強化研究機構的效能，如成立智庫、專門研究部門等，配合「一帶一路」戰略的需要進行研究，探討「一帶一路」戰略的發展方向及提出建議，建立足夠的知識儲備，為推進計劃做好充足準備。許楨在〈一帶一路與香港經濟轉型機遇〉中，提到本地智庫的獨特角色：「香港政商領袖、學界精英，應當在特區政府的策劃下，以專業智庫、研究組織和民間論壇為平台，促進中國與『一帶一路』諸國加深瞭解、求同化異。在中國『走出去』過程中，發展『民間外交』、『公共外交』。」[7]

當局要實踐這種「民間外交」，莫過於加強香港與國際研究機構之間的聯繫，協助研究機構橫向發展，尤其是與「一帶一路」沿線國家的研究機構合作，建立跨國的智庫研究網絡，共同探討計劃的發展方向、建議，為各地政府、投資者提供合適、專業的發展諮詢意見，為計劃推進減少障礙，令項目得以順利發展。

4. 加強與內地合作

　　香港要成功借助「一帶一路」戰略推動自身經濟發展，必須與內地構建更緊密的合作關係。香港擁有大批熟悉國際商業制度的人才，可為內地官員、相關人士提供專業培訓，令其瞭解國際發展情況，推動「一帶一路」時更見得心應手。2015 年，浙江師範大學、廈門大學等 30 間大學成立了「中國—東盟教育培訓中心」，「旨在為東盟國家經濟社會發展培養所需人才，促進中國—東盟人文領域交流與合作，擴大同各國各地區的利益交匯，從而充實中國—東盟戰略夥伴關係內涵」。[8] 內地特地設立與東盟相關的培訓中心，香港可善加利用，促使本地大專院校與該中心作不同形式的合作，如交流、合辦課程等，甚或研究長遠合作機制，吸納更多頂尖院校進入培訓中心之內，互相砥礪，提升培訓水平。

5. 吸引「一帶一路」地區人員來港受訓

　　要取得人才互相交流的效果，香港必須吸引「一帶一路」地區人才來港受訓，雙方互動方能事半功倍。因此，特區政府可考慮前往「一帶一路」國家宣傳推廣，設立人才培訓計劃，為「一帶一路」地區的官員及商界提供國情培訓，介紹內地最新發展趨勢、政策、重點項目，為內地與「一帶一路」諸國搭建溝通渠道。這不單將「一帶一路」推廣至沿線的目標群眾，同時也有利於計劃落實。

　　總之，香港需要建立一套完善、長遠的人才培訓機制，借助大學、培訓中心、研究部門以及其他地區的人力資源，令香港成為「一帶一路」的人才培訓平台，供各方賢達交流匯聚，提供專業意見，推動「一帶一路」戰略的落實。香港如能把握好機會，持續地朝這個大方向發展，假以時日，定能卓然有成。

結語

「一帶一路」既是中國未來發展的大藍圖，亦是香港難得的發展機遇，是個千載難逢、深遠影響香港與內地以至許多亞非歐國家的區域發展的願景。未來三十年世界經濟秩序可向中國和亞非地域傾斜，新景象和新繁榮將隨之而來，但中國內地和香港必須做足準備，從人才開始。

自回歸以來，香港經濟的老大難問題始終未見解決，經濟結構過於單一、創新科技產業未成主流、地少人多問題困擾社會發展等等，窒礙香港邁步向前，導致香港漸有被邊緣化的危機。要避免陷於邊緣化的困境，香港自當奮力自強、把握機遇，利用自身獨特優勢，建設人才培訓平台，充裕知識儲備，加強與內地合作，成為中國與「一帶一路」各國之間的橋樑，為「一帶一路」提供充足人才，填補現時計劃的不足，既讓本地精英轉型「走向國際」，開拓商機，亦協助「一帶一路」戰略持續發展，共建更美好未來！

本章作者：楊汝萬

香港中文大學地理與資源管理學系榮休講座教授

黃啟聰

香港文化協進智庫研究員

注釋

1　中國國家發展改革委、外交部和商務部:《推動共建絲綢之路經濟帶和 21 世紀海上絲綢之路的願景與行動》,2015 年 3 月 28 日,資料來源:http://www.ndrc.gov.cn/gzdt/201503/t20150328_669091.html(最後訪問時間:2015 年 10 月 27 日)。

2　趙可金:〈「一帶一路」瓶頸不是資金,是人才〉,2015 年 1 月 5 日,資料來源:http://203.207.195.145:81/Detail.aspx?newsId=3964&TId=234(最後訪問時間:2015 年 10 月 27 日)。

3　〈專訪中國國際交流中心首席研究員張燕生:港未來 35 年優勢空前 勿失良機 謹防被替代〉,《文匯報》,2015 年 10 月 27 日,A5 版。

4　大學教育資助委員會:《2014 年研究評審工作》,2014 年 2 月,資料來源:http://www.ugc.edu.hk/big5/ugc/rae/rae2014.htm(最後訪問時間:2015 年 10 月 27 日)。

5　大學教育資助委員會統計數字主頁,資料來源:http://cdcf.ugc.edu.hk/cdcf/statEntry.do?language=TC(最後訪問時間:2015 年 10 月 27 日)。

6　巴曙松、王志峰:〈「一帶一路」:香港的重要戰略機遇〉,載《人民論壇·學術前沿》,2015 年 5 月號。

7　許楨:〈一帶一路與香港經濟轉型機遇〉,2015 年 7 月,資源來源:http://www.pfirereview.com/20150701/(最後訪問時間:2015 年 10 月 27 日)。

8　〈中國—東盟教育培訓中心正式揭牌成立〉,中國新聞網,2015 年 8 月 3 日,資料來源:http://big5.chinanews.com/gate/big5/www.gz.chinanews.com.cn/content/2015/08-03/55425.shtml(最後訪問時間:2015 年 10 月 27 日)。

資料鏈接

1. 業界有關打造香港成為「一帶一路」培訓平台的建議

（1）香港特區政府應成立「一帶一路實習基金」，為各大院校提供實習計劃及資助，讓有興趣的學生到「一帶一路」沿線國家或地區進行暑期實習。

（2）鼓勵各大院校開辦有關「一帶一路」的課程，供大學生及在職人士進修，課程內容需要配合香港在「一帶一路」的角色。

（3）政府可向業界提供資金或場地等援助，讓業界更有效地發展及舉辦切合市場需要的培訓項目及專業考試。

（4）政府和業界也可共同安排具有潛質的本地年輕人到相關的海外機構進行實習或培訓。

2. 大學教育資助委員會

香港的大學教育資助委員會簡稱「教資會」，成立於 1965 年，是香港的非法定諮詢委員會，負責就各高等院校的未來發展及經費運用向特區政府提供意見。教資會的主要職能：一是向受資助院校分配撥款，確保院校課程符合質素，是香港高等教育的把關人；二是就香港高等教育的策略性發展和所需資源，向政府提供專業意見。

3. 職業訓練局

香港的職業訓練局成立於 1982 年，是香港最具規模的職業專才教育機構，課程質素廣受認可。該機構轄下共有 13 個機構成員，每年為逾二十萬學生提供職前及在職訓練，課程內容多元化，遍及設計、飲食、工商管理等專業範疇，適合中學畢業生至碩士程度的不同學歷人士修讀，是香港在職培訓的重要一環，對提升本港人才水平甚為重要。

4. 香港高等教育院校培訓架構概況

　　香港的高等教育以八所受教資會資助的大專院校為中心。自 2000 年起，特區政府推動高等教育普及化，如副學士學位等逐漸普及，社會對高等教育需求益增。部分本地大學重整架構，設立專上學院，包括香港大學專業進修學院、香港中文大學持續進修學院等，為學生及在職人士提供更多培訓課程，成為高等教育人才培訓的重要配套，使香港的人才培訓機制更為完善。

第九章

香港企業融入「一帶一路」的
先行者們

提要

　　「一帶一路」倡議自 2013 年秋提出至今已經六年有餘，愈來愈多國家在很多方面的參與，都為香港企業提供了商機。同時，隨著中國與「一帶一路」國家之間的互動，香港特區政府和業界的橋樑和「超級聯絡人」作用也愈來愈顯著和多元化。本章將從宏觀、微觀兩個方面向讀者介紹香港企業參與「一帶一路」建設的最新進展。宏觀方面，我們將會簡單綜述至 2019 年初，香港企業在「一帶一路」方面的各種參與的基本狀況和特點。微觀方面，我們將介紹一個香港上市公司（招商局）的兩個案例，比較兩者的成功之處和遇到的問題，以及從「一帶一路」角度看到的種種問題和可能的解決方案。

一、香港在「一帶一路」中扮演的角色

　　香港是以貿易為本起家的城市。上世紀五十年代開始，香港用了三十多年的時間完成了工業化。中國內地改革開放以後，大量的香港製造業北移，使得香港從 1990 年代開始回歸到其區域貿易與運輸樞紐間中國門戶的角色。同時，經歷工業化的傳統貿易中心也進一步升格為世界級的金融中心——從事最高層次的貿易，並以此為基礎，展開了大量的離岸貿易。今天香港企業在香港以外地區、特別是中國內地，完成的產值已經超過香港自身的貿易總額，等同在香港之外製造了一個無形的香港。瞭解到這個背景，我們就會明白，香港特別是香港的企業在響應並參與「一帶一路」的過程中，有很多相對「隱形」的角色。

　　例如表一列舉的一些代表性企業。他們分別來自不同的行業類別，或者參與的項目並不大，或者在比較大的項目中提供某種專業服務，或者負責大項目中的某個子項目。

　　這些例子反映出香港經濟的特色：大多數企業都是人數少於1,000 人的中小民營企業，他們回應「一帶一路」的倡議，主要體現在為一些基礎設施建設項目提供專業意見、專業服務、金融管理、資訊管理以及各種配套支援。根據香港貿易發展局的「一帶一路」服務供應商資料庫的資料，'我們將香港企業參與的「一帶一路」沿線國家相關項目分為環保、金融、資訊科技、基建、專業服務、運輸及物流六個方面，並在此對其至今的進展做一個大致的介紹。

　　從香港企業投入「一帶一路」建設的行業分佈來看，提供**專業**

表一 香港企業參與「一帶一路」項目的代表性個案

地區	國家	類別	項目名稱	項目詳情
東南亞	泰國	基建	烏隆公路養護項目	香港公司為項目提供瀝青混合料攪拌設備及技術服務
中東	阿聯酋	專業服務	設立主權財富基金	香港律師為內地與阿聯酋首個共同建立的主權財富基金提供法律諮詢服務
中亞	哈薩克	環保	環保節能產品貿易	香港的節能照明產品公司向當地建築公司提供節能照明產品
南亞	巴基斯坦	運輸與物流	真納光伏產業園	香港船務公司為該產業園提供海陸物流綜合統籌服務,將數千個標準集裝箱的太陽能發電板及電池組合等設備,由內地鄭州運送至巴基斯坦進行安裝
東南亞	泰國	資訊科技	提供智慧電子學習平台	香港科技公司研發智慧電子學習平台,運用遊戲化、自我調整智慧化,以 VR/AR 形式,為當地學童提供英語及對外漢語電子學習方案
東南亞	馬來西亞	金融	運輸物流公司利用香港集資	總部設於馬來西亞,提供全面國際空運、運輸及倉儲服務的運輸物流公司,2016 年在香港交易所上市集資,拓展業務

資料來源:香港特區政府網站。

服務(業務範圍涵蓋業務估值、管理諮詢、企業情報、企業服務、財務諮詢、財務盡職調查、過渡期管理、法律諮詢、法律盡職調查、市場戰略分析、專業服務風險管理、稅務諮詢)的企業所佔的

百分比最多，為 **38%**。

其次為**運輸及物流服務**（業務範圍涵蓋第三方物流／供應鏈管理解決方案、空運中心、貨運航空公司、貨櫃碼頭、貨物承運、海事保險、海事仲裁、鐵路營運、船舶融資、船舶管理、船舶擁有、船舶經紀、班輪公司／無船承運人、倉庫／存儲業務／增值服務），佔 **23%**。

金融服務（業務範圍涵蓋商業銀行、基金管理、對沖基金、機構投資、保險、投資銀行、伊斯蘭金融、併購、私人銀行業務、創業及私募基金、金融風險管理、證券、銀團貸款、信託基金、資產管理）又次之，佔 **18%**。

基建服務（業務範圍涵蓋建築設計服務、工程顧問與諮詢、建造服務、建築工程服務、基建及城市規劃、基建及公用事業投資、港口碼頭及機場建設、鐵路建設、測量及估價）佔 **11%**。

資訊科技服務（業務範圍涵蓋大數據方案、生物識別技術、雲端方案、資料中心、子認證、數碼行銷、電子商務、電子物流及供應鏈管理、電子支付、企業科技方案、出入口解決方案、行業科技方案、互聯網服務、物聯網、資訊科技顧問服務、資訊科技外判服務、資訊科技保安、移動方案、資訊科技服務風險管理、智慧卡技術、電訊與無線網絡）佔 **7%**。

環保服務（業務範圍涵蓋能源管理、環保工程、環保管理及顧問、綠色建設方案及服務、資源再造、風險及復原管理、廢物管理）佔 **3%**。

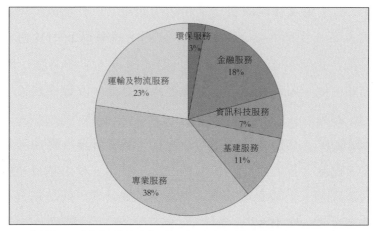

資料來源：香港貿易發展局「一帶一路」香港服務供應商數據庫，2019 年 3 月。

在「一帶一路」沿線國家和地區中，最多香港企業前往開展業務地區的是中國內地（共有 187 家）；其次為東南亞、南亞、東北亞（分別為 130、124、120 家）；再次為西歐和中東（分別為 101 和 97 家）；最後為中亞、非洲、中歐及東歐（分別為 89、81、76 家）（見圖二）。

為中國內地「一帶一路」項目提供支持的香港企業主要從事的領域為專業服務（佔 45%），其次是金融服務（佔 17%），運輸及物流服務和基建服務各佔 13%（見圖三）。相比整體情況，香港企業在運輸與物流方面參與得比較少，主要是因為內地這方面的企業已經相當成功，而且如果按照企業數目作為統計量，專業服務數量會顯得比較大。

在中國內地以外，香港企業參與的情況還是有不少差別的。為東南亞地區「一帶一路」項目提供支持的香港企業主要從事的

圖二　香港企業參與「一帶一路」項目的地理分佈

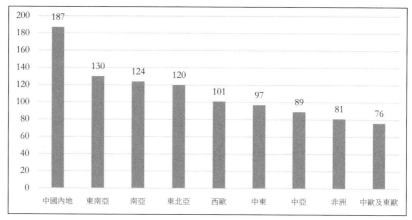

資料來源：香港貿易發展局「一帶一路」香港服務供應商數據庫，2019 年 3 月。

圖三　為中國內地「一帶一路」項目提供支持的香港企業主要從事的領域

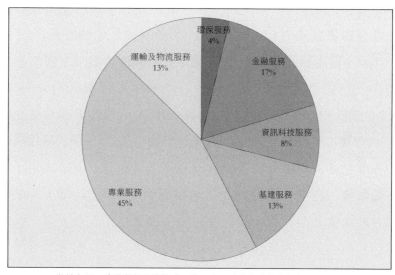

資料來源：香港貿易發展局「一帶一路」香港服務供應商數據庫，2019 年 3 月。

領域為專業服務（62 家，佔 48%），其次是金融服務（26 家，佔 20%），基建服務佔 14%（19 家）。為南亞地區「一帶一路」項目提供支持的香港企業主要從事的領域為專業服務（62 家，佔 50%），其次是基建服務和金融服務（分別為 17 和 18 家，各佔 14%），運輸服務佔 12%（15 家）。為東北亞地區「一帶一路」項目提供支持的香港企業主要從事的領域為專業服務（56 家，佔 47%），其次是運輸服務（20 家，佔 17%），金融服務佔 14%（17 家）。為西歐地區「一帶一路」項目提供支持的香港企業主要從事的領域為專業服務（55 家，佔 47%），其次是運輸服務（17 家，佔 17%），金融服務佔 14%（11 家）。為中東地區「一帶一路」項目提供支持的香港企業主要從事的領域為專業服務（44 家，佔 45%），其次是基建服務（17 家，佔 18%），金融服務佔 14%（14 家）。為中亞地區「一帶一路」項目提供支持的香港企業主要從事的領域為專業服務（43 家，佔 48%），其次是運輸服務（13 家，佔 15%），金融服務佔 13%（11 家）。為非洲地區「一帶一路」項目提供支持的香港企業主要從事的領域為專業服務（40 家，佔 50%），其次是金融服務（13 家，佔 16%），運輸服務和基建服務各佔 12%（各 10 家）。為中歐及東歐地區「一帶一路」項目提供支持的香港企業主要從事的領域為專業服務（40 家，佔 53%），其次是運輸服務（11 家，佔 14%），金融服務佔 12%（9 家）。總體而言，香港在東北亞和東南亞從事相關金融服務的企業更多一些；在東南亞和南亞參與的基建項目的企業比例高一些；而專業服務整體比例最高，其中西歐、南亞、東南亞特別高。整體參與度最高的是東南亞，超過 130 家企業，而參與度最低的是中歐及東歐地區（參見圖四）。

圖四 香港在中國內地以外各個地區「一帶一路」項目的企業參與分佈

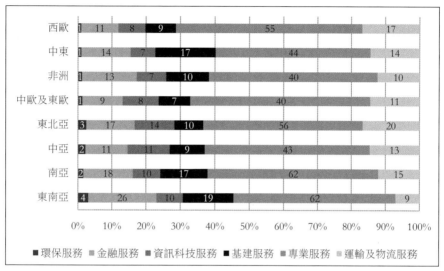

資料來源：香港貿易發展局「一帶一路」香港服務供應商數據庫，2019 年 3 月。

二、香港大型企業參與「一帶一路」的案例分析

　　當然，香港不僅有中小企業參與「一帶一路」，大型企業也不乏案例。香港的大型企業大致上可以分為兩類，一類是本土企業，比如港鐵集團、和記黃埔、新世界集團等，另一類是在香港上市的中國內地大型企業，比如中石化集團、騰訊科技、中國聯通等。香港本土集團明確以「一帶一路」倡議為動力或為主要出發點的項目比較少。香港上市公司這一類還可以再分為中資國營、中資民營和

非中資三個子類，其中中資國營即國企當中，中央企業（央企）是香港參與和助力「一帶一路」國家發展的主力。與非上市公司不同，香港的上市公司不僅受到證券交易所和證監會的監管，更受到市場力量的「監督」，盈利能力直接反映到公司市值上。而同時身為央企，在「一帶一路」中積極投入，做好中央政府賦予的角色和任務，亦是每個央企的責任。因此，這些企業進入「一帶一路」國家，有雙重目標：一來要根據國家的要求和部署，積極拓展相關項目；二來作為上市公司，對股東負責，妥善經營，合理地謀求利潤極大化。如何在「一帶一路」項目中達至上述的雙重目標，是每個參與共建「一帶一路」的香港上市國企所面對的巨大挑戰，特別是考慮到「一帶一路」中大部分主要項目都是基礎設施方面的投入，屬於需要大量初始投入、而回報期又比較長的項目。

具體而言，這個巨大挑戰可以進一步分解為以下幾個方面的難點。第一，在海外，中國的央企身份是跨國公司。作為跨國公司，其身份及行為都不同於在內地的央企，需要按照所在國對跨國公司的法律與規範行事，而最主要的是不會和當地政府有特殊關係。因此，很多經濟活動會受到相當於外資外企在中國受到的規管。通常，這種規管和監管會比本地公司更嚴格，並可以體現在很多方面，比如勞工福利、環保、法律程序等。第二，政治上，「一帶一路」上一些國家的政局變動比較大，而且變動方向也難以判斷。當地政局發生變動時，中國國營企業特別是央企有可能成為當地政府與中國政府中間的一個媒介或緩衝區。同時，也可能因為政治因素，導致企業的項目被貼上政治標籤。從企業經營角度，這些都是需要控制的風險。第三，如果不是純基建類的企業，建設完工就離開，就需要考慮企業 DNA 如何融入當地社會經濟環境。所謂企業 DNA，即企業的特長與此配合形成的內部文化。第四，在投融資方

面需要盡可能通過先進的模式，減少投資風險，並通過多種合資合營（PPP）的方式，增加透明度，從而增加信譽，降低隱形成本。第五，企業在當地的發展策略，需要扎實地建立在對市場的評估上，而不是國家的宏觀政策上。當一些項目在初期因受惠於政府特定政策而起步之後，如果始終無法找到市場機遇所在，導致騎虎難下，最終不了了之的風險還是很高的。

下面我們就中國招商局集團及下屬招商港口（香港上市公司編號 144）為例，介紹和分析該企業是如何應對上述種種挑戰的。

招商局是中國最早的央企，也是目前央企中業績最好的。經過百年的成長與併購，該公司的業務範圍覆蓋面非常廣，除了其最早、也是最擅長的港口經營業務已經成為了世界第三，招商局在房地產、保險、銀行、物流、航運等很多方面都已經成為中國內地以及香港地區的翹楚。

招商局經營著全球二十多個國家近六十個碼頭，特別值得注意的是，該公司是少數在「一帶一路」倡議剛剛開始時已經有多個項目在相關國家的央企。過去五年，其進一步參與的項目也愈來愈多，比較著名的包括習近平主席親自考察過的、位於白羅斯首都明斯克機場附近的中白工業園區，以及作為東非新興產業大國埃塞俄比亞的門戶吉布提。招商局接手了吉布提的集裝箱碼頭之後，又於 2018 年開闢了吉布提自貿區。在眾多項目當中，我們在本節集中介紹並剖析其在斯里蘭卡的兩個項目：經濟首都的科倫坡港和南方省的漢班托塔港。

斯里蘭卡是位於印度次大陸南部的一個美麗島國。面積為 65,610 平方公里，人口 2,200 萬。斯里蘭卡有九個省、25 個轄區。斯里蘭卡的地理位置、歷史和與周邊國家的關係，決定了她未來發展的機遇。2009 年，該國在當時的總統馬欣達·拉賈派克薩領導下

終於結束了 30 年的內戰動亂，開始重振經濟。重要的舉措包括提升首都科倫坡的區域航運樞紐作用，以及開發南部主要城市——拉賈派克薩的家鄉漢班托塔為其國家最大的產業基地，並就此選擇了中國作為其重要經濟夥伴。

1. 科倫坡港

招商局進入斯里蘭卡科倫坡港新集裝箱碼頭建設是在 2011 年。招商局的到來為該港帶來了天翻地覆的變化。招商局投資的科倫坡國際集裝箱碼頭水深 18 米，岸線總長度 1,200 米，陸域面積 58 公頃，設計年吞吐能力為 240 萬標箱。該碼頭僅用了三年的時間就提前建成。從 2014 年開始的短短四年時間裏，輸送量達到了 239 萬標箱，並連續幾年成為當年全世界集裝箱碼頭輸送量增長率最高的碼頭。

招商局在科倫坡港的集裝箱碼頭在眾多「一帶一路」基礎設施建設中脫穎而出，僅僅五年就取得如此令人羨慕的成功，究其原因，主要是招商局從戰略角度看到了本地區進入全球供應鏈版圖的時機，並從技術層面瞭解到該地區的短板與瓶頸所在。所謂進入全球供應鏈版圖，是指南亞幾個國家，包括孟加拉、印度和斯里蘭卡自身，都在經濟發展中進入了快車道。特別是孟加拉，由於人工便宜而且社會穩定，逐漸成為愈來愈多人力密集型製造業諸如製衣、製鞋、電子產品的全球生產基地，原來在中國珠三角等地的企業轉移到這裏的也很多。但是，孟加拉以及整個印度次大陸都因為沿岸的自然地理特徵，沒有建設深水大港的基本條件。這給位於大陸南端的島國斯里蘭卡建設遠洋海運中轉樞紐帶來了得天獨厚的自然壟斷條件。當今與全球供應鏈配套的集裝箱海運系統，是以超級龐大

的遠洋輪（1 萬標箱，10 萬噸級以上）配合碼頭水深 15–17 米的中轉樞紐，構成所謂軸輻式運輸網絡（Hub and Spoke Network）。這種高效率的運輸結構需要高效率的現代化港口設備及其經營者才能實現。而從技術上，由於科倫坡老舊的設備和落伍的經營體制，給在中國成長為世界級集裝箱碼頭經營商的招商局一個非常難得的機會。他們就像是萬事俱備所欠的東風：高效率的裝卸及與班輪公司良好的關係，使得新投入的碼頭設施一下子解決了瓶頸問題，串起了從孟加拉和印度生產線到全世界消費市場的供應鏈，對斯里蘭卡和招商局自身都帶來了非常好而且是可持續的經濟效益。

2. 漢班托塔港

然而，同樣是斯里蘭卡，同樣是招商局，在南方省的漢班托塔，卻演繹著一齣完全不同的劇本。漢班托塔位於斯里蘭卡南部省漢班托塔區首府。漢班托塔港在中國援助下始建於 2007 年，2012 年開始運營。與此相配合的還有漢班托塔產業園區，它是斯里蘭卡 23 個產業園區中最大的一個。該國政府宣佈建設這個位於當時總統家鄉的這個地區。這是一個人口密度中等、自然地理條件理想，有著一定發展基礎的區域。除了有建設天然良港的優越條件，還有足夠的空間發展多元化的產業，包括旅遊業，前提是比較大的基建投入，包括一個機場、一個港口及相關園區，和一條通往首都科倫坡的高速公路。當時為了急於振興其家鄉的經濟，拉賈派克薩首先向印度提出了修建漢班托塔港的資金請求，但是，由於印度認為這個項目會虧本，所以拒絕了他的請求。多邊開發銀行也不願意伸出援手。最終，經過多番談判，中國進出口銀行同意向漢班托塔港第一階段建設提供 85% 的資金。這筆 3.06 億美元的商業貸款，期限 15

年，利率 6.3 %，寬限期為四年。後來，中國進出口銀行又向漢班托塔港的第二階段建設工程提供了 9 億美元貸款，利率設在 2%。

漢班托塔港第一階段建設於 2008 年 1 月開工，由中國港灣工程有限責任公司和中國水利水電建設集團聯合承建。港口於 2010 年 11 月 18 日開始運行，比計劃提前五個月投入運營。然而，由於管理不善，缺乏業務，無法吸引船隻停靠港口，漢班托塔港的盈利不足以還本付息。2015 年，拉賈派克薩競選總統失敗，新上任的總統邁特里帕拉‧西里塞納及其政黨否定了這一籃子的發展項目，認為其中涉及前任及其相關黨派的貪污腐敗等問題，並指現政府無力負擔整個項目的債務。截至 2016 年年底，累計虧損約 3.04 億美元。斯里蘭卡對中國進出口銀行、國際貨幣基金組織等國際機構的債務都陷入了無法按時償還的危機之中。

在斯里蘭卡新政府與中國政府磋商以後，2017 年 7 月，招商局港口有限公司（「招商港口」）以現金 11.2 億美元的代價購得漢班托塔國際集裝箱港口集團（HIPG）85% 的經營權，並以特許經營權方式，擁有斯里蘭卡政府和斯里蘭卡港務局授予 HIPG 期限為 99 年的獨家開發、建設、經營的權利，同年 12 月，漢班托塔港務局將 11.51 平方公里的土地（含港口和相關工業園區計劃用地）正式移交給招商局控股的 HIPG 建設與經營。

從企業的角度，上述土地使用權的轉讓，體現了央企作為跨國公司的同時，需要肩負國家使命從而承擔在他國經營的特定政治風險：招商局需要承擔上述變故的風險，因為該港口成為某些傳媒以及美國副總統攻擊「一帶一路」是「債務陷阱」的案例，並突出渲染此地是中國圖謀建立軍事基地的地點，儘管達成的協議禁止外國將該港口用作軍事目的，除非獲得政府的許可。事實上，當這片土

地及港口以現金支付的方式，租給招商局作為大股東的合資企業漢班托塔港集團後，真正的「債務陷阱」在招商局這邊，而不是斯里蘭卡。對於招商局來說，如果未來 10 年無法成功經營漢班托塔港，之後的 89 年更不會有機會。而該港口以及附近園區能否成功，某種程度又要依賴於該國現政府對其他項目、特別是高速公路的興建完成情況。

理論上，招商局是有成功的機會的。如圖五所顯示，要將漢班托塔港像科倫坡港那樣，變成全球供應鏈的一環，有三方面的條件：

（1）成為歐亞遠洋集裝箱航線的理想中途加油站：當今歐亞航線航行的是大量萬標箱級的巨型集裝箱船，其燃料在航行重量上佔很大比重，如果以半載燃料的方式航線可以大大減少航運成本。漢班托塔距離主航道僅僅 10 海里，對於滿載貨物西行的船隻而言，是比偏離亞洲的新加坡更為理想的中途加油基地。

（2）成為南亞各國的門戶港：與科倫坡港一樣，這裏是南亞地區極少有的深水大港，並且從成本和航運地理位置而言，完全有條件形成新的樞紐，逐步取代科倫坡港，成為南亞第一門戶港，負責軸幅式中轉，將孟加拉和印度與全球市場的供應鏈銜接。

（3）以類似中國深圳等地的特區或自貿區的方式，在這裏建立出口加工工業，形成依託港口的產業集群。

以招商局自身的優勢，如果做到了上述三點，他們還可以進一步將他們自己 1980 年以來在深圳用 30 年的時間，在蛇口地區建設港口、工業區、城市的所謂「前港—中區—後城」三部曲模式移植到漢班托塔港來（見圖五）。

圖五　漢班托塔可以在全球供應鏈中扮演的角色

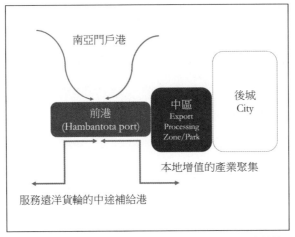

資料來源：作者繪製。

　　然而，完成上述發展設想是非常艱難的任務。與科倫坡港的投資情況剛好相反，當時的投入是「萬事俱備只欠東風」的東風，而漢班托塔港的情況是由於前總統決策造成的超前投資而轉化形成的局面，招商局的進入，成了「萬事欠備只有東風」中的東風。首先，雖然招商局有在深圳發展「前港—中區—後城」的經驗，南亞地區目前和可見的未來發展前景也很好，但這裏的發展速度受到整個地區需求、人才供應、基礎設施配套、現有港口（科倫坡港）競爭等因素的影響和局限。第二，不僅招商局因為不是斯里蘭卡的央企，無法像其在中國發展時的身份得到中央政府長期穩定和堅決的支持，而且斯里蘭卡與其貨源國印度和孟加拉之間也存在國家間關係的問題，需要協調。

　　對此，漢班托塔港集團的首席執行官任銳先生仍然審慎樂觀地表示，經過他們的努力，情況漸漸地有起色。他認為，首先要提高漢班托塔港對於船公司的重要性。這方面的主要問題體現在本地市場對貨物的需求以及本地市場貨物的出口不足，通過建設臨港產業

園區，可以增加港口的黏合度、吸引力，形成港、區之間的互補和聯動。這方面需要做的是通過各種優惠手段，吸引更多有聯動性的企業入駐（目前情況見表二）。這方面，招商局作為世界級的港口經營者，有相當強的作為全球供應鏈宿主的網絡能力。同時，作為大型和多元化的央企，招商局的另外一個優勢，就是他們有能力經歷一個比較長的投資期，最終實現並進入長期穩定的回報期。

表二　截至 2018 年年底已經進入漢班托塔港臨港產業園區的企業

企業名稱	所屬國家	所屬行業
中材國際（中國建材）	中國	建材
Laugfs Holdings	斯里蘭卡	綜合：零售、能源、物流、製造
Biomass	斯里蘭卡	能源
Litrogas	斯里蘭卡	能源
Smart Apparel	斯里蘭卡	製造
CMEC（中國機械設備工程股份有限公司）	中國	製造
ZPMC 振華重工	中國	機械設備
中國環球工程公司	中國	石油
Ceylon Steel Corporation Limited	斯里蘭卡	原材料

資料來源：作者採訪收集。

　　上述在同一個國家由同一家香港上市公司參與投資和經營的兩項不同投資，在很多方面體現了「一帶一路」進展的實際情況。特別值得我們關注的有以下幾點。首先，如果要確保「一帶一路」基礎設施項目的品質和信譽，首要的是注意基礎設施建成後的可經營性、即市場潛力，順勢而行。科倫坡港的例子說明，要掌握好投資的時機。同樣成功的案例還有中遠海運集團在希臘首都雅典附近的比雷埃夫斯港，兩者都是點石成金，搭建出新的全球供應鏈網絡，

有異曲同工之妙。其次，在支持當地政府、特別是政治敏感的基礎設施項目時，一方面要審慎行事，另一方面應該盡量採用各種形式，比如採用某種PPP（公私聯營）方式，選擇性地引進他國公司和中國公司（包括香港企業）與當地政府聯營，以增加透明度。斯里蘭卡港口管理局在授權中國企業經營漢班托塔港的時候，有兩個企業可以選擇，結果選擇了在香港上市的招商局，其中一個考量，就是她的透明度和更加國際化的企業信譽。第三，即使是發展前景不錯的地區，也很難在那裏再現一些中國自身經歷過的發展速度和過程。因此，即使是像招商局這樣有良好的承擔能力的、已經比較國際化的香港上市央企，仍然需要進一步探索新的做法，以面對不一樣的挑戰。

三、香港企業在「一帶一路」倡議下的優勢和作用

僅僅五年的時間，我們已經見到相當多的香港企業加入了「一帶一路」建設的隊伍。他們與內地企業不同之處，主要體現在以下幾個方面。

首先是香港企業的國際性。在我們前面提到的香港中小型企業所從事和參與的大量項目中，他們的角色往往是作為中國企業與「一帶一路」沿線國家的政府和企業之間合作的專業媒介或橋樑。

例如，香港工程界人士較內地相對更熟悉西方國家的一些技術標準和制式；法律界人士更熟悉普通法系統的運作。而本章後半部分案例介紹的招商局，也是央企當中最國際化的企業。筆者於 2018 年所調研的多個招商局「一帶一路」建設項目一路所見，很多技術或者管理骨幹都是在海外多年，精通英語或法語，並相當瞭解當地社會的文化、政治和法律。企業這方面的素質，直接影響到其經營過程中解決問題的品質和外部效果，乃至中國人和中國企業在外的聲譽。這對於中國「一帶一路」倡議的實施非常重要。

其次，香港企業更偏重於提供各種相對軟性的服務，而較少介入回報期長的基礎設施建設與運營。從本章前半部分的宏觀資料可以看出這個特點。而後面案例介紹的招商局是相對少見的情況，因為香港自身的經濟已經超過 94% 是服務業。但即使是招商局這樣的央企，我們的個案分析也清楚地揭示了其作為一個香港上市公司追求商業回報的能力和敏感性，這對於「一帶一路」倡議的成功也非常重要，值得借鑒。

隨著「一帶一路」作為投資市場和全球供應鏈擴展的巨大機遇進一步顯現和成熟，香港將會有更多的企業投入其中。同時，我們也期待更多的香港企業與內地企業和其他國家的企業聯手，以最國際化的方式，配合各個所在國的政策和法律要求，與所在國的人民、企業、政府一起振興當地的經濟，形成可持續發展的新型區域化、全球化大勢。

本章作者：王緝憲博士

香港城市大學新絲路研究中心 / 一帶一路香港中心

注釋

1 　據香港貿易發展局「一帶一路」服務供應商資料庫所收錄的主要企業，資料來源於：
http://beltandroad.hktdc.com/tc/service-providers/#results（最後訪問時間：2019
年 11 月 20 日）。

資料鏈接

1. 香港離岸貿易

　　離岸貿易是指並非經香港付運但由香港出口商處理的貿易。根據香港
貿易發展局的定義，離岸貿易在香港「是指在香港經營業務的機構所處理
的貿易活動。離岸貿易涉及的貨品是從香港以外的賣家直接運往香港以外
的買家，而有關貨品並沒有進出香港」。政府統計處就香港的離岸貨品貿
易指明，「離岸貨品貿易涵蓋在香港經營業務的機構（不包括其在香港境
外的有聯繫公司）所提供的『轉手商貿活動』及『與離岸交易有關的商品
服務』」。

　　香港處理大量離岸貿易。政府統計處於 2019 年 2 月公佈的數字顯
示，2017 年，香港的離岸貨品貿易貨品價值達 44,558.41 億港元。數字
體現出香港是重要的貿易及物流樞紐，是促進區內外貿易流通、貨品交換
的首選地，在推動「一帶一路」建設中擔當重要角色。

　　另外，發展離岸貿易，可以帶動離岸金融發展。貨物透過離岸貿易不
經由香港，但圍繞離岸貿易的金融業務，如支付、清算、保險等可在香港
進行。

2.「前港 — 中區 — 後城」

「前港 — 中區 — 後城」是一種園區開發模式，指由一個企業獨立地開發、建設、經營、管理一個相對獨立的區域，其核心在於港口先行、產業園區跟進、配套城市新區開發，進而實現整體區域聯動發展。這種模式通過港、區、城聯動，來構建由政府推動、企業主導、匯集各類資源、多方優勢互補協同的有效平台和產業生態圈。其內涵是產業流動和升級，從而把城市盤活。

「前港 — 中區 — 後城」模式由招商局提出。1979 年，招商局在深圳蛇口建設中國第一個外向型工業園區 —— 招商局蛇口工業區，一度成為其他工業園區建設的標杆和典範，然而隨著大批現代化產業園區湧現，蛇口工業區的示範作用逐漸減弱。2016 年，招商局提出「前港 — 中區 — 後城」模式，確定了園區開發與運營、社區開發與運營、郵輪產業建設與運營三大業務版圖，通過「產、網、融、城一體化」推動城市升級發展。

下篇
———

香港機遇・合作篇

第一章

「一帶一路」建設中的粵港合作

提要

改革開放以來，粵港兩地已經形成了優勢互補的產業分工體系、高度外向型的經濟發展模式和聯合「走出去」的經濟實力。「一帶一路」倡議正在形成一種全球經濟治理的中國模式，為深化粵港合作、促進粵港兩地經濟發展、構建廣東開放經濟新格局提供了新的機遇。充分發揮粵港兩地在「一帶一路」建設中的區位優勢、產業優勢、體制優勢、競爭優勢和粵港合作基礎良好的優勢，實現珠三角世界製造業基地與香港國際化服務業中心的強強聯合，推進產業、港口、基礎設施和體制的合作，加快香港服務——珠三角製造聯手走向「一帶一路」國家和地區的步伐。為此，特提出四點建議：一是充分發揮香港優勢，粵港合作推動企業聯合「走出去」；二是粵港合作為企業「走出去」和參與「一帶一路」建設提供便利和支持；三是加強粵港文化交流與合作，促進中華文化「走出去」；四是創新和完善「一帶一路」下的粵港合作機制。

2015 年 3 月發佈的「一帶一路」《願景與行動》明確指出，要「充分發揮深圳前海、廣州南沙、珠海橫琴、福建平潭等開放合作區作用，深化與港澳台合作，打造粵港澳大灣區」、「發揮海外僑胞以及香港、澳門特別行政區獨特優勢作用，積極參與和助力『一帶一路』建設」。在「一帶一路」建設中，香港與廣東均扮演著重要的角色，粵港合作在「一帶一路」中具有獨特的優勢和重要作用，「一帶一路」給粵港進一步深化合作帶來了重大機遇，粵港的深入合作與快速發展同時也對「一帶一路」的建設起到重要的促進作用。

一、「一帶一路」建設中粵港合作的優勢

「一帶一路」倡議積極推動基礎設施互聯互通，拓寬產業合作、經貿合作和投資合作領域，香港和廣東需大力整合各自在多個方面的優勢，深化粵港合作與實現經濟一體化，既可為「一帶一路」戰略提供所需的支持和服務，同時也有利於粵港自身的經濟結構調整、產業優化、經濟社會可持續發展。

1. 區位優勢

香港地處珠江出海口東岸，北面與廣東深圳接壤，其餘三面環海，可以方便地通過海路連接西太平洋、中國南海、東南亞各國以及印度洋等地，無論東西走向還是南北走向的航路，均可把香港當做重要的中轉站。經過多年的發展，香港擁有先進且完備的交通基礎設施，形成了海陸空三位一體的對內對外交通網絡，是亞太地區重要的國際航運中心和國際物流中心。儘管近年來其所佔比重有下降趨勢，但香港在內地與其他國家的轉口貿易、物流、旅客輸送方面仍扮演著不可替代的角色。

廣東地處中國內地的南端，東南均沿海，背靠廣闊的內陸地區；位於珠江下游流域，通過珠江—西江水路可與上游城市相通；海岸線漫長曲折，有多個優良出海港口。其中，廣州是華南地區的政治、經濟、文化中心，被稱為中國的南大門，也是珠三角和整個泛珠三角地區的核心，與其他城市以及省份聯繫密切；廣州有著完善的交通網絡體系，高速公路、鐵路和高速鐵路，由廣州向周圍呈

放射性分佈，並有中國內地三大國際航空樞紐之一的白雲國際機場和中國第三大港口廣州港。

粵港地理上相連，區位優勢相近但有所側重：香港與海內外均有廣泛的聯繫，相比之下廣東與內地其他省份聯繫更為緊密。結合粵港各自的區位優勢，通過經濟整合與基礎設施整合，可形成對內對外均暢通無阻的貿易樞紐與航運樞紐，最大限度發揮香港與廣州作為「一帶一路」中關鍵節點港口的作用，粵港合作打造成為海上絲綢之路揚帆起航的重要始發站。

2. 產業優勢

香港是典型的以服務業為經濟支柱的小型經濟體，2013 年其服務業產出佔本地生產總值（GDP）的比重高達 92.9%。根據香港特區政府統計處的分類，貿易及物流業、旅遊業、金融業、專業服務及其他生產性服務業是香港的四大支柱產業，該四個產業的產出合計在 GDP 中佔比過半；此外，文化及創意產業、醫療產業、教育產業、創新科技產業、檢測及認證產業以及環保產業是香港特區政府重點培育的六項優勢產業。香港的服務業體系相當完備，既有貿易、物流等傳統服務業，也有金融、專業服務等現代服務業；其專業服務及其他生產性服務種類眾多、分工細緻，可為各行各業提供良好的支持，既有會計、法律、管理諮詢、市場推廣等適用於各行各業的服務，也有類似於船舶管理、船務融資、航運保險及法律等船舶運輸企業專用的服務。

廣東經過三十多年來的改革開放，根據「錢納里工業化階段理論」，已進入工業化中後期階段，2013 年廣東第二產業、第三產業在 GDP 中的比重分別為 47.3%、47.8%。廣東擁有良好的工業基

礎，具備較強的工業製造能力，並且在珠三角各市之間形成了分工
體系，如深圳、東莞和惠州以電子及通信設備製造業為主，珠海、
中山、江門、順德等地主要生產家庭耐用與非耐用消費品，廣州、
佛山和肇慶則以傳統的電器機械、鋼鐵、汽車、紡織、化工等產業
為主。服務業是廣東三大產業中最有活力的產業，2013年服務業增
加值增長率為11.9%，居三大產業之首，其中金融、貿易、專業服
務等行業發展迅速；廣東經濟增長及新型工業化道路為服務業發展
創造了新的需求，未來增長空間潛力較大。

　　香港擁有水平一流、數量龐大、配套完善的服務業體系，廣東
則是製造業與服務業「雙輪驅動」。相較之下，香港缺乏製造業基
礎，廣東的服務業國際化水平仍顯不足。在「一帶一路」建設中，
通過產業整合，粵港合作可以充分實現優勢互補，以香港國際化的
現代服務業，彌補廣東服務業在面向海外市場時的短板，使雙方的
產業優勢得以進一步放大，為「一帶一路」建設提供良好的產業支
撐和基礎。

3. 體制優勢

　　香港是國際知名的「自由港」，政府奉行「積極不干預」政
策，對市場和企業保持最低限度的管制和干預，充分發揮市場的作
用，為企業的發展提供了一個自由、寬鬆的環境。作為亞太地區的
國際航運中心和重要的轉口港，香港對進出口的一般商品不徵收
關稅，且進出口貿易手續簡便，規章制度透明。香港擁有健全的法
制體系，審判公開透明，司法公正獨立，在國際上受到廣泛認可。
香港特區政府及公務員團隊專業高效，廉潔公正，於1974年成立
的廉政公署，為香港社會建立了深厚的反貪污文化，在香港回歸後

繼續發揮功能，確保政府誠實公正，並積極杜絕商業貪污活動。作為一個國際化的大都市，香港在營商環境、商事制度等方面均與國際接軌，企業熟悉國際貿易投資規則，為海外商業活動帶來很多的便利。

作為最早進行改革開放的地區之一，廣東的市場化改革一直走在全國前列，基本建立起較為完善的市場經濟制度。在對外開放的過程中積累豐富經驗，與港澳及外國企業打交道和不斷學習，廣東正逐步實現營商環境「趨同港澳，接軌國際」的目標。在《內地與香港關於建立更緊密經貿關係的安排》（CEPA）及其補充協議中，有多項措施在廣東「先行先試」，這給予廣東更為寬鬆的探索與改革的制度環境。2014 年底，中國（廣東）自由貿易試驗區正式設立，包括珠海橫琴、廣州南沙、深圳前海三大片區，自貿試驗區被賦予進一步深化與港澳合作、探索與創新新制度、新機制的使命。

在「一國兩制」的方針之下，香港特區政府享有高度自治權，有獨立的立法、司法和終審權，並且作為獨立關稅區是世貿組織的正式成員。在「一帶一路」的建設中，通過粵港合作，可以有效地緩和廣東與其他國家和地區在制度差異方面帶來的摩擦，既能發揮廣東與香港各自的制度優勢，也能實現與其他國家和地區更為順暢的經貿、投資合作，降低出現矛盾和糾紛的幾率。

4. 競爭優勢

香港經濟發展程度與勞動生產率均處於高水平，根據世界銀行的數據，2014 年其人均 GDP 達到 40,169 美元，在全世界接近兩百個國家和地區中能排進前 20 位。香港聚集了大量的國際化專業人才，涵蓋金融、保險、會計與審計、法律、管理諮詢等不同領域，

具有顯著的人力資源優勢。各行業優秀人才均具有專業化、國際化程度高的特點，能提供高質量、多樣化、與國際接軌的各類服務。

　　香港多個行業達到國際領先水平，具備較強的國際競爭力。香港是全球最活躍及流動性最高的證券市場之一，2015 年 7 月，以市值計算，香港是亞洲第三大及全球第六大證券市場；香港的國際空運貨物處理量在全球排名第一，同時香港也是世界第四大吞吐量的貨櫃港、世界第四大船舶註冊地；香港採用的是國際標準會計準則，香港會計師公會的會員資格在全球五大洲獲得認可，多家國際大型會計師事務所在香港設立地區總部。[1]

　　廣東人均 GDP 雖低於香港，但在內地各省之中則處於領先水平，經濟發展程度較高。與香港相比，廣東是個大得多的經濟體，經濟總量與人口總量均遠高於香港，經濟實力較為雄厚，經濟與產業調整能力和抗風險能力強。廣東製造業與服務業齊頭並進，產業鏈更為完善，其中珠三角地區經過多年的快速發展，業已成長起來一批具有國際競爭力的大型企業，深圳、廣州聚集了大量高新技術產業，具有一定的科技研發實力。作為內地最發達的省份之一，廣東吸引了全國各地的優秀人才，同時憑藉毗鄰港澳的優勢以及經濟外向性高的特點，亦有不少國際優秀人才往來和就業，人力資源十分豐富。

　　通過經濟融合、產業整合、城市分工與合作，可將粵港打造成為具有國際競爭力的聯合經濟體，共同參與「一帶一路」建設。香港的高水平服務業可為廣東企業在海外的發展提供良好的支持和幫助，同時借助廣東和內地的經濟支持，可提高香港抵抗國際經濟風險的能力。粵港協力在「一帶一路」建設中充分利用和進一步強化競爭優勢，為「一帶一路」持續提供前進動力。

5. 粵港合作基礎良好

改革開放以來，粵港兩地充分發揮地緣、人文、政策等優勢，促進了香港製造業向珠三角的轉移和擴展，使珠三角成功地嵌入世界製造業產業鏈分工體系，成為「世界工廠」和中國製造業基地，香港則發展成為以金融、貿易、航運業和專業服務主導的國際性服務業中心。粵港兩地發展成為中國區域經濟中最為活躍、最具活力和國際競爭力的地區之一，在全國經濟格局中佔據十分重要的地位。

2003 年簽訂的《內地與香港關於建立更緊密經貿關係的安排》（CEPA）及後續補充協議，其主要內容即為內地對香港的服務業開放。在 CEPA 的制度安排基礎上，粵港合作在體制機制創新方面繼續深入探索，並取得實質性進展，包括以負面清單開放和廣東自貿試驗區等均已實現。與此同時，兩地經貿合作繼續深化，貿易投資聯繫緊密。未來粵港合作將朝著更加深入、更加全面、更加完善的方向前進。這些都為粵港聯手在「一帶一路」建設中發揮更大作用打下了良好基礎。

二、「一帶一路」建設中的香港
與廣東重點合作領域

　　經過多年來的合作與發展，香港與廣東特別是珠三角地區已形成了深度的經貿合作關係。廣東形成了高度開放的外向型經濟體系，香港主要扮演了橋樑和紐帶作用，引進投資和轉口貿易。隨著內地崛起，對外投資成為中國經濟發展的內在需要和「走出去」的重要形式。廣東及珠三角地區經濟發達、產業優勢明顯、經濟外向型程度高，應該成為中國經濟「走出去」的主力軍。香港應該成為廣東經濟「走出去」的平台，「一帶一路」則為這種合作提供了新契機。「一帶一路」戰略以基礎設施和產業合作為重點，以不同文明和平共存、相互尊重為前提，有別於傳統的、以市場開放為主要特徵的雙邊和多邊協議的自貿區經貿合作方式，正在形成一種全球經濟治理的新思路。在這樣的一種新思路下，香港與廣東面臨更為廣闊的合作前景，應充分發揮各自優勢，在產業、港口及基礎設施建設、共建自貿區等方面繼續加強合作，聯手打造「一帶一路」的重要樞紐，為「一帶一路」建設提供全方位的支持。

1.「一帶一路」建設中的粵港產業合作

（1）金融服務業合作，為「一帶一路」提供金融支持

　　金融支持在「一帶一路」建設中起到主導作用。目前，廣東金融機構還無法滿足「一帶一路」建設帶來的跨國融資需求，由中國牽頭組建的亞投行擬定的註冊資本金為一千億美元，但是實際上各

成員國只有 20% 的實繳資本，剩餘的資金需要通過發債和籌資獲得。香港是世界主要金融中心，金融市場及銀行體系發達，資金充裕，聚集了數以千計的世界知名投資銀行、基金管理及財務公司，監管規範，市場運作成熟，是「一帶一路」建設融資重要平台。廣東金融業發展雖不及香港，但近年來發展十分迅速，廣東銀行業金融機構數量居全國首位，資產總額充足，存貸款餘額規模巨大；再者，廣東的金融業與內地緊密聯繫，可作為香港金融的有力補充和重要支持。

粵港合作可提高金融服務能力。利用香港完善的金融市場，專業的金融分工，透明的、標準化的金融產品，齊備的金融基礎設施優勢，通過發行各類債券，分散國際投資風險。香港離岸人民幣業務十分活躍，已經成為中國境外最大的人民幣結算中心和人民幣業務中心，離岸人民幣業務發展可為廣東企業「走出去」參與「一帶一路」建設降低匯率風險。在此過程中，廣東可通過引進香港金融機構在省內設立法人機構、分支機構，積極承接香港地區金融外包、後台服務機構、研發機構轉移，並大力支持香港金融機構參股廣東地方金融機構，發揮其資金、人才、管理、技術等優勢，在提升廣東金融發展水平的同時，也為香港金融業提供支持，粵港通過金融合作提升為「一帶一路」建設提供金融服務的能力。

（2）專業服務業合作，充分利用香港商業網絡

香港擁有完善的現代服務業體系和熟悉國際規則的人才，現代服務業是香港的支柱產業之一，聚集了大量的專業服務機構、高端服務人才，能夠提供國際化程度很高的專業服務。這些專業人士熟悉國際管理、西方會計制度、稅例的商業管理與顧問、會計及審計諮詢、國際融資、企業兼併，他們當中許多人都具有通曉兩文三語

的優勢。在廣東企業參與「一帶一路」建設過程中，勢必需要高質量的專業服務的支持以提高企業經營與管理、產品創新與設計、市場開發與拓展等能力，香港的專業服務可為廣東企業提供良好的配套服務。

香港具有高度開放的經濟和全球化商業網絡。香港是自由港，資本、人員、信息和商品自由流動，形成了國際商業網絡，並具備完善的商業配套服務和相關專業人才，為企業更好地在全球範圍進行佈局和運營創造了條件。通過與香港的商業網絡結合，充分利用其配套服務和人才，廣東企業可實現資金的自由、高效調度以及進行資產管理，實現資金利用效益最大化，還可以利用香港國際化的宣傳品牌和商業網絡，宣傳企業品牌，建立品牌形象。香港跨國企業和國際人士眾多，廣東企業在香港這個國際化的環境之中，不斷地接觸到世界各地的企業，與不同文化背景的人士打交道，豐富其在國際市場上的經驗，為進一步參與「一帶一路」建設打下基礎。

(3) 發揮香港國際化營商環境優勢，為廣東企業參與「一帶一路」建設提供平台

香港的自由經濟制度與自由港地位為廣東企業全球運營帶來諸多便利。香港長期奉行「大市場，小政府」原則，政府很少對市場和企業經營進行干預，沒有繁瑣的審批程序。企業投資香港手續便利，在港公司註冊亦沒有資本金要求。廣東企業在香港這樣的自由化經濟環境下，能夠充分利用香港市場的國際化資源和品牌優勢，拓展海外市場。

香港的簡單稅制和低稅率是廣東企業通過香港「走出去」參與「一帶一路」建設的有利條件。其一，香港稅制簡單，徵收稅種較少及主要為直接稅，包括俸薪稅、利得稅及物業稅；其二，香港不

徵收資本增值稅或者紅利預扣稅，在徵稅方面採用地域來源原則，只對香港的利潤或者收入徵稅。企業進口機器和原材料無需繳付關稅。香港對研究及開發工作推行優厚的稅項寬減措施。

廣東企業可以與香港企業合作，利用香港作為「一國兩制」下獨立關稅區的地位優勢，以聯合投資、聯合投標、聯合承攬項目等多種方式，共同開拓「一帶一路」市場。隨著「一帶一路」建設的推進，中國過剩產能和優勢產業的「走出去」，有時會面臨接受國出於政治因素、保護本國企業等考慮而施加的種種限制。與香港企業「聯合走出去」，可以利用香港企業已建立的商業網絡，更快地進入東道國市場，以爭取更大的競爭優勢，也有利於避開某些貿易壁壘和不合理政治因素，拓展國際市場。

(4) 珠三角製造業和香港專業服務業結合，打造「一帶一路」產業園區

從改革開放開始，香港製造業向珠三角的轉移和擴展，使珠三角成功加入世界製造業產業鏈分工體系，成為「世界工廠」和中國製造業及出口加工基地。珠三角製造業的全球競爭力與香港國際化的專業服務相結合，推進香港—珠三角製造走向「一帶一路」國家和地區。美國波士頓諮詢集團（BCG）發佈的《全球製造業經濟大挪移》報告顯示，全球出口排名前 25 位的經濟體，以美國為基準（100），中國製造業的成本指數為 96。中國製造業的成本已經與美國相差無幾，珠三角一些勞動密集型的製造業也具有向世界其他地區梯度轉移的需要。中國商務部部長高虎城提出，商務部 2015 年將推進「境外經貿合作區創新工程」。中國正在全球 50 個國家建設 118 個經貿合作區，其中涉及「一帶一路」國家共達 77 個。這些境外經貿合作區成為「一帶一路」建設的重要承接點。粵港聯手，推

進珠三角製造業到「一帶一路」沿線國家建立產業園，大有可為。

　　通過粵港合作推進製造業產能參與國際合作，可以成為粵港參與「一帶一路」建設的重要領域。中國提出將本國產業優勢和資金優勢與國外需求相結合，以企業為主體，以市場為導向，大力推進國際產能和裝備製造合作，促進國內經濟發展、產業轉型升級，拓展產業發展新空間，打造經濟增長新動力，力爭到 2020 年，與重點國家產能合作機制基本建立，形成若干境外產能合作示範基地。廣東特別是珠三角地區製造業發達，其中輕紡、家電、建材、信息、通訊等行業是中國的優勢產業，珠三角地區地被稱為世界製造業基地。香港的金融、商貿服務業和現代專業服務人才是重要優勢，粵港兩地可以充分發揮自身優勢，抓住國家「一帶一路」建設和推進國際產能合作的機遇，將二者有機結合起來，推動本區域特別是珠三角製造業「走出去」，在「一帶一路」國家建設產能合作園區，為「一帶一路」戰略提供產業支撐。

2.「一帶一路」建設中的粵港港口與基礎設施建設合作

(1) 整合粵港港口群，共建海上絲綢之路的國際樞紐

　　香港在連接中國內地與亞太、東南亞國家中發揮著重要的中轉站作用，是「21 世紀海上絲綢之路」的重要節點，多年的發展使其在國際貿易和國際航運、物流方面積累了大量的經驗，具有顯著的國際優勢。但是，港口的運營成本上升，削弱了香港港口的競爭力，促成毗鄰香港的深圳鹽田港迅速發展。改革開放以來，珠三角地區港口航運業發展迅猛，深圳、香港港口的集裝箱和廣州港的貨物吞吐量躋身全球領先行列。2014 年全球十大集裝箱港口吞吐量排序依次為：上海港、新加坡港、深圳港、香港港、寧波—舟山港、

釜山港、青島港、廣州港、迪拜港、天津港。深圳、香港和廣州港分別位居全球第三、第四和第八位。2014年，全球港口貨物吞吐量前十大港口排名順序依次為：寧波—舟山港、上海港、新加坡港、天津港、唐山港、廣州港、蘇州港、青島港、鹿特丹港、大連港，廣州港位居六位。地處珠三角西岸的珠海港口近幾年也加快發展，珠海市正積極爭取國家「一帶一路」戰略支持，推進珠海港與瓜達爾港等海上新絲綢之路沿線港口以及黔南等沿鐵區域陸港物流園合作。廣東推進西江戰略，打造貫通廣西、雲南的黃金水道，加大與跨國航運企業的戰略合作力度。

儘管經過數十年的建設，廣東在珠江口附近已發展出規模龐大、設施完善的港口群，具備龐大的貨物吞吐能力和較強的內陸和遠洋運輸能力，但在港口效率、港口與物流配套服務、國際化程度方面仍有所欠缺，在一定程度上存在分工不明確、過度競爭的問題。香港與廣東可抓住「一帶一路」的機遇，通過同兩地港口密切合作，大力整合粵港港口群，明確各自的定位與分工，建立完善的溝通與合作機制，粵港共同打造海上絲綢之路的國際物流樞紐，綜合集成倉儲、運輸、貨代、包裝、搬運、流通加工、配送、信息處理等多種功能，提供物流一體化的服務，提高對「一帶一路」相關區域的輻射和吸引力。

（2）借鑒香港 PPP 投資和運營模式的成功經驗，粵港共同參與「一帶一路」的基礎設施建設

基礎設施建設是「一帶一路」經貿合作的重要內容，其中需要整合政府和民間力量參與其中，PPP 被認為是一種有效投資和運營模式。亞洲金融危機之後，香港特區政府財政赤字嚴重，開始重視 PPP（Public-Private Partnership）模式的應用，並由其效率促進

組（Efficiency Unit）專門負責 PPP 模式的推廣。事實上，香港早在幾十年前就已將 PPP 模式應用於其基礎設施建設中，包括：紅磡海底隧道、東區海底隧道、西區海底隧道、大老山隧道、大欖隧道、化學廢物處理廠、內河貨運碼頭、數碼港、亞洲國際博覽館、香港迪士尼樂園等，而為人熟知的香港地鐵也通過上市實現其公私合營模式。廣東企業具有較強的基礎設施建設能力，應充分利用香港基礎設施建設的成功經驗，粵港合作共同參與「一帶一路」的基礎設施建設，積極探索市場化的方式參與基礎設施建設和運營，大力提倡集約化和保證投資的經濟效益，減少盲目投資和不合理的開發建設。

3. 粵港合作共建廣東自貿區，為「一帶一路」建設提供新動力

（1）以廣東自貿區為平台，合作打造粵港澳大灣區

廣東自貿試驗區包括橫琴、前海（蛇口）和南沙三大片區，廣東自由貿易試驗區將打造國際化、市場化、法治化營商環境，構建開放型經濟新體制，建設成符合國際高標準的法制環境規範、投資貿易便利、輻射帶動功能突出、監管安全高效的自由貿易試驗區；同時也肩負著推動與香港的制度對接和產業合作進程，提高粵港合作的深度和廣度的使命。粵港共建廣東自貿區，應充分發揮和借鑒香港的制度優勢，積極探索各個片區的制度創新、管理創新和產業創新，根據各個片區的定位和發展目標在不同合作領域有所側重。粵港在此過程中的合作經驗、合作機制等，均可以作為「一帶一路」建設中與不同國家打交道時的重要參考，減少與存在制度、文化差異的國家在合作過程中的摩擦。

以廣東自貿區建設為依託，推進粵港澳經濟深度融合，打造粵

港澳大灣區，可為「一帶一路」建設提供強大動力。廣東自貿區建設將會引領內地的新一輪改革開放，加快廣東產業轉型升級，促進港澳經濟發展，推動粵港澳經濟深度融合，打造粵港澳大灣區，促進「一帶一路」特別是海上絲綢之路建設。充分發揮橫琴、前海和南沙自貿區發展帶來的制度創新優勢和毗鄰港澳的區位優勢，落實國務院批覆的自貿試驗區建設總體方案，深入推進粵港澳服務貿易自由化，深化粵港澳金融合作，強化粵港澳國際貿易航運功能集成，提升粵港澳區域經濟的國際競爭力，為「一帶一路」建設提供動力。各個片區在發展過程中積累的成功經驗，例如橫琴的基礎設施建設理念和建設——移交（BT）的融資方式，前海的金融創新、跨境人民幣業務創新，南沙的促進航運、物流、貿易各方面便利化創新等，不僅可在廣東省內推廣，而且對「一帶一路」的建設也有積極的借鑒意義。

（2）深化粵港金融合作，將自貿區打造成為金融創新平台

引進香港金融機構和管理，打造南方金融總部基地和國家金融創新示範區。利用前海、南沙和橫琴自貿區建設的制度創新優勢和毗鄰港澳的區位優勢，引進香港金融機構以及相配套專業服務，加快金融管理體制創新，推進利率體系和形成機制的改革。通過和香港銀行業合作吸引人才、借鑒管理經驗、開拓金融服務產品，打造地區銀團貸款和財富管理中心。其一，借鑒國際銀行業成功經驗，在珠三角地區率先建立客戶信息的保密制度，建立個人及團體資產專業化管理體系，吸引香港優秀銀行業人才進入，在廣東建立起特有的專業化銀行服務；其二，應允許設立港澳資銀行以及民資與港澳資合辦合資銀行，港資銀行可在前海、南沙和橫琴自貿區開展擴大人民幣業務試點，享受國民待遇，可從事各類零售及批發銀行業

務，包括接受存款、企業融資、貿易融資、財務活動、貴金屬買賣及證券交易等。粵港金融合作的發展、投融資能力的提升、自貿區金融創新的進展，均可為「一帶一路」建設提供金融支持以及金融創新的寶貴經驗。

打造人民幣國際化的境內橋頭堡，支持香港人民幣離岸業務中心發展。充分利用廣東自貿區作為內地金融創新示範區的制度創新優勢和毗鄰香港的區位優勢，在人民幣國際化過程中發揮積極作用。首先要推進前海區域開展境內人民幣「走出去」和境外人民幣「流進來」兩個方向的跨境人民幣業務創新，然後逐步在自貿區其他片區推行。在前海區域內，對境外資本逐步開放國內金融市場，可以考慮在中國尚未放開資本項目、人民幣尚不能自由兌換的總體宏觀背景下，通過中央政府和人民銀行的政策和制度創新安排，在前海積極試行人民幣有限度的自由兌換，探索人民幣國際化和資本項目的開放路徑及其風險防範措施，為人民幣國際化積累經驗、探索路徑，支持香港人民幣離岸業務中心的建設和發展。人民幣國際化和盤活離岸人民幣，均有助於為「一帶一路」建設提供更多來源的資金支持，降低匯率風險和投資風險。

三、「一帶一路」建設中粵港合作的政策建議

1. 充分發揮香港優勢，粵港合作推動企業聯合「走出去」

作為「一帶一路」上重要的節點港口和亞太地區重要的企業營運中心，香港在對外投資運營和國際營商網絡方面具有顯著的優勢，廣東作為製造業大省，多年的發展積累了大量的產能和資本，應充分利用香港優勢，把「聯合走出去」作為推動廣東企業參與「一帶一路」建設的重點，鼓勵和支持粵港企業攜手合作，逐步從「單槍匹馬」闖世界，轉型到與香港企業「聯合走出去」，共同開拓國際市場，實現優勢互補。

廣東企業與香港企業合作，一方面能夠借助香港企業在海外的經驗和網絡，減少進入當地市場的時間和成本；另一方面也更容易按國際規範進行企業管理和運營，更順利地向國際化管理過渡。香港在「一國兩制」下的特殊身份，有助於企業避開貿易壁壘和政治考慮，特別是對資源類企業和高新技術企業來說，近年來因政治考慮而受阻的收購兼併個案不勝枚舉。「一帶一路」建設仍可能面臨類似問題，利用香港身份雖然並不能完全解決內地企業投資海外遇到的貿易壁壘和政治干預，但是仍能很大程度上減少當地政府、社會和企業對中國企業的阻力。

在企業「走出去」的同時，粵港合作可聯合推動「中國標準」「走出去」。雖然「中國製造」在全球市場上的份額愈來愈高，佔據優勢的產品和產業領域也愈來愈多，但在產品和技術標準上，仍主要是以歐美企業所建立的標準為主，包括廣東企業在內的中國企業近

年來在一些高新技術產品領域也創立了自己的標準，但仍較少得到國際層面的認可。在這些方面，內地企業都可以與香港企業攜手，借助香港的國際化優勢，推動「中國標準」「走出去」，以爭取更多更大的競爭優勢。

2. 粵港合作為企業「走出去」和參與「一帶一路」建設提供便利與支持

廣東應充分借鑒香港經驗，設立類似香港法定機構的半官方服務機構，為企業提供更多信息，實現對外投資的科學決策，為企業「走出去」和參與「一帶一路」建設提供便利。應充分調動粵港兩地各種進出口商會和行業協會的積極性，發揮其專業性強、聯繫面廣、信息靈通等優勢，強化其對行業的協調和溝通作用，對會員進行市場、價格等方面的協調、指導並提供信息諮詢服務。商會及行業協會可與粵港雙方政府協作，推廣「一帶一路」相關政策，建立政策推廣的網絡信息平台、政策諮詢點等，同時亦應提供政策商議和反饋通道。商會及行業協會應致力在「一帶一路」國家推廣行業的最新產品、服務，為企業創造商機，協助企業拓展市場。商業及行業協會還可承擔起宣傳和推廣有關「一帶一路」國家的政策、文化、制度、商業機會的任務，幫助企業更快融入當地市場，減少制度和文化上的摩擦。

香港可為廣東企業高管來港工作和進出香港提供更多便利。目前，廣東企業來港設立分公司或分支機構，管理層主要是通過「輸入內地人才計劃」獲得工作簽注和居留資格。由於專才計劃對人才的定義設定了一些條件，如教育背景、專業技術資格等，一些廣東企業派出的管理人員因不符合條件而被拒之門外。企業一般員工，

則要根據輸入勞工的有關規定受到更嚴格的限制。這些規定對於香港打造成為廣東企業「走出去」的海外營運中心有一定負面影響。為吸引廣東企業將香港作為海外營運中心，需要為這些企業高管來港工作和進出香港提供便利。

3. 加強粵港文化交流與合作，促進中華文化「走出去」

經貿合作和人文交流是「一帶一路」戰略的兩翼。文化交流是各國人民心靈溝通的橋樑，是建立政治互信的基礎工程，影響深遠。經貿合作與人文交流可以相互促進。絲綢之路既是經貿合作的紐帶，也是文化交流的橋樑。「一帶一路」涵蓋的國家眾多，這些國家歷史文化、宗教信仰、社會制度、發展階段的差異性很大，經貿合作要走穩行遠，文化交流和政治互信顯得特別重要。文化交流有利於建立政治的互信，促進經貿合作，形成利益共同體和命運共同體。

香港是一座在中華文化與西方文化、東方文化與西方文化的交流、互鑒和融合生長中發展起來的城市，在中西和東西文化交流中做出過突出貢獻。香港城市的這種包容開放和共生共存的文化品格和交往方式，與「和平合作、開放包容、互學互鑒、互利共贏」的絲綢之路精神和「一帶一路」的合作理念、建立命運共同體的主張是一脈相承的。這種來源於中華文化兼容並蓄、海納百川的恢弘氣魄，需要在推進「一帶一路」戰略中發揚光大。廣東文化資源豐富，既有中國傳統文化的沉澱，又蘊含著獨特的嶺南文化風情，具備較強的文化感染力，文化發展潛力巨大。通過充分發揮香港的文化交流作用，可以推動嶺南文化和中華文化「走出去」，增強中國

與「一帶一路」各國人民的文化交流，增進彼此友誼與互信，為「一帶一路」戰略的逐步實現，提供良好的文化氛圍與穩定的發展環境。

4. 創新和完善「一帶一路」下的粵港合作機制

在原有合作機制的基礎上，為進一步適應「一帶一路」建設的要求，應創新和完善粵港合作組織模式，實現包容性發展。具體而言，粵港合作的組織機制安排可由以下幾個部分組成：

高層會晤機制。粵港兩地政府高層應適時舉行會晤，研究重大合作事項，共同探討粵港在「一帶一路」中的合作方向和合作重點，坦誠交流各自利益訴求，達成戰略性共識，分析並探求各方均能接受的發展思路，形成合作綱領性文件，並爭取中央政府的支持。

工作小組制度。建立合作創新的長效機制，可以由中央政府牽頭，粵港兩地借鑒 APEC 專業工作組的運行機制，根據合作的實際情況，建立相應的工作組，包括成立貿易工作組、金融工作組、投資工作組、能源工作組、交通運輸工作組、基礎設施工作組等，並建立各個專業部門的銜接落實制度，制定相應的合作原則、合作目標、合作內容和合作機制，使各個部門能夠更好的協調與溝通。

諮詢機制。吸納內地及香港各界代表和專家智庫參與粵港兩地合作政策的制定和實施，形成政府、業界和研究機構互動機制，研究探討各領域合作發展策略、方式及問題，舉辦合作發展論壇，向粵港高層提供政策建議。

民間合作機制。支持粵港工商企業建立聯繫機制，設立行業協會合作平台，促進建立統一服務市場；支持雙方工商企業界、專業

服務界、學術界等社會各界加強交流與合作；支持雙方行業協會
開展人員培訓、資格互認、行業自律等工作，共同制定區域行業
規則。

本章作者：陳廣漢

中山大學港澳珠江三角洲研究中心主任，教授

楊柱

中山大學港澳珠江三角洲研究中心博士生

注釋

1　　參見香港貿易發展局網站對各個服務行業的詳細介紹，資料來源：http://service-industries-research.hktdc.com/tc（最後訪問時間：2015 年 11 月 16 日）。

資料鏈接

1. CEPA

《內地與香港關於建立更緊密經貿關係的安排》（Closer Economic Partnership Arrangement，CEPA）是在 WTO 框架內，一個國家兩個不同關稅區之間特殊形式的自由貿易安排，涉及貨物貿易、服務貿易、投資等多方面內容，於 2003 年簽訂，2004 年正式實施。按照 CEPA 主體文件第二條「先易後難、逐步推進」的原則，從 2004 年到 2013 年每年簽署 CEPA 補充協議，共簽署了十個補充協議。廣東是 CEPA 及其補充協

議部分優惠措施的重要試點，從 CEPA 補充協議五開始明確部分優惠措施在廣東「先行先試」，對於促進粵港合作和經濟一體化起到了重要的推動作用。

2. CEPA「升級版」

2014 年 12 月，《內地與香港 CEPA 關於內地在廣東與香港基本實現服務貿易自由化的協議》在香港簽署，協議於 2015 年 3 月 1 日起實施。該協議在 CEPA 的基礎之上，根據內地、廣東與香港的實際情況，由以往的正面清單轉變為部分負面清單部分正面清單的開放模式，即絕大多數部門以准入前國民待遇加負面清單的管理模式予以推進，電信、文化領域由於其特殊性及敏感性以正面清單擴大開放。這是內地首次以准入前國民待遇加負面清單的方式制定的自由貿易協定。該協議的開放部門達到 153 個，涉及 160 個服務業部門的 95.6%，其中 58 個部門完全實現國民待遇；採用負面清單的部門 134 個，保留的限制性措施共 132 項，其他部門採用正面清單擴大開放，並新增 27 項開放措施；香港服務提供者在廣東設立公司，將由合同章程審批制改為備案制。協議當中明確給予香港最惠待遇，即如果中國與其他國家或地區簽署的協議包含比內地與香港之間的協議更優惠的條款，香港將自動享有同等待遇。

3. 中國（廣東）自由貿易試驗區

中國（廣東）自由貿易試驗區簡稱「廣東自貿試驗區」，經中國國務院正式批准於 2014 年 12 月 31 日設立，涵蓋三個片區：廣州南沙新區片區 60 平方公里、深圳前海蛇口片區 28.2 平方公里、珠海橫琴新區片區 28 平方公里，戰略定位為「依託港澳、服務內地、面向世界，將自貿試驗區建設成為全國新一輪改革開放先行地、21 世紀海上絲綢之路重要樞紐和粵港澳深度合作示範區」。廣東自貿試驗區的制度創新和政策措施涵蓋投資、貿易、金融等多個方面，包括：對外商投資實行准入前國民待

遇加負面清單管理模式，對負面清單之外的領域實行備案制；自貿試驗區內企業境外投資一般項目實行備案管理；與投資、設立企業、商事登記等相關的多個事項納入「一口受理」機制實行並聯辦理，實行商事登記制度改革；推動以人民幣作為自貿試驗區與境外跨境大額貿易和投資計價、交易結算的全要貨幣，並在自貿試驗區建立與粵港澳商貿、科技、旅遊、物流、信息等服務貿易自由化相適應的金融服務體系。〔參見中國（廣東）自由貿易試驗區官方網站對廣東自貿試驗區的簡介，資料來源：http://china-gdftz.gov.cn/fz/zmjj/201503/t20150302_810.html#zhuyao（最後訪問時間：2015 年 11 月 16 日）。〕

第二章

「一帶一路」建設中的香港
與東盟合作

提要

　　東盟是「一帶一路」建設的重點和優先地區。加強與東盟的合作，是香港積極參與國家「一帶一路」建設的一個重點。香港與東盟的經貿合作密切，且貿易和投資規模不斷擴大。香港位於亞太地區的中心位置，是帶動「一帶一路」建設的一個戰略支點，是東盟各國商品進入中國內地市場以及中國內地商品進入東盟各國市場的重要渠道。在「一帶一路」建設中，香港與東盟具有深厚的合作基礎與潛力。香港可從基礎設施建設、中國內地企業「走出去」、海洋合作、產業合作以及人員交流等方面入手，加強「一帶一路」建設中與東盟的合作；加快建立香港和東盟簽署自貿區的步伐，以進一步促進貿易和投資便利化，促進雙方經濟發展，同時進一步加強香港作為區域貿易樞紐、以至東盟與內地貿易及投資橋樑的角色。加強雙方合作，不僅將為雙方創造新的發展機遇，同時，香港還可以利用「一國兩制」以及獨特的地理優勢，推動中國與東盟的合作。

一、東盟在「一帶一路」建設中的戰略地位及功能

　　東盟是亞太地區最早的區域合作組織，也是近年來全球經濟發展最快的地區之一，市場潛力和經濟影響力日漸增大。對投資者而言，東盟十個成員國都頗具吸引力，包括有利的人口狀況、豐富的自然資源和低成本勞動力等因素（參見表一）。組成單一市場後，他們將涵蓋超過 6 億人口及一系列經濟屬性，從新加坡成熟的金

表一　東盟成員國基本資料

國家	人口（百萬人）	GDP（十億美元）	人均 GDP（美元）
印度尼西亞	242.3	878.2	3,592
菲律賓	94.9	250.4	2,614
越南	87.8	138.1	1,528
泰國	69.5	365.6	5,678
緬甸	48.3	53.1	835
馬來西亞	28.9	303.5	10,304
柬埔寨	14.3	14.2	934
老撾	6.3	9.2	1,446
新加坡	5.2	276.5	51,162
文萊	0.4	16.6	41,703

注：以 2012 年世界銀行的數據為準。

資料來源：世界經濟論壇《2013–2014 年環球競爭力報告》。

融、貿易和技術，到緬甸大部分尚未開發的勞動力和自然資源儲備，一旦合併，將大大超過單體的總和。

東盟是「21世紀海上絲綢之路」的必經之路，既是陸路起點站，又是海路橋頭堡，地位舉足輕重。從地域上看，東盟是「21世紀海上絲綢之路」的關鍵樞紐；從經濟聯繫上看，東盟是中國建設「21世紀海上絲綢之路」中經貿與投資總量絕對不容忽視的一部分；從中國投資的戰略方向上看，亞投行與絲路基金的相繼成立，無疑將東盟諸國作為重要的投資目標國。因此，東盟是「一帶一路」建設的重點和優先地區。「一帶一路」建設堅持「共商、共建、共享」原則，有利於把中國的發展目標與東盟共同體發展藍圖對接，通過東盟國家項目和企業對接，同東盟各國的雙多邊合作機制和平台對接。

二、東盟的經濟發展特點及區域合作潛力

全球經濟增速放緩之際，東盟成為東亞乃至世界經濟的增長亮點。東盟目前是世界第四大進出口貿易地區（參見圖一），是發展中國家中吸引外商直接投資（FDI）的主要地區（參見圖二），並日益成為各個國家爭相合作的焦點。2015年底，東盟正式建成東盟經濟共同體（AEC）。這是一個有著6.4億人口、代表著東南亞區域經濟一體化成就的大市場，屆時東盟經濟總量將接近3萬億美元，

圖一　2014年主要經濟體的貨物貿易額佔比（單位：萬億美元）

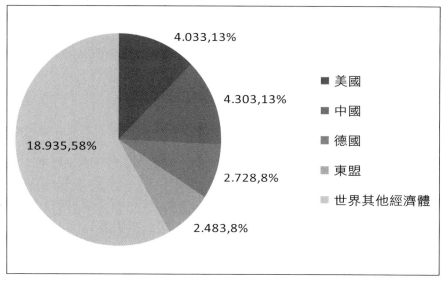

4.033,13%

4.303,13%

18.935,58%

2.728,8%

2.483,8%

■ 美國

■ 中國

■ 德國

■ 東盟

■ 世界其他經濟體

資料來源：WTO。

圖二　2014年主要發展中國家FDI流入規模（單位：億美元）

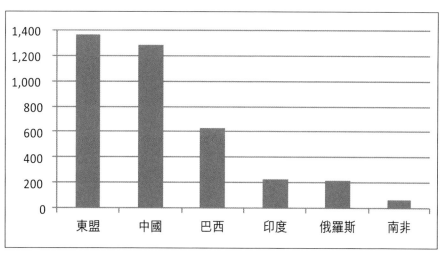

資料來源：UNCTAD。

成為全球第七大經濟體。東盟經濟共同體將是亞洲歷史上首個次區域共同體，也預示著地區乃至全球經濟新一輪增長機遇正在加速到來。

1. 東盟經濟發展現狀

(1) 經濟增長

東盟是全球經濟增長最具活力的地區之一，2004–2014 年東盟 GDP 年均增速保持在 5.4% 左右，合作潛力巨大，其增長前景遠超過發達市場，甚至將超過其他新興市場地區（參見圖三）。[1] 東盟經濟共同體尋求在十個成員國之間正式建立單一市場和生產基地，最後將各國的國家經濟整合成單一的區域集合體，在東盟創造一個無縫的貿易和投資機制。2014 年東盟 GDP 約為 2.7 萬億美元，2020 年將達到 4.7 萬億美元，成為全球性的強大經濟力量。

東盟貿易規模穩步增加，貿易結構有待改善。2004–2014 年間東盟貿易總額整體呈上升趨勢，從 2004 年的 10,718 億美元增長到 2014 年的 25,289 億美元，年均增長率約 8.96%，僅 2009 年出現負增長 (-19%)（參見圖四）。此外，東盟區域內貿易規模較小，2004–2014 年間東盟內部貿易額約佔對外貿易額的 33% 左右；且內部貿易集中在新加坡、泰國和馬來西亞三國與其他國家的貿易活動中，2014 年三國與其他國家的貨物貿易約佔東盟內部貨物貿易的 81%。[2]

近年來，東盟引資規模呈上升趨勢，但存在內外失衡的問題。東盟地區 FDI 主要來源於東盟內部的相互直接投資和東盟外部的直接投資，而前者投資量明顯小於後者。2004–2014 年東盟吸引 FDI 總額從 363 億美元增加到 1,362 億美元，年均增長率為 14.14%。其

圖三　東盟、新興市場國家和發達經濟體的 GDP 增速情況（%）

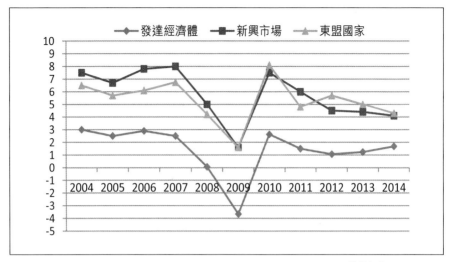

資料來源：UNCTAD。

圖四　2004-2014 年東盟貿易狀況（單位：億美元）

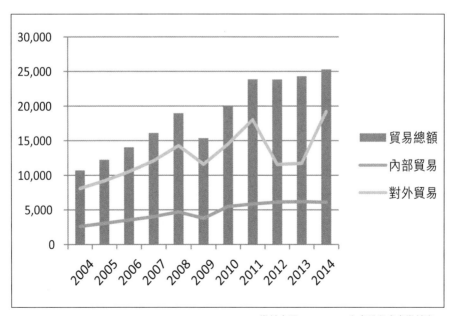

資料來源：UNCTAD 和東盟秘書處資料庫。

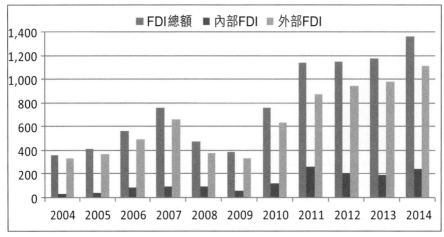

中，內部 FDI 總額從 29 億美元增加到 244 億美元，年均增長率為
23.74%；外部 FDI 總額從 334 億美元增加到 1,118 億美元，年均增
長率為 12.84%。2014 年，東盟吸引外商直接投資高達 1,360 億美
元，超過了中國，其中地區內投資貢獻率約達 20%。

（2）發展面臨的問題

作為目前東亞地區一體化程度最高、最為成熟的區域經濟合作
組織，東盟力求在東亞地區建立中心地位，對內積極推動建立東盟
經濟共同體，推進自身經濟一體化進程，對外尋求與交易夥伴國進
行自由貿易區談判。[3] 但是，其自身發展也面臨諸多問題。

第一，東盟內部向心力和凝聚力不足，利益差異導致發展難以
協調。

無論從人口數量、國內生產總值，乃至人均收入而言，東盟成

員國之間都有著巨大的差異。各國在經濟、文化等方面存在較大差異，缺乏共同利益導致難以形成制度約束，合作的持續性動力不足。而東盟各國強調主權和民族意識，多個國家間存在領土、領海的爭端問題，例如泰國與緬甸的邊界爭端和海域重疊糾紛，這為東盟的發展帶來阻礙。成員國在獨特的「東盟方式」下有靈活的發展空間，促進東盟整體建構的同時積極開展利己的外部合作，多個國家參與了美國主導的跨太平洋夥伴關係協定（TPP）談判，而這對東盟的地位造成極大的衝擊。

第二，產業轉型升級壓力巨大。

在新技術革命的推動下，美日等發達國家積極推進產業結構調整，大力發展以新能源、信息技術為主的高新技術產業的同時，將一些傳統低附加值產業轉移到東盟。技術轉移的相對保守以及東盟國家科技創新力不足，使其出口產品多為勞動、資本密集型產品，附加值低，而對外部國家的過分依賴也易造成市場動盪。

第三，基礎設施建設不完善，經濟增長後勁不足。

東盟國家中新加坡的基礎設施較完善，而緬甸、老撾、柬埔寨等國的基礎設施硬件落後，這降低了外商直接投資的積極性，融資困難造成的資金短缺又會阻礙對基礎設施的完善，形成惡性循環。

2. 中國與東盟的經濟合作

近年來，中國與東盟關係一直處於良好發展狀態，雙方在政治、經濟、社會、文化等多個領域的合作不斷深化和拓展，在國際事務中一直相互支持，密切配合。2003–2013 年是中國和東盟發展的「黃金十年」，未來十年還將要打造「鑽石十年」，深化中國與東盟的合作。[4]

第一，貨物貿易快速增長。

目前中國是東盟最大的交易夥伴、出口市場與進口來源地。而東盟是中國第三大交易夥伴、第四大出口市場和第二大進口來源地。2003–2013 年，中國與東盟的貨物進出口總額年均增長率為 22.56%，2014 年雙邊進出口總額為 4,801.25 億美元，同比增長 8.23%。其中，中國出口 2,717.92 億美元，增長 11.36%；進口 2,083.32 億美元，增長 4.41%。

第二，雙向投資穩健增長。

近年來，隨著中國—東盟自貿區建設步伐的加快，中國與東盟相互投資不斷擴大。東盟已經超過澳大利亞、美國、俄羅斯等國家，成為中國第三大外資來源地。截至 2014 年底，中國和東盟雙向投資累計約 1,300 億美元，中國企業累計在東盟投資總額為 352.1 億美元，東盟國家累計來華投資 917.4 億美元。

第三，金融合作日益密切。

中國—東盟金融當局間的合作多基於東盟「10+3」（東盟、中國、韓國、日本）框架，既包括區域監督機制、雙邊貨幣互換、東亞外匯儲備庫等制度安排，也包括結算體系、評級機構建設等金融基礎設施建設。根據清邁倡議多邊化（CMIM）協議，中國內地連同中國香港出資 768 億美元，佔「共同外匯儲備基金」總額的 32%，與日本出資額相同，並列第一。此外，中國人民銀行與多個東盟成員國央行簽署了雙邊本幣互換協議，2009 年至 2013 年 6 月末，中國與東盟跨境人民幣結算量為 11,200 多億元，數量逐年增加。

第四，合作領域不斷深化。

隨著中國與東盟戰略夥伴關係的不斷深入發展，雙方的合作不僅涉及貿易、投資領域，也逐漸滲透到農業、信息產業、人力資源

開發等 11 個重點合作領域。同時，雙方人文交流空前密切。中國已成為東盟第二大遊客來源地。雙方的留學生已有近 20 萬，每年的人員往來高達 1,500 萬人次。

3.「一帶一路」建設中中國與東盟合作的潛力與障礙

(1)「一帶一路」背景下中國與東盟合作的潛力

在參與「一帶一路」的建設中，東盟與中國有很大的整合與合作空間，可從基礎建設與經貿提升兩方面切入。東南亞物產豐饒，然而其經濟持續成長的瓶頸在於基本交通設施的滯後。一些東南亞島嶼國家如菲律賓、印度尼西亞等，港口設施落後、海運船隻陳舊，使其物產在其國內既無以流通，更遑論與鄰國交接了。另一些東南亞大陸國家，如緬甸、老撾等，因高山險峻、河流湍急，也使得公路、鐵路建設緩慢，其落後地區無法分享經濟成果。中國提出的「一帶一路」構想，如由中國在資金與技術上大力推進，東南亞國家是非常歡迎的，而且可在至少四個層次上促進東南亞資源的融通、市場的對接，以及投資和貿易的便利化。

首先，是這些東南亞國家國內的交通貫通，打通各自內部經濟發展的淤塞之處；

其次是讓東南亞國家之間交通往來更暢通，促進彼此經濟互補；

第三，也是最重要的，即為加強東南亞各國與中國之間海陸空的連結，讓雙方能更順利地開啟對方的龐大市場，加強貿易往來，互惠互利；

第四，就是「一帶一路」的互聯互通也意味著通過中國，東盟各成員國也能與中亞以至東歐各國開發新的貿易渠道，開啟經貿關

係新的篇章。

未來，中國和東盟將圍繞政策溝通、設施聯通、貿易暢通、資金融通、民心相通、推進基礎設施、自貿區升級版、海洋經濟、人文交流等合作，把「一帶一路」建設打造成中國—東盟戰略夥伴關係發展的新亮點、新動力。

（2）「一帶一路」背景下東盟與中國合作的障礙

首先，雙方缺乏政治互信，東盟擔心日益強大的中國會對自己造成威脅。東南亞國家歷史上飽受殖民奴役之苦，具有很強的民族和主權意識，中越、中馬、中菲的南沙之爭使雙方關係惡化，而「中國威脅論」的蔓延使得中國與東盟國家間的信任嚴重赤字。

其次，美日等國擔心自身在東亞區域的影響力削弱，企圖介入中國與東盟的合作。美國積極推進「亞太再平衡戰略」，擴大其亞洲同盟體系，日本誇大「中國威脅論」並拉攏其他國家，企圖從經濟方面牽制中國。

最後，東盟內部各國存在歷史積怨，很多國家貌合神離。東盟內部文化認知及價值觀的差異帶來很多社會動盪的因素，許多中國投資者因此在進入東盟市場的時候猶豫不定。另外，一些流感、自然災害的發生，也阻礙了大批中國企業向東盟進軍的腳步。

三、香港與東盟的合作基礎、
潛力及可發揮的作用

　　與東盟的合作中，香港具有獨特的優勢。香港位於亞太中心地帶，面對東南亞，背靠中國內地，地理位置優越，是重要的國際運輸樞紐，也是世界航運中心，在物流及海運領域處於領先地位。[5]作為世界上最自由開放的經濟體，香港也是國際貿易中心和國際金融中心，擁有比較完善的基礎設施和成熟的市場機制體制。這些獨特的優勢為雙邊關係的建立提供了強有力的支撐，再加上東盟國家作為新興經濟體，增長迅速，擁有廣闊的市場，自然資源豐富，勞動成本低廉，在經濟上與香港形成互補，構成了雙方廣泛的合作基礎。

1. 經貿合作

　　香港與東盟的經貿合作密切，且貿易規模和領域不斷擴大。目前，香港與東盟的經貿合作主要集中在貨物貿易、服務貿易和投資領域。

　　東盟是香港第二大交易夥伴，僅次於中國內地。2014 年兩地貿易總額達到 1,057.17 億美元，增長了 9.8%，佔香港貿易總額 10.4%。[6] 2004–2014 年間，香港與東盟的雙向貿易總額總體呈上升趨勢（僅 2009 年有較大幅度下滑），年均增長率為 13.6%，高於香港整體貿易年均 7.9% 的增速。東盟是香港的第四大出口市場，位於中國內地、歐盟和美國之後，香港出口到東盟的產品主要有電訊

設備及零件、半導體、電子管、辦公設備／電腦零部件及配件、供電路用的電子裝置及電腦等。東盟也是香港的第九大進口來源地，香港從東盟主要進口的產品包括半導體、電子管、電訊設備及零件、電腦及石油等。

香港服務業發達，在國際上處於領先地位，擁有廣闊市場的東盟是香港第四大服務交易夥伴。2009–2013 年，香港與東盟服務貿易總額總體保持增長，2009 年香港與東盟的服務輸出和輸入均出現較大幅度下滑，2010 年高速回落，佔香港服務貿易總額超過 8%（參見圖七）。

投資方面，東盟是香港的第五大對外直接投資目的地和吸收外資的重要來源地。2004–2014 年間，香港對東盟的直接投資呈總體上漲趨勢，2010 年有較大幅度下跌，之後開始穩步回升，目前資本存量積累已經超過 2,000 億港元（參見圖八）。香港對東盟投資的領域主要是紡織、食品、橡膠等勞動密集型產業，而利用其本身高度發達的服務業，香港對商業、服務業、金融業、旅遊業、房地產業等附加值較高的產業投資的比重遞增。香港正處在提升自身科研創新優化產業結構的關鍵時期，在與東盟的合作中會更加注重對基礎設施和高新技術產業的投資。而東盟也將在石油、天然氣、基礎設施、特殊資源方面對港商更加開放，進一步促進和刺激投資的發展。

東盟在香港的經濟活動也很活躍，根據香港特區政府統計處的資料，截至 2013 年底，新加坡在香港的直接投資累計達 2,259 億港元，佔外商直接投資總額 2.2%，在外商直接投資來源地中排第七位。2013 年，新加坡在香港的直接投資為 140 億港元，較 2012 年下降 18%。截至 2014 年 6 月，香港有 505 家東盟企業，其中 59 家在香港設立總部，126 家設立辦事處，320 家設立本地辦事處，

圖六　2004-2014年香港與東盟貿易總額變化趨勢（單位：百萬美元）

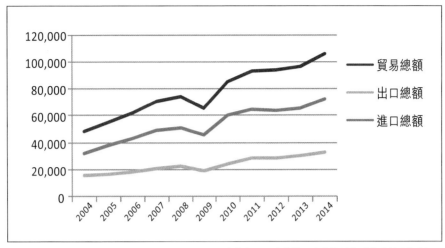

資料來源：香港特區政府統計處《香港貿易統計》。

圖七　2009-2013年香港與東盟的服務貿易（單位：百萬美元）

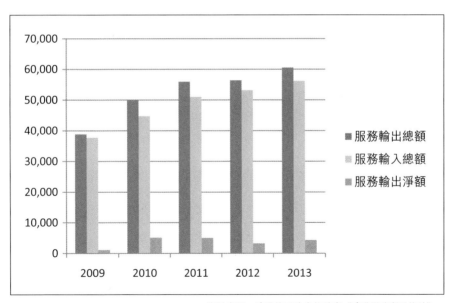

資料來源：香港特區政府統計處《香港服務貿易統計》。

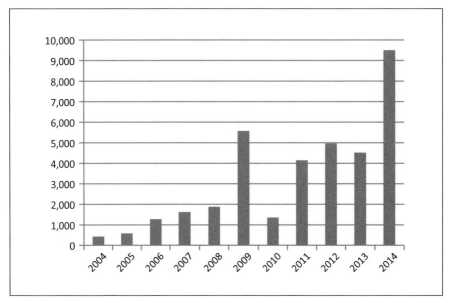

資料來源：ASEAN Statistical Yearbook。

佔香港外國公司總數約 6.7%。2015 年 1–10 月，東盟主要成員國
（新加坡、馬來西亞、泰國、印度尼西亞、菲律賓）訪港旅客合計
2,198,403 人次。[7]

　　未來，香港將在一個中國框架下，更好地利用「一國兩制」的
優勢，推進與東盟國家之間的自貿區建設，相互取消關稅和非關稅
壁壘，堅持原產地原則，進一步推動香港轉口貿易、雙邊服務貿
易、相互投資的發展。

2.「一帶一路」戰略下香港與東盟的合作基礎與潛力

　　香港位於亞太地區的中心位置，是帶動「一帶一路」建設的一

個戰略支點，是東盟各國商品進入中國內地市場以及中國內地商品進入東盟各國市場的重要渠道。[8]因此，在「一帶一路」建設中，中國香港與東盟具有深厚的合作基礎與潛力。具體表現在以下七個方面：

（1）基礎設施建設

基礎設施建設是「一帶一路」發展的戰略前提。中國和東盟加強在電力、橋樑、農業、製造業方面的合作，完善沿線公路、鐵路、航運、油氣管道等互聯互通網絡。基礎設施建設需要公營部門的計劃與參與，結合計劃和市場，平衡公私營機構利益是成敗關鍵。香港已經建立比較成熟的市場機制，掌握國際市場規則，其不少基建項目，比如電力、港口、電訊、橋樑、隧道等私營、公私合作或法定企業投資經營，效率和標準都達到國際極高水平，可以為「一帶一路」中與東盟基建項目的發展提供重要的參考和幫助。基建也會延伸到相關行業，涉及投資和工程承包及相關服務需求，香港可以利用自身發達的服務業優勢提供融資、項目風險管理、IRES（Institute for Resource Environment and Sustainability）等方面的幫助。

（2）「走出去」平台

東盟是中國實施「走出去」戰略的重點地區，中國內地企業「走出去」過程中涉及不少併購，香港可以作為中國內地企業「走出去」的平台。據統計，截至 2013 年底，中國內地通過香港進行投資達 3,771 億美元，佔累計投資額的 57.1%。「一帶一路」提出對外投資戰略，對東盟投資併購會增加，帶來對香港相關專業服務需求。

（3）金融配套服務

中國設立亞投行、金磚國家發展銀行、絲路基金（「兩行一金」），為中國與東盟的合作、自貿區升級提供資金支持和金融服務。香港是國際金融中心，在金融服務方面具有競爭優勢，可以提供包括集資、融資、債券、資產管理、保險、人民幣離岸業務等多種不同的服務。一方面，香港可以爭取在「兩行一金」的運作上發揮更大的角色功能，包括設立總部和分支機構；另一方面，可以利用國際化的人才，爭取絲路基金落戶香港。另外，香港也可以在客運、貨運、飛機租賃等領域提供配套金融服務。[9]

（4）海洋合作

中國東盟在海洋合作方面存在巨大發展空間，「一帶一路」提出，依託海上絲綢之路商貿物流大通道，大力發展海洋石油、化工、旅遊等產業合作，形成海洋產業集群。香港作為世界重要的港口，國際航運和物流發達，可以配合「一帶一路」對物流和航運的需求，發揮海運服務中心的功能，加強與東盟國家的海洋合作。

（5）產業合作

面對中國內陸地區勞動力成本不斷上升的趨勢，香港將目光投向東南亞國家，比如越南、印度尼西亞、泰國等，這些國家勞動力比較廉價，自然資源豐富，市場廣闊，可以進一步發展成為更廣泛的產業轉移基地網絡。在這一過程中，東南亞國家可能需要香港提供專業人才、管理、法律、會計以及仲裁等方面的服務。「一帶一路」也為香港與新加坡的合作提供了機遇，兩地有著相似的背景和經濟發展軌跡，又各自具有優勢，「一帶一路」會使兩地聯繫更加緊密，深化產業合作轉型升級。

（6）人員交流

東盟國家是訪港人流量最大的地區之一。「一帶一路」建設使沿線地區的經貿聯繫更加密切，提供了更多的商機，人員往來更加頻繁，不僅有利於香港和東盟國家相互之間的觀光旅遊，而且帶動更多的商務旅客進入香港，進一步優化旅遊服務功能，促進雙方旅遊合作。香港可以爭取在「一帶一路」建設中扮演更積極的角色，匯聚沿線東盟國家公司和領事館，在國家智庫文化、教育機構之間開展聯合研究、培訓、合作、交流，或在相關領域如物流、基建、金融等發揮人才交流、培訓角色。

（7）投資橋樑和商貿樞紐

香港與東盟締結自貿協定將促進雙方經濟發展，同時進一步加強香港作為區域貿易樞紐、以至東盟與內地貿易及投資橋樑的角色。香港和東盟簽署的自貿協定將在開放、促進和保護投資方面邁出重要一步，預計東盟將向香港開放更多的投資領域，包括為港商提供在石油、天然氣、基礎設施和特殊資源開發等方面的投資機會；與此同時，東盟多數國家生產成本低於香港和內地，自貿協定提供的投資便利，使東盟未來有機會成為香港勞動密集型企業的重要生產基地。因此，建立香港—東盟自貿區將進一步促進貿易和投資便利化，從而為香港轉口貿易、服務貿易和對外投資帶來新的商機，對提升香港在亞太區的商貿服務中心地位有正面作用。[10]

四、深化香港與東盟合作的政策建議

中國政府正在積極推進「一帶一路」國家戰略，香港作為中國內地與世界各地的聯繫人，可以搭乘中國經濟發展的「便車」，進一步加強與東盟國家在貨物、服務、投資等方面的聯繫。香港要抓住新一輪發展契機，這也是鞏固和提升香港作為亞洲國際金融中心地位的良機。

1. 盡快出台總體規劃，制定政策法規

鼓勵香港參與打造香港 ─ 東盟自貿區、中國 ─ 東盟自貿區升級版和「21 世紀海上絲綢之路」建設，這不是權宜之計，不是臨時措施，而是長遠戰略，必須全面規劃和綜合施策。這一全面規劃和綜合施策的核心目標和根本目的，應該是既能吸引和鼓勵更多的香港企業參與，又能讓廣大企業借此機會得到更多的利益和實惠，達到雙贏。

2. 相關機構創新合作機制，搭建合作平台

中國政府、商協會和貿易投資促進機構應面向香港，以打造中國 ─ 東盟自貿區升級版、「21 世紀海上絲綢之路」建設為主題，舉辦多種形式的洽談會、博覽會和招商推介會，為港商參與搭建有效平台。

3. 設立貿易發展分支機構，鼓勵企業合作

香港貿發局積極在東盟國家設立辦事處，打通與各國政府聯繫的「經脈」，為香港中小企業進入東盟市場提供支援和幫助，將當地企業與香港企業聯繫起來，發揮香港作為亞洲商業中心的優勢，為香港與東盟國家的經貿交流與合作創造更多的機遇，在東盟國家舉行大型活動、會議論壇，邀請中國香港、中國內地、東盟著名企業參加，展示香港專業服務業優勢，探討商業、貿易、金融合作等各方面主題，發掘商機。

4. 積極發展雙邊貿易，逐步擴大合作領域

東盟國家各自具有不同優勢，香港特區政府出台貿易促進發展計劃，在已有貿易合作基礎上，借力國家的「一帶一路」戰略，鼓勵企業參與到東盟國家經濟建設中去，繼續擴大與新加坡的貿易，為泰國基礎設施建設提供項目服務，利用越南等地的廉價勞動力和廣闊市場，針對不同國家優勢進行經濟與貿易合作，擴大與整個東盟地區合作的領域，深化合作一體化程度。

本章作者：張曉靜

對外經濟貿易大學國際經濟研究院副研究員、中國東盟經濟研究中心主任、

「中國—東盟區域發展協同創新中心」研究員

（本文由「中國—東盟區域發展協同創新中心科研專項和教育部長江學者和創新團隊發展計劃」聯合資助）

注釋

1　資料來源：國際貨幣基金組織世界經濟展望資料庫，2015 年 4 月。

2　資料來源：根據東盟秘書處資料計算而得。

3　劉一鳴：〈2015 年東盟經濟共同體：發展進程、機遇與存在的問題〉，載《世界經濟研究》，2012 年第 10 期。

4　郭可為：〈「一帶一路」大戰略中國─東盟經貿現狀與機遇〉，《中國經濟時報》，2015 年 1 月 9 日，A04 版。

5　吳崇伯：〈香港與東盟經貿關係探究〉，載《廈門大學學報（哲學社會科學版）》，2000 年第 4 期。

6　王春新：〈香港─東盟自貿區的機遇〉，載《金融博覽》，2014 年第 4 期。

7　資料來源：http://www.discoverhongkong.com/china/about-hktb/news/visitor-arrival.jsp（最後訪問時間：2015 年 12 月 7 日）。

8　劉誠：〈香港：「一帶一路」經濟節點〉，載《開放導報》，2015 年第 4 期。

9　薛俊升：〈「一帶一路」給香港經濟帶來的機遇〉，載《滬港經濟》，2015 年第 6 期。

10　王軒：〈推動中國─東盟合作　香港作用獨特〉，載《滬港經濟》，2015 年第 1 期。

資料鏈接

1. 東盟概況

東南亞國家聯盟（Association of Southeast Asian Nations, 縮寫：ASEAN，簡稱「東盟」），成員國有印度尼西亞、馬來西亞、菲律賓、新加坡、泰國、文萊、越南、老撾、緬甸和柬埔寨。其前身是馬來亞（現馬來西亞）、菲律賓和泰國於 1961 年 7 月 31 日在曼谷成立的東南亞聯盟。1967 年 8 月 7-8 日，印尼、泰國、新加坡、菲律賓四國外長和馬來西亞副總理在曼谷舉行會議，發表了《曼谷宣言》（《東南亞國家聯盟成立宣言》），正式宣告東盟成立。

2. 東盟經濟共同體

2015 年 12 月 31 日，東盟經濟共同體（AEC）正式建成。該共同體包括三大支柱，分別是政治安全共同體、經濟共同體和社會文化共同體。東盟經濟共同體將成為東南亞地區經濟共同發展的動力。

面向 2020 年，東盟經濟共同體的發展目標包括：一是建立單一市場和生產基地，實現貨物自由流通、服務和投資自由流動、資本和技術勞工自由流動；二是把東盟建設成具有競爭力的地區經濟體；三是通過並實施東盟經濟平衡發展框架（AFEED），扶持越老柬緬等國的發展，支援發展中小企業；四是促進東盟融入世界經濟。

3. 中國 — 東盟自貿區

中國 — 東盟自貿區是中國同其他國家商談的第一個自貿區，也是目前建成的最大的自貿區。其成員包括中國和東盟十國，涵蓋 18.5 億人口和 1,400 萬平方公里區域。2000 年 11 月，中國總理朱鎔基提出建立中國 — 東盟自貿區的設想，得到了東盟各國領導人的積極回應。經過雙方的共同

努力，2002 年 11 月 4 日，中國與東盟簽署了《中國—東盟全面經濟合作框架協議》，決定在 2010 年建成中國—東盟自貿區，並正式啟動了自貿區建設的進程。2004 年 1 月 1 日，自貿區的先期成果——「早期收穫計劃」順利實施，當年早期收穫產品貿易額增長 40%，超過全部產品進出口增長的平均水平。2004 年 11 月，雙方簽署自貿區《貨物貿易協定》，並於 2005 年 7 月開始相互實施全面降稅。根據中國海關統計，2007 年中國與東盟貿易總額達到 2,025 億美元，同比增長 25.9%。2008 年上半年，雙邊貿易額達 1,158 億美元，同比增長 25.8%。雙邊貿易實現了穩健、持續的增長，取得了令人滿意的成果。2007 年 1 月，雙方又簽署了自貿區《服務貿易協定》，已於當年 7 月順利實施。2009 年 8 月，雙方簽署了《投資協議》，中國—東盟自貿區在 2010 年全面建成。中國—東盟自貿區的建設進一步加強了雙方業已密切的經貿合作關係，也對亞洲及世界的經濟發展作出了積極的貢獻。

第三章

「一帶一路」建設中的香港與歐洲合作

提要

　　近年來，中歐關係發展迅猛。「一帶一路」戰略的提出，更為中歐互補合作潛能的釋放，搭建了一個絕佳平台。在「一國兩制」的背景下，香港在人才、物流、資金和信息等各方面和內地緊密相連，是聯繫內地與歐洲的最佳橋樑和政策載體。作為英國前殖民統治地區，香港在政治體制、人文思想等方面深受英國影響，在金融、法律服務等方面又與歐洲市場相通，這都為香港與歐洲的合作提供了一定的基礎。在行業方面，可發揮香港作為「一帶一路」沿線高度國際化和熟悉中國國情的服務中心優勢，在金融、航運物流、商貿推廣、跨境投資領域為中歐合作項目提供支援。未來，香港與歐洲可進一步創新合作機制，繼續加強經貿聯繫，促進技術合作，從文化教育層面擴大人才交流，推動「一帶一路」戰略的實施。

「一帶一路」的構想，為謀求發展的香港和經濟復甦的歐洲提供了難得的合作契機。香港不僅是歐洲重要的經貿夥伴，還是中歐之間密切聯繫的橋樑和紐帶。在「一帶一路」戰略下，香港與歐洲應積極參與合作建設，增強交流互信，分享發展成果。

一、歐洲在「一帶一路」建設中的
戰略地位及功能

歐洲是亞歐大陸的重要組成部分，經濟、政治等領域的一體化取得了巨大成就，在世界上具有重要影響力。在「一帶一路」沿線市場開發過程中，歐洲有條件參與其中，擔當關鍵角色，推動合作交流。

1. 歐洲在「一帶一路」建設中的地位和作用

根據規劃，「一帶一路」貫穿歐亞非大陸，歐洲作為地理上的終端，處於十分重要的地位。無論是地處希臘的比雷埃夫斯港口還是德國的漢堡港口，都將成為「一帶一路」的重要戰略支點。此外，歐洲經濟一體化取得了舉世矚目的成就，歐盟是具有世界影響力的經濟聯合體。據國際貨幣基金組織公佈的數據顯示，歐盟 2014 年 GDP 總量為 18.5 萬億美元，超過美國。因此，如果沒有歐洲經濟

圈的參與合作，「一帶一路」就會失去平衡和內生動力。

為了有效促進增長、拉動就業，歐洲於 2014 年底出台了高達 3,150 億歐元的「歐洲投資計劃」，並設立歐洲戰略投資基金。該計劃的行動重點包括三方面內容，即：在不增加公共債務的情況下增加投資；支持關鍵領域內的項目和投資，包括基礎設施、教育和研發創新；消除行業以及金融和非金融投資壁壘。這與「一帶一路」戰略高度契合，為互聯互通合作平台作出貢獻，尋求更多的項目投資機遇。

2. 歐洲在「一帶一路」建設中的戰略價值

歷史上，歐洲是絲綢之路的終點。今天，歐洲也是「一帶一路」建設的重要夥伴和利益攸關方，戰略價值突出。從地域上看，歐洲是「一帶一路」戰略的西部引擎。僅僅靠東亞經濟群，是無法成就「一帶一路」願景的，即使實現了互聯互通，也會進一步加劇地緣經濟失衡。只有歐洲經濟圈確立了東向戰略，東亞經濟圈確立了西向戰略，從東西兩個方位相向而行，才有可能拉動歐亞沿線國家和內陸腹地的共同發展。[1] 從歐洲核心競爭力上看，歐洲市場體系健全，資金雄厚，科技領先，有著完善的管理規範和國際經驗，可以為「一帶一路」戰略的合作項目的實施和推廣提供金融和技術支持。從戰略需求上看，歐盟正大力推進旨在「促增長、促就業、促競爭」的投資計劃，以及以單一數字市場、能源市場為重點的一體化建設，歐盟內的中東歐成員國亟待加強基礎設施、交通運輸等領域建設，可實現與「一帶一路」戰略的良好對接。

3.「一帶一路」戰略對歐洲的影響

首先,「一帶一路」戰略可推動歐洲經濟振興。

歐債危機以來,歐洲長期陷入緊縮和增長的矛盾。由於公共預算削減和私人投資及消費信心不足,歐洲內部投資陷入嚴重不足的局面。尤其是歐洲南部及中東歐國家,在債務危機影響下出現了嚴重的資本撤離。自 2013 年「一帶一路」倡議提出以來,基礎設施互聯互通成為中歐雙方合作的重點。在成員國層面,中國與匈牙利已簽署「一帶一路」合作文件;在歐盟層面,雙方已實質性探討「一帶一路」與「歐洲投資計劃」的對接方式。無論是連接布達佩斯和貝爾格萊德的匈塞鐵路還是中歐陸海快線項目,都會極大推動中國投資,擴大中歐經貿合作,提振歐洲經濟。

其次,可提升歐盟影響力。

「一帶一路」沿線國家,不少曾經是歐洲的殖民地,因此有必要汲取歐洲在全球地區治理方面的經驗。「一帶一路」建設是綠色、環保、可持續的,按照市場化運作和國際規範來進行,這些都是歐洲規範性力量所強調的,本身就體現了歐洲的軟實力。中歐合作開發、經營第三方市場,比如西亞、非洲、印度洋、中亞等地,在「一帶一路」框架下有了更多的發展機遇。歐洲的經驗、標準、歷史文化影響力,為中國所看重。「一帶一路」秉承和弘揚團結互信、平等互利、包容互鑒、合作共贏的絲路精神,與歐盟的理念相通,與歐盟的規範性力量產生共鳴,共同提升中歐全球影響力。

最後,可增強中歐全面戰略夥伴關係。

在《中歐合作 2020 戰略規劃》基礎上,中歐正在談判雙邊投資協定(BIT),甚至考慮在此基礎上研究中歐 FTA 可行性。「一帶一路」計劃為此帶來更大動力,推動中歐「四大夥伴」——和平夥伴、

增長夥伴、改革夥伴、文明夥伴關係的發展。渝新歐、鄭新歐、義新歐等 13 條歐亞快線鐵路網將中歐更緊密地聯繫在一起。圍繞建設「21 世紀海上絲綢之路」，海洋合作將成為中歐合作新亮點。圍繞建設信息絲綢之路，互聯網領域的合作也會成為中歐合作的新亮點，完全可以發展為中歐新的對話機制。

二、歐洲國家經濟發展現狀、 特點及中歐合作潛力

發展的中國和經濟復甦的歐洲已成為利益高度交融的命運共同體。中歐加強戰略對接、深化務實合作、實現互補互利對雙方各自發展和推進區域共贏合作至關重要。

1. 歐洲經濟發展的現狀、特點與面臨的挑戰

歐盟是世界上最大的經濟體，屬於典型的高收入低增長發展模式。2012 年經濟總量達到 17.5 萬億美元，比美國高出 1.9 萬億美元，是中國的 2.1 倍（中國 2015 年 GDP 增長至 10 萬億美元）。2000–2012 年間，歐盟平均增長率為 1.47%，比發達經濟體低 0.29 個百分點，不到世界總體平均水平（3.67%）的一半，不及新興經濟體和發展中經濟體（6.07%）的四分之一。2009 年金融危機引發

的大衰退，使歐盟經濟增長速度處於發達經濟體總體增速線之下。受歐債危機影響，歐洲經濟增速出現深度下滑，2012 年和 2013 年歐元區 GDP 同比增長率為 -0.7% 和 -0.5%。2014 年，歐洲經濟明顯回暖，歐元區 GDP 同比增長率躍升至 0.8%。

當前歐洲經濟面臨的挑戰主要表現在以下五個方面：

一是主權債務危機仍在持續。

歐洲統計局數據顯示，截至 2013 年底，歐盟 28 國的公共債務相當於國內生產總值的 85.4%，歐元區 18 國則高達 90.9%，其中希臘 174.9%、葡萄牙 128%、意大利 127.9%。2014 年第二季度末，歐盟和歐元區主權債務都有所增加，分別增至 88% 和 94%。歐盟委員會 2014 年秋季預測，2015 年歐盟和歐元區的公共債務將分別增至 94.5% 和 94.8%。

二是高失業，低增長。

多年來歐洲失業率居高不下。歐洲統計局數據顯示，歐盟 2014 年 10 月失業率為 10%，歐元區為 11.5%。歐盟的青年失業率為 21.6%，歐元區則高達 23.5%。2014 年第三季度歐盟和歐元區的經濟環比增長均低於 2014 年第一季度（參見表一）。其中，在歐債危機中表現良好的德國，2014 年第三季度經濟環比僅增長 0.1%，法國、西班牙和英國分別增長 0.3%、0.5% 和 0.7%，意大利和奧地利則分別為 -0.1% 和 -0.3%，低於預期。

三是人口老齡化問題嚴重且呈加速態勢。

2010 年，歐洲 65 歲以上人口佔比為 16.2%，僅次於日本的 22.7%，比美國高 3.1 個百分點，接近中國的兩倍，是世界平均水平的 2.13 倍。到 2015 年，預計歐洲 65 歲以上人口佔比為 17.3%，較五年前增長 1.1 個百分點，佔比增長速度比世界平均水平快 0.4 個百分點；預期到 2020 年，歐洲 65 歲以上人口將達到 18.9%，比

表一　歐盟與歐元區國內生產總值增減表（2013 年第四季度－2014 年第三季度）

| | 環比增加率 | | | | 同比增減率 | | | |
| | 2013 年 | 2014 年 | | | 2013 年 | 2014 年 | | |
	第四季度	第一季度	第二季度	第三季度	第四季度	第一季度	第二季度	第三季度
歐元區	0.3%	0.3%	0.1%	0.2%	0.3%	1.1%	0.6%	0.8%
歐盟	0.4%	0.4%	0.2%	0.3%	1.1%	1.6%	1.2%	1.3%

資料來源：http://epp.eurostat.ec.europa.eu/portal/page/portal/euroindicators/peeis（最後訪問時間：2015 年 11 月 15 日）。

2015 年提高 1.6 個百分點，比世界平均增速高出 0.5 個百分點，每五年老齡化人口提升的百分點都在增加。人口結構老齡化進一步加大歐盟財政負擔，難以解決。

四是經濟發展不平衡，內部利益協調難度大。

歐盟成員國發展極不均衡，按人均年收入水平可簡單分為三個梯隊：人均年收入超過 3 萬美元的高收入國家有盧森堡等 11 個國家，人均年收入為 5 萬美元；人均年收入介於 2 萬－3 萬美元的中等收入國家有塞浦路斯、希臘、斯洛文尼亞、葡萄牙、馬耳他五國，人均年收入為 2.5 萬美元；第三梯隊國家人均年收入低於 2 萬美元，主要是後加入歐盟的中東歐國家，人均年收入為 1.3 萬美元。不同梯隊人均年收入平均呈現成倍差距。人均年收入最高國家盧森堡是最低國家保加利亞的近 16 倍。在收入差距如此之大的成員國之間，要想達成共識，需付出較大代價。據測算，在 1990－2006 年期間，歐盟為東擴向中東歐國家支付 940 億美元，要高於 1947－1952 年馬歇爾計劃框架所提供的 850 億美元援助額。

五是難民危機。

源源不斷的難民主要來自敘利亞、利比亞等中東、北非地區。
2015 年上半年，以上地區戰亂不斷、持續動盪，加上「伊斯蘭國」
極端組織橫行猖獗，使得大批難民外湧。長期以來，歐洲對移民相
對開放的態度以及總是高舉人道主義旗幟，使其成為難民尋求庇護
的理想目的地。然而，急劇上升的難民人數已超過歐洲各國的收容
能力，移民政策屬於歐盟成員國各自的決策範圍，歐盟的決策機制
權力有限，各成員國協商難以達成一致，使得歐盟層面在處理難民
危機時效率低下，行動不力。

2. 中國與歐洲合作的進展、特點與制約

2015 年，中國同歐盟建交 40 周年。雙方已從集中發展經貿關
係拓展到密切加強政治、科技、文化、教育等領域合作，形成寬領
域、多層次的互利合作格局。同時，歐盟對中國發展的疑慮和擔心
增多，貿易摩擦不斷。整體而言，中歐合作呈現如下主要特點。

首先，中歐經貿合作成績斐然。

在雙方的積極推動下，中歐貿易快速、均衡發展。歐盟連續十
年成為中國的第一大貿易夥伴，中國則是僅次於美國的歐盟第二
大貿易夥伴。2000–2012 年間，歐盟與中國的進出口貿易總額基本
呈現上升趨勢（參見圖一）。歐盟從中國進口商品總額不斷增加，
2012 年達到近 3,000 億歐元，「中國製造」的各類產品也「漸入歐洲
百姓家」。2012 年歐盟對華出口總額達到 1,438.7 億歐元，比 2000
年增長了 4.6 倍，中國成為歐盟出口增長最快的市場。2014 年，儘
管歐洲經濟持續低迷，供需疲軟，但在雙方的共同努力下，中歐貿
易額創新高，達到 6,131.4 億美元，佔中國同期進出口總額的 14.3%

（參見圖二），同比增長了 9.9%，這是近三年來最高的。德國是歐盟成員國中與中國貿易關係最密切的國家，雙邊貿易額約佔中歐貿易總額的三分之一。中國商務部統計數據顯示，2014 年中德進出口貿易總額達 1,538 億歐元，增長 8.8%，創歷史新高。其中，德國對華出口 745 億歐元，進口 793 億歐元，分別增長 11.3% 和 6.4%。此外，中英貿易關係發展強勁，2014 年貿易額達 809 億美元，增長 15.3%，高於中歐貿易增速，英國成為中國在歐盟第二大貿易夥伴，為中歐貿易的發展作出了貢獻。

投資方面，中國企業對歐盟投資增長勢頭強勁成為新趨勢。中國商務部 2014 年 11 月 18 日公佈的數據顯示，2014 年 1–10 月，歐盟 28 國對華實際投資 53.8 億美元，同比下降 16.2%。同期，中國對歐盟的實際投資同比增長 192.6%。需要指出的是，以前是中國渴望歐洲的投資，現在是歐洲渴望中國的投資，中國企業對歐洲的投資一浪高過一浪。截至 2013 年底，中國在英國的投資存量達 323 億美元，超過英國在華投資 180 億的水平。僅 2014 年第一季度，吉利集團併購了英國一家電動汽車公司，江蘇三胞集團以 4.8 億英鎊併購福來莎百貨連鎖 89% 股權，上海綠地集團一個月內先後投資倫敦兩個房地產項目，共計 12 億英鎊。據統計，2014 年頭 4 個月，中國企業對英投資併購份額逾 50 億美元，超過 2013 年全年水平。在意大利，2014 年 6 月，中國國家電網公司以 21 億歐元價格收購了意存貸款公司旗下的能源網公司 35% 的股權。

其次，中歐人文交流活躍，合作成果豐碩。

2014 年 9 月，中歐在高級別人文交流對話機制第二次會議中，共同推出了教育、文化、青年等合作的後續行動計劃。計劃包括：中方為中歐留學生提供 3 萬個獎學金名額，歐方承諾為 7,000 名中歐留學生提供資助；雙方加強在新《瑪麗·居里行動計劃》框架下

圖一　2000–2012 年歐盟與中國進出口貿易總額變化趨勢（單位：億歐元）

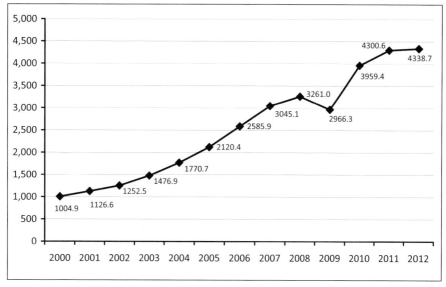

資料來源：根據歐盟統計局數據繪製。

圖二　2014 年中國前十大貿易夥伴進出口額及佔比

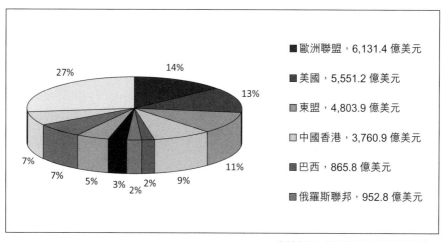

資料來源：根據歐盟統計局數據繪製。

的合作；進一步提升文化政策的對話水平，強化文化和創意產業領域的交流和合作；繼續支持中歐各級各地青年組織在「伊拉斯謨＋」青年行動和「中歐青年友好夥伴項目」框架下發展友好夥伴關係。2014 年 9 月 18 日，中法高級別人文交流機制啟動並召開首次會議，雙方就人文交往原則和目標達成重要共識，簽署了《聯合宣言》，並達成眾多具體成果。2014 年 4 月，中英有關部門簽署了合拍影片協議、深化教育夥伴關係框架協議、藝術和創意產業職業發展和青年交流諒解備忘錄等多項合作文件。

在中歐合作不斷深入的同時，雙邊關係仍有一些制約因素：一是受歐債危機衝擊，歐盟國家消費疲軟，投資不振，對華貿易保護主義抬頭，頻頻對中國輸歐產品發起貿易救濟調查。二是歐洲經常利用「人權」問題「敲打」中國，對中國內政指手劃腳。三是隨著中國的發展強大，歐盟對中國的疑慮和擔心增多，時而泛起「中國威脅論」。

3. 中歐未來合作重點及發展趨勢

當前的中歐合作進入提質增效的關鍵階段，需要打開「再升級」的廣闊新空間。2013 年，中歐雙方共同制定《中歐合作 2020 戰略規劃》，推動全面戰略夥伴關係在未來的發展。

第一，繼續推進中歐經貿合作，深化雙邊投資。

推動全面的中歐投資協定的達成，涵蓋投資保護和市場准入，提升投資自由化水平並為雙方投資者提供更為簡單、安全的法律環境。根據中國的發展藍圖，預計未來五年將進口 10 萬億美元商品，對外投資 5,000 億美元，出境人數超過 4 億。中國的巨大市場將有助於歐洲擺脫危機的困擾，實現經濟復甦。此外，規模逾

3,000 億歐元的「歐洲投資計劃」，以小額的公共資金吸引高額投資，也為中國向歐盟地區的投資融資創造機會。

第二，加深金融貨幣領域合作。

發揮中歐雙邊本幣互換安排作為流動性支持工具的作用，保障歐元區銀行人民幣的持續供應，促進人民幣在跨境貿易和投資中的使用，推動中歐貿易和投資便利化，維護金融穩定。

第三，加強科技領域合作。

進一步探索在食品、農業和生物技術、城鎮化、航空、水資源、醫療和信息通信技術領域的聯合科研創新合作倡議，制定聯合資助計劃，開展對口交流，鼓勵各自研發人員參與彼此的科研項目。

第四，共同致力於實現可持續發展。

推動新興綠色產業的發展，促進各自環境旗艦項目的合作，最大程度發揮中國生態文明建設和歐盟資源效能戰略的對接效益。為保證社會可持續發展，在社會和醫療保障、確保充分有效就業、老齡化等一系列重要的社會挑戰方面，中歐還肩負促進全球發展的共同責任。

第五，加強全球治理方面的合作，爭取全球治理中的話語權。

核擴散、恐怖主義、海盜和國際衝突對國際安全構成嚴重威脅，中歐應當在全球安全領域加強合作。同時，雙方還應就氣候變化、網絡安全、軍控和防擴散等重大全球性問題加強交流，增加在全球治理中的話語權，推動公正合理的國際政治經濟新秩序的建立。

三、「一帶一路」建設中香港
與歐洲的合作基礎、面臨問題與發展潛力

香港處於「一帶一路」海、陸交匯樞紐的位置，是兼容並蓄的國際大都市，在商貿、專業服務、文化、國際市場機制等領域積累深厚，是歐洲重要的經貿夥伴。此外，香港在「一國兩制」中的特殊地位，為推動中歐合作發揮了重要作用。這些優勢都為香港與歐洲開展項目建設奠定了雄厚的基礎。同時，香港與歐洲的合作也存在不足和挑戰。在「一帶一路」戰略建設中，雙方需不斷磨合，加強溝通，實現互補互利。

1. 香港與歐洲的合作基礎與合作優勢

長期的經濟依賴以及不斷加深的經濟聯繫，是香港與歐洲合作的重要基礎和利益紐帶。據統計，早在 1994 年，歐洲就在香港開設了九十多家製造企業，投資高達 8 億美元；同時擁有四十多家銀行和保險公司。歐洲在香港的非製造業的淨資產總額約為 340 億美元。[2] 1995 年，香港成為歐盟的主要貿易夥伴之一，而歐盟成為香港的第三大貿易夥伴，雙邊貿易額達到 440 億美元。歐盟委員會於 1993 年就在香港開設了辦事處，並在 1997 年香港回歸中國之際，出台了一份特別的文件。文件指出，「歐洲與香港的關係將是中歐關係發展的一個重要組成部分」[3]。

在香港回歸後，許多歐盟公司利用在香港設立的業務作為進入其他亞太地區市場的跳板，尤以中國內地為然。截至 2014 年 6

月，共有 459 家歐盟公司在香港設立地區總部，而 691 家則設有地區辦事處。[4] 歐盟是香港外商直接投資的主要來源地之一。據香港特區政府統計處的統計數字，截至 2013 年底，歐盟在香港的直接投資總額達 1,303 億美元（10,103 億港元）。歐盟在香港的貿易、金融、保險、零售、運輸和其他行業均有不少業務。在香港設有機構的歐洲銀行包括滙豐銀行、渣打銀行、巴克萊銀行、德國商業銀行、羅馬銀行、德意志銀行、法國巴黎銀行、荷蘭銀行和法國農業信貸銀行等；此外，不少行業的歐洲大型公司均在香港設有機構，包括法國航空、英國航空、德國漢莎航空、馬莎百貨、英之傑、卜內門（中國）、保誠資產管理、巴斯夫、歐舒丹、西門子、萊茵 TÜV、LVMH 亞太有限公司、Parfums Christian Dior Far East、鐵行渣華（香港）有限公司、飛利浦香港有限公司、香港蜆殼有限公司和愛立信有限公司。截至 2014 年底，約有 31,240 名歐洲各國的國民在香港居住。

在與歐洲的合作中，香港獨具的優勢主要包括以下五點：

第一，香港曾受英國殖民統治，在政治體制、人文思想等方面深受英國影響，可以在同歐洲的合作過程中淡化中西方意識形態領域的差異。

第二，香港既與內地具有密切和深入的政治、經濟和文化關係，又在經濟金融領域的區域性或國際組織與平台中具有較高的影響力。香港已在多個領域發展成為中國通往歐洲、歐洲通往中國內地的「超級聯繫人」，發揮著雙向聯繫優勢。[5] 歐盟很多企業將香港作為通往內地的通道，享受《內地與香港關於建立更緊密經貿關係的安排》條款給予的優惠待遇。

第三，香港是亞洲首選的資產和財富管理中心，服務對象遍及世界各地。香港擁有世界一流的金融基礎設施和大量高水平的金

融、會計、法律等專業領域的人才，更有國際熟悉的普通法體系，完善的法規和獨立的司法，投資者受到法治保障。無論是發債、上市、銀團貸款，以至風險資本，香港都是成本低、效益高的集資融資和財富管理的主要運作平台。

第四，香港是世界知名的國際商貿中心，商業人脈網絡廣闊，商貿服務多元化，會議展覽服務、採購服務、商業配對服務等蓬勃興盛，物流網絡發達，與歐洲多國有海運和空運貨物往來，是協助「一帶一路」各地政府和企業尋找合適的商業夥伴的最佳商貿促進平台。

第五，香港的高端專業服務佔 GDP 的 5%，特別是在營運和管理鐵路、機場、港口、供電、供氣等基礎設施方面，擁有豐富經驗。香港可以成為項目支援基地，提供顧問服務、參與營運管理基礎建設。

2. 香港與歐洲的合作特點、面臨的問題與挑戰

隨著 2015 年 10 月習近平主席訪問英國，中英雙方的合作關係進入了一個嶄新的階段，中英合作的特點在一定程度上反映了香港與歐洲合作的趨勢、特點與合作空間。

首先，雙方政治關係動力強勁。

中英雙方高層往來密切，雙方政治互信不斷加深，兩國在近年來逐步建立起一系列高層對話機制以及雙邊對話洽談機制。這也從側面反映出香港和歐洲之間的政治關係。在 2013 年 11 月 22 日，歐盟委員會主席巴羅佐赴香港主持歐盟駐港澳辦事處成立 20 周年紀念儀式，強調歐盟將在未來比以往更重視香港。香港特別行政區行政長官梁振英當時在禮賓府與巴羅佐會面，期望雙方能夠繼續加

強溝通交流，在不同領域展開更深入的合作。

其次，雙方經貿關係穩中有升。

近年來，中英雙方在經貿領域互惠互利、合作共贏，經貿關係保持迅速發展的態勢。2014 年雙邊貿易額達 808.7 億美元，同比增長 15.3%。2014 年中國對英國直接投資併購金額達 71 億美元，對英投資存量達 400 多億美元，英國對華累計投資近 200 億美元。[6]據歐盟統計局數據，2013 年歐元區對外直接投資達到 3,240 億歐元，吸收外資 2,990 億歐元。其中對香港直接投資 100 億歐元，佔據整個歐元區對外直接投資的 3.09%（參見表二）。同時，雙方合作領域不斷拓展，優勢互補，在科技創新、服務貿易和基礎設施建設等方面均有卓有成效的合作。

再次，雙方人文交流星光璀璨。

雙方每年在文化領域開展近百個合作項目和交流活動，在文化、教育、體育、創意產業、青年交流等方面交往十分密切，這為雙方關係穩定發展打下了堅實的民意基礎。

最後，雙方國際事務合作戰略鮮明。

中國致力於與歐盟建立和平、增長、改革、文明四大夥伴關係，始終堅定支持歐洲的繁榮和團結。英國是歐盟改革創新的積極推動者，在中歐合作中發揮著積極作用。同時，雙方在應對氣候變化、反對恐怖主義、消除貧困等國際問題中始終保持密切的溝通，體現了雙方關係的鮮明戰略性。

雖然香港與歐洲合作看似具有非常樂觀的前景，但是我們必須正視合作過程中可能存在的問題和挑戰。

首先，歐元區債務危機風險尚未完全消除。

歐盟統計局的最新數據表明，歐元區各國的主權債務佔 GDP 的比重在 2015 年第一季度達到 93%，比 2014 年同期水平有所增

表二　2013 年歐元區對外直接投資流量主要分佈

國家或地區	對外投資流量（億歐元）	所佔比例（％）
美國	1,590	49.07
巴西	360	11.11
瑞士	240	7.41
中國香港	100	3.09
中國內地	80	2.47
對外直接投資總量	3,240	-

資料來源：歐洲統計局。

長，希臘債務水平已高達 170%，希臘退出歐元區的風險尚未完全消除。經濟低迷使財政收入不斷縮減，緊縮的財政政策並未解除債務風險；經濟問題逐步演化為社會問題和政治問題。經濟低迷和失業率高企引發歐洲部分國家政局不穩，極右翼、極左翼政黨開始抬頭，要求脫離歐元區的主張一直存在。

其次，貿易保護主義有所抬頭。

在國際貿易方面，為了維護本土生產商與外國同業之間的公平競爭環境，歐委會利用反傾銷、反補貼等貿易防衛工具保護歐盟本土生產商的利益，中國內地則是歐盟新貿易防衛調查的主要目標（參見表三）。2015 年有十個歐盟成員國將香港列入其避稅港黑名單，而歐洲委員會就此把香港列為全球 30 個「不合作稅務管轄區」之一。對於香港來說，即使受歐盟貿易防衛工具影響最大的鋼鐵、金屬及化學品等產品並非香港傳統出口類別，但在內地從事生產或採購活動的香港製造商及出口商肯定會受到衝擊。香港如何根

據自身優勢減輕貿易防衛工具帶來的損失又是一個巨大的挑戰。另外，歐洲在貿易方面十分關注環保問題，一直不斷訂立法規。例如《電器及電子設備廢料指令》（WEEE 指令）、《限制有害物質指令》（ROHS 指令）、《化學品註冊、評估、授權和限制法規》（REACH 法規）以及能源相關產品的環保設計法例等。與此同時，對於消費者而言，即使是環保產品，他們依然傾向於購買高質且廉價的商品，香港出口商不但要面對日益嚴格的監管規定，同時還要考慮產品的成本，這又是一大挑戰。

再次，香港與中東歐國家聯繫並不緊密。

香港與「一帶一路」沿途的中東歐國家聯繫並不緊密，在合作交流方面有一定的困難。以出口為例（參見表四），中東歐市場對港商的吸引力似乎不大。2012 年 1 月至 2013 年 6 月，中東歐僅佔香港總出口不足 2%，遠低於較為富裕的中東市場以及更為遙遠的拉丁美洲市場。而基礎設施如高鐵、資源開採、冶煉等也非香港業界的強項。如何加強與中東歐國家的官方與民間的交流溝通，同時利用自己的優勢彌補不足，對於香港在「一帶一路」中發揮作用又是一大挑戰。

最後，香港能否充當「超級聯繫人」面臨挑戰。

「一帶一路」的最終目的是為了能夠建立世界經濟新秩序。這就需要一個能夠把「一帶一路」的信息傳遞到全球，特別是與美、歐、日等主要工業國家聯繫往來的「超級聯繫人」。香港能否充當這個重要的「超級聯繫人」的角色，為「一帶一路」全球化作出貢獻，將面臨非常大的挑戰。

表三　歐盟由 2011 年至 2015 年上半年啟動的新貿易防衛調查

原產地	2011	2012	2013	2014	2015
阿根廷	0	2	-	-	-
白羅斯	1	-	-	-	-
中國內地	8	7	6	6	3
印度	3	2	1	2	1
印度尼西亞	-	3	1	-	-
日本	-	-	-	1	-
哈薩克	1	-	-	-	-
韓國	-	-	-	1	-
馬其頓	-	1	-	-	-
阿曼	2	-	-	-	-
俄羅斯	1	-	-	2	1
沙特阿拉伯	2	-	-	-	-
中國台灣	-	1	-	1	-
泰國	-	1	-	-	-
土耳其	1	1	-	2	-
烏克蘭	-	1	-	-	-
美國	2	-	-	1	-
越南	-	-	1	-	-
總計	21	19	9	16	5

注：包括反傾銷及反補貼調查。

資料來源：歐洲委員會。

表四　主要東歐市場：市場規模及香港出口表現

| 市場規模（以人口數量計算，百萬） | 對香港貨品的需求（以香港對中東歐的出口計算） | | | |
| | 2012 年 | 2013 年上半年 | | |
	價值（億美元）	價值（億美元）	比重（%）	增長（%）
俄羅斯	141	21.71	10.84	32.9	11.8
匈牙利	10	12.02	6.34	19.3	13.3
捷克	11	7.84	4.09	12.4	9.5
波蘭	39	7.69	3.86	11.7	4.7
烏克蘭	45	2.35	1.16	3.5	18.6
羅馬尼亞	21	1.95	1.08	3.3	19.4
斯洛伐克	5	1.68	0.96	2.9	13.3
愛沙尼亞	1	1.39	0.79	2.4	28.0
拉脫維亞	2	1.20	0.79	2.4	15.9

資料來源：國際貨幣基金組織、香港特區政府統計處。

3.「一帶一路」建設中香港與歐洲深化合作的潛力

香港與歐洲在金融領域的合作具有廣闊的發展空間。香港是國際金融中心，可為內地企業提供融資便利，提供與貿易有關的信用押匯、貼現等金融服務，包括可為他們在香港或國際資本市場的境外投資項目進行融資。同時，香港也可以為歐洲企業開拓中國市

場，為他們在中國進行投資提供融資支持，而歐洲本身非常成熟的資本市場將會助力中國資本市場與世界接軌。此外，在人民幣離岸市場的建設上，香港可以保持和發展與倫敦業已建立的良好合作關係。倫敦人民幣離岸市場擁有 24 小時不間斷的人民幣業務鏈和來自歐洲市場的供需雙方，可以彌補香港在時區方面的空檔，推動人民幣在歐美市場的流通與使用，真正實現人民幣的「體外循環」。

香港與歐洲在基建投資上也具有良好的發展前景。歐洲基礎設施改善需求近年來逐漸顯現，未來投資潛力極大。中國企業過去在基礎設施方面已經投資了歐洲的機場、水務和空港城等一些項目。香港不僅擁有重要的轉運港地位，還在機場、地鐵、港口等方面積累了豐富的建設經驗，可以在未來「一帶一路」中歐基建設施項目的設計、施工上發揮巨大作用。

香港與歐洲在科技創新領域的合作同樣具有非常大的潛力。香港是亞太區的科技交易中心，是內地科技企業開拓海外市場、尋求與外國技術夥伴合作機會、為科技項目進行境外融資的理想平台。同時，香港本身擁有雄厚的高端專業人才資源，為科技創新提供了強有力的保障，這也為香港與歐洲的科技創新合作與交流提供了基礎。

4.「一帶一路」建設中香港與歐洲合作的實施機制與風險控制

香港與歐洲合作的實施機制，應以點到面來開展，而英國則是這個合作點最好的選擇。英國已經成為吸引中國投資最多的西方國家。中國「一帶一路」戰略構想應該緊抓英國機遇，從資金融通、民意互信、人文交流等方面挖掘英國潛力，特別是借助英國在金融市場的影響力。從宏觀方面講，英國 2014 年提出的英格蘭北部振

興計劃，旨在通過巨額投資重振曼徹斯特、利物浦等老工業城市。2015 年 10 月訪英期間，習近平主席也訪問了曼徹斯特，參觀科研和商業項目。中國可以將「一帶一路」戰略與「英格蘭北部振興計劃」對接，加大對英國的投資，促進雙方交流合作。具體來講，可以由政府帶領商貿團訪問英國，加深兩地之間的認識和聯繫，並把握機會，在政府層面推動落實雙邊協定，促進投資、物流、避免雙重課稅、保障雙邊投資等，為商界創造更好的經商和投資條件。在人文交流方面，英國在 2004 年開辦了第一所孔子學院，到 2015 年已經開辦了 25 所，是歐盟成員國中開辦孔子學院最多的國家。英國還在 2014 年 9 月 27 日舉行了全球首個「孔子學院日」，紀念英國開辦孔子學院十周年。香港可借助其英式教育模式及其與英國的往來基礎，增加與英國學校間的訪問交流、開設專項培訓課程等，以教育為紐帶，逐步深化與帶動中英兩地的人文交流。

除了同英國開展各方面合作之外，香港還可以利用德國等歐洲核心國家在歐盟的影響力，來推動「一帶一路」在歐洲區域的進展。近年來，中德關係發展全面、迅速，務實合作成果豐碩。中國是德國在歐盟以外最大的貿易夥伴，德國是中國在歐洲的最大貿易夥伴、最重要的技術引進和投資來源國。2014 年中德貿易額達 1,778 億美元，佔中歐貿易額的三成，大體相當於中國與英國、法國和意大利三國貿易的總和。2015 年 10 月 29 日，中國國務院總理李克強與德國總理默克爾舉行會談。雙方表示，中國有完備工業體系和巨大市場，德國有先進技術，應推進「中國製造 2025」和「德國工業 4.0」戰略對接，共同推動新工業革命和業態，達成雙贏。中德關係面臨新的發展機遇，有望在高水平上穩定向前發展，繼續在中歐關係中發揮引領作用。長久以來，香港一直協助內地企業符合外國的監管標準及市場規定，尤以在檢測和認證方面為然，地位

舉足輕重。而香港的資訊自由流通，使香港科技業者得以緊貼所屬領域的最新發展，優勢明顯，能有效協助中國內地企業為有關科技項目應用最新的國際技術標準，更好地為「中國製造 2025」和「德國工業 4.0」戰略對接提供專業化的服務。

當然，「一帶一路」戰略在推動的過程中也必然面臨著許多全球化的系統性風險，只有對各種風險做好充分的準備和控制，才能保證「一帶一路」戰略的順利發展。

首先，「一帶一路」戰略實施資金需求浩大，部分沿線的中東歐國家經濟體量有限，財力薄弱，迫切希望中國政府和企業承擔主要投融資責任，由此帶來的金融風險不可忽視。而香港可以發揮在「一帶一路」融資中的作用，為中國政府提供相關的金融服務來降低風險。例如，在香港公開發行債券，將有效增加項目透明度，引入國際信用評級、金融監管等多方面力量開展外部風險管控，同時顯著降低中方金融機構開展盡職調查的難度。從金融合作和監管層面看，境外人民幣集中在香港，與中國內地市場的互動關係更加容易建立，監管當局溝通渠道相對更加暢通，支持香港發展人民幣離岸業務，使香港國際金融中心地位獲得新的有力支撐。香港在金融業和專業服務方面擁有國際領先優勢，也是實現第三方融資可靠的首選之地。

其次，「一帶一路」沿線國家眾多，各類領土爭端、宗教和文化衝突、恐怖主義和極端勢力等安全風險相當複雜。如何攜手應對安全風險也是對中歐戰略合作的嚴峻考驗。複雜的利益和觀念的分歧使得中歐雙方在安全領域的合作非常有限。而香港中西文化薈萃，對中歐文化的認知差異有較深的瞭解，可以在「一帶一路」推進的重要階段扮演「中間人」的角色，推動中歐社會的持續對話，減少誤解，化解分歧，達成共識。

四、「一帶一路」建設中香港與歐洲合作的策略建議

2015 年 10 月，習近平主席在倫敦唐寧街首相府同英國首相卡梅倫舉行會談，雙方達成重要共識，決定共同構建中英面向二十一世紀全球全面戰略夥伴關係，開啟持久、開放、共贏的中英關係「黃金時代」。中英關係和中歐關係發展面臨繼往開來的重要機遇，這也為「一帶一路」建設中香港與歐洲的合作提供了助推劑。

1. 創新合作機制，搭建合作平台

中國政府、商協會等機構應面向香港，以打造中歐關係新格局、推進「一帶一路」建設為主題，舉辦多種形式的交流會、論壇、博覽會和招商推介會，為港商參與合作搭建有效平台；同時，積極邀請歐洲政府及企業來華訪問。在政府和商界兩個層面開展多形式的合作與交流。例如，爭取常規化的國際高峰論壇在香港定期舉行，與歐洲國家教育機構之間開展聯合研究、交流等，或在基建、金融等領域共同進行人才交流和人才培養。

2. 開展多領域、多層次、多形式的經貿合作

香港應與歐洲國家和地區在多個領域，從政府層面到企業層面開展各種形式的合作，全方位推動「一帶一路」建設。金融服務將是香港可以擔當更大角色的領域，提供更多不同的服務，包括集

資、融資、債券、資產管理、保險、人民幣離岸業務等。香港可以爭取在「兩行一金」（金磚銀行、亞投行和絲路基金）的運作上發揮更大的功能，爭取絲路基金的子基金落戶香港。同時，飛機租賃等航空業配套金融服務也可能是發展空間之一。在人民幣國際化方面，香港可以繼續與英國合作，聯手推動人民幣國際化進程。

在航運方面，香港具備成為歐洲和內地之間轉口港的優勢，「一帶一路」建設開展後，中國與相關國家之間的人員往來、國際物流需求等都會增加。香港可以與歐洲一起合作開展國際物流業務，在貨運服務方面給予對方最大程度的優惠，降低運輸成本，更好地促進雙方的貿易合作。在商貿推廣領域，會議展覽、商貿配對、質檢設計、產權交易、品牌管理方面，香港可利用自身的優勢與歐洲進行資源整合與資源互換。在跨境投資領域，香港可與歐洲合作，共同提供協助中國企業「走出去」的收購合併、法律仲裁等服務，同時也可以幫助歐洲企業在華投資，獲取廣闊的市場。

3. 積極鼓勵雙方企業開拓市場

中國和歐洲市場均蘊含著巨大的投資潛力和廣闊的市場前景，因此雙方政府應加強合作，在政府層面出台一系列有利於雙方企業相互進入市場的協議或條款，並積極鼓勵雙方企業開拓市場。中歐自由貿易協定尚未提上日程，雙方政府組織應積極溝通協作，早日促成中歐自由貿易協定，為雙方企業開拓市場提供便利，從而更好地促進「一帶一路」戰略的發展與實現。

4. 積極促進雙邊科技合作

中歐雙方在科技領域的合作具有良好的基礎。1998 年 12 月 23

日，在布魯塞爾歐盟總部，中歐科技合作協定正式簽署。而中歐雙方的科技合作則起始於 1981 年，目前雙方的科技合作領域已經涉及生物技術、環境保護、能源、信息等多個方面，合作形式從技術考察和人員交流到現在的共同研究、建立聯合研究中心、舉辦研討會等。不過，雙方的科技合作僅限於部分領域，仍有較大的合作空間。香港作為中國科技發展的助推器，應積極與歐洲開展多方面、多領域、多層次的科技合作，用科學技術為雙方互惠互利和「一帶一路」的發展提供強有力的支撐。

5. 從文化教育層面擴大雙邊人才交流

香港高等教育課程編製靈活，多元交叉，在管理方面享有高度的自主權，實行開放辦學。近年來，香港的高等教育在「適用人才與全人教育結合」培養目標下水平不斷提升，以香港大學、香港中文大學、香港科技大學為代表的香港高校紛紛進入世界一流大學的行列。而歐洲的教育水平更是在全球屈指可數，劍橋、牛津等名校在全球具有極高影響力。因此，香港特區政府應與歐洲政府積極交流溝通，擴大雙方留學生規模，使得雙方教學資源共享、人才培養共進。二十一世紀是人才的世紀，擁有人才就是擁有資源，就是擁有未來，因此，在文化教育層面擴大雙邊人才交流是推進香港與歐洲共同發展，以及實現「一帶一路」偉大戰略目標的有力保障。

本章作者：蔣瑛

四川大學經濟學院副院長、教授

（西南科技大學經管學院講師李恒博士、四川大學經濟學院學生祖文靜為本文整理數據、提供資料並撰寫初稿中部分文字材料，謹此致謝。）

注釋

1　趙可金：〈中歐戰略夥伴關係為一帶一路謀勢〉，中國網，2015 年 6 月 18 日，資料來源：http://opinion.china.com.cn/opinion_90_131990.html（最後訪問時間：2015年 11 月 15 日）。

2　嚴少華、王黎：〈中歐關係中的香港因素探析〉，載《戰略決策研究》，2013 年第 1期。

3　B. Bridges, "Europe, Hong Kong and the 1997 Transition", in Beatrice Leung and Joseph Cheng (eds), *Hong Kong SAR: In Pursuit of Domestic and International Order* (Hong Kong: The Chinese University Press, 1997), p 261.

4　"Communication from the Commission to the Council, the European Union and Hong Kong: Beyond 1997", available at: http: // eurlex.europa.eu (accessed November 15, 2015).

5　張灼華、陳梵：〈中國香港：成為「一帶一路」版圖中的持續亮點〉，載《國際經濟評論》，2015 年第 2 期。

6　李警銳：〈中英關係「黃金時代」呈現四大特徵〉，人民網，2015 年 10 月 16 日，資料來源：http://xj.people.com.cn/n/2015/1020/c188514-26863203.html（最後訪問時間：2015 年 11 月 15 日）。

資料鏈接

1. 歐盟概況

歐洲聯盟（European Union），簡稱「歐盟」（EU），是由歐洲共同體發展而來，創始成員國有六個，分別為法國、德國、意大利、荷蘭、比利時和盧森堡。該聯盟現擁有 28 個會員國，正式官方語言有 24 種。其前身是 1967 年成立的歐洲共同體（EC）。1993 年 1 月 1 日《馬斯特里赫特條約》生效，歐洲共同體改名為歐洲聯盟。

2. 歐洲投資計劃

在尚未完全走出全球金融危機和歐債危機的背景下，為了有效促進增長、拉動就業，歐洲於 2014 年底出台了高達 3,150 億歐元的「歐洲投資計劃」（The Investment Plan for Europe），由於歐盟委員會主席容克（Jean-Claude Juncker）是該計劃的主要推動者，因此又稱「容克計劃」（Juncker Plan）。「容克計劃」的實施途徑是，通過新設立總額 210 億歐元的歐洲戰略投資基金，在 2015–2017 年期間推出來自包括私營部門在內的約 3,150 億歐元的投資。

3.《中歐合作 2020 戰略規劃》

《中歐合作 2020 戰略規劃》是中歐雙方於 2013 年 11 月 21 日在第十六次中國歐盟領導人會晤上共同制定的全面戰略規劃。該規劃確定了中歐在和平與安全、繁榮、可持續發展、人文交流等領域加強合作的共同目標，將促進中歐全面戰略夥伴關係在未來數年的進一步發展。

4.「德國工業 4.0」

德國工業 4.0 是德國政府提出的一項高科技戰略計劃。該項目由德國

聯邦教育及研究部和聯邦經濟技術部聯合資助，投資預計達 2 億歐元，旨在提升製造業的智能化水平，建立具有適應性、資源效率及人因工程學的智能工廠，在商業流程及價值流程中整合客戶及商業夥伴。其技術基礎是網絡實體系統及物聯網。其中，工業四代（Industry 4.0）是指利用物聯信息系統（Cyber-Physical System，簡稱 CPS）將生產中的供應、製造、銷售信息數據化、智能化，最後達到快速、有效、個人化的產品供應。

第四章

「一帶一路」建設中的香港與
「上海合作組織」合作

提要

　　上海合作組織是中國和中亞、西亞等國家展開安全合作的重要機制，目前已經延伸建立起經濟、社會、文化等合作機制與平台，是中國推進「一帶一路」建設的主要抓手之一。香港有必要積極參與「一帶一路」建設以獲得更大發展空間，特別是抓住開發陸路沿線國家的市場機遇。中西亞地區經濟發展水平較低、社會政治文化環境複雜、與香港傳統聯繫薄弱，香港可以與上合組織深化合作，對接其金融、能源、信息、專業服務人才培養等合作機制，通過發揮自身優勢，提升在歐亞內陸地區的發展潛力和水平。具體有四方面的合作途徑：一是組建跨部門對接工作組或機構，與上合組織建立起溝通渠道，以探索和優化合作機制；二是與上合組織實業家委員會和銀聯體對接，參與上合組織經貿合作項目；三是組建上合組織參與方在香港的推介信息平台；四是建立教育培訓對接機制。

「上海合作組織」（以下簡稱「上合組織」）作為「上海五國」事業的繼承者，於 2001 年 6 月 15 日基於《打擊恐怖主義、分裂主義和極端主義上海公約》和《上海合作組織成立宣言》而正式成立。雖然該組織以維護地區安全與合作為優先方向，但隨著成員國、觀察員國和對話夥伴國數量增多，以及全球經濟下滑形勢下各方對穩定與發展的訴求，上合組織的經濟協作功能有所上升。上合組織參與方主要覆蓋俄羅斯、中亞、西亞等陸上絲綢之路沿線國家，大多經濟基礎薄弱、對外聯繫程度低，但發展需求強勁、通道意義顯著，是「絲綢之路經濟帶」建設的重點區域。香港與這些歐亞內陸國家的傳統聯繫較少，且缺乏成熟的溝通渠道與機制，從當前階段來看，通過上合組織經濟平台切入合作，是香港擴大自身發展空間、助推「一帶一路」建設的可行路徑。

一、上合組織與「一帶一路」建設的協同性

上合組織作為以維護地區安全為初衷和首要任務的國際組織，[1] 是歐亞內陸各國謀求安全穩定、合作發展與共同繁榮的重要多邊平台，被認為是當今世界上最具潛力的新型區域合作組織。「一帶一路」是近年來中國提出的促進歐亞非經濟合作的共建倡議，2008 年金融危機後，上合組織成員方促進經濟合作、謀求共同發展的共識上升，上合組織與「一帶一路」建設形成顯著的互補性與協同性。

1. 上合組織參與方覆蓋「一帶一路」重要區域

從地域範圍來看,「一帶一路」主要覆蓋中國經陸路和海路聯通歐洲的國家和地區,其中,從中亞、西亞到歐洲的「絲綢之路經濟帶」是重要建設分支。上合組織創始成員國包括俄羅斯、中亞四國,準成員國有印度和巴基斯坦,觀察員國包括伊朗、蒙古、阿富汗、白羅斯,他們大多分佈在陸上絲綢之路沿線,構成「絲綢之路經濟帶」建設的重要參與力量;斯里蘭卡、柬埔寨等對話夥伴國位於海上絲綢之路沿線。近年來,上合組織的擴員,以及參與方覆蓋愈來愈廣泛的「一帶一路」建設區域,使上合組織發展與「一帶一路」建設具有諸多共同的利益關切。

2. 上合組織為「一帶一路」建設提供重要安全保障

上合組織以維護地區安全為核心任務,為「一帶一路」建設提供重要安全保障。上合組織成立的初始動因,源於成員方共同應對亞洲地區出現的恐怖主義、分裂主義、極端主義和毒品等安全威脅。十多年發展過程中,上合組織主要在安全合作領域取得顯著進展,包括建立起反恐機構理事會、安全會議秘書會議、國防部長會議、總參謀長會議、最高法院院長會議、總檢察長會議、公安內務部長會議、司法部長會議、禁毒部門領導人會議、國際信息安全專家組、易制毒化學品專家工作組等研究與合作機制,簽署和執行《上合組織關於合作打擊非法販運麻醉藥品、精神藥物及其前體的協議》(2004)、《上合組織成員國組織和舉行聯合反恐演習的程序協定》(2008)、《上合組織成員國政府間合作打擊非法販運武器、彈藥和爆炸物品的協定》(2008)、《上合組織成員國保障國際信息

安全政府間合作協定》（2009）、《上合組織成員國政府間合作打擊犯罪協定》（2010）、《2011–2016年上海合作組織成員國禁毒戰略》（2011）等協定，組織「和平使命－2007」、「諾拉克反恐－2009」、「和平使命－2010」、「天山－2號（2011）」、「和平使命－2014」等聯合反恐演習，積極應對不斷出現的非法販運武器彈藥、爆炸物、有毒有害及放射性物質和僱傭軍，應對反洗錢、非法移民和管理勞務移民，信息安全，跨國犯罪，外空安全等新威脅、新挑戰。

面對亞洲地區出現的傳統與非傳統安全威脅，上合組織健全合作機制、擴大合作領域、拓展合作深度，為維護地區穩定和提高政治互信作出重要貢獻，這無疑給「一帶一路」沿線的經濟合作和建設發展提供了安全前提和環境保障。

3. 上合組織拓展多元功能而與「一帶一路」建設趨向協同

上合組織強化經濟與人文合作功能，使之與「一帶一路」建設具有協同性。安全功能是推動上合組織發展的主軸和原動力。起初，各成員方雖然簽署《上海合作組織成員國多邊經貿合作綱要》，但進程緩慢、成效不大。2008年的全球金融危機，使上合組織成員方經濟普遍遇冷，各國紛紛出台「反危機計劃」，在上合組織框架內交流經驗、互相幫助，加強經貿、金融合作，抱團取暖，共度難關。隨著世界經濟進入增長乏力、結構調整的階段，上合組織成員方認識到經濟轉型與國家發展的迫切需求，不斷增加經貿、人文領域對話與合作，健全溝通機制，簽署多項關於經貿與人文合作的協定、規劃和落實計劃及清單等。在經濟合作領域，上合組織著力促進貿易投資便利化、推進以交通運輸和通信為主的基礎設施建設、貨幣與投融資合作，能源與新能源、農業、科技與信息化合作等；

在人文合作領域，上合組織主要推進教育、衛生、文化、環境保護等方面的合作。

上合組織拓展經濟與人文領域的合作，一方面反映出成員方的合作需求和意願，另一方面也給行政機構帶來日益繁重的工作任務和負擔。中國提出共建「一帶一路」，主要是通過政策溝通、道路聯通、貿易暢通、資金融通、民心相通，以合作求發展，互利共贏，打造利益共同體、命運共同體和責任共同體。上合組織的功能拓展與「一帶一路」建設表現出高度的契合性，彼此協同、互促發展成為這兩項事業共同向前推進的潛在路徑。[2]

上合組織與「一帶一路」建設的利益契同性和發展協同性，為香港通過與上合組織的合作助推「一帶一路」建設提供了可能。

二、香港與上合組織合作的潛力

香港是亞太地區重要的國際金融與貿易中心，但偏於中國華南一隅，與上合組織主要參與方距離遙遠；上合組織的核心任務和優先方向是維護地區安全，這使雙方之間的合作是否可行存在疑問。然而，近年來，成員國和觀察員國等主要參與方所處的發展形勢與利益訴求，使上合組織愈來愈關注經濟發展這一保障地區安全的根本因素；再加上內地與上合組織其他參與方複雜的聯繫，這些因素促使香港有可能與上合組織尋求合作。

1. 上合組織參與方具有強勁的發展訴求

　　隨著上合組織啟動擴員進程，除中國以外，上合組織還有其他五個成員國、兩個準成員國和四個觀察員國，可將這些國家作為主要參與方進行考察。這 11 個國家中，俄羅斯、哈薩克斯坦、吉爾吉斯斯坦、塔吉克斯坦、烏茲別克斯坦和白羅斯是前蘇聯加盟共和國，獨立以後均處於艱難的轉型過程；伊朗和阿富汗是中東複雜局勢的焦點國家，間接或直接受到戰爭衝擊；印度、巴基斯坦和蒙古則是亞洲地區的發展中國家。總體來説，除印度和俄羅斯 2014 年的國內生產總值在 2 萬億美元左右，其他國家的經濟總量都相對較小，2014 年吉爾吉斯斯坦、塔吉克斯坦、蒙古的 GDP 僅在 100 億美元左右。從人均 GDP 來看，俄羅斯和哈薩克斯坦 2014 年的水平超過 12,000 美元，阿富汗、塔吉克斯坦、吉爾吉斯斯坦、巴基斯坦和印度的人均水平僅在 1,000 美元上下。（參見表一）

　　由於經濟發展水平不高、轉型過程形勢複雜，諸多上合組織參與方未在工業化方面取得進展。俄羅斯、哈薩克斯坦、伊朗、白羅斯是工業化水平相對較高的國家，但 2001–2013 年間，俄羅斯和哈薩克斯坦的工業比重趨於下降，經濟結構趨向服務化，伊朗和白羅斯的工業化則有所進展。其餘參與方基本上是農業經濟佔較大比重的國家，二十一世紀以來他們的農業比重雖有顯著下降，但原本工業發展就較為薄弱的吉爾吉斯斯坦、塔吉克斯坦、印度和阿富汗，工業比重繼續下降，出現逆工業化過程；烏茲別克斯坦、巴基斯坦和蒙古的工業化則有所推進。（參見表二）

　　在工業結構內部，11 個參與方中有俄羅斯、阿富汗等六個國家的製造業佔 GDP 比重，在 2001–2013 年間顯著下降；伊朗、哈薩克斯坦、蒙古和俄羅斯的採礦業及公用事業不僅在國民經濟中佔有

表一　2014 年上合組織主要參與方的 GDP 與人均 GDP

參與方	GDP（億美元）	人均 GDP（美元）
俄羅斯	18,653	13,093
哈薩克斯坦	2,054	12,369
吉爾吉斯斯坦	73	1,292
塔吉克斯坦	93	1,108
烏茲別克斯坦	622	2,120
巴基斯坦	2,591	1,399
印度	20,411	1,610
伊朗	3,965	5,052
阿富汗	228	730
蒙古	112	3,898
白羅斯	761	8,179

資料來源：UNCTADSTAT 資料庫。

較大比重，且二十一世紀以來其佔 GDP 比重有顯著上升。製造業
顯著發展的僅有白羅斯和烏茲別克斯坦兩國。（參見表三）

可見，上合組織 11 個參與方均面對嚴峻的經濟增長和產業結構
升級的現實壓力，尋求發展是這些國家共同的迫切需求。

2. 上合組織其他參與方與中國的經貿聯繫日益密切

雖然美國仍是全球最大的商品貿易進口國，但從貿易總量來
看，2013 年開始中國已經超越美國成為全球最大商品貿易國，2014
年中國商品貿易總額為 4.3 萬億美元，佔全球總量的 11.3%。上合
組織其他成員國和觀察員國在中國的對外經貿往來中所佔地位並不

表二　2001-2013 年上合組織主要參與方三次產業構成及其變化（%）

參與方	產業	2001	2008	2013	2001-2013 比重變化
俄羅斯	農業	6.9	4.4	3.9	-3.0
	工業	37.4	36.1	36.3	-1.2
	服務業	55.6	59.5	59.8	4.1
哈薩克斯坦	農業	9.3	5.4	4.9	-4.3
	工業	38.4	41.2	37.8	-0.5
	服務業	52.4	53.3	57.2	4.8
吉爾吉斯斯坦	農業	36.9	26.2	17.1	-19.9
	工業	28.9	22.8	25.8	-3.1
	服務業	34.2	51.0	57.1	22.9
塔吉克斯坦	農業	26.1	22.5	24.3	-1.9
	工業	39.7	27.8	26.7	-13.0
	服務業	34.2	49.7	49.1	14.9
烏茲別克斯坦	農業	34.0	21.9	19.6	-14.4
	工業	22.6	32.3	33.0	10.4
	服務業	43.4	45.9	47.4	4.0
巴基斯坦	農業	27.1	23.1	25.3	-1.8
	工業	18.6	22.3	21.6	3.0
	服務業	54.4	54.6	53.1	-1.3
印度	農業	23.0	17.7	18.2	-4.8
	工業	25.6	28.5	24.8	-0.9
	服務業	51.3	53.9	57.0	5.7
伊朗	農業	12.7	8.6	8.5	-4.2
	工業	34.8	42.6	41.8	7.0
	服務業	52.5	48.8	49.8	-2.8
阿富汗	農業	53.2	29.2	25.6	-27.7
	工業	26.1	27.0	20.5	-5.5
	服務業	20.7	43.8	53.9	33.2

（續表）

參與方	產業	2001	2008	2013	2001-2013 比重變化
蒙古	農業	26.4	21.4	16.5	-9.9
	工業	25.2	34.4	33.3	8.1
	服務業	48.5	44.2	50.3	1.8
白羅斯	農業	11.7	10.0	8.9	-2.9
	工業	40.8	44.6	41.2	0.4
	服務業	47.5	45.4	49.9	2.4

資料來源：UNCTADSTAT 資料庫。

表三　2001、2013 年上合組織主要參與方的工業構成（%）

參與方	製造業佔 GDP 比重			採礦業、公用事業佔 GDP 比重		
	2001	2013	比重增減	2001	2013	比重增減
俄羅斯	15.5	14.3	-1.2	7.9	13.8	5.8
哈薩克斯坦	14.8	11.7	-3.1	12.8	20.4	7.6
吉爾吉斯斯坦	16.7	13.3	-3.4	5.4	2.8	-2.6
塔吉克斯坦	-	11.9	-	-	-	-
烏茲別克斯坦	11.2	18.4	7.2	2.2	3.6	1.4
巴基斯坦	9.5	11.4	1.9	4.4	4.6	0.2
印度	13.7	11.3	-2.4	4.2	3.6	-0.6
伊朗	10.9	13.2	2.3	13.8	32.7	18.9
阿富汗	16.3	10.4	-5.9	0.3	0.9	0.5
蒙古	7.5	6.4	-1.1	10.4	20.8	10.4
白羅斯	19.6	22.1	2.5	6.0	3.5	-2.5

資料來源：UNCTADSTAT 資料庫。

高，2014 年，中國向 11 國出口佔到中國總出口的 7.4%，從這些國家進口所佔比重僅為 5.4%，但對於 11 國而言，中國市場對其影響正日益攀升。

從上合組織其他參與方在世界商品和服務貿易中的地位來看，二十一世紀以來，除俄羅斯和印度的商品和服務貿易佔世界比重超過 1% 以外，其他國家商品進出口佔世界比重均不足 0.5%，服務進出口比重更低於 0.3%，各參與方與外部地區經濟聯繫較為薄弱。而且，除俄羅斯、哈薩克斯坦、伊朗和蒙古基本保持貿易順差之外，其餘國家長期處於逆差狀態，有限的出口能力制約了這些國家與外部展開更廣泛深遠的經貿聯繫。（參見表四）

在上合組織相關參與方中，蒙古、哈薩克斯坦、巴基斯坦均把中國作為更重要的出口市場，蒙古 2014 年向中國出口佔到其總出口的 87.8%，比 2001 年上升 36.18%；其他參與方向中國出口的比重仍相對較低。但從進口來看，2014 年，除白羅斯較少從中國進口外，蒙古、巴基斯坦、哈薩克斯坦以及吉爾吉斯斯坦（2013）從中國進口比重已經升至 20% 左右，幾乎所有相關參與方均顯著增加了從中國的進口。（參見表五）

隨著經濟實力的上升，中國對外直接投資量也逐年攀升，由 2009 年的 565 億美元升至 2013 年的 1,078 億美元，其中流向上合組織 11 個其他參與方的比重相對較低，2012 年流入量合計比重達到 7%，為歷年最高水平，2013 年佔中國向外直接投資總流量的 3.4%。但從 11 國吸收直接投資來看，中國的投資對於塔吉克斯坦、吉爾吉斯斯坦、阿富汗，以及伊朗、巴基斯坦來説還是相對重要。（參見表六）

表四 2001–2014 年上合組織主要參與方的商品與服務貿易情況

參與方	商品出口佔世界商品總出口比重 (%)			商品進口佔世界商品總進口比重 (%)			服務出口佔世界服務總出口比重 (%)			服務進口佔世界服務總進口比重 (%)			2014 年貿易差額 (億美元)
	2001	2014	比重增減	2001	2014	比重增減	2001	2014	比重增減	2001	2014	比重增減	
俄羅斯	1.64	2.62	0.97	0.84	1.62	0.78	0.75	1.39	0.64	1.34	2.79	1.45	1,897
哈薩克斯坦	0.14	0.41	0.27	0.10	0.22	0.12	0.08	0.11	0.03	0.17	0.27	0.10	370
吉爾吉斯斯坦	0.01	0.01	0.00	0.01	0.03	0.02	0.01	0.03	0.02	0.01	0.03	0.02	-41
塔吉克斯坦	0.01	0.01	0.00	0.01	0.02	0.01	-	0.02	-	-	0.02	-	-34
烏茲別克斯坦	0.04	0.07	0.03	0.04	0.07	0.03	0.03	0.05	0.02	-	0.02	-	-6
巴基斯坦	0.15	0.13	-0.02	0.16	0.25	0.09	0.10	0.10	0.01	0.15	0.17	0.02	-229
印度	0.70	1.69	0.99	0.79	2.44	1.65	1.14	3.21	2.07	1.31	2.79	1.49	-1,414
伊朗	0.41	0.47	0.05	0.26	0.27	0.01	0.19	0.15*	-0.04	0.23	0.30*	0.07	378
阿富汗	0.00	0.00	0.00	0.03	0.04	0.01	-	0.07*	-	-	0.05*	-	-72
蒙古	0.01	0.03	0.02	0.01	0.03	0.02	0.01	0.02	0.01	0.01	0.04	0.03	5
白羅斯	0.12	0.19	0.07	0.13	0.21	0.09	0.07	0.15	0.07	0.05	0.10	0.05	-44

注：＊為 2012 年數據。

資料來源：UNCTADSTAT 資料庫。

表五 2001、2014 年上合組織主要參與方向中國進出口情況

參與方	向中國出口佔總出口比重（%）			從中國進口佔總進口比重（%）		
	2001	2014	比重增減	2001	2014	比重增減
俄羅斯	5.60	4.36	-1.24	3.93	6.79	2.85
哈薩克斯坦	7.62	12.55	4.92	2.74	17.88	15.14
吉爾吉斯斯坦	4.07	2.20*	-1.87*	10.38	23.94*	13.56*
巴基斯坦	-	9.11	-	-	20.17	20.17
印度	2.10	4.23	2.13	3.61	12.68	9.07
伊朗	0.73	-	-	4.45	-	-
阿富汗	-	2.71	-	-	13.49	-
蒙古	51.63	87.80	36.18	18.97	33.12	14.15
白羅斯	1.92	1.77	-0.15	0.50	2.34	1.84

注：* 為 2013 年資料及據此計算的比重變化。

資料來源：UNCOMTRADE 資料庫。

表六 2009–2013 年上合組織主要參與方吸收中國直接投資流量佔總 FDI 流入的
比重

參與方	2009	2010	2011	2012	2013
俄羅斯	0.95	1.32	1.30	1.55	1.29
哈薩克斯坦	0.47	0.48	4.23	21.73	8.33
吉爾吉斯斯坦	72.29	18.85	20.92	55.15	26.85
塔吉克斯坦	17.50	192.28	31.52	100.27	67.09
烏茲別克斯坦	0.59	-0.28	5.35	-3.97	4.10

（續表）

巴基斯坦	3.28	16.39	25.13	10.35	12.51
印度	-0.07	0.17	0.50	1.14	0.53
伊朗	4.18	14.00	14.39	15.06	24.44
阿富汗	21.64	0.90	354.32	18.77	-1.76
蒙古	44.35	11.46	9.57	20.31	19.00
白羅斯	0.11	1.38	0.22	2.97	1.22

資料來源：根據《2013 中國對外直接投資統計公報》中中國向各國對外直接投資流量和 UNCTADSTAT
資料庫中各國 FDI 當年流入量相除計算而得。

可見，中國與上合組織其他參與方經濟聯繫日益密切，特別是中國市場對於各國發展正日趨重要。

3. 促進上合組織其他參與方轉型升級是中國需肩負的使命

雖然上合組織其他參與方與中國的經貿聯繫正逐步密切，但值得注意的是，他們與中國的貿易結構更為初級化。

在廣義商品分類中，根據加工程度將商品區分為初級產品、中間產品和最終產品，其中初級產品和半成品是加工程度相對較低的產品。相對於總出口商品結構而言，2014 年俄羅斯、巴基斯坦、印度、蒙古更加傾向於向中國出口初級產品，哈薩克斯坦除向中國主要出口初級產品外，與白羅斯、印度一起向中國出口了較高比重的半成品。此外，幾乎所有國家都從中國進口加工程度更高的資本品、零部件和消費品等。（參見表七）

向中國出口加工程度更低的商品，有可能將參與方鎖定在低層次產業結構；從中國進口高加工程度商品，則對這些國家的民族工業發展構成一定挑戰，對於大多數經濟實力薄弱、工業化進程緩慢

表七　2014 年上合組織主要參與方與中國進出口商品結構（%）

參與方	進出口	初級產品	半成品	零部件	資本品	消費品	合計
俄羅斯	對中國出口	83.6	7.3	5.3	3.0	0.7	100
	總出口	49.7	42.7	1.7	2.6	3.1	100
	從中國進口	0.5	28.3	14.9	22.1	34.3	100
哈薩克斯坦	對中國出口	63.6	34.9	0.1	1.3	0.1	100
	總出口	77.8	19.7	0.4	1.2	1.0	100
	從中國進口	0.1	27.2	10.6	37.9	24.2	100
巴基斯坦	對中國出口	11.1	75.7	0.4	0.4	12.4	100
	總出口	5.3	35.1	0.9	2.1	56.7	100
	從中國進口	1.1	48.5	14.4	27.3	8.6	100
印度	對中國出口	22.8	63.4	5.3	5.0	3.6	100
	總出口	4.8	51.9	6.9	7.0	29.5	100
	從中國進口	0.5	42.7	17.3	31.4	8.1	100
蒙古	對中國出口	98.2	1.6	0.0	0.1	0.1	100
	總出口	87.5	10.0	0.5	1.2	0.7	100
	從中國進口	0.6	57.5	6.6	23.4	12.0	100
白羅斯	對中國出口	0.9	72.4	1.0	1.2	24.5	100
	總出口	4.4	61.5	4.5	10.4	19.1	100
	從中國進口	0.4	38.1	19.1	20.1	22.2	100

注：依據 UNCOMTRADE 的廣義商品分類（BEC）統計和 Françoise Lemoine 和 Deniz Ünal-Kesenci（2002）提供的五階段 BEC 分類，貿易商品分為：初級產品（111+21+31），含半成品（121+22+32）和零部件（42+53）的中間產品，含資本品（41+521）和消費品（112+122+51+522+61+62+63）的最終產品。

資料來源：UNCOMTRADE BEC 資料庫。

甚至倒退的上合組織主要參與方來說，與中國基於比較優勢展開經貿合作，並不利於這些國家的可持續發展，由此為拉大中國與其他參與方之間的經濟差距和深化相互矛盾埋下隱患。上合組織參與方是「一帶一路」建設中中國聯通歐洲的必經之路，其地區穩定和經濟發展對於中國而言，具有顯著意義；促進上合組織其他參與方經濟轉型與升級，無疑是這些國家和中國共同的利益取向與責任使命。

4. 香港與上合組織存在合作空間

上合組織雖以安全功能為優先方向，但面對主要參與方的利益訴求和相互聯繫，面對日益攀升的促進和協調參與方之間經濟協作的需求，上合組織也有必要推進有利於所覆蓋地區發展的經濟合作。香港在金融、貿易物流、信息服務等領域具有顯著優勢，存在與上合組織合作的經濟基礎；各成員方的發展需求，也為香港與之合作提供可拓展空間。[3]

首先，上合組織參與方的首要發展需求是促進產業升級，在本國不具備資金、技術、管理經驗和生產基礎等前提下，引進外資成為重要選擇。香港在籌資、融資、投資等領域具有顯著優勢，吸引資金支持上合組織參與方產業發展，將具有廣闊的合作前景。

其次，促進產業在相對落後地區聚集，需要為要素和產品流通創造環境與條件，促進硬件通達性的基礎設施建設在上合組織覆蓋地區有著潛在需求，而這也意味著龐大的資金需求和對高品質的運營管理的需求。作為亞太首要金融中心，香港可以在這一領域發揮積極作用。

再次，上合組織參與方不少深處歐亞內陸，經濟規模小，國際

市場影響力弱，其他國家對這一地區缺乏瞭解，成為影響外部投資流入的一大原因。香港是國際知名的展覽中心，有可能依託香港平台，加強上合組織參與方國家、產業、企業和產品的展覽展示。此外，在為國際投資者提供上合組織覆蓋範圍的投資產品時，也需要香港提供相應信息服務。

最後，上合組織參與方不少在能源、原材料等初級產品出口方面具有比較優勢，上合組織曾探討建立能源俱樂部或能源交易中心，通過建立公平高效的交易機制，維護相關方的正當利益，而能源交易機制的建立離不開金融、信息、規制等軟件設施，香港可在此方面提供服務。

三、香港與上合組織合作的必要性和思路

香港是一個自由經濟體，通過行政干預影響市場機制發揮作用並不符合香港的發展慣例。面對世界及周邊形勢的巨大變化，尋求轉型升級也成為香港自身的迫切需求；在內地「一帶一路」建設大背景下，發現市場機遇，提供公共服務，為市場主體開闢更為廣闊的發展空間，是香港鞏固自由市場體制、實現可持續發展的必要選擇。上合組織所覆蓋地區雖然經濟總量較小，但一方面具有開發潛力，另一方面對於「一帶一路」而言具有顯著意義，[4] 由此，香港有必要積極拓展這一地區；且各種現實因素決定了香港需要通過與

上合組織合作參與這一地區的建設與發展。

1. 香港與上合組織主要參與方聯繫薄弱

作為特別行政區，香港回歸以來不斷強化與內地的經貿聯繫，在助推內地成為東亞區域分工體系的加工製造中心過程中，扮演了重要的商品中轉和資金流通的角色，形成緊密的經濟聯繫。然而，上合組織其他參與方與香港距離遙遠，且經濟總量小，這給香港與上合組織合作帶來難度。

2001–2014 年間，香港向上合組織其他主要參與方出口量合計佔香港總出口的比重由 0.8164% 升至 3.0986%，其中，2014 年向印度出口所佔比重為 2.4835%，印度成為最大的出口市場，其他國家出口比重都微乎其微。從進口來看，香港從上合組織 11 個主要參與方進口合計佔比由 2001 年的 1.5779% 升至 2014 年的 2.4362%，基本沒有從吉爾吉斯斯坦、塔吉克斯坦、阿富汗、蒙古等國進口貨品，香港與這些國家的經貿聯繫極其薄弱，與之相關的流通渠道及服務設施也較為匱乏。在缺乏傳統聯繫的前提下，香港較難與相關國家拓展經貿聯繫。（參見表八）

2. 直接與上合組織參與方展開合作存在諸多風險

上合組織參與方覆蓋「一帶一路」建設重點區域，但安全與地緣形勢複雜，國內政治經濟文化發展獨特，香港直接與各參與方展開合作存在不少風險。

第一，傳統與非傳統安全的威脅。

上合組織成立的起因源於參與方地區複雜的非傳統安全風險，

表八　2001、2014 年香港與上合組織主要參與方進出口商品比重（%）

參與方	出口佔香港總出口的比重			進口佔香港總進口的比重		
	2001	2014	比重增減	2001	2014	比重增減
俄羅斯	0.1108	0.4461	0.3353	0.1385	0.2218	0.0833
哈薩克斯坦	0.0069	0.0206	0.0137	0.0016	0.0009	-0.0007
吉爾吉斯斯坦	0.0001	0.0009	0.0008	0.0000	0.0000	0.0000
塔吉克斯坦	0.0000	0.0012	0.0012	0.0000	0.0000	0.0000
烏茲別克斯坦	0.0008	0.0076	0.0068	0.0001	0.0023	0.0022
巴基斯坦	0.0413	0.0958	0.0545	0.2669	0.0540	-0.2130
印度	0.6301	2.4835	1.8534	1.1337	2.0676	0.9339
伊朗	0.0162	0.0234	0.0072	0.0279	0.0874	0.0594
阿富汗	0.0017	0.0017	0.0000	0.0000	0.0004	0.0004
蒙古	0.0074	0.0054	-0.0020	0.0001	0.0002	0.0001
白羅斯	0.0011	0.0124	0.0113	0.0090	0.0016	-0.0074

資料來源：UNCOMTRADE BEC 資料庫。

「三股勢力」(恐怖主義、分裂主義和極端主義)、毒品、跨國犯罪、信息等領域的威脅嚴重影響到這些國家和地區的穩定與發展，這一系列問題在阿富汗尤為嚴峻。2015 年 7 月 14 日，伊核問題 P5+1 (聯合國安理會常任理事國的美國、中國、俄羅斯、英國和法國，另加上德國) 與伊朗經歷數年斷斷續續的艱苦談判，歷史性地達成了解決伊朗核問題的共識。然而，由原基地組織伊拉克分支發展演化出的極端遜尼派恐怖組織，在伊拉克和敘利亞的控制領土之上宣

告成立「伊斯蘭國」，其影響快速蔓延，給中東形勢增加更多變數。直接與安全形勢差異懸殊的國家合作，不僅難以控制風險，而且會增加整體的協商與合作成本。

第二，自由市場機制的潛在風險。

上世紀九十年代以來，上合組織主要參與方紛紛選擇轉向市場經濟、提高開放水平；俄羅斯、哈薩克斯坦、吉爾吉斯斯坦等國為盡快擺脫前蘇聯計劃經濟的束縛，採取了較為激進的轉型策略。雖然俄羅斯、哈薩克斯坦等國提出走社會市場經濟發展道路、振興民族工業等，但隨著自由市場機制在這些國家發揮作用，對於普遍擁有較為豐富的石油、天然氣、礦產等初級產品資源的中亞、西亞國家來說，仍然逐步轉向依賴於藉初級產品出口參與國際分工，從而走向外圍化。由此，以自由市場為基礎的合作，或有可能將初級產品出口國鎖定在外圍地位，進而實現其可持續發展和合作。

第三，建設成本高昂、周期長，影響合作可行性。

上合組織參與方橫跨歐亞地區，為促進經貿和人員往來，公路、鐵路和管道等交通基礎設施的互聯互通是首要建設內容，其中，發展高速鐵路等現代化的交通技術對於縮小時空距離意義重大。然而，這些地區地域廣闊、人員稀少、自然地理條件較差，交通基礎設施的建設成本高昂；再加上這些國家和地區經貿活動的頻繁度目前不足以形成規模效應，從經濟可行性的角度來看，將影響相關方的參與積極性，以及合作的可能性。

第四，制度不健全的風險。

上合組織主要參與方或處於轉型過程中，或屬於發展中國家，發展水平低下、經濟複雜性有限，很多領域的立法尚屬於空白狀態，法律法規不健全，立法與執法脫節，市場經濟制度的建設相對緩慢，腐敗問題嚴重等，這都增大了和這些地區合作、在當地投資

和經營的風險。

第五，國際關係影響到軟件互聯互通的推進。

在上合組織中，哈薩克斯坦等中亞國家與俄羅斯有著深厚的傳統政治經濟聯繫。自前蘇聯解體後，俄羅斯致力於推動與過往腹地的經貿聯繫，2015 年初，俄正式與哈薩克斯坦、塔吉克斯坦、吉爾吉斯斯坦、白羅斯、亞美尼亞等國組建歐亞經濟聯盟，目標是到 2025 年實現商品、服務、資金和勞動力的自由流動。俄羅斯在歐亞地區強調主導作用，或將影響到中國與歐亞國家間的經貿合作。當前，構造以自由貿易協定為基礎的軟件聯通環境是促進經貿合作的重要方式，中國所簽署和正在談判及研究的自由貿易協定主要覆蓋海上絲綢之路沿線。複雜的地緣形勢一定程度上也影響到「絲綢之路經濟帶」沿線地區軟件互聯互通環境的建設。(參見圖一)

第六，歐亞合作形勢複雜，增加諸多變數。

上合組織參與方大多歷史悠久，是世界幾大宗教和文明的主要傳播區域，由此也累積起複雜的國家、民族、宗教、文化、種族、政治、軍事、領土等矛盾關係。近年來，「顏色革命」、「阿拉伯之春」等使歐亞部分國家間的局部衝突加劇，「烏克蘭危機」使俄歐關係惡化，這些嚴重侵蝕著歐亞國家間的政治互信和合作根基。

總體而言，上合組織參與方與香港的發展水平差距較大，合作基礎比較薄弱，合作動力和合作慾望不強，也沒有雙邊合作的平台和機制，香港直接與上合組織參與方展開合作較為困難。

3. 上合組織初步形成可資利用的經濟合作平台

歷經十五年發展，上合組織已經建立起一套較為完善的諮詢、研究、對話與決策機制。它雖然以安全合作為優先方向，但成員方

圖一 中國的自由貿易區建設

資料來源：中國商務部網站，http://www.mofcom.gov.cn/。

的發展需要，特別是 2008 年金融危機後維護金融和經濟穩定的需要等，使上合組織框架下的經濟合作也有所推進，並形成一定體制和機制，這為香港展開與上合組織參與方的合作提供可資利用的平台。

第一，形成對話、研究和決策機制。

在上合組織框架內，政府首腦會議是經濟問題的主要決策平台，經貿部門高官會則為政府首腦決策提供政策建議，財長、央行行長和審計領導人會議著力推進成員方金融領域合作。上合組織框架下分別成立了海關合作、現代信息和電信技術、發展過境潛力、燃料能源綜合體、電子商務、投資促進、技術法規、標準與合格評定等專業工作組，負責對各領域問題展開研究，制定行動方案。此外，上合組織還舉辦聖彼德堡經濟論壇、歐亞經濟論壇（西安）、貝加爾湖國際經濟論壇、工商企業家論壇及工商展覽會等，以促進交流和達成共識。這些不同級別、層面的工作平台，構建起上合組

織框架內成員方對話、協商、研究、決策的正式與非正式渠道和機制，為促進參與方達成共識、協同行動提供支撐。

第二，形成指引性政策體系。

2001 年 9 月上合組織首次總理會晤期間，就達成《上海合作組織成員國政府間關於區域經濟合作的基本目標和方向及啟動貿易和投資便利化進程的備忘錄》；2003 年批准的《上海合作組織成員國多邊經貿合作綱要》（以下簡稱「綱要」），指出 2020 年前開展務實合作的方向、目的和任務，而且指出實施途徑和方式。此後，經濟合作主要圍繞《綱要》的指引，逐步推進和完善。2004 年通過《〈綱要〉落實措施計劃》、2011 年通過《上合組織進一步推動項目合作的措施清單》、以及《2012-2016 年上合組織進一步推動項目合作的措施清單》等，都延續性地落實《綱要》的合作內容。2009 年 10 月《上海合作組織成員國關於加強多邊經濟合作、應對全球金融經濟危機、保障經濟持續發展的共同倡議》簽署，上合組織的經濟合作領域又有所拓展。在這些政策綱要的指引下，上合組織參與方在顧及各方關切前提下，有了推進合作的方針、方向和路線圖。

第三，完善法規，促進貿易與投資便利化。

在各專家工作組研究基礎上，上合組織逐漸推出若干法律法規，以使成員方合作趨於正規化、法治化。2007 年 10 月上合組織成員方簽署《上海合作組織成員國政府海關合作和互助協定》；2014 年 12 月在阿斯塔納簽署的《上海合作組織成員國海關關於發展應用風險管理系統合作的備忘錄》和《上海合作組織成員國海關執法合作議定書》，為促進貿易和投資便利化提供法律保障。

第四，形成投資合作平台。

上合組織組建的實業家委員會和銀行聯合體（以下簡稱「銀聯

體」），是兩個有著緊密合作關係的非政府機構，主要負責推動實業界和金融界積極參與落實中亞地區的大型聯合投資項目，特別是基礎設施建設、基礎經濟部門、高科技領域、出口型經濟項目等。在促進投資過程中，銀聯體制定了《上海合作組織銀行聯合體成員行投資項目篩選、評估和實施協作條例》，以及簽署《上海合作組織銀行聯合體與歐亞開發銀行夥伴關係基礎備忘錄》等，以規範投資行為、提高投資能力。2014 年 9 月，杜尚別上合組織銀聯體理事會通過《關於加強金融合作、促進區域發展措施計劃》，以協同成員方應對複雜的金融形勢。

第五，形成多元化的投資領域。

上合組織主要依託項目促進投資和合作，並且與實業家委員會和銀聯體緊密結合。從主要投資領域來看，從交通、電信、現代技術、農業、能源等領域合作項目，到創新與節能、貿易與旅遊、科技、金融、銀行、替代能源利用等，上合組織逐步擴大經濟合作領域。

雖然在經濟合作中面臨著缺乏資金、進展緩慢等問題，但上合組織所形成的研究、對話和決策機制，為促進各參與方合作提供了重要平台。香港在難以與上合組織參與方直接展開合作的形勢下，基於上合組織的安全維護，利用其經濟平台參與合作，將是便捷而高效的合作方式。

4. 香港與上合組織合作的基本思路

通過與上合組織合作參與中亞、西亞等地區的發展建設，這對於香港來說，更為可行與現實。而上合組織經濟合作過程中所遇到的問題和發展的需求，給香港與之合作指明方向和路徑。

首先，參與金融平台建設。

上合組織運行過程中，展開經貿和投資合作，包括推動落實示範性項目，都需要資金支持，於是成員方總理們認為必須研究建立發展基金問題。金融危機後，2009 年 6 月的《葉卡捷琳堡宣言》指出，加強國際金融監管合作，共同防範金融危機風險積聚和擴散，保持經濟穩定。2011 年 11 月，首腦會議提出盡快在上合組織框架內成立項目合作融資機制──專門帳戶和開發銀行；2013 年 11 月，上合組織專家組會議討論了《上合組織開發銀行和發展基金（專門帳戶）的組建原則》草案；2014 年 12 月通過《關於進一步研究成立上合組織開發銀行和專門帳戶》的決議。總體而言，發展基金和開發銀行的組建仍在推進過程中。香港作為在金融領域具有領先優勢的地區，參與上合組織框架內的金融合作，將發揮其積極作用。

其次，參與創建能源合作機制。

2008 年 9 月，實業家委員會討論了參與上合組織能源俱樂部的創建進程。在西安舉行歐亞經濟論壇期間，上合組織秘書長也提到建立能源交易機制，以維護能源供給、需求各方的經濟利益。然而，這些能源合作機制的設想並未取得顯著進展。隨著伊朗等能源國成為觀察員國，上合組織展開能源合作的需求更為強勁；而能源交易機制對於信息、資金、制度等具有強大需求，這就給香港參與相關工作創造可能。

最後，參與地區合作機制建設。

上合組織框架下，黑龍江、新疆、陝西等地區分別通過舉辦博覽會、經濟論壇等方式，建立與上合組織的合作機制，如 2014 年第二十五屆哈爾濱國際經濟貿易洽談會框架內，上合組織秘書處就會同黑龍江省人民政府舉辦上合組織成員國地方圓桌會議。與會專

家提出，仿傚實業家委員會和銀聯體，成立上合組織框架下的地區合作理事會。雖然這一設想尚未轉變成現實，但中國相關省份依據自身優勢，建立與上合組織合作的差異性平台，有利於深化上合組織經濟合作，成立地區合作理事會，或是上合組織發展的一大方向。香港作為在金融、會展、信息服務等領域具有顯著優勢的特別行政區，通過地區合作機制對接上合組織，以及參與可能組建的地區合作理事會，將是一條較為現實可行的合作路徑。

四、推進香港與上合組織合作的政策建議

作為在金融、專業服務等領域具有顯著優勢的地區，香港正處於轉型升級的重要階段，抓住國家「一帶一路」建設機遇，拓展發展空間，成為香港的迫切選擇。面對距離遙遠、經濟基礎薄弱、形勢複雜的中亞、西亞地區，在上合組織已經建立起若干合作機制的前提下，當前可從加強與上合組織合作入手，尋求在中西亞地區的發展機遇。

1. 合作領域的選擇

作為亞太地區首屈一指的金融、貿易和航運中心，香港受與上合組織成員國距離遙遠等限制，難以發揮實物商品貿易方面的中轉

優勢，因此，拓展無形經貿聯繫是香港可選擇的合作方向。

首先，金融領域的合作與創新。

改革開放以後，香港就成為國際資金投資內地的中轉基地。隨著中國經濟規模的擴大以及經濟實力的上升，香港憑藉優良的規管制度和高效的資金管理能力，不僅繼續發揮匯聚國際資金的功能，還逐步成為中國內地資金「走出去」的重要平台，特別是離岸人民幣業務的發展，使香港在配置國際資金方面的優勢更趨顯著。上合組織參與方在基礎設施建設、促進互聯互通和工業化過程中都面臨著龐大的資金需求，這些資金不僅規模龐大，且運營風險較高，往往令純商業投資望而卻步。香港作為具有國際資金籌措、運營管理能力的地區，有可能為上合組織參與方提供投融資及相關專業服務。特別是探討以 PPP（Public-Private Partnership）等模式，吸引國際機構、政府、非政府等多源管道的資金，與伊斯蘭金融對接，創新風險管控方法，提高投資水平和效率，這都是香港可積極作為的領域。此外，在上合組織探索成立能源俱樂部等合作機制過程中，香港有可能在交易平台構建、規管制度建設、資金餘缺配置等方面發揮積極作用。

其次，會展、信息等專業服務領域的合作。

上合組織參與方大多深處歐亞內陸，國際市場參與程度有限，借助開放平台進一步融入國際市場，是這些國家促進自身產業集聚與轉型的有效途徑。香港可以發揮博覽展示等專業服務優勢，將上合組織參與方的優勢產品、技術及潛在投資領域通過博覽會、展覽會等形式，向國際買家及投資者進行推介。此外，為提高上合組織參與方的國際認知程度，香港可以發揮信息服務優勢，匯聚上合組織參與方的全方位信息，給投資者深入瞭解這些地區和相關項目、挖掘投資潛力提供便利，促進投融資的發展。

最後，專業服務人才培訓領域的合作。

人力資源短缺往往是落後地區轉型升級的瓶頸，特別是與促進貿易、投融資和運營管理相關的專業人才，他們需要在對外經貿實踐中培訓歷練。香港是東西方文化的交匯處，[5]商業與服務經濟發達，精英雲集，有著豐富的貿易、物流、金融等專業服務教育資源及自由開放的環境。香港可以與上合組織簽署專業服務人員培訓計劃，協助培訓與擴大開放和促進轉型相關的專業服務人員，增強各國人才儲備，優化社會人才結構。

2. 合作途徑設計

在與上合組織經貿合作有所推進的基礎上，香港可以與上合組織秘書處及相關機構建立對接機制，以服務於更廣泛領域內的深入合作。[6]

第一，組建跨部門對接工作組或機構，與上合組織建立起溝通渠道，以探索和優化合作機制。

上合組織雖然是國家間合作機制與平台，但在中國的新疆、陝西、黑龍江等重點省份，通過歐亞經濟論壇、中俄博覽會等平台，已經建立起地區性的合作聯繫。香港作為專業服務優勢顯著的地區，與上合組織的經貿合作前景廣闊。由香港特區政府組建跨部門對接工作組或機構，加強專項研究，並在中央政府領導下，與上合組織洽談潛在合作途徑，以及不斷優化和完善合作機制，是促進雙方合作的必要組織保障。

第二，與上合組織實業家委員會和銀聯體對接，參與上合組織經貿合作項目。

實業家委員會和銀聯體是上合組織框架下促進投資與經貿合作

的重要實體，香港可以促進在港實業家及銀行直接參與這兩個機構的運作，通過投資項目遴選、融資方案設計、資金供給與管理等方式，對接上合組織經貿合作。為此，香港還可憑藉金融及專業服務領域的優勢，與上合組織共同研討參與方金融體系構建、金融市場發展、金融及相關專業人才培養等問題，並提供相應的培訓服務。上合組織前秘書長梅津采夫曾表示，希望上合組織和上合組織銀聯體能夠訪問香港，並與香港業界更好交流，可見上合組織對香港金融市場抱有濃厚興趣。

第三，組建上合組織參與方在香港的推介信息平台。

目前上合組織框架內，上合組織論壇、中俄博覽會、歐亞經濟論壇等重要的對話交流機制，亦成為上合組織參與方的展示平台，香港亦可舉行上合組織參與方的投資推介博覽會，為該組織提供走向亞太及國際市場的展示渠道和平台。此外，香港的貿易發展局、貿易協進局和貿易諮詢委員會等機構可調查、搜集、整理和評估上合組織及其成員國、觀察員國的資料和信息，持續關注並向企業和金融、專業服務公司定期發佈和推廣有價值的信息，以便於其開拓俄羅斯、中亞市場。並且，上合組織成員國、觀察員國可在香港設立辦事處或聯絡機構，利用香港商貿物流促進平台，對外推廣和進行國家及組織形象宣傳，對內及時獲取經濟貿易及金融市場的信息，使香港成為上合組織吸引投資者和市場關注的信息平台。

第四，建立教育培訓對接機制。

上合組織大學是在俄方倡議下建立的成員國高校間的非實體合作網絡，目前由上合組織五個成員國的 74 所院校組成，中國有 20 所大學參與。香港在金融和專業人才培養方面具有顯著優勢，除了考慮推薦大學參與高校合作網絡之外，可嘗試先與內地部分高校建立合作教育與培訓課程；以及在上合組織經貿合作框架下，設立高

端人才培訓項目，為促進香港和上合組織合作培養所需人才，並促進香港教育培訓中心的發展。

本章作者：馬莉莉

西北大學經濟管理學院世界經濟與貿易系主任、教授，

西北大學絲綢之路研究院研究員

注釋

1　吳恩遠、吳宏偉：《上海合作組織發展報告（2010）》，北京：社會科學文獻出版社，2010 年版。

2　李進峰、吳宏偉、李偉：《上海合作組織發展報告（2015）》，北京：社會科學文獻出版社，2015 年版。

3　劉蜀永：《香港史話》，北京：社會科學文獻出版社，2011 年版。

4　馬莉莉、任保平：《絲綢之路經濟帶發展報告（2014）》，北京：中國經濟出版社，2014 年版。

5　錢益兵、賀耀敏：《香港：東西方文化的交匯處》，北京：中國人民大學出版社，1997 年版。

6　上海合作組織官方網站：http://www.sectsco.org（最後訪問時間：2015 年 12 月 8 日）。

資料鏈接

1. 上合組織及其組織架構

上合組織於 2001 年 6 月 15 日在上海正式成立。它的前身是 1996 年 4 月 26 日中國、俄羅斯、哈薩克斯坦、吉爾吉斯斯坦、塔吉克斯坦五國元首建立的「上海五國」會晤機制，烏茲別克斯坦是第六個創始成員國。上合組織的主要任務是為落實《打擊恐怖主義、分裂主義和極端主義上海公約》而緊密協作，加強成員國之間的相互信任與睦鄰友好，共同維護和保障地區的和平、安全和穩定；此外還包括秉持「上海精神」，推進經濟、科技、文化、教育、能源等多領域的合作共贏。在 2015 年 7 月俄羅斯烏法峰會上，上合組織啟動接收印度和巴基斯坦作為成員國的程序。截至目前，上合組織除六個成員國、印度和巴基斯坦兩個準成員國外，還有伊朗、阿富汗、蒙古、白羅斯四個觀察員國，以及土耳其、斯里蘭卡、阿塞拜疆、亞美尼亞、柬埔寨和尼泊爾六個對話夥伴國。

根據《上海合作組織憲章》，上合組織的最高決策機構是國家元首會議，每年舉行一次，主要就組織內宏觀原則性和戰略性決策作出決定和指示；政府首腦（總理）理事會每年舉行一次例會，重點研究組織框架內發展各具體領域，特別是經濟領域相互協作的主要問題，通過組織預算；外交部長會議、各部門領導人會議、部門高官會議、專家工作組等，分別研究本組織框架內發展相關領域相互協作的具體問題；國家協調員理事會負責日常活動的協調和管理；兩個常設機構分別為位於北京的上合組織秘書處，及位於塔什干的地區反恐怖機構。隨著上合組織的發展，實業家委員會和銀行聯合體成為兩大非政府機構，上合組織論壇則為常設多邊協商諮詢及學術研究機構。作為一個地區性的國際組織，上合組織也與聯合國及其專門機構、東盟、獨聯體、集安組織、歐亞經濟共同體、亞信會議及金磚國家等全球及地區組織建立了廣泛的溝通與聯繫機制。

2. 上合組織實業家委員會

2004 年 9 月，上合組織政府首腦（總理）理事會決定成立上合組織實業家委員會；2006 年 6 月上海峰會期間，舉行了實業家委員會成立大會，表決通過了實業家委員會章程和相關規章。

上合組織實業家委員會是由成員國實業家委員會組成，是聯合上合組織成員國實業和金融界的非政府組織。其運作旨在加強上合組織成員國企業之間的直接溝通和相互瞭解，擴大成員國實業界與金融界間的直接聯繫和對話，吸引他們參與上合組織框架內經貿和投資領域的全面務實合作，並通過舉辦一系列經貿活動，創造新的貿易和投資機會，從而為執行上合組織框架內通過的關於發展經貿合作的基礎性文件——《上海合作組織成員國多邊經貿合作綱要》以及該《綱要》的《實施措施計劃》提供有效協助。

3. 上合組織銀行聯合體

2005 年 10 月，在上合組織成員國政府首腦（總理）理事會會議期間正式宣佈成立上合組織銀行聯合體並簽署有關協定。

銀行聯合體成員包括中國國家開發銀行、哈薩克開發銀行、吉爾吉斯結算儲蓄銀行、俄羅斯開發與外經銀行、塔吉克斯坦國家儲蓄銀行、烏茲別克斯坦對外經濟活動銀行等。其運行旨在按照市場化原則，依託成員國政府的推動作用和企業的廣泛參與，創建適合本地區特點的多領域、多樣化融資合作模式，共同為上合組織框架內的合作項目提供融資支援和金融服務，促進成員國經濟社會可持續發展。

4. 上合組織論壇

2006 年 5 月 22–23 日，上合組織論壇成立大會在莫斯科舉行，會議確定論壇為常設多邊協商諮詢及學術研究機構，自主確定研究課題、方向及工作計劃。論壇可舉辦研討會、座談會或其他形式的各種學術研究活動，優先研究上合組織常設機構提出的課題。論壇會議一年舉行一次。

第五章

「一帶一路」建設中的香港與
阿拉伯國家合作

提要

　　阿拉伯國家地處歐亞非三大洲交匯處，扼海陸「絲綢之路」的咽喉，在中國「一帶一路」建設中佔有重要地位。中國與阿拉伯國家交往的歷史源遠流長，古代「絲綢之路」便是中國與阿拉伯國家經貿往來結出的碩果。在「一帶一路」建設中，阿拉伯國家不僅扮演著能源供應地的角色，更為中國企業「走出去」提供了廣闊市場。作為當今世界上重要的國際金融中心和世界航運樞紐，香港與阿拉伯國家有著千絲萬縷的聯繫，在「一帶一路」框架下將發揮獨特作用，合作潛力巨大。為此，特為香港與阿拉伯國家合作方面提出四項對策建議：一是提升對阿拉伯世界的認知度；二是培養熟悉阿拉伯世界的專業人才；三是擔任阿拉伯世界與中國內地的投融資橋樑；四是與寧夏合作共同推進伊斯蘭金融。

一、阿拉伯國家在「一帶一路」建設中的戰略定位和功能

　　全球阿拉伯國家共有 22 個，主要分佈於西亞北非地區。地緣政治上，阿拉伯國家不僅地處歐亞非三洲交匯處，和中國「絲綢之路經濟帶」西段重合，而且在「一帶一路」沿線國家中數量眾多（西亞北非地區國家共 18 個，其中阿拉伯國家共 13 個），因此，阿拉伯國家是當前「一帶一路」建設的天然和重要合作夥伴。[1]

圖一　阿拉伯世界版圖

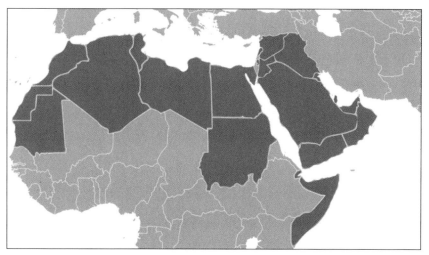

資料來源：作者整理繪製。

1. 阿拉伯國家在「一帶一路」建設中的地緣價值

（1）扼守陸海絲路要衝

古代「絲綢之路」是中國與亞洲、非洲、歐洲進行商貿和文化交流的大通道，分為「陸地絲綢之路」和「海上絲綢之路」。「陸地絲綢之路」是聯繫中國與阿拉伯國家、歐洲國家的陸上貿易通道，中國商品經過伊朗、伊拉克等國運抵西亞北非以及歐洲；「海上絲綢之路」則使得廣州、泉州等地成為中國商品出口的重要港口，中國商船經過馬六甲海峽、錫蘭（斯里蘭卡）和印度半島南部海域，抵達波斯灣的阿曼、巴林和紅海。不論是陸地還是海上「絲綢之路」，阿拉伯商人都曾發揮了重要作用。今天，我們重建「絲綢之路」，阿拉伯國家仍舊是不可或缺的建設者和參與者。

「一帶一路」倡議計劃從海陸兩線出發，分別穿過中亞和東南亞、印度洋，匯合於西亞北非地區，後並行向西最終抵達西歐，通過構建「六大經濟走廊」將亞歐大陸各經濟體連接起來。「六大經濟走廊」分別為：中—蒙—俄、新亞歐大陸橋、中國—中亞—西亞、中國—中南半島、中—巴、孟—中—印—緬。從陸路看，阿拉伯國家位於新亞歐大陸橋經濟走廊、中國—中亞—西亞經濟走廊交匯處，扮演著道路聯通的重要角色。從海上看，阿拉伯國家地處溝通紅海與地中海、印度洋與大西洋的關鍵節點，影響著海上貿易通道的暢通，是「一帶一路」建設的重要板塊。

圖二　「一帶一路」示意圖

資料來源：作者整理繪製。

（2）關乎能源安全

　　一是能源供應的安全。阿拉伯國家油氣資源富集，尤其是波斯灣沿岸，石油探明儲量大，油層埋藏淺，油質多為經濟價值較高的中輕質油。十九世紀末以來，阿拉伯國家即佔據國際能源生產與出口的巨大份額。截至 2014 年底，全世界石油探明儲量約為 17,000 億桶，阿拉伯國家儲量約 8,796 億桶，佔世界總儲量的 52%；阿拉伯國家石油總產量約 33 億噸，佔世界總產量的 35.1%。儘管近年來隨著科技的發展，北美地區頁岩油等資源快速開發，對全球油氣資源格局產生重大影響，但並未從根本上改變阿拉伯國家的重要地位。中國目前已成為世界第一大能源消費國，2014 年中國進口原油約 3.1 億噸，消費量約佔全世界的 50.6%，對外依存度高達 59.6%；

中國從阿拉伯國家進口石油約 290 萬桶／天，中國進口的原油約
52% 來自阿拉伯國家；中國原油需求於 2020 年將達到 7.4 億噸，其
中 5.4 億噸需進口。[2] 可見，在今後一段時期內，阿拉伯國家仍將是
中國油氣資源的重要供應方。

二是能源通道的安全。能源不僅是受供需調節的大宗商品，更
是關乎經濟安全和軍事安全的戰略物資。長久以來，中國從西亞北
非地區進口的油氣資源多數需要通過海路，並穿行馬六甲海峽運
抵，因此馬六甲海峽成為中國的「能源生命線」。與此同時，由於
馬六甲海峽有遭受海盜和恐怖主義滋擾的戰略風險，中國的能源通
道安全難以得到有效保障。從這個意義上講，構築與西亞北非地區
阿拉伯國家的陸上能源通道，就顯得更加緊迫和意義重大。中國與
阿拉伯國家的油氣開發及其管線建設合作，是確保全球能源安全和
維護市場穩定的關鍵。

（3）蘊含市場潛力

中國與阿拉伯國家之間的經濟互補性很強，阿拉伯國家不僅是
中國重要的能源供應地，還是中國商品、資本和企業「走出去」的
重要目的地。阿拉伯國家市場空間大（人口約 3.85 億，經濟總量達
1.9 萬億美元），但由於工業化起步較晚，經濟結構單一，生產資料
和生活用品大多依賴進口。中國經過幾十年改革開放，已成為世界
第一製造大國，能較好滿足阿拉伯國家的市場需求。

首先，中國目前已成為阿拉伯國家的第二大交易夥伴。2014 年
中阿貿易額達 2,512 億美元，同比增長 5.2%；其中，出口 1,139 億
美元，增長 12.3%，以機電產品、紡織服裝、高新技術產品、日用
五金等為主，進口以原油和石化產品為主。其次，愈來愈多的中
國企業在阿拉伯國家開展承包工程和投資合作。截至 2014 年底，

中國企業在阿拉伯國家累計簽訂的承包工程合同額約為 2,551 億美元，項目涉及住房、通訊、交通、石油、化工、電力、港口、建材等。[3] 最後，中國對阿拉伯國家非金融類投資存量 2014 年達 100 億美元，主要投資領域為能源、石化、農業、製造業、服務業等。

2. 阿拉伯國家在「一帶一路」建設中的戰略功能

(1) 共同發展，推動基礎設施建設

在經濟全球化背景下，阿拉伯國家雖然也採取了推動貿易自由化的政策措施，但由於種種原因，阿拉伯國家的公路、鐵路、航運等基礎設施建設發展滯後，嚴重阻礙了跨境商貿的發展。目前，阿拉伯國家基礎設施建設規模已接近全球五分之一，而中國在軌道交通、電力、通訊、港口、電子信息、民用核能等領域有很強的國際競爭力。基礎設施互聯互通是「一帶一路」倡議的優先內容，推動阿拉伯國家的基礎設施建設，不僅能夠打通中阿深化合作的薄弱環節，更能夠促進阿拉伯國家內部經濟平衡發展。為推動基礎設施建設，中國成立了亞投行，[4] 埃及、伊朗、約旦、阿曼、卡塔爾、沙特、阿聯酋、科威特均以創始成員國身份加入。[5]

(2) 平等互利，促進經濟轉型升級

西亞北非地區自 2010 年底陷入大規模動盪，包括不少阿拉伯國家。動盪發生的背景，一是「9·11」之後美國發動全球反恐；二是 2008 年底以來的國際金融危機。雖然引發動盪的原因有很多，但主要還是來自於內部。隨著經濟全球化的深入發展，全球產業鏈加速重組，以美歐為首的發達國家進入信息化時代，以中國為代表的新興經濟體成功轉型，而廣大阿拉伯國家卻未能逃脫日益被「邊

緣化」的命運。經濟危機重創了石油等大宗商品價格，嚴重影響了阿拉伯產油國的經濟增長前景，產業轉型升級迫在眉睫。「一帶一路」倡導「共商、共建、共享」，以平等互利的方式與沿線國家進行合作。中國與阿拉伯國家通過產能對接，不僅能滿足「走出去」、「引進來」的需求，更有助於阿拉伯國家調整經濟結構，降低對能源的過度依賴，促進國家朝著工業化的方向發展。

二、阿拉伯國家經濟發展特點及區域合作潛力

阿拉伯國家廣佈於西亞北非地區，雖然各自的地緣戰略環境和經濟發展狀況不盡相同，但大多經歷類似的發展進程，存在相同的社會痼疾。中國歷來重視發展與阿拉伯國家關係，目前已建立多形式、各領域的雙邊或多邊合作機制，「一帶一路」倡議將引領雙方關係持續深化發展。

1. 阿拉伯國家經濟發展特點和現狀

（1）發展水平不均衡

22 個阿拉伯國家資源稟賦各異，從經濟上大致可以分為油氣資源型和農業經濟型兩種。油氣資源型是以沙特阿拉伯等海灣國家為代表的產油國，石油工業是這些國家最重要的經濟部門，無論是

國民生產總值還是政府財政都高度依賴石油收入。農業經濟型是以黎巴嫩為代表的阿拉伯國家，其油礦資源較少，工業基礎較為薄弱，以農業生產作為國家經濟支柱。無論是油氣資源型還是農業經濟型，畸形的經濟結構通常伴隨著貧富分化的深層次社會矛盾，失業率居高不下，年輕群體的失業率更是高達 29.3%。[6] 2010 年底開始席捲整個西亞北非地區的動盪，正是源於突尼斯失業青年小販與「城管」之間的衝突。

此外，阿拉伯國家之間的發展水平也極不均衡。2014 年阿拉伯國家的國內生產總值（GDP）為 2.856 萬億美元，人均 GDP 超過 7,400 美元。海灣地區富油國，如卡塔爾人均 GDP 已超過 97,000 美元，而蘇丹、也門人均 GDP 分別為 1,875 美元和 1,408 美元，被列作世界上最不發達的國家。[7]

（2）高度依賴油氣出口

22 個阿拉伯國家中有 16 個生產石油，從而形成了阿拉伯世界特有的產業、經濟結構和社會發展模式。能源在阿拉伯國家發展中發揮著舉足輕重的作用，同時，以能源為主的社會經濟發展模式也凸顯阿拉伯國家資源導向增長的經典困境。阿拉伯產油國經濟和社會發展高度依賴油氣資源，工業和經濟結構單一，經濟多元化水平低下。石油財富未能從根本上改變阿拉伯國家社會經濟發展的局限性，貧困、失業、社會不公既是當前阿拉伯國家社會經濟發展模式的普遍弊端，也凸顯了社會面臨的深層危機。西亞北非地區動盪期間，阿拉伯民眾提出的「要民生、促發展」等口號，就是對以能源為主的經濟發展模式提出的嚴重挑戰。

據統計，2014 年石油收入超過阿拉伯國家 GDP 的一半。[8] 以沙特阿拉伯為例，石油是經濟發展的重要支柱，日均原油產量高達

1,060 萬桶，石油收入佔該國出口總額的 85%。受金融危機、伊朗制裁解除、美國頁岩油生產的持續影響，2015 年石油價格跌破每桶 40 美元，創下七年來價格新低，嚴重衝擊了產油國的出口收益，進而造成政府財政收支失衡和赤字高企。可以說，未來阿拉伯國家社會穩定很大程度上取決於其自身的經濟結構調整與產業升級轉化。

2. 中國和阿拉伯國家合作的現狀與趨勢

(1) 中國與阿拉伯國家關係不斷升級發展

1955 年「萬隆會議」後，中國與阿拉伯國家拉開了建交序幕。目前，中國與所有阿拉伯國家均已建交，並簽署了雙邊政府經濟、貿易和技術合作協定。其中，中國與阿爾及利亞、埃及、沙特阿拉伯、阿聯酋、卡塔爾、約旦建立了「戰略夥伴關係」；其中，與阿爾及利亞、埃及是「全面戰略夥伴關係」。此外，中國與阿拉伯國家還於 2004 年成立了「中阿合作論壇」，雙方各領域合作實現了跨越式發展。作為集體對話與合作的平台，「中阿合作論壇」通過多邊機制凝聚資源和進行互補優勢，極大地推動了中國與阿拉伯國家的區域合作。

除了雙邊和多邊機制，近年來中國與阿拉伯國家合作進入了制度化的發展軌道，中國與阿拉伯國家已簽訂各類經貿協定，如中國與海灣合作委員會（以下簡稱「海合會」）簽訂了《經濟、貿易、投資和技術合作框架協議》（2004），中國與阿聯酋簽訂了《關於對所得避免雙重徵稅和防止偷漏稅的協定》、《關於相互促進和保護投資協定》（2003）和《關於雙邊勞務合作的諒解備忘錄》（2008）等。目前，中國與「海合會」的自由貿易區談判正在進行，並已結束貨物貿易談判，取得積極進展。中國與阿拉伯國家合作呈現快速、

全面和深入的特點,「一帶一路」倡議將為雙方關係發展注入新的活力。

(2) 阿拉伯國家積極回應「一帶一路」倡議

阿拉伯國家是最早表態支持並積極參與「一帶一路」建設的國家,倡議一經提出便引起阿拉伯國家的廣泛關注。阿拉伯國家普遍高度評價「一帶一路」倡議,尤其讚賞以「和平合作、互利共贏」為宗旨的絲路精神,在論及倡議時往往表達對中國的友好情誼和對發展雙邊關係、參與「一帶一路」建設的期待。埃及前駐華大使馬哈茂德 · 阿拉姆表示,「一帶一路」構想是一個宏偉的戰略規劃,是未來幾十年中國與亞洲、非洲和歐洲國家合作的藍圖,必將提升中國的影響力,並促進「一帶一路」範圍內各國的繁榮。[9]卡塔爾埃米爾泰咪姆表示,卡塔爾高度重視「一帶一路」倡議,將積極參與建設並為之做出貢獻。[10]

不僅如此,阿拉伯國家還用實際行動支持中國的「一帶一路」建設。除加入亞投行外,埃及計劃沿著「蘇伊士運河走廊經濟帶」,與中國共同運營一個「經貿合作區」,習近平主席在訪埃期間為蘇伊士經貿合作區二期揭牌;科威特計劃用 1,300 億美元在北部沿海建立一個「絲綢城」,將其打造為連接中國與歐洲新絲綢之路的重要樞紐;阿曼計劃借「一帶一路」的東風,建立「杜庫姆經濟特區」和「鄭和紀念園區」;卡塔爾計劃建立「多哈新港區」,以吸引更多中資機構投資興業。

(3) 中國與阿拉伯國家合作潛力巨大

2014 年 6 月,習近平主席在「中阿合作論壇」第六屆部長級會議上,提出構建「1+2+3」的合作格局:「1」是以能源合作為主軸,

深化油氣領域全產業鏈合作，維護能源運輸通道安全，構建互惠互利、安全可靠、長期友好的中阿能源戰略合作關係；「2」是以基礎設施建設、貿易和投資便利化為兩翼，加強中阿在重大發展項目、標誌性民生項目上的合作，為促進雙邊貿易和投資建立相關制度性安排；「3」是以核能、航天衛星、新能源三大高新領域為突破口，努力提升中阿務實合作層次。" 簡而言之，就是中國與阿拉伯國家共建「一帶一路」，以能源合作為主軸，以基礎設施建設、貿易和投資便利化為兩翼，以核能、航天衛星、新能源三大高新領域為突破口。

2015 年是「一帶一路」的開局之年，中國與阿拉伯國家合作取得突破性進展。能源合作方面，雙方在「一帶一路」框架內建立了更為穩固的能源合作關係，既保障了中國能源戰略安全，也在大宗商品市場低迷的環境下保障了阿拉伯國家的能源出口市場穩固；基礎設施建設方面，雙方推進實現優勢互補，既實現中國優勢產能和高端裝備製造「走出去」，促進經濟結構轉型升級，又能促進阿拉伯國家社會經濟發展；在經貿領域，雙方將加快協商和推進中國—海合會自由貿易區談判，今年首家人民幣清算行在卡塔爾啟動，中阿博覽會在寧夏召開，西亞北非地區金融機構還將為貿易往來提供結算類金融服務等。

2016 年習近平主席首次出訪便選擇沙特阿拉伯、埃及和伊朗三個國家，其中沙特阿拉伯與埃及都是最為重要的阿拉伯國家。訪問期間取得豐碩成果。習近平主席同兩國領導人商定在共建「一帶一路」框架下，對接各自發展戰略，實現協同發展和聯動增長。兩國都表示全力支持並積極參與「一帶一路」建設，並願成為「一帶一路」通往非洲和歐洲的支點。兩國分別同中方簽署關於共建「一帶一路」的諒解備忘錄，中沙還簽署了加強「網上絲綢之路」建設合

作的諒解備忘錄。中沙共簽署 14 項合作文件，中埃共簽署 21 項合作文件，這些合作文件涵蓋經貿、能源、金融、通信、航空航天、氣候變化等諸多領域，上天入海，連東接西，大大拓展了務實合作的廣度和深度。

三、香港與阿拉伯國家合作的現狀與未來

早在十七世紀中葉，就有大批阿拉伯商人來到香港。阿拉伯「番船」沿「海上絲綢之路」經香港進入內河，並在中國東南沿海經商和生活。今天，香港已成為國際金融、貿易、航運的中心城市，大多數阿拉伯國家在香港設有領事館，雙方互有直飛航班往來。「一帶一路」框架下，香港將在與阿拉伯國家交往中繼續發揮重要的樞紐作用，包括金融和資本。

1. 香港與阿拉伯國家的合作現狀

（1）香港與阿拉伯國家的雙邊貿易

近年來，香港與阿拉伯國家雙邊貿易總體保持增長勢頭。2012年以來，受原油價格下跌和中國經濟增長放緩的影響，雙邊進出口額略有下降。2014 年香港自西亞北非地區國家進口總額為 635.33億美元、產品出口總額為 10.84 億美元，分別佔香港進出口總額的

1.51% 和 1.96%。雙方的轉口貿易持續快速增長，2014 年香港至西亞北非地區國家的轉口貿易額達到 793.78 億美元，佔全年轉口總額的 2.19%。香港對阿拉伯國家主要出口珠寶、電子產品、紡織品等；阿拉伯國家出口產品主要為石化產品、石油、鐘錶等。其中，阿聯酋、沙特阿拉伯分列香港對阿拉伯國家出口總額的前兩位。目前，香港正積極通過簽訂雙邊文件，擴大與阿拉伯國家的經貿合作。香港已與阿聯酋、卡塔爾、科威特達成全面避免雙重徵稅協定，並正與沙特阿拉伯進行談判；與科威特於 2013 年簽訂《雙邊投資促進與保護協定》，並正與阿聯酋就此磋商。

表一　香港與西亞北非地區國家貿易資料（單位：百萬美元）

貿易種類	2004	2009	2010	2011	2012	2013	2014
進口	26,054	31,258	41,887	58,580	66,893	66,318	63,533
港產品出口	624	724	817	1,029	1,081	1,242	1,084
轉口	27,061	35,736	38,090	50,146	57,552	65,186	79,378

資料來源：香港特別行政區政府統計處，《香港統計年刊》2015 年版。

（2）伊斯蘭金融在香港的發展

近代伊斯蘭金融源於 1975 年成立的迪拜伊斯蘭銀行，由於其具有強烈的道德取向（以信仰為基礎的融資哲學），強調公正、公平、分享利潤和虧損的夥伴關係，因此是一個有別於資本主義的具有巨大潛力的金融市場。特別是「9‧11」事件以後，隨著世界政治經濟秩序的重建，伊斯蘭世界的資金大量回歸，使得伊斯蘭金融快速發展。過去十年間，伊斯蘭金融在以超過 10% 的速度增長，即從 2003 年的 2,000 億美元快速增長到 2013 年底的近 18,000 億美

元，其主要業務集中於西亞北非和東南亞地區，約佔全球金融資產的 1%。[12]

為了進一步鞏固全球金融中心的位置，香港特區政府早在 2007 年就計劃將香港打造成伊斯蘭金融進入中國的平台，重點發展伊斯蘭債券市場。時任香港特區政府財政司司長曾俊華曾撰文表示，香港應主動嘗試這個尚未開發的市場，希望將伊斯蘭金融注入香港未來的經濟體。隨後不久，當時的香港特區行政長官曾蔭權先生在 2007–2008 年施政報告中宣佈了推動伊斯蘭金融的發展倡議。2013 年，香港特區政府計劃發行伊斯蘭債券，並在 2013 年 7 月修訂相關稅務及印花稅法例，從法律上為伊斯蘭債券的發行提供與傳統債券相若的稅務條款。經過長期準備，香港特區政府於 2014 年 9 月以商業物業為資產支持，成立特殊項目公司發行了 10 億美元的租賃制結構的伊斯蘭債券，這是環球伊斯蘭金融市場上首批由獲 AAA 評級的政府推出的美元伊斯蘭債券，是香港伊斯蘭資本市場發展的一個重要里程碑。[13]

2. 香港與阿拉伯國家合作的必要性和可行性

香港作為亞洲金融中心和離岸貿易中心，立足東亞，輻射全球。然而，一方面，隨著新興經濟體和金融城市的崛起、金融創新速度的加快，香港的地位也受到不同程度的撼動。另一方面，受地緣、經濟結構等因素影響，香港同阿拉伯國家的經貿往來其實並不密切，雙邊投資亦落後於香港與西方發達國家和新興經濟體，雙方經貿往來有很大的提升空間。阿拉伯國家人口雖然只佔全球的 5.3%，但輻射全世界約 16 億穆斯林，背後還有發展潛力巨大的伊斯蘭金融市場。在「一帶一路」建設背景下，香港不可錯失與沿線

阿拉伯國家共同發展的良機。

在「一帶一路」建設中，香港具有其他城市不可比擬的優越性：

其一，香港擁有公平自由的營商環境和健全的法律制度。香港擁有享譽世界的自由、公平的良好營商環境，有不同於內地的普通法體系，更容易與世界接軌。穩健的金融基礎設施和健全的法律制度，有力保護著投資安全。

其二，香港可成為「一帶一路」資金融通的樞紐。阿拉伯國家經濟充滿活力，隨著「一帶一路」的推進，中國與阿拉伯國家將加大產能和基礎設施建設合作，這為香港提供了成為雙方資金融通樞紐的契機。

其三，香港是內地與國際市場的「超級聯繫人」。改革開放以來，香港一直發揮著聯通內地與國際市場的「窗口」作用。在「一帶一路」建設過程中，香港將愈來愈多地發揮「聯繫人」的作用，引領中國與阿拉伯國家經貿合作再創新高。

3. 香港與阿拉伯國家合作的未來挑戰

(1) 缺乏對阿拉伯世界的深入認識

據統計，2013 年香港約有穆斯林人口 20 萬，佔香港總人口的 2.8%。雖然近 40 年來穆斯林人口增長較快，但在香港仍屬人數較少的少數族裔。[14] 對於香港社會來說，阿拉伯世界、伊斯蘭金融均是較為陌生的概念，對受伊斯蘭教法指導的伊斯蘭商業活動更是知之甚少。屬於少數族裔的香港穆斯林民眾，對於伊斯蘭銀行及其債券的需求並不顯著，因此，伊斯蘭金融在香港缺乏必要的市場和發展環境，其發展受到阻礙。

（2）缺乏有經驗的伊斯蘭金融人才

　　香港歷來憑藉高水平的會計、法律、金融等專業人才，吸引全球大型跨國企業落戶。然而，與阿拉伯國家進行經貿合作，尤其是對接伊斯蘭金融發展，除了必要的專業知識與技能外，更需瞭解伊斯蘭教規和伊斯蘭商務邏輯，以及配套的稅收法律法規。香港的伊斯蘭金融發展時間不長，實際操作經驗也比較有限，專業人才培育尚難以滿足發展需求。

（3）面臨「一帶一路」沿線其他國家的競爭

　　「一帶一路」沿線擁有眾多穆斯林國家，除西亞北非地區的阿拉伯國家外，中亞、東南亞、南亞均有頗具影響力的穆斯林國家。排除教派爭端的影響，穆斯林國家間發展經貿關係具有天然的動力。相較於香港，馬來西亞、印尼等國更具備與其他沿線國家推動雙邊經貿、發展伊斯蘭金融的先天優勢。除此之外，同為「亞洲四小龍」的新加坡亦看準伊斯蘭金融發展的前景，積極嘗試推動伊斯蘭金融在本國的發展。

四、關於香港與阿拉伯國家合作的對策建議

儘管香港與阿拉伯國家關係發展迅速，但雙方合作仍存在很大的提升空間。香港具有其他城市無可比擬的地緣戰略價值，宜在「一帶一路」建設中趁勢拓展與阿拉伯國家在優勢領域的緊密合作，從而確保和加強香港在二十一世紀的國際金融和全球航運中心地位。具體建議如下：

1. 提升對阿拉伯世界的認知度

香港與阿拉伯世界經貿發展不足的重要原因之一，是香港對阿拉伯世界認知普遍不足。香港應該增強對阿拉伯國家經濟發展、市場需求和投資機會的戰略性研究，為香港特區政府和企業提供信息參考；借助「一帶一路」倡議，以中國與阿拉伯國家經貿合作為窗口，加強香港各界與阿拉伯國家的溝通與交流，積極參與「一帶一路」倡議在阿拉伯國家的重點項目建設，在實踐中增強對阿拉伯世界的認識；擴大香港與阿拉伯國家人員往來，以民心相通促進經貿合作。

2. 培養熟悉阿拉伯世界的專業人才

高度開放的經濟、發達的服務性產業以及國際化的教育體系，

使得香港在國際化專業人才的培養以及儲備方面均具有優勢。香港應該確立更加開放的人才引進和輸出機制，與內地和阿拉伯國家大學、研究機構合作，培養擁有國際認可的專業資格、瞭解伊斯蘭教教義、熟悉伊斯蘭商務邏輯、具有豐富的國際人脈資源和管理經驗的專業人才。

3. 擔任阿拉伯世界與中國內地的投融資橋樑

隨著「一帶一路」倡議的實施，中國與阿拉伯國家基礎設施建設將產生更加多元化的金融市場需求。除鞏固自身金融優勢、加大推動伊斯蘭金融發展外，香港還應推動資產運作平台與中阿產能合作和基礎設施建設平台的深度結合。香港可以根據不同的融資需求，利用其多元化的金融市場潛力，創新金融產品，滿足不同類型的融資要求。

4. 與寧夏合作共同推進伊斯蘭金融

寧夏在「一帶一路」建設中處於阿拉伯國家「向東看」、中國「向西進」的中轉站上，地緣優勢明顯。寧夏穆斯林人口約佔自治區總人口的 36%，具有與阿拉伯國家發展伊斯蘭金融的先天條件。寧夏的區位和民族優勢正好可以彌補香港在發展伊斯蘭金融中地緣和穆斯林人口數量少的短板，而香港發達的經濟金融基礎可彌補寧夏內陸經濟發展水平較低的缺陷。香港應該考慮在「一帶一路」框架下，建立以寧夏回族自治區與香港為中心的伊斯蘭金融發展模式，

借助基礎設施建設投融資發展伊斯蘭金融創新；並建立與亞投行、
絲路基金等投融資機構的合作機制，保持伊斯蘭債券市場的優勢，
透過伊斯蘭金融平台促進中阿雙邊投資增長。

本章作者：柳莉

中國國際問題研究院發展中國家研究所、「一帶一路」研究中心副研究員

李曉玉

中國國際問題研究院世界經濟研究所、「一帶一路」研究中心助理研究員

注釋

1   〈中國副外長：阿拉伯國家是「一帶一路」建設的天然和重要合作夥伴〉，新華
    網，2014 年 6 月 3 日，資料來源：http://news.xinhuanet.com/world/2014-06/03/
    c_126576643.htm（最後訪問時間：2015 年 12 月 15 日）。

2   David Sheppard and Gregory Meyer, "China Oil Imports Surpass Those of
    US", *Financial Times*, May 10, 2015, available at: http://www.ft.com/intl/cms/
    s/0/342b3a2e-f5a7-11e4-bc6d-00144feab7de.html#axzz3y1oWsucp (accessed
    December 2, 2015).

3   〈中國成阿拉伯國家第二大交易夥伴　未來十年中阿貿易額有望增至 6,000 億美
    元〉，國際線上，2015 年 8 月 18 日，資料來源：http://gb.cri.cn/42071/2015/08/18
    /8011s5070709.htm（最後訪問時間：2015 年 12 月 10 日）。

4   亞投行是政府間性質的亞洲區域多邊開發機構，重點支持基礎設施建設，宗旨為促
    進亞洲區域的建設互聯互通化和經濟一體化進程，加強中國及其他亞洲國家和地
    區的合作。總部設在北京，法定資本 1,000 億美元，初期投資重點領域為能源、交
    通、農村發展、城市發展和物流。

5   "Perspective Founding Members", AIIB, available at: http://www.aiib.org/html/
    pagemembers (accessed December 7, 2015).

6　"Data", World Bank, available at: http://data.worldbank.org.cn/indicator/SP.POP. TOTL (accessed December 7, 2015).

7　同上。

8　同上。

9　〈全球最大商機　促進各國繁榮〉,《人民日報海外版》, 2015 年 4 月 6 日, 第 1 版, 資料來源：http://paper.people.com.cn/rmrbhwb/html/2015-04/06/ content_1550664.htm（最後訪問時間：2015 年 12 月 10 日）。

10　〈卡塔爾願積極參與「一帶一路」建設〉, 新華網, 2015 年 4 月 21 日, 資料來源： http://world.people.com.cn/n/2015/0421/c157278-26879245.html(最後訪問時間： 2015 年 12 月 9 日）。

11　〈習近平：做好頂層設計, 構建「1+2+3」中阿合作格局〉, 新華網, 2014 年 6 月 5 日, 資料來源：http://news.xinhuanet.com/politics/2014-06/05/c_1111000667.htm （最後訪問時間：2015 年 12 月 5 日）。

12　"The IMG and Islamic Finance", IMF, available at: http://www.imf.org/external/ themes/islamicfinance/#Factsheet (accessed December 5, 2015).

13　〈香港特區政府首次發售伊斯蘭債券〉, 中國新聞網, 2014 年 9 月 11 日, 資料來源：http://www.chinanews.com/ga/2014/09-11/6581689.shtml（最後訪問時間： 2015 年 12 月 5 日）。

14　"Call for More Mosques As Muslim Population Grows", *South China Morning Post*, January 2, 2013, available at: http://www.scmp.com/news/hong-kong/ article/1118257/call-more-mosques-muslim-population-grows (accessed December 5, 2015).

資料鏈接

1. 阿拉伯國家

阿拉伯國家是指以阿拉伯民族為主體民族、以阿拉伯語為主要語言，在歷史上形成統一的文化和習俗，多數人信奉伊斯蘭教的國家。全球共有22 個阿拉伯國家，分別是西亞的沙特阿拉伯、也門、阿曼、阿聯酋、卡塔爾、巴林、科威特、伊拉克、敘利亞、黎巴嫩、巴勒斯坦、約旦，北非的摩洛哥、阿爾及利亞、突尼斯、利比亞、埃及、蘇丹，西非的毛里塔尼亞，東非的吉布提和索馬里，印度洋上的科摩羅，總面積約 1,420 萬平方公里，總人口約 3.85 億。「一帶一路」涉及的阿拉伯國家有 13 個：伊拉克、敘利亞、約旦、黎巴嫩、巴勒斯坦、沙特阿拉伯、也門、阿曼、阿聯酋、卡塔爾、科威特、巴林、埃及。

2. 伊斯蘭金融

伊斯蘭金融是指符合伊斯蘭教義的金融形式，包括金融機構、金融市場和金融工具等幾個組成部分。伊斯蘭教作為一種宗教信仰的同時，還是一種社會制度和生活方式。伊斯蘭社會的政治、經濟和生活都要遵循《古蘭經》及其教義（Sharia），包括金融，如禁止收取和支付利息；交易不准涉足煙、酒、豬肉、武器以及經營色情、賭博等行業；強調「風險共擔，利益共享」，即贏利時，交易者參加分享收益；虧損時，也要分擔風險；禁止不當得利；禁止投機行為。

3. 伊斯蘭債券

伊斯蘭債券，又稱蘇庫克，是對基礎資產擁有一定比例的證明或票據。伊斯蘭債券依賴於其基礎資產，可以在二級市場流通，投資者購買金

融機構發行的伊斯蘭債券後就擁有對基礎資產一定比例的所有權，基礎資產會被轉讓給第三方以產生持續的收益以回報投資者。為此，伊斯蘭債券通常和其他伊斯蘭金融結構如租賃、參與股份制、盈虧分攤制相結合。

4. 中東三大國際恐怖主義組織

（1）基地組織

基地組織 1988 年由本·拉登在阿富汗創立，是一個伊斯蘭教的軍事組織，在阿拉伯建立了數十個訓練基地，用於訓練反抗蘇聯入侵阿富汗的義勇軍。1991 年蘇聯撤軍阿富汗之後，基地組織的宗旨就轉變為打擊美國與伊斯蘭世界的腐敗勢力，建立一個純粹的伊斯蘭國家。基地組織在沙特阿拉伯、巴基斯坦以及阿富汗的活動遭到各國政府的沉重打擊。在極端宗教主義的引領下，基地組織演變為一個恐怖主義組織。基地組織的訓練營成為訓練恐怖主義分子的基地。訓練內容包括學習伊斯蘭原教旨主義教義、學習使用輕型武器、發射迫擊炮和火箭筒、使用現代通訊工具、電腦和互聯網。早期的基地組織規模很小，影響力有限。2001 年基地組織在製造了美國「9·11」恐怖主義事件後引起世界震驚和關注。美國聯合世界其他國家開始了集中打擊基地組織的反恐行動。2011 年，基地組織「一號人物」本·拉登在巴基斯坦被美軍擊斃。基地組織的很多重要頭目和核心成員都陸續被消滅。但是遍佈在中東、北非地區乃至中國新疆（「東突」實際上是基地組織的一個分支）的基地組織仍然十分猖狂，不斷在世界各個角落發動恐怖襲擊，也為全球反恐行動不斷拉響警報。

（2）塔利班

塔利班是阿富汗的一個武裝派別，大部分成員是阿富汗難民營伊斯蘭學校的學生。早期是一個反抗蘇聯入侵阿富汗的愛國組織，得到美國支

援。蘇聯撤軍之後，阿富汗內亂不斷，各種政治力量角逐。1994 年塔利班誕生，該組織信奉伊斯蘭原教旨主義，高舉反對腐敗、振興商業的大旗，旨在建立一個純粹的伊斯蘭國家，得到很多學生、底層知識分子和平民的擁護，該組織迅速擴大。1995 年 5 月，塔利班發動了代號為「進軍喀布爾」的戰役，最後推翻政府、掌握了阿富汗政權。塔利班上台之後，實行獨裁專制和政教合一制度。塔利班為基地組織提供經濟支援。「9·11」之後美軍為清剿基地組織進攻阿富汗，推翻塔利班政權。之後塔利班長期隱藏於阿富汗山區，四處實施恐怖主義活動。2013 年塔利班正式同意與阿富汗政府和美國進行和平會談，引起基地組織的不滿。塔利班與基地組織分離之後，與 ISIS 即「伊斯蘭國」的交往開始密切。2014 年 10 月，巴基斯坦塔利班發表聲明，宣佈「效忠」ISIS，並稱將為其提供一切可能的支援。塔利班與 ISIS 的結合，使塔利班的恐怖主義活動更加殘酷。

（3）「伊斯蘭國」

「伊斯蘭國」英文簡稱 ISIS，前身是在伊拉克基地組織的一個分支，該分支目標是反對美國對伊拉克的入侵。2006 年該分支的頭目奧馬爾·巴格拉迪宣佈建立「伊拉克伊斯蘭國」，簡稱 IS。美國撤出伊拉克後，IS 的力量迅速擴張，並向周邊國家蔓延。2013 年伊拉克伊斯蘭國與敘利亞反政府組織「救國陣線」宣佈合併，成立「伊拉克和黎凡特伊斯蘭國」，簡稱 ISIS。ISIS 是一個以宗教為基礎的武裝力量，有信仰和深思熟慮的目標。「伊斯蘭國」成立後，公佈了宣稱領土的範圍，包括西亞、非洲北部和中部（南至喀麥隆、肯尼亞等）、中亞地區，還包括歐洲的西班牙、葡萄牙、巴爾幹半島、克里米亞等地，以及巴基斯坦、印度和中國新疆、西藏。ISIS 宣稱清除異教徒——什葉派，建立政教合一的純粹的伊斯蘭宗教國。但是，ISIS 在世界各地的恐怖主義和軍事行動，已經傷害了大量無辜平民、以及什葉派之外其他宗教派別甚至包括遜尼派的很多信徒。其宣佈

佔領的地區跨越北非、中非、中亞、南亞、西歐，甚至包括中國的領土。ISIS 已經成為世界各國政府和人民共同的敵人，成為各國政府聯合打擊的對象。

附錄

附錄一

「一帶一路」大事記

（2013 年 9 月 – 2019 年 4 月）

2013 年（9–12 月）

9 月 7 日 中國國家主席習近平出訪中亞四國時，在哈薩克斯坦納扎爾巴耶夫大學發表題為《弘揚人民友誼　共創美好未來》的重要演講，首次在國際場合公開提出共同建設「絲綢之路經濟帶」的倡議構想。

9 月 11 日 中國與吉爾吉斯斯坦宣佈將中吉關係提升為戰略夥伴關係，吉方表示支持習主席建設「絲綢之路經濟帶」的倡議。

9 月 13 日 國家主席習近平在上海合作組織成員國元首理事會第十三次會議上，圍繞把上合組織「打造成成員國命運共同體和利益共同體」的倡議，提出促進「絲綢之路經濟帶」建設、展開務實合作的五點建議。

9 月 25–28 日 阿富汗總統來華訪問，表達了對建立「絲綢之路經濟帶」的支持。

10 月 3 日 國家主席習近平在印尼國會發表演講時表示，中國願同東盟國家加強海上合作，大力發展海洋合作夥伴關係，共同建設「21 世紀海上絲綢之路」。中國致力於加強同東盟國家互聯互通建設，並倡議籌建亞洲基礎設施投資銀行（亞投行），重點支持基礎設施建設。這是習近平主席首次公開提出「21 世紀海上絲綢之路」倡議。

11 月 12 日 中共十八屆三中全會通過《中共中央關於全面深化改革若干重大問題的決定》，明確提出推進「絲綢之路經濟帶」、「海上絲綢之路」建設，以形成全方位開放新格局。

11 月 21 日 中國國務院總理李克強在北京同歐洲理事會主席范龍佩、歐盟委員會主席巴羅佐共同主持第十六次中國歐盟領導人會晤，並出席中歐農業、能源、知識產權等領域有關合作文件的簽字儀式，雙方共同發表《中歐合作 2020 戰略規劃》。多邊機制是「一帶一路」政策溝通的重要渠道，通過多邊平台開展合作對話，有效實現發展戰略的對接。

11 月 26 日 國務院總理李克強在羅馬尼亞布加勒斯特出席中國—中東歐國家領導人會晤，提出中國與中東歐國家合作的「三大原則」，以及深化合作的六點建議。會晤後，中國與中東歐 16 國共同發表《中國—中東

歐國家合作布加勒斯特綱要》。

11 月 28 日　首條從西安始發開往哈薩克斯坦阿拉木圖的國際貨運班列正式開通。

11 月 29 日　國務院總理李克強在烏茲別克斯坦塔什干出席上海合作組織成員國總理第十二次會議，同與會各國領導人就促進上合組織框架內多領域合作、加強上合組織建設等深入交換意見，達成廣泛共識。上合組織是「一帶一路」多雙邊對接合作的重點區域之一。

12 月　習近平總書記在中央經濟工作會議上提出，推進「絲綢之路經濟帶」建設，抓緊制定戰略規劃，加強基礎設施互聯互通建設；建設「21 世紀海上絲綢之路」，加強海上通道互聯互通建設，拉緊相互利益紐帶。

2014 年

1 月 12–14 日　「絲綢之路經濟空間——上合組織銀聯體的新動力」研討會在海南三亞舉行，上合組織秘書長梅津采夫率秘書處代表團出席。

1 月 17 日　國家主席習近平在北京會見來華出席中國—海灣阿拉伯國家合作委員會第三輪戰略對話的海合會代表團。海合會表示，各成員國願積極參與「絲綢之路經濟帶」和「21 世紀海上絲綢之路」建設。

2 月　國家主席習近平與俄羅斯總統普京就建設「絲綢之路經濟帶」和「海上絲綢之路」，以及俄羅斯跨歐亞鐵路與「一帶一路」的對接達成了共識。

3 月 5 日　國務院總理李克強在《政府工作報告》中介紹 2014 年重點工作時提出，抓緊規劃建設「絲綢之路經濟帶」、「21 世紀海上絲綢之路」，推進孟中印緬、中巴經濟走廊建設，推出一批重大支撐項目，加快基礎設施互聯互通，拓展國際經濟技術合作新空間。

3 月 12 日　中國—烏茲別克斯坦「絲綢之路」經貿合作論壇在烏茲別克斯

坦塔什干舉行。

3月23日　國家主席習近平在海牙同荷蘭首相呂特舉行會談，雙方發表聯合聲明，一致決定建立開放務實的中荷全面合作夥伴關係。雙邊對話是政策溝通的主要渠道，有助共建「一帶一路」重點領域合作。

3月30日　國家主席習近平參觀德國西部北威州的杜伊斯堡港。這是由重慶經新疆跨歐亞直至歐洲的渝新歐國際鐵路聯運大通道的終點，也是世界上最大內河港和歐洲重要交通物流樞紐。

5月12日　中國與土庫曼斯坦兩國元首共同簽署了兩國《友好合作條約》、《關於發展和深化戰略夥伴關係的聯合宣言》、《關於通過〈中華人民共和國和土庫曼斯坦戰略夥伴關係發展規劃（2014年至2018年）〉的聲明》，並見證了天然氣、農業、交通、金融、文化、地方等領域多項合作文件的簽署。

5月18日　國家主席習近平在上海同吉爾吉斯斯坦總統阿坦巴耶夫舉行會談。吉方表示願意積極參與「絲綢之路經濟帶」建設，促進兩國經貿往來、基礎設施互聯互通和人文交流。兩國元首共同簽署了兩國《關於進一步深化戰略夥伴關係的聯合宣言》，並見證了安全執法、基礎設施建設等領域合作文件的簽署。

5月19日　「絲綢之路經濟帶」首個實體平台中國—哈薩克斯坦（連雲港）物流合作基地啟用。

5月21日　亞洲相互協作與信任措施會議（亞信會議）第四次峰會在上海舉行，國家主席習近平主持會議並發表主旨講話。習近平強調，中國將同各方一道，積極倡導共同、綜合、合作、可持續的亞洲安全觀，搭建地區安全和合作新架構，努力走出一條共建、共享、共贏的亞洲安全之路。峰會發表了《亞洲相互協作與信任措施會議第四次峰會上海宣言》。

5月21日　國家主席習近平和俄羅斯總統普京在上海共同見證中俄兩國政府《中俄東線天然氣合作項目備忘錄》、中國石油天然氣集團公司和俄羅斯天然氣工業股份公司《中俄東線供氣購銷合同》的簽署。

6月3日　中國—阿拉伯國家合作共建「一帶一路」專題研討會在北京舉行。

6 月 5 日　中阿合作論壇第六屆部長級會議在北京開幕，國家主席習近平發表講話，希望雙方弘揚絲綢之路精神，以共建「絲綢之路經濟帶」和「21 世紀海上絲綢之路」為新機遇、新起點，不斷深化全面合作、共同發展的中阿戰略合作關係。

6 月 22 日　由中國、哈薩克斯坦和吉爾吉斯斯坦聯合申報的絲綢之路「長安—天山廊道路網」，成功申報世界文化遺產，成為首例跨國合作、成功申遺的項目。

6 月 22 日　由國務院新聞辦公室主辦的「『絲綢之路經濟帶』國際研討會」在新疆烏魯木齊召開。

7 月 2 日　「絲綢之路經濟帶」媒體合作圓桌對話會在北京召開，會議簽署了《絲綢之路經濟帶媒體合作論壇聯合宣言》。

7 月 15 日　金磚國家領導人第六次會晤在巴西福塔雷薩舉行。五國領導人決定，成立金磚國家開發銀行，總部設在中國上海，並建立金磚國家應急儲備安排。

7 月 27 日　「2014 首屆『絲綢之路經濟帶』國際論壇暨環球企業領袖西部圓桌會」在新疆喀什舉行。

8 月 7 日　聯合國亞洲及太平洋經濟社會委員會第 70 屆年會部長級會議在泰國曼谷舉行。中國外交部副部長重點介紹了建設「絲綢之路經濟帶」和「21 世紀海上絲綢之路」等內容。

8 月 21–22 日　國家主席習近平對蒙古進行國事訪問，雙方領導人達成一系列重要共識，一致決定將中蒙關係提升為全面戰略夥伴關係。雙方就共同推進「絲綢之路經濟帶」和亞洲基礎設施投資銀行建設交換了意見。

9 月 1 日　第四屆中國—亞歐博覽會暨中國—亞歐經濟發展合作論壇在新疆烏魯木齊舉行。

9 月 5–8 日　第七屆中國西部文化產業博覽會在陝西西安舉行。展會期間，文化部和財政部發佈國家「一帶一路」產業規劃。

9 月 10 日　中阿文化部長論壇在北京舉辦。這是第三屆阿拉伯藝術節的重要

組成部分和中阿合作論壇框架下絲綢之路系列文化論壇活動之一。

9月11日　國家主席習近平同俄羅斯總統普京、蒙古國總統額勒貝格道爾吉舉行中俄蒙元首會晤，提出共同建設中蒙俄經濟走廊的倡議。

9月11日　第十一屆中國—東盟博覽會和中國—東盟商務與投資峰會在廣西南寧開幕。

9月17–19日　中國—斯里蘭卡自貿區首輪談判在斯里蘭卡首都科倫坡舉行。

10月16–17日　第十屆亞歐首腦會議在意大利米蘭舉行。國務院總理李克強在會議上闡述「一帶一路」構想，並就推進亞歐互聯互通提出進一步建議。

10月24日　中國、印度等21個首批意向創始成員國的財長和授權代表在北京正式簽署《籌建亞投行備忘錄》，共同決定成立亞洲基礎設施投資銀行（亞投行），為「一帶一路」沿線國家基礎設施建設提供資金支持。亞投行由中國倡議、57國共同籌建，是政府間性質的亞洲區域多邊開發銀行機構，重點支持基礎設施建設。

11月6日　中央財經領導小組召開第八次會議，中共中央總書記習近平主持會議，研究「絲綢之路經濟帶」和「21世紀海上絲綢之路」規劃、發起建立亞投行和設立絲路基金等事項。

11月8日　國家主席習近平在2014年中國APEC峰會上全面闡述「互聯互通」理念內涵，宣佈中國將出資400億美元成立絲路基金，與多國合作籌建亞投行，為「一帶一路」沿線國家基礎設施建設、資源開發、產業合作等有關項目提供投融資支持。

11月8日　國務院總理李克強在北京會見巴基斯坦總理謝里夫。李克強指出，中巴經濟走廊為兩國務實合作搭建了戰略框架，是中國同周邊互聯互通的旗艦項目。此訪期間，兩國簽署二十多項合作協定。

11月11日　以「共建面向未來的亞太夥伴關係」為主題的亞太經合組織第二十二次領導人非正式會議在北京舉行。會議決定啟動亞太自貿區進程並確定相關路線圖，批准《亞太經合組織互聯互通藍圖》。

11 月 24–25 日　為期兩天的博鰲亞洲論壇金融合作會議在阿聯酋迪拜舉行，會議提出「一帶一路」將亞洲帶入全新發展階段。

11 月 28 日　「絲綢之路經濟帶」中歐物流樞紐建設國際交流會在河南鄭州舉行。主旨會議後舉辦了中歐物流樞紐建設論壇，宣讀了《合作共建絲綢之路經濟帶物流樞紐（鄭州）宣言》。

12 月 3 日　哈薩克斯坦—土庫曼斯坦—伊朗國際鐵路的土伊路段接軌儀式在位於土庫曼斯坦土伊邊境的阿基亞伊拉村舉行，標誌著絲綢之路哈土伊鐵路土伊路段全面貫通。

12 月 5 日　第二屆新疆絲綢之路文化創意產業博覽會在新疆烏魯木齊開幕。該博覽會以「『絲綢之路經濟帶』核心區文化力量」為主題，是中國唯一的國家級國際化文化產業盛會。

12 月 9–11 日　中央經濟工作會議在北京舉行，會議提出優化經濟發展空間格局，要重點實施「一帶一路」、京津冀協同發展、長江經濟帶三大戰略，並把「一帶一路」作為優化區域格局的重要內容。

12 月 15 日　上海合作組織成員國政府首腦理事會第十三次會議在哈薩克斯坦首都阿斯塔納舉行。會議發表的《聯合公報》對中國關於建設「絲綢之路經濟帶」的倡議表示歡迎。

12 月 16 日　國務院總理李克強出席在塞爾維亞舉行的第三次中國—中東歐國家領導人會晤。與會國家共同發表《中國—中東歐國家合作貝爾格萊德綱要》。

12 月 17 日　國務院總理李克強在塞爾維亞貝爾格萊德集體會見塞爾維亞總理武契奇、匈牙利總理歐爾班和馬其頓總理格魯埃夫斯基，一致同意共同打造中歐陸海快線。

12 月 17 日　中國尼泊爾經貿聯委會第十一次會議召開。會後雙方簽署兩國政府間《關於在中尼經貿聯委會框架下共同推進絲綢之路經濟帶建設的諒解備忘錄》。

12 月 22 日　中國與白羅斯在北京簽署《中國商務部和白俄羅斯經濟部關於共建絲綢之路經濟帶合作議定書》，雙方將在兩國政府間合作委員會經

貿分委會框架內，共同推進「絲綢之路經濟帶」建設。（編按：白羅斯駐華大使館於 2018 年 3 月 16 日公開發文，要求其國家的中文譯名應使用「白羅斯」，而非「白俄羅斯」。在此之前已簽署的文件，本書將沿用「白俄羅斯」的用法，其餘情況則作更改。）

12 月 23 日　在中國進行國事訪問的埃及總統塞西表示，埃及支持「一帶一路」倡議，將竭盡所能與中國一道推動倡議的實施。

12 月 29 日　絲路基金有限責任公司完成工商註冊。

2015 年

1 月 19 日　「中巴友好年」啟動儀式舉行。中巴經濟走廊是「21 世紀海上絲綢之路」建設的重點之一。

1 月 21 日　國務院總理李克強在瑞士達沃斯出席世界經濟論壇 2015 年年會，發表致辭表示要大力推動「一帶一路」建設。

2 月 1 日　推進「一帶一路」建設工作領導小組在北京召開工作會議，安排部署 2015 年及今後一段時期推進「一帶一路」建設的重大事項和重點工作。推進「一帶一路」建設工作領導小組，是中國政府指導和協調推進「一帶一路」建設的高層次領導機制。

2 月 10 日　習近平總書記主持召開中央財經領導小組第九次會議，確定了發起建立亞投行、設立絲路基金等重大事項。

2 月 16 日　中國人民銀行宣佈，絲路基金有限責任公司已經成立並正式開始運行。絲路基金由外匯儲備、中國投資有限責任公司、中國進出口銀行、國家開發銀行共同出資。

2 月 23 日　首趟「義新歐」中歐班列（馬德里—義烏）國際鐵路集裝箱班列，穿越七個國家抵達浙江義烏。「義新歐」鐵路打通了中國東部浙江義烏至歐洲、中亞、東盟自貿區的物流運輸通道。

2 月 25 日　中韓自由貿易協定完成「初始化」進程。中韓自貿區是高水平的自貿區，將為「一帶一路」沿線自貿區提供樣本。

3 月 5 日　十二屆全國人大三次會議在北京開幕。國務院總理李克強在《政府工作報告》中指出，要構建全方位對外開放新格局，推進「絲綢之路經濟帶」和「21 世紀海上絲綢之路」合作建設。

3 月 24 日　廣東、天津、福建自由貿易試驗區總體方案審議通過，「一帶一路」、長江經濟帶和京津冀協同發展「三個支撐帶」與上海、廣東、天津、福建四個自貿區形成的「3 ＋ 4」多點支撐大區域發展格局。

3 月 26–29 日　以「亞洲新未來：邁向命運共同體」為主題的博鰲亞洲論壇在海南博鰲舉行。

3 月 28 日　國家主席習近平在亞洲博鰲論壇發表主旨演講，進一步闡述「一帶一路」建設。國務委員楊潔篪就「21 世紀海上絲綢之路」發表演講。

3 月 28 日　國家發展改革委、外交部、商務部聯合發佈《推動共建絲綢之路經濟帶和 21 世紀海上絲綢之路的願景與行動》，闡述了「一帶一路」倡議的共建原則、框架思路、合作重點及合作機制，指明了建設目標和路徑圖。

3 月 29 日　新華社發佈《推進「一帶一路」建設工作領導小組辦公室負責人就「一帶一路」建設有關問題答記者問》，進一步解讀「一帶一路」倡議。

4 月 8 日　「一帶一路」智庫合作聯盟理事會成立。

4 月 20–21 日　國家主席習近平訪問巴基斯坦並見證簽署了中巴五十多項雙邊合作文件。中巴經濟合作以中巴經濟走廊建設為中心，以瓜達爾港、交通基礎設施、能源、產業合作為重點，形成「1 ＋ 4」合作佈局。

4 月 23–25 日　聯合國工業發展組織（UNIDO）主辦的「以技術貿易促進科技創新，深入落實『一帶一路』國家戰略」技術貿易國際論壇在上海舉辦。

4 月 29 日　國家主席習近平在會見阿爾及利亞總理塞拉勒時表示，今年是中非合作論壇成立 15 周年，中方歡迎阿方繼續積極參與中國同非洲和阿

拉伯國家合作，積極參與亞非國家間合作。塞拉勒強調，阿方願積極參與中非合作論壇和「一帶一路」框架下同中國的合作。

5 月 1 日　「絲綢之路經濟帶」區域通關一體化模式正式運行。「絲綢之路經濟帶」沿線九省區所有海關將統一操作規範、統一業務流程、統一執法標準為企業服務，實現區域內海關執法互認。

5 月 8 日　中華人民共和國與俄羅斯聯邦在莫斯科發表兩國《關於絲綢之路經濟帶建設和歐亞經濟聯盟建設對接合作的聯合聲明》。

5 月 10 日　國家主席習近平在明斯克同白羅斯總統盧卡申科舉行會談。雙方一致同意，加強兩國各領域合作，對接兩國發展戰略，開創中白全面戰略夥伴關係新時代。

5 月 11 日　中國和格魯吉亞開啟中國—格魯吉亞自由貿易協定（FTA）談判可行性研究，同時簽署了關於加強共建「絲綢之路經濟帶」合作的備忘錄。

5 月 12 日　國務院提出要全面提升與「一帶一路」沿線國家經貿合作水平。

5 月 14–18 日　第十一屆中國（深圳）國際文化產業博覽交易會在深圳會展中心舉行，文博會專門增設了以「絲綢之路文化帶」為主題的絲綢之路館。

5 月 15 日　「中國『海上絲綢之路』旅遊推廣聯盟」在福建廈門成立。

5 月 19 日　國務院發佈《國務院關於加快培育外貿競爭新優勢的若干意見》，《意見》提出，努力構建互利共贏的國際合作新格局，積極同「一帶一路」沿線國家和地區商建自貿區，加快形成立足周邊、輻射「一帶一路」、面向全球的高標準自貿區網絡。

5 月 19 日　國務院總理李克強訪問巴西期間，在中巴企業家峰會閉幕式上，首次提出中拉產能合作「3×3」新模式這個重大倡議。

5 月 22 日　籌建亞洲基礎設施投資銀行第五次談判代表會議在新加坡閉幕，與會 57 個意向創始成員國的首席談判代表經過討論，通過了《亞投行章程》，並商定於當年 6 月底在北京舉行《亞投行章程》簽署儀式。

5 月 22–24 日　由聯合國教科文組織牽頭組織的首屆絲綢之路網絡平台國際大會在陝西西安召開，會議通過了《西安宣言》。

5 月 22–28 日　第十九屆中國東西部合作與投資貿易洽談會暨絲綢之路博覽會在陝西西安舉辦。

5 月 25 日　主題為「『一帶一路』與地區共同發展」的亞信非政府論壇首次年會圓桌會議在北京舉行。會議一致認為亞信與「一帶一路」將成為促進亞洲和平穩定的「雙引擎」。

5 月 25 日　中國與智利共同簽署《關於中國—智利自由貿易協定升級的諒解備忘錄》，同意探討中智自貿協定升級的可能性。

5 月 27 日　亞歐互聯互通產業對話會在重慶舉行。

6 月 1 日　《中華人民共和國政府和大韓民國政府自由貿易協定》正式簽署。協定於 2015 年 12 月 20 日生效。

6 月 5–6 日　第六屆國際基礎設施投資與建設高峰論壇在澳門舉行。基礎設施互聯互通是「一帶一路」建設的重點和基礎。

6 月 6 日　中國同匈牙利簽署兩國政府間《關於共同推進絲綢之路經濟帶和 21 世紀海上絲綢之路建設的諒解備忘錄》。匈牙利成為第一個與中國簽署「一帶一路」合作文件的歐洲國家。

6 月 10–11 日　博鰲亞洲論壇能源、資源與可持續發展會議在馬來西亞首都吉隆坡舉行，會議主題為「一帶一路」建設與亞洲能源資源合作。

6 月 15 日　中國商務部與烏茲別克斯坦對外經濟關係、投資和貿易部共同簽署了《關於在落實建設絲綢之路經濟帶倡議框架下擴大互利經貿合作的議定書》。

6 月 17 日　《中華人民共和國政府和澳大利亞政府自由貿易協定》正式簽署。

6 月 25 日　中國銀行成功發行 40 億美元「一帶一路」債券。這是國際金融市場首筆以「一帶一路」為主題的債券。

6 月 29 日　《亞洲基礎設施投資銀行協定》簽署儀式在北京舉行。亞投行 57

個意向創始成員國財長或授權代表出席了簽署儀式，其中已通過國內審批程序的 50 個國家正式簽署《協定》。

7 月 1 日　黔深歐海鐵聯運班列‧中歐班列（貴陽—杜伊斯堡）首發列車正式開行。

7 月 5 日　中亞國際貨運班列（蘭州—阿拉木圖）在甘肅蘭州新區北站首發。

7 月 8–10 日　金磚國家領導人第七次會晤和上海合作組織成員國元首理事會第十五次會議在俄羅斯烏法舉行。在此次烏法雙峰會上，上合組織各國元首簽署並發表《烏法宣言》，聲明成員國支持中國關於建設「絲綢之路經濟帶」的倡議。

7 月 9 日　中國最高人民法院「一帶一路」司法研究中心揭牌成立。

7 月 9–10 日　上海合作組織峰會在俄羅斯城市烏法舉行。會議期間，上合組織成員國元首們批准了《上海合作組織至 2025 年發展戰略》。上合組織框架內合作的特點是「互信、互利、平等、協商、尊重多樣文明，謀求共同發展」，與「一帶一路」的原則與精神存在一致性。

10 月 16 日　由中國鐵路總公司牽頭的中企聯合體與印度尼西亞四家國企簽署協議，組建中印尼合資公司，負責雅加達—萬隆高速鐵路項目的建設和運營。雅萬高鐵是印尼乃至東南亞地區的首條高鐵，也是中國在海外全程參與規劃、建設、運營和管理的第一條高鐵。

10 月 22 日　推進「一帶一路」建設工作領導小組辦公室發佈《標準聯通「一帶一路」行動計劃（2015–2017）》。

10 月 26–29 日　中共十八屆五中全會在北京召開。全會通過「十三五」規劃建議，提出要「提升港澳在國家經濟發展和對外開放中的地位和功能，支持香港鞏固國際金融、航運、貿易三大中心地位，參與國家雙向開放、『一帶一路』建設」。

11 月 11 日　中國—阿拉伯國家合作論壇第六屆中阿關係暨中阿文明對話研討會在卡塔爾首都多哈閉幕。

12 月 2 日　中老鐵路磨丁—萬象工程在老撾首都萬象舉行奠基儀式。中老

鐵路全線採用中國技術標準和中國裝備，是第一個以中方為主投資建設並運營、與中國鐵路網直接連通的境外鐵路項目。

12 月 7 日　香港貿易發展局推出全新「一帶一路」資訊網站 (www.beltandroad.hk)，提供最新和全面的資訊，協助全球企業掌握「一帶一路」商機，並通過香港平台及服務，尋找合適的業務夥伴。

12 月 10 日　絲綢之路沿線 36 個國家的工商協會共同發起成立的絲綢之路國際總商會落戶香港，並舉辦首屆絲綢之路國際投資論壇，商議決定成立「絲綢之路智庫」和打造「網上絲綢之路」。

12 月 16 日　中國加入歐洲復興開發銀行。此舉將推動中方「一帶一路」倡議與歐洲投資計劃對接。

12 月 18–21 日　中央經濟工作會議提出，要抓好「一帶一路」建設落實，發揮好亞投行、絲路基金等機構的融資支撐作用，抓好重大標誌性工程落地。

12 月 19 日　中泰鐵路合作項目在泰國大城府啟動。中泰鐵路將成為東南亞陸地國家與中國南部和馬來半島互聯互通的重要通道。

12 月 25 日　《亞洲基礎設施投資銀行協定》正式生效，亞投行作為一個多邊開發銀行的法人地位正式確立。

12 月 31 日　東盟共同體正式成立。這是亞洲建成的首個次區域共同體。東盟是「21 世紀海上絲綢之路」的重要樞紐，東盟各國也是亞投行和絲路基金的重要投資目標國。

2016 年

1 月 13 日　香港特區政府 2016 年施政報告提出，將成立由行政長官主持的「一帶一路」督導委員會，負責制定香港參與「一帶一路」的策略和政策，並設立「一帶一路」辦公室。

1 月 13 日　外交部發佈《中國對阿拉伯國家政策文件》。文件提出，堅持共商、共建、共享原則，推進中阿共建「一帶一路」，構建以能源合作為主軸，以基礎設施建設和貿易投資便利化為兩翼，以核能、航天衛星、新能源三大高新領域為突破口的「1 ＋ 2 ＋ 3」合作格局，推動務實合作升級換代。

1 月 15 日　推進「一帶一路」建設工作會議在北京召開。會議總結 2015 年「一帶一路」建設工作，研究 2016 年總體工作思路，部署重點工作。

1 月 16–18 日　亞投行成立儀式及第一屆理事會在北京舉行。亞投行將通過貸款、擔保、股權投資等各種金融工具，促進亞洲地區經濟一體化的發展。

1 月 19 日　國家主席習近平同沙特國王會談並簽署了「一帶一路」合作備忘錄。

1 月 22–23 日　中國—格魯吉亞自貿協定第一輪談判在格魯吉亞首都第比利斯舉行。

1 月 25 日　《「一帶一路」能源資源投資政治風險評估報告》在北京發佈。

1 月 29 日　中國—海合會自貿區第六輪談判在沙特利雅德舉行。中海自貿協定，是繼中國—東盟自貿協定之後，第二個中國與區域組織商簽的自由貿易安排。

3 月 17 日　經民政部批准設立的服務「一帶一路」戰略的專業化高端智庫——絲路規劃研究中心在北京成立。

3 月 24 日　在博鰲亞洲論壇 2016 年年會期間，國家發展改革委以「國際產能合作：凝聚全球經濟增長新動力」為主題，主辦國際產能合作論壇。國際產能合作是「一帶一路」建設的重要內容之一。

3 月 29 日　中國捷克簽署兩國政府間《關於共同編制中捷合作規劃綱要的諒解備忘錄》、《關於工業園區合作的諒解備忘錄》。

4 月 11 日　中國外交部與聯合國亞洲及太平洋經濟社會委員會簽署《關於推進地區互聯互通和「一帶一路」倡議的意向書》。這是中國與國際組織

簽署的首份「一帶一路」合作文件。

4 月 28 日　亞洲相互協作與信任措施會議第五次外長會議在北京開幕。

5 月 12 日　中國—阿拉伯國家合作論壇第七屆部長級會議在卡塔爾首都多哈舉行。

5 月 13 日　2016 絲綢之路國際博覽會暨第二十屆中國東西部合作與投資貿易洽談會在陝西西安舉行。

5 月 16 日　商務部、國家發展改革委將 12 個城市和區域列為開展構建開放型經濟新體制綜合試點試驗地區。

5 月 18 日　首屆「一帶一路」高峰論壇在香港舉行。

5 月 25 日　博鰲亞洲論壇資源能源與可持續發展會議暨絲綢之路國家論壇在哈薩克斯坦首都阿斯塔納舉行。

6 月 2 日　第七屆國際基礎設施投資與建設高峰論壇在澳門舉行。

6 月 8 日　中歐班列統一品牌和標識正式發佈啟用。

6 月 17 日　中國與烏茲別克斯坦簽署共建「絲綢之路經濟帶」合作文件。

6 月 20 日　中國與波蘭簽署兩國政府間《關於共同編制中波合作規劃綱要的諒解備忘錄》。

6 月 24 日　上海合作組織成員國元首理事會第十六次會議在烏茲別克斯坦塔什干舉行。成員國元首簽署《上海合作組織成立十五周年塔什干宣言》以及關於批准《〈上海合作組織至 2025 年發展戰略〉2016–2020 年落實行動計劃》、批准簽署關於印度和巴基斯坦加入上海合作組織義務的備忘錄等決議。

7 月 4 日　香港金融管理局正式啟動「基建融資促進辦公室」（IFFO），以推動發展香港為基建融資樞紐。

7 月 4 日　絲綢之路高科技園區聯盟研討暨成立大會在山東煙台召開。大會啟動「絲綢之路高科技園區聯盟合作平台」網站。

7 月 11–14 日　第三屆中俄博覽會及中俄總理定期會晤委員會雙方主席會晤在俄羅斯葉卡捷琳堡舉行。

7 月 27 日　內蒙古首列直通中亞的國際集裝箱班列——包頭至哈薩克斯坦首都阿斯塔納正式開行。

7 月 28 日　國務院印發《「十三五」國家科技創新規劃》，提出要發揮科技創新合作對共建「一帶一路」的先導作用。

7 月 28 日　首屆「一帶一路」國際文化產業交流（博覽）會在四川成都啟動。

8 月 1 日　香港「一帶一路」辦公室開始運作。

8 月 17 日　推進「一帶一路」建設工作會議座談會在北京召開。國家主席習近平提出八項要求，強調要聚焦攜手打造綠色絲綢之路、健康絲綢之路、智力絲綢之路、和平絲綢之路。

9 月 2 日　國家發展改革委同哈薩克斯坦國民經濟部簽署中哈政府間《「絲綢之路經濟帶」建設與「光明之路」新經濟政策對接合作規劃》。

9 月 4–5 日　二十國集團（G20）領導人第十一次峰會在中國杭州舉行。國家主席習近平主持峰會活動，提出共同構建創新型、開放型、聯動型和包容型世界經濟的主張。峰會形成「杭州共識」，發表了《G20 領導人杭州峰會公報》及 28 份具體成果文件。在 G20 工商峰會上，習近平主席向世界承諾：中國願為國際社會提供更多公共產品；中國「一帶一路」倡議旨在同沿線各國分享中國發展機遇，實現共同繁榮。與會嘉賓認為，「一帶一路」倡議在理念、利益機制、優先發展等方面與 G20「杭州共識」有很多共通之處，可為全球經濟包容性增長提供範例。

9 月 8 日　中國與老撾簽署兩國政府間《關於編制共同推進「一帶一路」建設合作規劃綱要的諒解備忘錄》。

9 月 12 日　國家標準委在北京舉辦「一帶一路」沿線國家標準化合作協定簽署儀式，並與九個「一帶一路」沿線國家簽署標準化合作協定。至此，中國已與 21 個「一帶一路」沿線國家簽了標準化合作協定。

9 月 14 日　「一帶一路」框架下的第一個多邊合作規劃綱要——《建設中蒙

俄經濟走廊規劃綱要》正式發佈實施。

9 月 19 日　中國政府與聯合國開發計劃署簽署《關於共同推進絲綢之路經濟帶和 21 世紀海上絲綢之路建設的諒解備忘錄》。這是中國政府與國際組織簽署的第一份政府間共建「一帶一路」的諒解備忘錄。

9 月 29 日　《中華人民共和國政府與白俄羅斯政府共同推進「一帶一路」建設的措施清單》簽署。

10 月 8 日　推進「一帶一路」建設工作領導小組辦公室印發《中歐班列建設發展規劃（2016–2020 年）》，全面部署未來五年中歐班列建設發展任務。

10 月 9 日　中國科技部、國家發展改革委、外交部、商務部出台《推進「一帶一路」建設科技創新合作專項規劃》。

10 月 22 日　國防科工局和國家發展改革委發佈《關於加快推進「一帶一路」空間信息走廊建設與應用的指導意見》。

11 月 5 日　第五次中國與中東歐國家領導人會晤在拉脱維亞首都里加舉行。期間，國家發展改革委分別與匈牙利、拉脱維亞、立陶宛、保加利亞、克羅地亞簽署了合作框架協定或合作諒解備忘錄。
中國和捷克簽署了中捷兩國政府間《在「一帶一路」倡議框架下的雙邊合作規劃》，雙方商定在 19 個領域加強合作。這是中國與歐洲國家共同編制的首個雙邊合作規劃。

11 月 7–8 日　首屆「一帶一路」國際科技高峰論壇在北京舉行。

11 月 10 日　香港港鐵學院落成開幕。港鐵學院旨在為來自香港、中國內地、「一帶一路」地區和世界各地的鐵路專業人員提供培訓。

11 月 15 日　澳門特區 2017 年度施政報告提出設立由行政長官辦公室牽頭的專門工作委員會，統籌澳門參加「一帶一路」工作。

11 月 17 日　「一帶一路」倡議首次寫入聯合國大會決議，決議得到 193 個會員國的一致贊同。

11 月 19 日　中投互貿一帶一路國際貿易平台全球發佈會在尼泊爾首都加德

滿都舉行。這是由「一帶一路」沿線各國商會協會、權威機構等共同發起的全球採購商和供應商的互通平台。

11 月 30 日　中國與匈牙利「一帶一路」工作組首次會議在北京舉行。

12 月 7–9 日　中國環境與發展國際合作委員會（國合會）2016 年年會在北京召開。中國環保部和聯合國環境規劃署共同簽署了《關於建設綠色「一帶一路」的諒解備忘錄》。

12 月 10 日　首屆「絲綢之路」中約文化研討會在約旦首都安曼舉行。

12 月 11 日　「一帶一路」生態環保國際高層對話會在深圳舉行。

12 月 29 日　《文化部「一帶一路」文化發展行動計劃（2016–2020 年）》正式公佈。

12 月 29 日　中巴經濟走廊遠景規劃聯合合作委員會第六次會議在北京召開。國家發展改革委與巴基斯坦代表簽署了《中巴經濟走廊聯委會第六次會議紀要》等 11 份文件和協議。

2017 年

1 月 16 日　中國與埃及代表簽署《關於加強「網上絲綢之路」建設合作促進信息互聯互通的諒解備忘錄》。

1 月 18 日　香港特區發表施政報告提到，國家「十三五」規劃及「一帶一路」倡議為香港在金融服務、專業服務以及創新及科技等範疇帶來新機遇。

1 月 18 日　國家主席習近平造訪聯合國日內瓦總部，發表《共同構建人類命運共同體》的主旨演講，系統闡發「構建人類命運共同體，實現共贏共享」的「中國方案」。「一帶一路」倡議，是構建人類命運共同體的重要實踐平台。

1 月 18 日　國家中醫藥管理局、國家發展改革委聯合印發《中醫藥「一帶一

路」發展規劃（2016–2020 年）》。

2 月 22 日　絲綢之路國際總商會與歐亞經濟聯盟實業家委員會在吉爾吉斯斯坦首都比什凱克簽署協議，計劃設立歐亞絲路基金與歐亞絲路商品交易所。

3 月 1 日　國務院印發《「十三五」現代綜合交通運輸體系發展規劃》，提出要打造「一帶一路」互聯互通開放通道。

3 月 7 日　澳門「一帶一路」建設工作委員會正式成立，行政長官擔任委員會主席。

3 月 17 日　聯合國安理會一致通過的關於阿富汗問題第 2344 號決議，首次載入「構建人類命運共同體」理念，呼籲國際社會通過「一帶一路」建設等加強區域經濟合作，敦促各方為「一帶一路」建設提供安全保障環境、加強發展政策戰略對接、推進互聯互通務實合作等。

3 月 21 日　國家「一帶一路」官網——中國一帶一路網（www.yidaiyilu.gov.cn）正式上線運行。

3 月 23 日　亞投行在北京宣佈，其理事會已經批准 13 個新成員加入，成員總數量增至 70 個。香港是亞投行新成員之一。

3 月 27 日　《中華人民共和國政府和新西蘭政府關於加強「一帶一路」倡議合作的安排備忘錄》簽署。新西蘭成為首個簽署「一帶一路」合作協定的西方發達國家。

3 月 31 日　國務院印發《中國（遼寧、浙江、河南、湖北、重慶、四川、陝西）自由貿易試驗區總體方案》，新增七個自由貿易試驗區服務「一帶一路」建設。

4 月 1 日　七個新增自由貿易試驗區掛牌成立。

4 月 20 日　中國、白羅斯、德國、哈薩克、蒙古、波蘭、俄羅斯等七國鐵路部門正式簽署《關於深化中歐班列合作協定》。

5 月 2 日　國家發展改革委與阿拉伯聯合酋長國經濟部在北京簽署關於加強產能與投資合作的框架協議。

5月8日　環境保護部、外交部、發展改革委、商務部聯合發佈了《關於推進綠色「一帶一路」建設的指導意見》。

5月10日　推進「一帶一路」建設工作領導小組辦公室發佈《共建「一帶一路」：理念、實踐與中國的貢獻》，總結了三年多來共建「一帶一路」的豐富成果，進一步闡釋了「一帶一路」建設的內涵、理念和實質。該文獻明確，共建「一帶一路」的主體框架是「六廊六路多國多港」；要與沿線國家共同打造多層次合作機制，包括高層推動、戰略對接、雙多邊機制、「二軌」對話及交流合作等，有效實現政策溝通。

5月12日　中國和尼泊爾兩國政府代表在尼泊爾首都加德滿都簽署中尼「一帶一路」合作備忘錄。

5月13日　農業部、國家發展改革委、商務部、外交部四部委聯合發佈《共同推進「一帶一路」建設農業合作的願景與行動》。

5月13日　中國與格魯吉亞簽署自貿協定。中格自貿協定是中國與歐亞地區國家簽署的第一個自貿協定。協定於 2018 年 1 月 1 日正式生效。

5月14日　環境保護部發佈了《「一帶一路」生態環境保護合作規劃》。

5月14–15日　首屆「一帶一路」國際合作高峰論壇在北京舉辦。該論壇是「一帶一路」框架下最高規格的國際活動，形成了 76 大項、二百七十多項具體成果，並發表「一帶一路」國際合作高峰論壇圓桌峰會聯合公報。「一帶一路」國際合作高峰論壇將定期舉辦，並成立論壇諮詢委員會、論壇聯絡辦公室等。

5月15日　聯合國環境規劃署在北京召開「『一帶一路』綠色發展國際聯盟」高級別介紹會，聯合國環境規劃署和中國環境保護部倡議建立「『一帶一路』綠色發展國際聯盟」。

5月16日　國家發展改革委和國家能源局正式發佈《推動絲綢之路經濟帶和21 世紀海上絲綢之路能源合作願景與行動》。

5月17日　國家發展改革委與聯合國歐洲經濟委員會就「一帶一路」PPP 合作簽署了《諒解備忘錄》。

5月19日　聯合國亞洲及太平洋經濟社會委員會第七十三屆年會在泰國曼谷舉行，會議通過「加強全面無縫互聯互通促進亞太可持續發展」決議。

5月24日　由中國招商局集團融資建設的吉布提多哈雷多功能港口（一期）舉行開港儀式。這是中企在東北非地區承接的最大規模港口項目。

5月30日　內蒙古二連浩特至滿洲里航線開通，中國對蒙和對俄的兩個最大陸路口岸二連浩特與滿洲里實現了空中對接。

5月31日　中國承建的肯尼亞蒙巴薩—內羅畢鐵路正式通車。蒙內鐵路是中國鐵路建設全產業落地的標誌性項目，是「一帶一路」倡議的重要成果，被稱為肯尼亞的「世紀工程」。

6月1–2日　第八屆國際基礎設施投資與建設高峰論壇在澳門舉行。論壇首次發佈《「一帶一路」國家基礎設施指數報告（2017）》，並舉辦了「中葡合作發展基金」總部揭牌及簽約儀式。

6月1–2日　第十九次中國—歐盟領導人會晤、中歐互聯互通平台第二次主席會議在比利時布魯塞爾舉行。中國「一帶一路」倡議與歐洲投資計劃的對接將進一步加強。

6月2日　絲路基金與歐洲投資基金簽署了促進共同投資框架備忘錄。

6月8日　中巴經濟走廊首個大型能源項目——薩希瓦爾電站投產。

6月8日　絲路基金與上合組織銀聯體簽署關於夥伴關係基礎的備忘錄。

6月14日　國家主席習近平在北京會見盧森堡首相貝泰爾時，首次提出「空中絲綢之路」概念，表示中方支持建設鄭州—盧森堡「空中絲綢之路」。

6月15日　「一帶一路」地方合作委員會（BRLC）秘書處作為常設機構揭牌並將永久落戶杭州。

6月19日　國家發展改革委和國家海洋局聯合發佈《「一帶一路」建設海上合作設想》，提出共同建設三大藍色經濟通道。

6月24日　司法部、中華全國律師協會在北京正式發佈《「一帶一路」沿線國家法律環境國別報告》，並宣佈成立「一帶一路」跨境律師人才庫。

6月28日　第十一屆夏季達沃斯論壇分論壇——「『一帶一路』：全球影響」主題論壇在遼寧大連舉行。

6月28日　香港和內地在《內地與香港關於建立更緊密經貿關係的安排》框架下，簽署《投資協議》和《經濟技術合作協定》。

7月1日　國家主席習近平在「慶祝香港回歸祖國20周年大會暨香港特別行政區第五屆政府就職典禮」講話中表示，中央政府支持香港在推進「一帶一路」建設、粵港澳大灣區建設、人民幣國際化等重大發展戰略中發揮優勢和作用。

7月1日　國家發改委和粵港澳三地政府在香港共同簽署《深化粵港澳合作推進大灣區建設框架協定》，提出粵港澳要攜手打造國際一流灣區和世界級城市群、「一帶一路」建設重要支撐區。

7月3日　中俄就打造「冰上絲綢之路」達成共識。國家主席習近平在俄羅斯訪問時積極回應中俄共建北極航道的「邀約」，希望雙方共同開發和利用海上通道特別是北極航道，打造「冰上絲綢之路」。

7月6日　國家旅遊局、國家體育總局聯合發佈《「一帶一路」體育旅遊發展行動方案》。

7月7日　二十國集團領導人第十二次峰會在德國漢堡舉行。國家主席習近平出席並發表題為「堅持開放包容 推動聯動增長」的重要講話。習近平主席強調，不久前中國成功舉辦的「一帶一路」國際合作高峰論壇，在「五通」上取得豐碩成果，努力打造治理新理念、合作新平台、發展新動力，與G20的宗旨高度契合。

7月13日　工業和信息化部中小企業發展促進中心發佈了《中小企業「一帶一路」同行計劃》。

7月17-19日　2017中國投資論壇在捷克首都布拉格舉行。論壇主題為「『一帶一路』倡議下的16＋1有效成功合作」。

7月24日　亞洲金融合作協會在北京舉行成立儀式。亞金協致力於搭建亞洲金融機構交流合作平台。

7月29日　「一帶一路」法律服務協作體正式成立。這標誌著「一帶一路」沿線國家法律服務多方協作邁向常態化。

8月14日　聯合國可持續發展目標代際對話大會在聯合國總部召開，「一帶一路」的倡議進入聯合國非政府組織年會的對話內容。

8月18日　國務院辦公廳轉發國家發展改革委、商務部、人民銀行、外交部《關於進一步引導和規範境外投資方向的指導意見》。《意見》鼓勵開展的首兩項境外投資為：重點推進有利於「一帶一路」建設和周邊基礎設施互聯互通的基礎設施境外投資；穩步開展帶動優勢產能、優質裝備和技術標準輸出的境外投資。

8月31日　中國和塔吉克斯坦共同簽署並發表《中塔關於建立全面戰略夥伴關係的聯合聲明》，簽署《中塔合作規劃綱要》及十多項合作文件。

9月1日　中國—瑞士海關實施AEO互認，開闢「一帶一路」「綠色通道」。

9月4日　國家主席習近平在福建廈門會見南非總統祖馬時表示，中方願同非洲國家一道，將實施共建「一帶一路」倡議、中非合作論壇約翰內斯堡峰會確定的中非「十大合作計劃」與非洲《2063年議程》更好結合起來，促進中非共同發展。

9月4日　國家主席習近平在廈門會見泰國總理巴育，並見證兩國簽署戰略性合作共同行動計劃及「一帶一路」建設、鐵路等領域雙邊合作文件。

9月5日　《中華人民共和國商務部與塔吉克斯坦共和國經濟發展與貿易部關於加強基礎設施領域合作的協定》在北京簽署。

9月8日　國家發展改革委和黎巴嫩經濟和貿易部簽署兩國政府間《關於共同推進絲綢之路經濟帶與21世紀海上絲綢之路建設的諒解備忘錄》。

9月14日　世界旅遊組織大會發佈《「一帶一路」旅遊合作成都倡議》。

9月14-15日　以「『一帶一路』：亞歐戰略對接」為主題的博鰲亞洲論壇巴黎會議在法國巴黎舉行。

9月16日　深圳經喀什開往中亞、南亞的多式聯運班列在鹽田港發出首班列車。

9 月 21 日　工業和信息化部、中國國際貿易促進委員會聯合印發《關於開展支持中小企業參與「一帶一路」建設專項行動的通知》。

9 月 22 日　第三屆中國 — 中東歐國家文化合作部長論壇在杭州舉行。中國與中東歐 16 國一致通過了《中國 — 中東歐國家文化合作杭州宣言》、《中國 — 中東歐國家 2018–2019 年文化合作計劃》，並共同簽署《關於在馬其頓共和國設立中國 — 中東歐國家文化合作協調中心的諒解備忘錄》。

9 月 29 日　蘭渝鐵路全線開通運營，成為連通陸路、海上絲綢之路和渝新歐大通道的重要組成部分。

10 月 11 日　香港特區發表施政報告，將國家「一帶一路」倡議和粵港澳大灣區建設視為香港經濟發展的重大機遇。

10 月 19 日　中歐班列運輸聯合工作組第一次會議結束，與會各方代表共同審議並簽署了《中歐班列運輸聯合工作組工作辦法》。

10 月 23 日　中國和約旦簽署《2018–2020 年兩國發展、經濟和技術合作諒解備忘錄》。

10 月 25 日　中共十九大報告提出，要以「一帶一路」建設為重點，堅持引進來和走出去並重，遵循共商共建共享原則，加強創新能力開放合作，形成陸海內外聯動、東西雙向互濟的開放格局。

10 月 30 日　連接阿塞拜疆、格魯吉亞和土耳其三國的巴庫 — 第比利斯 — 卡爾斯跨國鐵路正式通車。這是亞歐之間最便捷、最安全的陸上通道，是亞歐大陸交通網的重要組成部分，將為振興新絲綢之路發揮重要作用。

10 月 30 日　中國工商銀行首筆「一帶一路」綠色氣候債券在盧森堡證券交易所正式掛牌上市。

11 月 8 日　中國出口信用保險公司與國家發改委簽署《關於協同推進「一帶一路」產能合作的框架協議》。

11 月 10 日　中國 — 智利自貿區升級談判成果文件——《中華人民共和國政

府與智利共和國政府關於修訂〈自由貿易協定〉及〈自由貿易協定關於服務貿易的補充協定〉的議定書》正式簽署。

11 月 12 日　香港特區與東盟正式簽署自由貿易協定與相關投資協定。

11 月 12 日　中國越南簽署共建「一帶一路」和「兩廊一圈」合作備忘錄以及系列合作文件。

11 月 13–14 日　中國老撾簽署《中老兩國外交部關於加強新形勢下合作的協議》、《關於共同推進中老經濟走廊建設的諒解備忘錄》、《關於加強「數字（網上）絲綢之路」建設合作的諒解備忘錄》等合作文件。

11 月 17 日　中國與摩洛哥簽署兩國政府間《關於共同推進絲綢之路經濟帶和 21 世紀海上絲綢之路的諒解備忘錄》。

11 月 17 日　中國與巴拿馬簽署《關於共同推進絲綢之路經濟帶和 21 世紀海上絲綢之路建設的諒解備忘錄》、《關於鐵路交通系統領域合作的諒解備忘錄》等近二十份雙邊合作協定。

11 月 21–22 日　首屆絲綢之路沿線民間組織合作網絡論壇在北京舉行。51國代表共同發表絲綢之路沿線民間組織「北京共識」。

11 月 24 日　國家發展改革委、交通運輸部、國家鐵路局、中國鐵路總公司聯合發佈《鐵路「十三五」發展規劃》。《規劃》提出要加強鐵路對外合作交流，加快鐵路「走出去」，推進中國鐵路標準國際化進程，將中歐班列打造成為世界知名物流品牌。

11 月 26–29 日　國務院總理李克強訪問匈牙利並出席第六次中國—中東歐國家領導人會晤。會晤期間，簽署了 40 份重要文件。其中，中國與愛沙尼亞、立陶宛、斯洛維尼亞三國簽署「一帶一路」合作諒解備忘錄，實現了共建「一帶一路」倡議對中東歐 16 國的全覆蓋。

11 月 27 日　中國同中東歐 16 國共同發表《中國—中東歐國家合作布達佩斯綱要》。與會各方認識到，「16 ＋ 1 合作」是中歐整體合作的重要組成部分，亞歐互聯互通的巨大潛力及「一帶一路」倡議為此帶來的重要機遇。各方願以「16 ＋ 1 合作」為依託，繼續共商、共建、共享「一帶一路」，推動「一帶一路」倡議與歐洲投資計劃等重大倡議和各國國

家發展規劃相對接。

11 月 27 日　中國國家開發銀行與中東歐金融機構共同發起的中國—中東歐銀聯體正式成立。

11 月 30 日　「科技『一帶一路』與粵港澳大灣區創新論壇」在香港舉行。

12 月 3 日　在浙江烏鎮第四屆世界互聯網大會上，中國、老撾、沙特阿拉伯、塞爾維亞、泰國、土耳其、阿聯酋等國家相關部門共同發起《「一帶一路」數字經濟國際合作倡議》。

12 月 6 日　「數字絲路」國際科學計劃和香港中文大學聯合主辦的第二屆「數字絲路」國際會議在香港開幕。

12 月 7 日　《中華人民共和國政府和馬爾代夫共和國政府自由貿易協定》簽署。中馬自貿協定是中國商簽的第 16 個自貿協定。

12 月 8 日　中俄能源合作重大項目 —— 亞馬爾液化天然氣項目第一條 LNG（液化天然氣）生產線正式投產。亞馬爾項目是目前全球最大的北極液化天然氣項目，同時開闢北極航道成功實現北冰洋運輸，是「冰上絲綢之路」核心支點。

12 月 11 日　國家開發銀行與聯合國開發計劃署、北京大學聯合研究的《「一帶一路」經濟發展報告》（中英文版）在北京正式發佈。

12 月 12 日　在世貿組織第十一屆部長級會議期間，中國與毛里求斯代表簽署了《關於啟動中國—毛里求斯自由貿易協定談判的諒解備忘錄》。

12 月 14 日　國家發展改革委與香港特區政府在北京簽署《關於支持香港全面參與和助力「一帶一路」建設的安排》。

12 月 18 日　商務部與澳門特區政府在澳門簽署了內地與澳門《CEPA 投資協議》和《CEPA 經濟技術合作協定》。

12 月 19 日　亞投行第四次擴容，宣佈批准科克群島、瓦努阿圖、白羅斯和厄瓜多爾四個經濟體的加入申請。亞投行成員數增至 84 個，從亞洲拓展至全球。

12 月 20 日　國家開發銀行首次在香港發行「一帶一路」債券。債券在香港聯交所上市。

12 月 20 日　香港貿易發展局「一帶一路」委員會正式成立。

12 月 21 日　中國與岡比亞簽署《中華人民共和國政府和岡比亞共和國政府經濟、貿易、投資和技術合作諒解備忘錄》。根據備忘錄，中岡正式建立雙邊經貿聯委會機制。

12 月 22 日　國家標準委發佈《標準聯通共建「一帶一路」行動計劃（2018–2020 年）》。

12 月 26 日　國家發展改革委發佈《企業境外投資管理辦法》。新辦法將於 2018 年 3 月 1 日起施行。

12 月 28 日　中國商務部與摩爾多瓦代表在北京簽署了《關於啟動中國 — 摩爾多瓦自由貿易協定談判的諒解備忘錄》，正式啟動中摩自貿協定談判。

2018 年

1 月 10 日　國務院總理李克強在金邊出席瀾滄江 — 湄公河合作第二次領導人會議時表示，中方願與湄公河國家一道，打造瀾湄流域經濟發展帶，建設瀾湄國家命運共同體。

1 月 12 日　中國電信集團公司與尼泊爾電信公司在尼泊爾首都加德滿都舉行兩國跨境光纜開通儀式，標誌著尼泊爾正式通過中國的線路接入互聯網。

1 月 16 日　推進「一帶一路」建設工作會議在北京召開。

1 月 22 日　中國 — 拉美和加勒比國家共同體論壇第二屆部長級會議在智利開幕。會議通過了《聖地亞哥宣言》、《中國與拉美和加勒比國家合作（優先領域）共同行動計劃（2019–2021）》和《「一帶一路」特別聲明》。

1月23日　中央全面深化改革領導小組第二次會議召開。會議審議通過了《關於建立「一帶一路」爭端解決機制和機構的意見》。

1月26日　中國政府發表《中國的北極政策》白皮書。白皮書提出，中國發起共建「一帶一路」重要合作倡議，與各方共建「冰上絲綢之路」，為促進北極地區互聯互通和經濟社會可持續發展帶來合作機遇。

1月30日　海關總署制定出台《推進「一帶一路」沿線大通關合作行動計劃（2018–2020年）》。提出建立適應沿線國家貿易投資需求、適應新技術發展的高水平大通關國際合作機制。

2月3日　香港特區政府和香港一帶一路總商會在北京聯合舉辦「國家所需、香港所長——共拓『一帶一路』策略機遇」論壇。

2月25日　中國—吉爾吉斯斯坦—烏茲別克斯坦國際公路正式通車。中吉烏公路是地區重要互聯互通項目，是共建「一帶一路」務實成果。

3月1日　國家林業局印發《「一帶一路」生態互聯互惠科技創新行動方案》。

3月18日　埃及新行政首都中央商務區項目開工。這是中國建築承建的「一帶一路」重點項目，是中企在埃及的最大項目，也是非洲大陸最高建築。

3月28日　國家發展改革委與香港特區政府經協商一致並報國務院審批同意，簽署《國家發展和改革委員會與香港特別行政區政府關於支持香港全面參與和助力「一帶一路」建設的安排》。

3月29–31日　大湄公河次區域經濟合作（GMS）第六次領導人會議在越南首都河內舉行。會議通過了共同宣言、《2018–2022河內行動計劃》和《2022區域投資框架》三項成果文件。

4月8日　中國與奧地利發表《中華人民共和國和奧地利共和國關於建立友好戰略夥伴關係的聯合聲明》，簽署「一帶一路」合作等領域的雙邊合作文件。

4月8–11日　博鰲亞洲論壇2018年年會在海南博鰲召開。論壇發佈的《亞洲競爭力2018年度報告》指出，2017年「一帶一路」倡議成為亞洲區

域經濟一體化的重要拉動力。

4月9日　中國與蒙古國簽署了兩國政府間《關於加強產能與投資合作的框架協議》。

4月10日　國家主席習近平在博鰲亞洲論壇2018年年會開幕式主旨發言時強調，共建「一帶一路」倡議源於中國，但機會和成果屬於世界；中國不打地緣博弈小算盤，不搞封閉排他小圈子，不做凌駕於人的強買強賣。

4月12日　中國─國際貨幣基金組織聯合能力建設中心在北京宣佈成立。該中心的成立是首屆「一帶一路」國際合作高峰論壇取得的一個重要成果。

4月17日　香港一帶一路總商會就職典禮在香港舉行。

4月25日　全國首個「一帶一路」巡迴法庭在連雲港中哈物流合作基地揭牌。巡迴法庭對接新亞歐陸海聯運大通道建設，審理涉「一帶一路」糾紛。

4月27日　中國政府與聯合國開發計劃署共同推進「一帶一路」建設聯合工作組第一次會議在北京召開。

5月2日　亞投行宣佈已批准巴布亞新幾內亞和肯尼亞兩個意向成員加入，亞投行成員總數增至86個。

5月7日　中國和印尼簽署關於推進區域綜合經濟走廊建設、支持雅萬高鐵項目順利實施等合作文件。

5月9日　國務院總理李克強出席第六屆中日韓工商峰會並致辭。中日兩國簽署《關於中日企業第三方市場合作的備忘錄》，雙方同意加強兩國在第三方市場的合作。第三方市場合作是推進「一帶一路」建設、促進國際產能合作的重要方式。

5月11–15日　第三屆絲綢之路國際博覽會在陝西西安舉辦。本屆絲博會主題為：新時代‧新格局‧新動能。

5月14–16日　「一帶一路」稅收合作會議在哈薩克斯坦首都阿斯塔納召開。

會議發佈《阿斯塔納「一帶一路」稅收合作倡議》。

5 月 14 日　中國與特立尼達和多巴哥簽署兩國政府間《關於共同推進絲綢之路經濟帶和 21 世紀海上絲綢之路建設的諒解備忘錄》。

5 月 15 日　中國與阿曼在北京簽署兩國政府間《關於共同推進絲綢之路經濟帶與 21 世紀海上絲綢之路建設的諒解備忘錄》。

5 月 17 日　《中華人民共和國與歐亞經濟聯盟經貿合作協定》簽署。這是中國與聯盟首次達成的經貿方面重要制度性安排。

5 月 23 日　「一帶一路」中歐對話會在歐盟總部所在地布魯塞爾舉行。

5 月 28 日　「首屆一帶一路服務貿易合作論壇」在北京舉行。

6 月 4 日　中國與安提瓜和巴布達簽署兩國政府間《關於共同推進絲綢之路經濟帶與 21 世紀海上絲綢之路建設的諒解備忘錄》。安巴是東加勒比地區首個同中國簽署「一帶一路」合作文件的國家。

6 月 6 日　國家主席習近平同吉爾吉斯斯坦總統熱恩別科夫舉行會談，兩國元首一致同意建立中吉全面戰略夥伴關係。

6 月 7 日　《中華人民共和國商務部和哈薩克斯坦共和國國民經濟部關於電子商務合作的諒解備忘錄》在北京簽署。中哈兩國共建「一帶一路」合作進入新階段。

6 月 7–8 日　第九屆國際基礎設施投資與建設高峰論壇在澳門舉行。論壇期間，發佈了「2018『一帶一路』國家基礎設施發展指數」和《「一帶一路」國家基礎設施發展指數報告（2018）》，並召開第四屆中國與拉美和加勒比國家基礎設施合作論壇。

6 月 9–10 日　上海合作組織成員國元首理事會第十八次會議在中國青島舉行。這是上合組織擴員後召開的首次峰會。

6 月 12 日　國家發展改革委、國務院港澳辦會同有關部門，與香港特區政府在北京共同召開支持香港參與和助力「一帶一路」建設第一次聯席會議。會議審議通過了《支持香港全面參與和助力「一帶一路」建設聯席會議制度》，明確了聯席會議的工作規則、主要職責、成員單位和工作

要求。

6 月 13 日　「一帶一路」倡議與 2030 年可持續發展議程高級別研討會在紐約聯合國總部舉行。

6 月 14 日　「一帶一路」科研院所聯盟在遼寧瀋陽成立。聯盟共同發起單位代表簽署「一帶一路」科研院所聯盟合作備忘錄，發佈《「一帶一路」科研院所聯盟瀋陽宣言》。

6 月 19 日　中國與玻利維亞兩國元首在北京舉行會談，一致決定建立中玻戰略夥伴關係，並見證簽署共建「一帶一路」等雙邊合作文件。

6 月 20 日　中國與巴布亞新幾內亞簽署兩國政府間《關於共同推進絲綢之路經濟帶和 21 世紀海上絲綢之路建設的諒解備忘錄》。

6 月 21 日　國際金融論壇（IFF）在北京發佈《「一帶一路」倡議 5 周年調查報告》。

6 月 25 日　中國政府同非洲東部 86 個政府和國際組織在「一帶一路」框架下簽署 101 項合作協定。

6 月 25–26 日　亞投行第三屆理事會年會在印度孟買舉行。亞投行宣佈已批准黎巴嫩作為意向成員加入，亞投行成員總數將增至 87 個。

6 月 27 日　中共中央辦公廳、國務院辦公廳印發《關於建立「一帶一路」國際商事爭端解決機制和機構的意見》。

6 月 27 日　「一帶一路國際聯盟」成立儀式及首屆年度圓桌會議在香港舉行。

6 月 28 日　《中國香港與格魯吉亞自由貿易協定》簽訂。

6 月 28 日　第三屆「一帶一路高峰論壇」在香港會議展覽中心舉行。

6 月 28 日　國家發展改革委、商務部發佈《外商投資准入特別管理措施（負面清單）（2018 年版）》，自 2018 年 7 月 28 日起施行。2018 年版負面清單，再次大幅放開 22 個領域的外商投資市場准入，將進一步深化「一帶一路」國家和地區與中國的投資合作與交流，在更大範圍實現互利共贏。

7 月 2 日　「一帶一路」法治合作國際論壇在北京召開，會議發表《「一帶一路」法治合作國際論壇共同主席聲明》。

7 月 5 日　由招商局集團主導建設的吉布提國際自貿區開園。該自貿區運營將為吉布提經濟提供發展新動力。吉布提是「一帶一路」海上西線的關鍵節點，是連接亞歐非市場的首個連接點。

7 月 7 日　中國與塞爾維亞簽署兩國政府間《關於共同編制中塞「一帶一路」框架下雙邊合作規劃的諒解備忘錄》。

7 月 10 日　中國—阿拉伯國家合作論壇第八屆部長級會議在北京舉行。會議通過並簽署了《北京宣言》、《論壇 2018–2020 年行動執行計劃》和《中阿合作共建「一帶一路」行動宣言》等三份重要成果文件。

7 月 11 日　中國與突尼斯簽署共建「一帶一路」諒解備忘錄。

7 月 12 日　中阿銀聯體成立儀式暨首屆理事會會議在北京舉行，各成員行共同簽署了《關於中國—阿拉伯銀行聯合體成立宣言》。

7 月 13 日　中國與多米尼克簽署兩國政府間《關於共同推進絲綢之路經濟帶與 21 世紀海上絲綢之路建設的諒解備忘錄》。

7 月 13 日　「一帶一路」關鍵性項目——「中巴光纜」開通儀式在巴基斯坦首都伊斯蘭堡舉行。該項目有效提升了「中巴信息走廊」關鍵能力。

7 月 16 日　絲路基金與歐洲投資基金（EIF）簽署《關於中歐共同投資基金首單項目落地與繼續深化合作的諒解備忘錄》，宣佈中歐共同投資基金投入實質性運作。

7 月 19 日　《絲綢之路經濟帶核心區建設發展報告（2018 年）》發佈。

7 月 23 日　中國與盧旺達簽署關於「一帶一路」建設等多項雙邊合作文件。

7 月 23 日　中國與紐埃簽署《關於共同推進絲綢之路經濟帶和 21 世紀海上絲綢之路建設的諒解備忘錄》。

7 月 26 日　中國與巴勒斯坦簽署諒解備忘錄，宣佈中巴自貿協定聯合可行性研究正式完成。

7 月 27 日　中國與圭亞那簽署兩國政府間《關於共同推進絲綢之路經濟帶和21 世紀海上絲綢之路建設的諒解備忘錄》。

7 月 30 日　國家外匯管理局「一帶一路」國家外匯管理政策研究小組發佈《「一帶一路」國家外匯管理政策概覽》。

8 月 9 日　上海海事法院發佈首份涉「一帶一路」海事審判白皮書——2017年度海事審判白皮書。

8 月 10 日　中國民航局發佈消息稱，中國已與「一帶一路」45 個沿線國家實現直航，每周約 5,100 個航班。

8 月 24 日　在中泰經貿聯委會第六次會議期間，中國商務部與泰國商業部共同簽署諒解備忘錄，正式建立中泰貿易暢通工作組機制。

8 月 24 日　中國在智利投資建設的首個風電場——蓬塔謝拉風電場正式投產發電。該風電場是中國國家電力投資集團積極響應「一帶一路」倡議的項目，為智利提供清潔能源。

8 月 27 日　推進「一帶一路」建設工作五周年座談會在北京召開。國家主席習近平出席座談會並發表講話，提出要推動共建「一帶一路」向高品質發展轉變。

8 月 27 日　國務院新聞辦舉行新聞發佈會，介紹共建「一帶一路」五年進展情況及展望。

8 月 27 日　中國希臘簽署兩國政府共建「一帶一路」合作諒解備忘錄。

8 月 28–29 日　2018 年「一帶一路」知識產權高級別會議在北京召開。截至目前，中國已與「一帶一路」沿線近 40 個國家建立知識產權雙邊合作關係，與海合會（GCC）、東盟（ASEAN）、歐亞專利局（EAPO）等地區組織簽訂了合作協定。

8 月 30 日　由中國援建的連接馬爾代夫首都馬累和機場島的跨海大橋——中馬友誼大橋正式開通。中馬友誼大橋是 21 世紀海上絲綢之路的重大標誌性項目，是「一帶一路」倡議率先成功實施的大型基礎設施。

8 月 31 日　中國電信集團宣佈，「中巴經濟走廊數字信息大通道」正式投入

商用。

9月2日　中國與非洲國家商簽的首個自貿協定談判結束，中國與毛里求斯簽署《關於結束中國毛里求斯自由貿易協定談判的諒解備忘錄》。

9月3日　中國與哥斯達黎加簽署中哥共建「一帶一路」諒解備忘錄。

9月3日　中國與埃塞俄比亞簽署中埃共建「一帶一路」諒解備忘錄。

9月3–4日　中非合作論壇北京峰會在北京舉行。會議通過了《關於構建更加緊密的中非命運共同體的北京宣言》和《中非合作論壇—北京行動計劃（2019–2021年）》兩份成果性文件。峰會期間，28個非洲國家與中國簽訂了「一帶一路」政府間諒解備忘錄，非洲共有37個國家加入了「一帶一路」朋友圈。

9月5日　中非開發性金融論壇暨中非金融合作銀行聯合體成立大會在北京召開。中國國家開發銀行等17家成員行簽署《中非金融合作銀聯體成立協定》，標誌著中國與非洲間首個多邊金融合作機制成立。

9月7日　紀念「一帶一路」倡議在哈薩克提出五周年商務論壇在哈薩克斯坦首都阿斯塔納舉行。

9月9日　中國和緬甸簽署兩國政府間《關於共建中緬經濟走廊的諒解備忘錄》。

9月10日　第七十二屆聯大通過了77國集團提交的非洲發展新夥伴關係和非洲衝突起因決議，重申了「合作共贏」和「人類命運共同體」理念。

9月11日　中緬經濟走廊聯合委員會第一次會議在北京召開。

9月13日　中國建設銀行新加坡分行發行三億新元「一帶一路」基礎設施債券，債券將在新交所掛牌上市。

9月14日　香港證監會與馬來西亞證券事務監察委員會簽訂協定，建立金融科技合作框架。

9月18日　第十二屆夏季達沃斯論壇在天津開幕。論壇期間國家信息中心發佈《「一帶一路」大數據報告（2018）》。

9 月 19 日　中國與格林納達簽署共建「一帶一路」諒解備忘錄。

9 月 19 日　第二屆「一帶一路」和瀾湄合作國際研討會在泰國清邁舉行。

9 月 26–27 日　中國—蒙古自貿協定聯合可行性研究第一次會議在蒙古烏蘭巴托舉行。

10 月 10 日　香港特區 2018 年施政報告提出，致力把握「一帶一路」倡議機遇，制訂五個「一帶一路」策略重點；成立由行政長官直接領導的「粵港澳大灣區建設督導委員會」，全面統籌參與粵港澳大灣區建設事宜。

10 月 10 日　「一帶一路」國際商事調解論壇暨「一帶一路」國際商事調解中心調解規則評議研討會在意大利羅馬舉行。參會機構代表共同簽署並發佈《羅馬宣言》。

10 月 16 日　中歐班列建設現場會暨專題協調會在重慶召開。截至目前，中歐班列累計開行超過 11,000 列，運行線路 65 條，通達歐洲 15 個國家的 44 個城市，運送貨物 92 萬標準集裝箱。未來中歐班列將建立以品質為導向的考核評價體系，提高運營、通關效率。

10 月 16 日　國務院批覆同意設立中國（海南）自由貿易試驗區並印發《中國（海南）自由貿易試驗區總體方案》。

10 月 17 日　中國與比利時簽署多項雙邊合作文件，雙方將在經貿混委會框架下成立工作組，支持和推動兩國企業在第三方市場開展合作。

10 月 18 日　「一帶一路」能源部長會議和國際能源變革論壇在江蘇蘇州召開。中國與 17 國共同發佈建立「一帶一路」能源合作夥伴關係部長聯合宣言。

10 月 24 日　全球最長的跨海大橋港珠澳大橋正式通車。大橋通車將助力粵港澳三地互聯互通和「21 世紀海上絲綢之路」建設。

11 月 1 日　中國與薩爾瓦多在北京簽署兩國政府間《關於共同推進絲綢之路經濟帶和 21 世紀海上絲綢之路建設的諒解備忘錄》。

11 月 2 日　中國與智利簽署兩國政府間《關於共同推進絲綢之路經濟帶和

21 世紀海上絲綢之路建設的諒解備忘錄》。

11 月 4 日　「一帶一路」國際科學組織聯盟在北京成立。聯盟是「一帶一路」倡議框架下首個由沿線國家科研機構和國際組織共同發起成立的綜合性國際科技組織。

11 月 5 日　中國與馬耳他簽署兩國政府間《關於共同推進絲綢之路經濟帶和21 世紀海上絲綢之路建設的諒解備忘錄》。

11 月 5–10 日　首屆中國國際進口博覽會在上海舉辦。國家主席習近平在開幕式主旨演講中表示，中國對外開放的大門會越開越大；中國將堅持共商共建共享，推進共建「一帶一路」。

11 月 7 日　中俄總理第二十三次定期會晤在北京舉行。兩國總理簽署《中俄總理第二十三次定期會晤聯合公報》，並共同見證多項雙邊合作文件的簽署。

11 月 8 日　中國—黑山政府間科技合作委員會第三屆例會在黑山波德戈里察舉行。雙方簽署了《中華人民共和國和黑山科學技術合作委員會第三屆例會議定書》。

11 月 8 日　中國緬甸雙方代表簽署了皎漂深水港項目框架協定。該項目將由緬中雙方共同投資的緬甸公司以特許經營方式開發建設和運營。皎漂經濟特區是中緬經濟走廊重要支撐項目。

11 月 8 日　中法第三方市場合作指導委員會第二次會議在北京召開。雙方簽署了中法第三方市場合作新一輪示範項目清單。

11 月 10 日　首屆中國國際進口博覽會落下帷幕。與「一帶一路」沿線國家累計意向成交額達 47.2 億美元。

11 月 12 日　中國與新加坡兩國財政部部長簽署並交換信函，核准《「一帶一路」融資指導原則》。

11 月 12 日　中國新加坡兩國總理舉行會談並共同見證雙方自貿協定升級、互聯互通、金融、科技、環境、文化、海關等領域多項雙邊合作文件簽署。中新簽署的《自由貿易協定升級議定書》，對原中新自由貿易協定

六個領域進行升級，新增電子商務、競爭政策和環境等三個領域，同時首次納入「一帶一路」合作。

11 月 12 日　中國與斐濟簽署兩國政府間《關於共同推進絲綢之路經濟帶和 21 世紀海上絲綢之路建設的諒解備忘錄》。

11 月 14 日　第二十一次中國—東盟（10＋1）領導人會議暨慶祝中國—東盟建立戰略夥伴關係 15 周年紀念峰會在新加坡舉行。會議通過《中國—東盟戰略夥伴關係 2030 年願景》，發表科技創新合作聯合聲明。

11 月 17 日　國家主席習近平在亞太經合組織工商領導人峰會上發表主旨演講，總結了「一帶一路」建設和進博會最新成果、明確了建設原則，闡述了五點主張，並宣佈中國將於 2019 年 4 月在北京舉辦第二屆「一帶一路」國際合作高峰論壇。

11 月 18 日　中國科威特雙方簽署《關於成立「絲綢城和五島」建設合作機制的諒解備忘錄》，將「絲綢城和五島」作為共建「一帶一路」對接點。

11 月 18–19 日　中國與文萊簽署兩國共建「一帶一路」合作規劃等雙邊合作文件，雙方發表《聯合聲明》。

11 月 20 日　中國與菲律賓共同簽署兩國政府間《關於共同推進「一帶一路」建設的諒解備忘錄》等 29 項合作協定，並就南海油氣開發合作簽署諒解備忘錄。

11 月 22 日　澳大利亞與中國香港的《自貿協定》和《投資協定》談判圓滿結束，雙方就兩份協定簽署了意向聲明。

11 月 22 日　中國與哈薩克斯坦簽署兩國政府間《關於加強數字經濟合作的諒解備忘錄》，共同推動中哈「數字絲綢之路」建設。

11 月 24 日　首屆絲綢之路國際博物館聯盟大會在福建福州開幕。中國國家博物館創辦了絲綢之路國際博物館聯盟官方網站（www.musesilkroad.org）。

11 月 27 日–12 月 5 日　國家主席習近平展開為期九大的歐洲拉美之行，對西班牙、阿根廷、巴拿馬、葡萄牙進行國事訪問，出席在阿根廷布宜諾

斯艾利斯舉行的二十國集團領導人第十三次峰會。此次歐洲拉美訪問，有助推動凝聚各方共識，推進「一帶一路」合作，加強發展戰略對接。期間，中國與西班牙、阿根廷、巴拿馬簽署多項雙邊合作文件，發表聯合聲明、聯合新聞公報。

12 月 4–5 日　國家主席習近平訪問葡萄牙，兩國領導人共同見證了兩國政府間《關於共同推進「一帶一路」建設的諒解備忘錄》等多項雙邊合作文件的簽署，雙方發表了聯合聲明。

12 月 6 日　國家發展改革委與澳門特區政府簽署《關於支持澳門全面參與和助力「一帶一路」建設的安排》。簽署儀式後召開支持澳門全面參與和助力「一帶一路」建設第一次聯席會議。

12 月 11 日　中共中央黨史和文獻研究院編輯的《習近平談「一帶一路」》一書，已由中央文獻出版社出版，即日起在全國發行。

12 月 18 日　國家主席習近平在慶祝改革開放 40 周年大會講話中，總結了改革開放 40 年偉大成就和九條寶貴經驗。其中經驗之一是必須堅持擴大開放，不斷推動共建人類命運共同體。共建「一帶一路」列為改革開放大膽地試、勇敢地改的重要成就之一。

12 月 24 日　福建「絲路海運」在廈門港舉行開行啟動儀式。「絲路海運」是國內首個以航運為主題的「一帶一路」國際綜合物流服務品牌和平台。首批「絲路海運」16 條航線覆蓋了 13 個「一帶一路」國家的 24 個港口。

12 月 26 日　由國家發展改革委等七個部委聯合制定的《企業境外經營合規管理指引》發佈，引導企業高度重視境外風險防範，完善其自身風險管控機制，全面提高境外風險應對能力，助力企業在「一帶一路」經營活動中行穩致遠。

12 月 27 日　北斗衛星導航系統新聞發言人宣佈，北斗三號基本系統完成建設，即日起為包括「一帶一路」國家和地區在內的世界各地提供服務。

12 月 31 日　2018 年與中國簽署共建「一帶一路」合作文件的國家超過 60 個，遍佈亞洲、非洲、大洋洲、拉丁美洲，中國已累計同 122 個國家、29 個國際組織簽署了 170 份政府間合作文件。

2018 年　中歐班列共開行 6,300 列，同比增長 72%。中歐班列是「一帶一路」設施聯通的重要載體。截至 2018 年底，中歐班列初步形成西、中、東三條中歐鐵路運輸通道，累計開行數量達到 1.3 萬列，到達境外 15 個國家、49 個城市。

2019 年（1–4 月）

1 月 5 日　自零時起全國鐵路將實施新的列車運行圖。為服務「一帶一路」建設和國際貿易需求，中歐班列開行數量由調圖前的 65 列增至 68 列，中亞班列由 30 列增至 33 列。

1 月 6 日　國務委員兼外交部部長王毅結束對非洲四國訪問時向媒體表示，非洲已成為最積極推進「一帶一路」建設的大陸，37 個非洲國家以及非盟與中國簽署了「一帶一路」合作文件。

1 月 14 日　國家主席習近平在北京同芬蘭總統尼尼斯托舉行會談，提出探討在北極航道開發等項目的合作機遇，共建「冰上絲綢之路」。會談後，兩國元首共同見證了有關雙邊合作文件的簽署。

1 月 14 日　海關總署發佈資料顯示，「一帶一路」成為拉動中國外貿發展的新動力。

1 月 24 日　中國外交部發言人在例行記者會上表示，截至 2018 年底，首屆「一帶一路」國際合作高峰論壇 279 項成果中的 269 項已完成或轉為常態化工作，10 項正在推進，落實率達 96.4%。

1 月 24 日　第三屆一帶一路達沃斯論壇在瑞士達沃斯召開。一帶一路達沃斯論壇是由中國在海外舉辦的唯一一個以「一帶一路」命名的高層次論壇，每年在世界經濟論壇期間於達沃斯召開。

1 月 29 日　亞投行發佈首份融資報告——《2019 亞洲基礎設施融資報告》。報告認為，私營部門在參與基礎設施融資方面的潛力遠未充分釋放，亞投行將通過多種方式鼓勵私營部門參與投資。

1 月 29 日　商務部正式對外發佈 2018 版《對外投資合作國別（地區）指南》。2018 版《指南》覆蓋了 172 個國家和地區，及時更新東道國與投資相關的法律法規政策，做好風險防控提示。特別是針對「一帶一路」相關國家，新版《指南》就其基礎設施現狀和發展規劃等內容進行了系統全面客觀的更新。

1 月 31 日　國務院副總理韓正主持召開推進「一帶一路」建設工作領導小組會議。韓正提出，要堅持問題導向，聚焦重點工作，推動共建「一帶一路」向高品質發展轉變；要齊心協力籌辦好第二屆「一帶一路」國際合作高峰論壇。

1 月 31 日　中國與卡塔爾簽署兩國政府間《關於共同編制中卡共建「一帶一路」倡議實施方案的諒解備忘錄》。

2 月 13 日　《中國香港與格魯吉亞自由貿易協定》生效。

2 月 18 日　中共中央、國務院印發《粵港澳大灣區發展規劃綱要》。打造「一帶一路」重要支撐區，是粵港澳大灣區五項定位之一。

2 月 21 日　中國與加勒比島國巴巴多斯簽署兩國政府間《關於共同推進絲綢之路經濟帶和 21 世紀海上絲綢之路建設的諒解備忘錄》。

2 月 25 日　最高人民法院舉行新聞發佈會，公佈了六個涉「一帶一路」建設專題指導性案例，主要涉及國際貨物買賣合同糾紛、海上貨物運輸合同糾紛、保函欺詐糾紛等問題。

2 月 27 日　香港特區新一份財政預算案強調，粵港澳大灣區建設及「一帶一路」倡議，是香港發展的難得契機；「一帶一路」為香港經濟及社會發展帶來新空間。

3 月 1 日　中國與智利兩國政府《關於修訂〈自由貿易協定〉及〈自由貿易協定關於服務貿易的補充協定〉的議定書》正式生效實施。這是繼中國—東盟自貿區升級後實施的第二個自貿區升級協定。

3 月 4 日　十三屆全國人大二次會議舉行新聞發佈會。大會發言人表示，「一帶一路」堅持的原則是共商、共建、共享，同時也堅持市場化運作的模式，其目標是實現高品質發展。

3 月 5 日　國務院總理李克強在《政府工作報告》中介紹 2019 年「一帶一路」建設工作重點，提出要堅持共商共建共享，遵循市場原則和國際通行規則，發揮企業主體作用，推動基礎設施互聯互通，加強國際產能合作，拓展第三方市場合作；辦好第二屆「一帶一路」國際合作高峰論壇；推動對外投資合作健康有序發展。

3 月 6 日　第二批「絲路海運」命名航線正式發佈，共計 18 條航線。

3 月 8 日　國務委員兼外交部部長王毅在十三屆全國人大二次會議記者會介紹，第二屆「一帶一路」國際合作高峰論壇將於 4 月下旬在北京舉辦，論壇主題是「共建『一帶一路』、開創美好未來」，核心是推動「一帶一路」合作實現高品質發展。論壇將首次舉辦企業家大會，還將舉辦 12 場推動務實合作的分論壇、高級別會議、工商活動等系列活動。

3 月 11 日　國家信息中心與香港一帶一路總商會在北京簽署「一帶一路」數據建設合作備忘錄。

3 月 15 日　《中華人民共和國外商投資法》公佈，自 2020 年 1 月 1 日起施行。《外商投資法》是建立外商投資管理新體制的基礎性法律，從法律上確定了准入前國民待遇加負面清單的制度，有助促進「一帶一路」沿線國家對華投資。

3 月 23 日　國家主席習近平訪問意大利，與意大利總理孔特進行會談，並見證中國和意大利政府簽署關於共同推進「一帶一路」建設的諒解備忘錄。意大利是首個正式加入「一帶一路」倡議的 G7 國家。

3 月 26 日　博鰲亞洲論壇 2019 年年會發佈《亞洲金融發展報告》。報告顯示，「一帶一路」基礎設施投資促進沿線貿易成本下降 3.5%。

3 月 26 日　歐洲議會成立「『一帶一路』政策溝通委員會」。委員會旨在通過加強與中國溝通協調，推動「一帶一路」倡議及該倡議框架內的相關合作在歐洲地區拓展。

3 月 27 日　中國與盧森堡在海南博鰲簽署共建「一帶一路」諒解備忘錄。

4 月 9 日　第二十一次中國　歐盟領導人會晤在布魯塞爾歐洲理事會總部召開，中歐發表聯合聲明，雙方將繼續推動「一帶一路」倡議與歐盟歐亞

互聯互通戰略、泛歐交通運輸網絡的對接，並在中歐互聯互通平台框架下加強交流。

4 月 10 日　中國銀行在境外成功完成等值 38 億美元的「一帶一路」主題債券發行定價，募集資金將主要用於「一帶一路」相關項目。這是中國銀行在境外成功發行的第五期「一帶一路」主題債券。

4 月 11 日　中國與牙買加簽署兩國政府《關於共同推進絲綢之路經濟帶和 21 世紀海上絲綢之路建設的諒解備忘錄》。雙方將在「五通」和能力建設等方面開展合作。

4 月 22 日　推進「一帶一路」建設工作領導小組辦公室發表《共建「一帶一路」倡議：進展、貢獻與展望》報告，全方位回顧五年多來共建「一帶一路」的歷程，提出下一步高質量發展的意見和建議。共建「一帶一路」倡議正成為構建人類命運共同體的重要實踐平台。2019 年 3 月底，中國政府已與 125 個國家和 29 個國際組織簽署 173 份合作文件，共建「一帶一路」國家已由亞歐延伸至非洲、拉美、南太等區域。

4 月 24 日　由新華社研究院聯合 15 家中外智庫共同發起的「一帶一路」國際智庫合作委員會在北京成立，標誌著「一帶一路」國際智庫合作邁上新台階。「一帶一路」國際智庫合作委員會官網（www.brsn.net）同步上線。

4 月 25–27 日　第二屆「一帶一路」國際合作高峰論壇在北京舉行。本屆高峰論壇的主題是「共建『一帶一路』、開創美好未來」，由開幕式、領導人圓桌峰會、高級別會議、12 場專題分論壇、企業家大會等系列活動組成。「一帶一路」國際合作高峰論壇是「一帶一路」框架內最高規格的國際合作平台，來自一百五十多個國家和九十多個國際組織近 5,000 名外賓出席本屆高峰論壇。領導人圓桌峰會通過並發表《聯合公報》，就高質量共建「一帶一路」達成廣泛共識。

論壇期間，中國先後同塞浦路斯、塞爾維亞簽署共建「一帶一路」合作文件，同莫桑比克、肯尼亞簽署「一帶一路」建設合作規劃等雙邊合作文件，同蒙古國簽署推進「一帶一路」倡議和「發展之路」倡議對接合作規劃等雙邊合作文件。與多個國家和國際組織簽署共建「一帶一路」、產能合作、第三方市場合作等領域文件，並推動了一批務實合作項目。

4 月 26 日　國家主席習近平在第二屆「一帶一路」國際合作高峰論壇開幕式發表主旨演講，積極評價「一帶一路」建設取得的進展和意義，提出未來高質量發展的合作理念與共建重點，並宣佈中國進一步擴大對外開放的系列措施。習近平強調，五年多來「一帶一路」建設成果豐碩，「六廊六路多國多港」的互聯互通架構基本形成，一大批合作項目落地生根，首屆高峰論壇的各項成果順利落實，一百五十多個國家和國際組織同中國簽署共建「一帶一路」合作協定。未來共建「一帶一路」重点是向高質量發展，要繼續秉持共商共建共享原則，堅持開放、綠色、廉潔理念，努力實現高標準、惠民生、可持續目標；要聚焦重點、深耕細作，共同繪製精謹細膩的「工筆畫」，讓共建「一帶一路」更好地造福各國人民。

4 月 28 日　中國與巴基斯坦結束自貿協定第二階段談判，並簽署兩國政府《關於修訂〈自由貿易協定〉的議定書》。《議定書》在原自貿協定基礎上，進一步大幅提高兩國間貨物貿易自由化水平。

整理：蔡赤萌

國務院港澳辦港澳研究所經濟室主任、研究員，全國港澳研究會理事

附錄二

贊助人記事

廣西培賢國際職業學院鳥瞰圖

何厚煌創辦廣西培賢國際職業學院
探索職業教育服務「一帶一路」新路

「『一帶一路』與香港」項目召集人　林健忠

　　何厚煌博士，恒生銀行創辦人何添長子。作為具國際視野和成功的香港實業家，他致力在職業教育服務中推動「一帶一路」建設。何博士創辦廣西培賢國際職業學院，發揮「廣西促進中國—東盟自由貿易區建設人才小高地」的優勢，培養了大批現代商務特色鮮明的國際化高素質應用型人才，探索出一條民族地區職業教育服務「一帶一路」建設的新路子。何博士與我是 30 年的老朋友及生意上緊密的合作夥伴，我們年齡相隔 27 年，卻是莫逆之交。他得知我的《「一帶一路」與香港》一書要出修訂版，非常高興，樂於贊助，以記管鮑之情誼、助「帶路」之臂力。

一、平生夙願：辦一所不一樣的大學

　　耄耋之年的留美博士何厚煌和留英博士區壽本一直關心內地教育事業，為粵北貧困學校捐資數千萬元。提起在廣西創辦廣西培賢國際職業學院的初衷，何博士說，廣西與東盟山水相連、文化相近，是「21 世紀海上絲綢之路」和「絲綢之路經濟帶」有機銜接的重要門戶。廣西作為中國與東盟合作的戰略高地和前沿窗口，獲得了對外開放加快發展的戰略性發展新機遇。他希望在自己的有生之年，創辦一所不一樣的大學，培養更多社會需要的技術人才。於是在 2013 年，一所不一樣的大學——廣西培賢國際職業學院就應運而生了。

二、貫徹落實國家新發展理念，完善國際交流合作新職能

一直以來，學院領導高度重視國際交流與合作工作，並取得了一定的成績。一是形成了一定規模的海外合作院校，目前共有英國、美國等歐美院校和泰國、越南、馬來西亞等東南亞國家合作院校共二十餘所；二是形成了層次豐富、內容多樣的國際交流與合作項目，開展了包括學生交流、師資互派、短期文化體驗、培賢學子看世界等多種國際項目。2013 年至今，學校共接待了來自友好合作院校的代表團四百多人次，向國外派出交流學習教師二十餘人次，派出一百多名學生到國外留學，接收了來自越南、泰國的五十多名學生到學院學習。眼下，學院以「堅持點面結合、分類推進原則」和「堅持國際化和本土化相結合的理念」為出發點，從人才培養目標、人才培養方案、國際交流合作項目、師資隊伍國際化、國際化校園文化氛圍五個方面制定推進人才培養國際化的主要措施。

三、國際接軌，打造獨具特色的國際品牌

對於培賢的學子來說，這所大學最具魅力之處，就是「把一個平凡的人，培養成為既熟練掌握專業知識、又精通英語口語的國際化雙技能複合型人才」。這也是何博士和區博士定下的立校方向，他要求學院的每一位教師和員工「視每一位學生為學院的品牌」，通過學生和學校的共同奮鬥，創造出一所名校。「國際接軌、強化英語、寬進嚴出、成果共享」的理念從建校之初確定，學院因此獲中央電視台專題採訪。與國際接軌，注定了學院必須重視「專業＋英語」雙技能人才的培養；學院採用國際先進的英國工商管理教材，致力推薦品學兼優的學生到港、澳、台及東南亞等地外企或國內知名企業就業。

四、積極參與社會服務，提高師生員工的國際化意識和水平

依託學校豐富的國外教育資源優勢，廣西培賢國際職業學院每年選派多名中青年教師出國深造，參加國際學術交流活動，邀請美國、英國、泰國等國專家來校講學任教，並積極主辦和協辦國內、國際高層次學術會議。學校給師生提供更多優秀的平台瞭解更多的國外文化，拓寬國際視野，為個人深造打下基礎。

學院先進的辦學理念和勇於改革創新的積極態度，得到社會的高度認可，學院董事長何厚煌博士表示：「我們將以服務國家『一帶一路』倡議為目標，以教育部關於『現代學徒制』的探索為契機，加強與政府、行業、企業的合作，注重技能人才培養與輸出，服務地區經濟發展，以實際行動進一步參與到『一帶一路』建設和教育國際化發展之中。」